UNIX ... im Alleingang

Dieter Harig

UNIX ... im Alleingang

Für Einsteiger und Umsteiger

Springer-Verlag
Berlin Heidelberg New York
London Paris Tokyo
Hong Kong Barcelona
Budapest

Dieter Harig
Theodor-Storm-Straße 1a
D-83059 Kolbermoor

ISBN-13: 978-3-540-55126-3

Die Deutsche Bibliothek - CIP-Einheitsaufnahme
Harig, Dieter: UNIX - im Alleingang : Grundlagen des Betriebssystems; ein umfassender Leitfaden zum
Selbststudium / Dieter Harig. – Berlin; Heidelberg; New York; London; Paris; Tokyo; Hong Kong; Barcelona;
Budapest: Springer, 1993
ISBN-13: 978-3-540-55126-3   e-ISBN-13: 978-3-642-93517-6
DOI: 10.1007/978-3-642-93517-6

Umschlaggestaltung: Konzept & Design, Ilvesheim
Satz: Reproduktionsfertige Vorlage vom Autor
Belichtung: Per Form, Heidelberg
33/3140 – 5 4 3 2 1 0 – Gedruckt auf säurefreiem Papier

... Dank und Widmung

Dank gilt an dieser Stelle allen, die bei der Entstehung dieses Buches direkt oder indirekt mitgewirkt haben. Herr Dr. Schnupp muß dabei an erster Stelle stehen, denn er hat das Vorhaben überhaupt erst ermöglicht, indem er das Ausgangsmaterial kritisch begutachtete. Dank auch dem Verlag, insbesondere Herrn Dr. Barabas, der stets mit Rat und Tat zur Verfügung stand. Auch bei meinem Freund Peter Termöllen, meinen Kollegen Peter Kaden und Michael Süßbauer bedanke ich mich für das mühsame Korrekturlesen und die vielen Anregungen. Frau Ursula Zimpfer hat das Manuskript im Auftrag des Springer Verlages nicht nur sprachlich, sondern auch inhaltlich, sehr fundiert durchgesehen. Sie steuerte sehr viele Gedanken zu seiner Verbesserung bei. Ihr gilt ein besonderer Dank. Vielen Dank auch Herrn Jürgen Gulbins, der das Buch fachlich begutachtete und aufgrund seiner eigenen Erfahrungen als Autor noch nützliche Tips zum "Feinschliff" lieferte.

Einen ganz besonderen Dank richte ich jedoch an meine Lebensgefährtin Claudia. Sie mußte zahllose Abende alleine mit unserem kleinen Sohn Tobias verbringen, der mitten in die streßige Zeit geboren wurde. Ich saß unterdessen oft bis in die Nacht hinein an meiner "Kiste" und schrieb und schrieb und war doch selten damit zufrieden. Ihr ist auch der - wie ich denke - griffige Titel zu verdanken.

Meiner Lebensgefährtin Claudia, meinen Kindern Daniela, Tobias und dem Kleinen, das unterwegs ist, gewidmet.

Kolbermoor im April 1993

Inhaltsverzeichnis

1. Einführung

1.1. Noch ein Buch über UNIX!

Wo doch bereits so viele geschrieben worden sind - von der kurzen Einführung
bis hin zum umfassenden Kompendium. Es gibt eine große Zahl spezieller
UNIX-Themen, die eigene Bücher wert sind. Viele davon
sind ebenfalls schon geschrieben.

Was ist also das Besondere an dem vorliegenden
Buch "UNIX ... im Alleingang"?

Die Detailfülle, der man sich bei der Betrachtung des
Systems mit all seinen Komponenten gegenüber sieht, ist
in der Tat enorm. Da ist das Betriebssystem selbst, die
verschiedenen Shells, die mit UNIX unlösbar verbundene
Programmiersprache C, die Programmschnittstellen der
graphischen Benutzeroberflächen, die Netzwerk-Utilities
usw. Im Grunde sind das alles Indizien für die Leistüngs-
fähigkeit von UNIX, aber wie kann man all dem Herr
werden?

Der Laie, UNIX-Einsteiger oder Umsteiger, kann
schwerlich kaum selbst entscheiden, was primär wichtig

ist und was nicht. Als jemand, der über ein gutes Jahrzehnt Praxiserfahrung innerhalb der Themenkreise Softwareentwicklung und Schulung verfügt, habe ich
mich bemüht, eine Auswahl aus dem Bereich der Systemgrundlagen zusammenzustellen, die ich für den Einstieg als sinnvoll und notwendig erachte. Worauf es
ankommt, ist nicht, jeden hier vorgestellten Mechanismus bis ins kleinste Detail
zu zerlegen. Es wird kein Vollständigkeitsanspruch erhoben. Die zweifellos
wichtigen aber für den noch unvorbelasteten Leser eher verwirrenden Details
sind Sache der Systemhandbücher.

Ein häufiges Ärgernis bei der Lektüre von Fachbüchern besteht bekanntermaßen darin, daß bestimmte Passagen nicht verstanden werden können, ohne daß
man sich über Querverweise das nötige Wissen aus anderen Stellen des Buches
beschafft. Durch das ständige Hin- und Herlesen verliert man zuerst den Überblick, dann die Lust.

Es mag auch Fachbücher geben, die den Anschein erwecken, als seien sie ausschließlich für Leser bestimmt, die ohnehin schon alles wissen. Dann gibt es noch die alles umfassenden tausend Seiten Werke, die aber gerade wegen der bereits angedeuteten Themenvielfalt an entscheidenden Stellen oft zu wenig Information vermitteln.

Die vorliegenden Systemgrundlagen sollen gewissermaßen die Vorarbeit zum tieferen Verständnis des Systems leisten, und damit den Leser später in die Lage versetzen, gezielt mit den Manualen zu arbeiten, wenn er im Praxisalltag vor einem Rätsel steht. Das vorliegende Buch soll eine fundierte Grundlage für den praktischen Einsatz von UNIX bilden. Ein Hauptaugenmerk liegt dabei auf der sinnvollen Reihenfolge der Stoffvermittlung.

Der Leser soll, ausgestattet mit Buch und Terminal, im Alleingang die Materie bis zu einem Grad durchwandern, der ihn langsam aber sicher zum UNIX-Spezialisten werden läßt. Dabei werden auch interessante Randthemen angesprochen und da, wo es verständlich und sinnvoll erscheint, auch Vorgänge aus dem "Innenleben" des Systems beschrieben. Neben der reinen Praxis wird auch fundierte Grundlagenkenntnis vermittelt, und die ist wichtig für die Spezialgebiete. Wer dieses Buch hinter sich hat, kann sich also getrost als UNIX-Kenner bezeichnen, der auch schon eine ganze Reihe "Spitzfindigkeiten drauf hat". Auf alle Fälle wird er für noch anstehende Themen gut vorbereitet sein.

"UNIX ... im Alleingang" lebt vom Praxisbezug, den zahlreichen Beispielen und der Bereitschaft des Lesers, diese auch nachzuvollziehen. Das Buch wendet sich zwar vornehmlich an Einsteiger und Umsteiger - aber auch Leser, die UNIX bereits kennen, kommen auf ihre Kosten.

Das Buch erhebt jedoch vor allem den Anspruch, als alleinige Stütze zur Einarbeitung in das System dienen zu können. Es wird eine hauptsächlich von didaktischen Überlegungen geprägte Linie verfolgt. So wird am Anfang nicht zu viel Detailwissen vermittelt, sondern mehr Wert auf das unmittelbare Ausprobieren der vorgestellten Mechanismen anhand von Beispielen gelegt. Je mehr der Leser erfährt, desto mehr Fragen fallen ihm naturgemäß zu vorherigen Abschnitten ein. Deshalb wird oftmals wieder auf bereits Bekanntes zurückgegriffen, um es noch weiter zu vertiefen. Dies geht teilweise bis hin zu Mechanismen des Systemkerns, deren prinzipielle Kenntnis das Verhalten von UNIX in bestimmten Situationen verstehen lassen.

Man muß das Buch nicht "Querlesen", indem man ständig - wie in einem Lexikon - von Verweis zu Verweis blättert. Der Leitgedanke bei der Gliederung der einzelnen Abschnitte ist stets: Alles, was zum Verständnis des anstehenden Kapitels notwendig ist, soll bereits bekannt sein. Daher kann man das Buch Seite für Seite durchlesen und parallel ausprobieren.

Die Beschreibung der Kommandos und ihrer Optionen ist weitestgehend identisch mit der Originaldokumentation von AT&T. Immer da, wo Ergänzungen angebracht scheinen, werden sie gegeben. Die wesentlichen Funktionalitäten werden durch umfangreiche Beispiele dokumentiert.

1.2. Was ist UNIX ?

UNIX - ein Betriebssystem für Großrechner und PCs - hat sich ethabliert und verzeichnete in den letzten Jahren deutliche Zuwachsraten. Mit UNIX System V 4 ist nicht nur ein neuer Release verabschiedet, sondern das System ist in seinen grundlegenden Eigenschaften neu definiert worden. Das gilt insbesondere für die dem System mitgegebenen Funktionalitäten zur Kommunikation in Rechnernetzen.

UNIX hatte in den letzten Jahren gegenüber dem PC-Konkurrenten DOS ein Defizit - es gab kaum Anwendersoftware, die unter UNIX lief. Eine komfortable Oberfläche wie MS-Windows war in weiter Ferne. All dies hat sich geändert; auch UNIX besitzt heute graphische Oberflächen, die Namen wie Motif, Open Look oder Open-Windows tragen. Ein Terminal-"Outfit", wie es in der Abbildung angedeutet ist, mit verschiedenen Fenstern, Piktogrammen (Ikons) und Menüs, ist unter UNIX heute nicht selten anzutreffen. Die Bandbreite der unter UNIX verfügbaren Anwendersoftware vergrößert sich zusehends. Die UNIX-Kritiker, die sich oft über die kryptische Benutzeroberfläche des Systems beklagten, werden nun zufriedengestellt. Dennoch sind Vergleiche zwischen UNIX und DOS müßig. Im Gegensatz zu DOS und den weiteren Kontrahenten OS/2, sowie dem mit Spannung erwarteten  Windows-NT, ist UNIX ein hundertprozentiges Multiuser- und Multitasking-System. Windows-NT hat vieles von UNIX übernommen, so daß UNIX-Knowhow auch in diesem Bereich von Nutzen sein wird.

Die Kommandooberfläche von UNIX, im Sinne eines Baukastens genutzt, ist enorm mächtig und flexibel. Verschiedene "atomare" Mechanismen können, in geeigneter Weise kombiniert, Resultate liefern, zu deren Produktion es kein direktes Kommando gibt. Ein Hauptaugenmerk der UNIX-Philosophie liegt auf der Redundanzfreiheit. Mache nichts neu, was es schon gibt!

Wenig verwunderlich also, wenn man auf den ersten Blick vielleicht von der Detailfülle überfordert wird. Aber das ist kein Negativum - im Gegenteil - es belegt die Leistungsfähigkeit des Systems.

Natürlich kann man nicht alles innerhalb kürzester Zeit in sich aufnehmen, dazu ist UNIX einfach zu umfangreich. Dennoch, das System ist keineswegs überkomplex, und schon gar nicht ausschließlich für Spezialisten, Hacker und Tüfteler interessant. Letzteres merkt der nicht vorbelastete Leser bereits im ersten Kapitel. Auch Laien sind binnen kurzer Zeit in der Lage, das System in seiner Grundfunktionalität zu beherrschen und einzusetzen. Der Umsteiger mit entsprechender Praxis auf anderen Systemen - sei es nun im PC- oder Großrechnerbereich - mag sich über die Vielzahl nützlicher Utilities wundern, die zum Leistungsumfang des Systems gehören und nicht - wie vielleicht woanders - hinzugekauft werden müssen.

Historisches

Die meisten Bücher über UNIX beginnen mit der Aufzählung der Meilensteine seiner Entstehungsgeschichte. Sie zeigen Stammbäume bekannter UNIX-Derivate und markieren deren Verzweigungen in eigene Entwicklungslinien, die oft in einer Sackgasse enden. Schließlich wird die Vereinigung aller Linien im vielzitierten System V Standard ab Release 3 zelebriert, der dann schließlich - und wahrscheinlich nur vorläufig - im Release 4 endet. Das alles ist nichts besonderes. Jedes Betriebssystem der Welt hat seine Geschichte - den Hauch einer Philosophie dagegen besitzt nur UNIX. Warum ist das so?

Viele Abhandlungen über die Historie von UNIX vermitteln den Eindruck, als sei das System von seinen Urvätern Ken Thompson und Dennis Ritchie bereits gedanklich zum Erobern der Rechnerwelt gezeugt worden. Bestimmte Verhaltensweisen des Systems, die ursprünglich belächelt wurden, stehen im Kontext der Rechnernetze plötzlich als weitsichtige, vernünftige Konzeption da. So schreibt beispielsweise ein Archivierungskommando seine Ausgabe standardmäßig auf den Bildschirm statt auf ein Bandlaufwerk: Tosendes Gelächter bei den Mainframe-Anhängern. Aber nach Einführung der Rechnernetze gelingt es in UNIX dann plötzlich durch die ebenfalls seit Anbeginn existierenden Pipe- und Umlenkungsmechanismen, die Ausgabe des besagten Archivierungsprogrammes auf dem Bandstreamer eines anderen Rechners auszugeben. Und das, ohne ein einziges Bit an diesem Programm zu verändern - Media Sharing inbegriffen. Die Mainframeexperten stöhnen inzwischen wegen des gigantischen Aufwandes, ein ähnliches Feature ihren Bandarchivierern beizubringen.

Nun, auch die Weitsicht der UNIX-Urväter hatte ihre Grenzen. In Wirklichkeit begann UNIX als "Flopp". Der Name selbst zeugt dafür, denn ursprünglich sollte UNIX "Multics" heißen.

Alles nahm seinen Anfang im Jahr 1965, als die AT&T Bell Laboratorien zusammen mit General Electric damit begannen, ein neues Betriebssystem zu entwickeln, das jenen vielversprechenden Namen tragen sollte. Bedenkt man, daß dies mitten in der Zeit der reinen Batch- oder Closed Job Betriebssysteme stattfand, erklärt sich die Vokabel "vielversprechend". Die damaligen Systeme waren gigantisch, was ihre räumliche Ausdehnung anging, und - verglichen mit heutigen Standards - Winzlinge, was die Leistungsfähigkeit anbe-traf. Sie konnten genau einen Auftrag bearbeiten, beginnend mit dem Einlesen der Lochkarten über ein Lesegerät, das voluminöser als heutige Hochleistungsrechner war, einem Compilierungslauf, anschließendem Programmstart, Versorgen mit Daten und endend mit der Ausgabe der Ergebnisse auf endlosen Papierlisten. Jeder mußte mit seinen Kartenstapeln - batches - Schlange stehen.

Ziel von Multics war es nun, einer großen Zahl von Benutzern gleichzeitig Zugang zum Rechner zu gewährleisten, hohe Rechenleistung und große Datenspeicher zur Verfügung zu stellen und - für damalige Verhältnisse geradezu utopisch - den Anwendern das gemeinsame Nutzen von Daten zu ermöglichen. Eine erste, primitive Version von Multics lief dann auch im Jahr 1969 auf einer Maschine von General Electric, brachte aber bei weitem nicht die angestrebte

Leistung. Es war nicht abzusehen, wann das ursprünglich anvisierte Ziel erreicht sein würde. Bell gab zu diesem Zeitpunkt seine Mitarbeit an dem Projekt auf.

Die Mitarbeiter des Teams der Bell Laboratorien, darunter Thompson und Ritchie, verfaßten daraufhin in eigener Regie einen Entwurf für ein Dateisystem, das sich dann später zu einer frühen Version des heutigen UNIX-Dateisystems entwickelte. Thompson verfolgte die Ideen des Multics-Projektes nach eigenen Vorstellungen konsequent weiter und schrieb Programme, die das Verhalten des geplanten Dateisystems, sowie das von Programmen unter einem System mit "Demand-Paging" simulierten. Letzteres ist ein Mechanismus, der in Multi-User-Betriebssystemen Programme der einzelnen Anwender zyklisch zugunsten des Programms des nächsten Anwenders aus dem Arbeitsspeicher verdrängt. Derartige Verdrängungs- oder Time-Sharing-Automatismen sind bis heute unabdingbare Voraussetzung für Multiuser-fähigkeit eines Systems.

Thompson beschäftigte sich nebenbei noch mit der Entwicklung eines Computerspieles - Space Travel. Dieses litt unter einem viel zu schwer zu steuernden Raumschiff und enormem Rechenzeitverbrauch und drohte daher rundherum eine Enttäuschung zu werden. Thompson fand zufällig eine wenig genutzte PDP-7 mit gutem Grafikterminal und billiger Rechenzeit. Da das Umstellen der Programmteile von Space Travel auf die PDP-Maschine sehr schwierig und zeitaufwendig zu werden schien, entschlossen sich Thompson und Ritchie, ihr in Ansätzen bereits existierendes neues Betriebssystemkonzept auf dem PDP-Rechner zu verwirklichen. Darin enthalten waren eine frühe Version des Dateisystems, das Prozeßsteuersystem, sowie eine Vielzahl kleinerer Hilfsprogramme, die das System in die Lage versetzten, sich selbst zu tragen. Die Space Travel Entwicklung war von der ursprünglichen Maschine - einer GECOS von Honeywell - abgenabelt. Das so entstandene Minisystem erhielt den Namen UNIX - ein Spitzname, den ein anderer Mitarbeiter der Bell Laboratorien - Brian Kernighan - dem gescheiterten Multics verliehen hatte.

Diese frühe UNIX-Version stellte dann ihre Leistungsfähigkeit innerhalb eines Entwicklungsprojektes für ein Textsystem unter Beweis. Sie wurde hierzu auf einer PDP-11 implementiert. Charakteristika für diese UNIX-Variante von 1971 waren:

- für das System selbst 16 Kilobyte
- für Benutzerprogramme 8 Kilobyte
- Plattenkapazität 512 Kilobyte
- eine maximale Dateigröße von jeweils 64 Kilobyte

Gemessen an heutigen PC-Leistungsdaten also geradezu lächerlich.

Bis 1977 blühte UNIX im Stillen unter der Obhut seiner Erfinder. UNIX wurde in C umgeschrieben. C ist eine aus der interpretativen Sprache B von Ritchie abgeleitete Programmiersprache. Die Zahl der UNIX-Installationen stieg auf etwa 500, davon 125 an Universitäten. UNIX-Lizenzen gingen an Wirtschaftsunternehmen, Telefongesellschaften und Universitäten. Im Jahre 1977 wurde UNIX zum erstenmal von einer PDP auf eine Interdata 8/32 übertragen. Mit der Zunahme des Marktes an Mikroprozessoren Ende der siebziger Jahre portierten immer mehr Hersteller UNIX auf ihre Hardware, und viele versuchten das System für ihre Zwecke zu verbessern und weiter zu entwickeln. Zu dieser Zeit entstanden die zahlreichen Varianten des ursprünglichen Systems.

Zwischen 1977 und 1982 vereinigten die Bell Laboratorien verschiedene AT&T-Varianten zu einem neuen System, das unter dem Namen UNIX System V 3 bekannt wurde. Eine weitere, interessante Entwicklungslinie entstammt der Universität von Berkeley, es handelt sich um die mit 4.3 BSD bezeichnete Implementierung. Insbesondere entstammen die in Release 4 meist benutzten ufs-Filesysteme und die symbolischen Links der BSD-Linie.

Anfang 1984 gab es bereits 100 000 UNIX-Installationen auf allen vertretenen Rechnertypen - vom Mikrocomputer bis zum Großrechner. Genau hier liegt der hauptsächliche Vorteil und nicht zuletzt der "Mythos" von UNIX, denn kein anderes System kann eine derartige Verbreitung für sich verzeichnen.

Die Popularität und der Erfolg von UNIX begründen sich wesentlich durch die folgenden Sachverhalte:

- Das System ist in einer höheren Programmiersprache geschrieben und dadurch besser lesbar, besser zu verstehen und leichter zu portieren.

- Die Benutzerschnittstelle ist einfach aber leistungsfähig und umfangreich.

- UNIX bietet die Möglichkeit, komplexe Abläufe aus einfachen Mechanismen zusammenzusetzen (Baukastenprinzip).

- Das System besitzt ein hierarchisches Dateisystem, das leichter zu pflegen und zu implementieren ist.

- UNIX verwendet ein einheitliches Dateiformat

- Die Schnittstelle zu den peripheren Geräten ist einfach und einheitlich.

- UNIX ist ein Multiuser-Multiprocessing-System.

- Die Struktur der Hardware wird vor dem Benutzer verborgen

Systemstruktur

UNIX erhebt den Anspruch, relativ leicht von einer Maschine auf eine andere portierbar zu sein. Betrachtet man das System oberflächlich, als Substitut seiner Möglichkeiten, ist dieser Anspruch unverständlich, denn andere Systeme besitzen ähnliche Funktionalitäten ohne diesen Portabilitätsanspruch zu erheben. Jedes Betriebssystem besitzt eine Datenverwaltungsebene, eine Komponente zur Bedienung und Steuerung seiner Peripherie, Dienstprogramme, Prozeßsteuerung und vieles mehr. Worin liegt also der Unterschied zu UNIX, der den oben genannten Anspruch rechtfertigt?

Wenn man UNIX mit etablierten Großrechnersystemen vergleicht, so besteht ein augenfälliger Unterschied darin, daß UNIX keinerlei Unterscheidung zwischen Kommandos und Anwendungsprogrammen trifft. Auch Kommandoprozeduren sind nach außen von "echten" Kommandos nicht zu unterscheiden, und es bedarf keiner speziellen Systemkommandos, um Programme oder Prozeduren zum Ablauf zu bringen. Es können sogar alle ablauffähigen Konstrukte miteinander vermischt werden. Eine Kommandoprozedur kann ihrerseits Programme, Kommandos oder wiederum Prozeduren aufrufen. Bemerkenswert ist, daß jedes Konstrukt bei Beendigung im Aufrufenden wie ein zurückkehrendes Unterprogramm wieder aufsetzt.

Dies alles hat mit der Beantwortung der Frage, woher der Portabilitätsanspruch von UNIX rührt, zwar wenig zu tun. Es deutet aber an, daß die Art und Weise, in der UNIX seine Prozesse verwaltet, grundlegend anders sein muß, als in Systemen, wo ein beschriebenes Verhalten wegen der hohen Komplexität im Systeminnern entweder überhaupt nicht oder wenn, dann nur relativ kompliziert möglich ist.

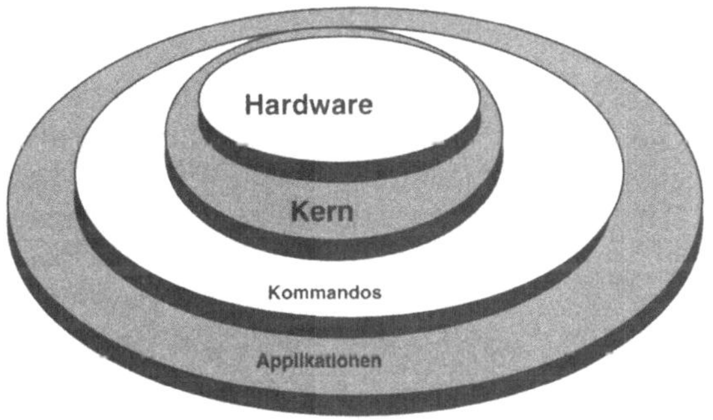

Auch die Behandlung von Daten ist in UNIX völlig anders geregelt. Begriffe wie File Control Blocks, Satzformate, Primär- und Sekundärzuweisungen, Tracks, Records usw. dringen nicht bis an die Benutzeroberfläche durch. Es gibt nur unformatierte Bytestreams, und die Programme benötigen keinerlei Kenntnis darüber, wie das System die Daten physikalisch ablegt. Hinsichtlich eventueller Formatierungen der Daten tragen die Programme selbst die Verantwortung.

Nicht einmal Geräte sind nach außen etwas anderes, als gewöhnliche Dateien. Die Systemschnittstellen zum Benutzer hin sind, sowohl was die Prozesse als auch die Daten angeht, deutlich weniger komplex. Diese Tatsache, zusammengenommen mit der, daß UNIX nicht weniger Leistung bietet, legt die Vermutung nahe, daß im Innern eine Komponente am Werk ist, die die Komplexität zu einem großen Teil wegnimmt.

Die Komponente, um die es geht, ist der eigentliche Systemkern von UNIX, und genaugenommen ist UNIX mit diesem "kernel" gleichzusetzen. Die Abbildung zeigt die prinzipielle Architektur von UNIX, deren Zentrum naturgemäß die Hardware bildet. Um sie herum ist der Kern des Systems gruppiert. Er steht unmittelbar mit ihr in Verbindung. Eine Ebene darüber befinden sich der Kommandointerpreter "Shell" und die Komponenten, mit denen UNIX meist gleichgesetzt wird, nämlich die Kommandos. Aufsetzend auf dieser Ebene befinden sich Anwendungen, die die Funktionalität der darunterliegenden Schichten nutzen. Die äußeren Schichten sind von der Hardware und von deren Eigenschaften entkoppelt und damit maschinenunabhängig. Die Kommandos von UNIX sind demnach bereits auf die Ebene der Dienst- oder Anwendungsprogramme verlagert.

Um wieder auf die Frage der Portierung zurückzukommen, es ist klar, daß als erstes der Kern auf die Zielmaschine übertragen werden muß. Da dieser als einzige Komponente unmittelbar mit der Hardware kommuniziert, ist die Vermutung naheliegend, diesen zum Zwecke der Portierung jeweils maschinenabhängig neu zu entwickeln und zwar in der entsprechenden Assemblersprache. Das war auch zu Urzeiten von UNIX der Fall, wo das System vollständig in Assembler geschrieben war. Seit Anfang der siebziger Jahre ist das anders, und gerade wegen der Portierbarkeit ist es so wichtig, daß zum damaligen Zeitpunkt das System nahezu vollständig - bis auf etwa zehn Prozent - in der Hochsprache C umgeschrieben wurde. Die existierenden UNIX-Kommandos sind ebenfalls in C geschrieben.

Der Aufwand, der für eine Portierung von UNIX auf eine andere Hardware zu erbringen ist, reduziert sich darauf, einerseits die etwa zehn Prozent des Kerns in Assembler zu implementieren, und andererseits einen C-Compiler auf dem Zielsystem verfügbar zu machen, der den Quellcode des restlichen Kerns und den der Kommandos in maschinenspezifischen Objektcode umsetzt. Da auch der C-Compiler größtenteils in C geschrieben ist, setzt ein generativer Mechanismus ein, der das gesamte System auf die Zielhardware portiert, sofern nur eine Komponente realisiert ist, die Objektcode für diesen Rechner erzeugt. Der Aufwand ist also relativ gering, jedoch in keinem Falle vernachläßigbar.

Man muß allerdings heute akzeptieren, daß die verschiedenen Rechnerhersteller mittlerweile ihren UNIX-Systemen immer spezielle Eigenschaften mitgeben. Dies liegt an der Tatsache, daß bestimmte, systemnahe Softwareprodukte aus Gründen der Effizienz Spuren im Kern hinterlassen. Insofern hat man es bei fast jedem Hersteller, der UNIX anbietet, mit einer eigenen Implementierung zu tun.

Alle Programme, die unter UNIX laufen - also insbesondere auch die Systemkommandos - setzen zur Laufzeit Aufrufe an den ständig in Bereitschaft stehenden Systemkern ab. Man spricht von "Systemcalls" und unterscheidet auch in der C-Entwicklungsumgebung alle Unterprogrammaufrufe nach Funktionen und Systemaufrufen. Der Kern selbst besteht aus etwa hundert derart atomarer Routinen. Die Gesamtleistung von UNIX setzt sich aus dieser Kernfunktionalität zusammen, die von Kommandos oder eigenen C-Programmen in Form der genannten "Systemcalls" eingefordert wird.

Diese Systemaufrufe zusammen genommen realisieren die beiden wesentlichen Untersysteme von UNIX, das Datei- und Prozeßsystem sowie das Speichermanagement, die Zuteilung und Verwaltung prozeßübergreifender Betriebsmittel und die Bedienung der peripheren Hardware.

SVR4 - System V Release 4

Mit System V Release 4 präsentiert sich der gelungene Versuch, die wichtigsten Entwicklungslinien von UNIX zu vereinigen. Es sind dies System V Release 3 - SVR3, XENIX, das BSD-System und SunOS. Um diesen Schritt zu vollziehen, war es notwendig, das System zum Teil grundlegend zu verändern. Dies dokumentiert sich insbesondere in der Struktur des Dateisystems, deren alte Teile, die dem Kenner bekannt sein dürften, nun in einem völlig anderen Kontext zu sehen sind. Auch die Tatsache, daß viele Verzeichnisse jetzt symbolisch gelinkt sind, legt Zeugnis ab für die Vereinigung der verschiedenen Derivate. Die nunmehr zum Umfang von UNIX zählenden Mechanismen zur Rechnerkommunikation haben das System ungemein bereichert. Headlines in der Aufzählung der Erweiterungen von Release 4 gegenüber Release 3 sind:

- die Korn-Shell, mit History und Kommandoeditierfähigkeit

- verschiedene Filesystemtypen

- standardmäßig symbolische Links

- TCP/IP Kommunikationsprotokoll-Software

- Kommandos für remote login, remote procedure call, file transfer

- ANSI C-Compiler, dynamisches Linken, virtuelle Adressierung

- graphische Benutzerschnittstellen (X-Windows, Open Look, OSF/Motif)

Dem Laien, der bis hierhin bereits Verständnisschwierigkeiten hat und mit den verwendeten Begriffen teilweise vielleicht noch nichts anzufangen weiß, sei an dieser Stelle zur Beruhigung erst einmal versichert: Es wird alles noch leicht verdaulich werden, denn genau das ist das Anliegen von "UNIX ... im Alleingang". Es sollte einleitend einmal ein globaler Eindruck hinsichtlich der Komplexität des Betriebssystems UNIX vermittelt werden, und um dies einigermaßen kompakt tun zu können, muß man zugegebenermaßen gleich am Anfang ein wenig "auf die Pauke" hauen.

Vielleicht gibt der Eindruck, der bis hierhin über UNIX entstanden ist aber bereits eine Antwort auf die Frage: "Warum UNIX, wo es doch das gute alte DOS gibt?"

UNIX ist eben ein Leistungsgigant und beinhaltet beinahe alles, was man zum professionellen Arbeiten braucht. Dateisystem mit Sicherheitsstandard, in der Regel eine Entwicklungsumgebung für Programme, Kommunikationsbasis für Netzwerke und vieles mehr. Man braucht diesbezüglich nur wenig hinzuzukaufen.

2. Erste Kontakte

2.1. Kapitelübersicht

Dieses Kapitel soll vor allem den Einsteigern die Arbeitsweise eines Rechners etwas näher bringen. Es soll gleichzeitig auch helfen, eventuell vorhandene Berührungsängste abzubauen, indem definitiv klar gestellt wird, daß Computer alles andere als intelligent sind.

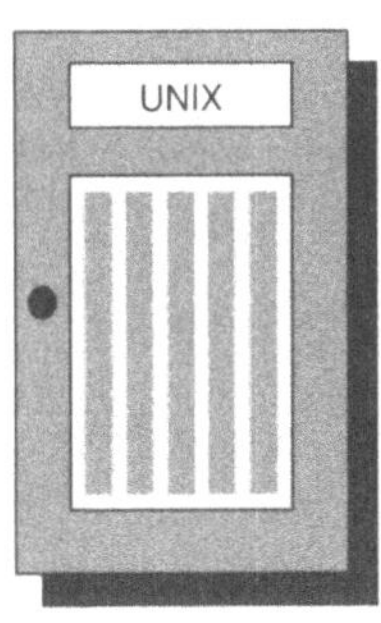

Sie machen Ihre ersten praktischen Erfahrungen mit dem System. Sie werden sehen, wie Sie den Dialog mit UNIX aufnehmen und wieder beenden können. Sie lernen Sicherheitsvorkehrungen kennen, mit denen UNIX sich gegen unberechtigten Zugang schützt. Sie werden auch einsehen, weshalb dies so wichtig ist. Ferner lernen Sie die Art und Weise kennen, wie UNIX Ihre Eingaben behandelt und wie Sie Eingabefehler korrigieren können.

Als erste praktische Anwendung werden Sie ausprobieren können, welche Möglichkeiten UNIX hinsichtlich der Benutzerkommunikation zu bieten hat.

- Systemzugang - UNIX-Sitzung beginnen und beenden
- Sicherheit - Benutzerkennungen und Paßworte
- Viren
- Echomodus, Pufferung, Fehlerkorrektur
- Die Shell Kommandosyntax
- Kommunikation `who`, `write`, `mail`
- Kalender `date`, `calendar`

2.2. Wie es überhaupt funktioniert

Die meisten Rechner, auf denen UNIX installiert ist, sind von deutlich kleinerer Bauart, als die sogenannten Mainframes oder Großrechenanlagen, die teilweise auch heute noch ganze Räume an Platz beanspruchen. UNIX-Maschinen stehen dagegen oft unter Schreibtischen, und so erlebt man es immer wieder, daß vor allem Mainframe-Umsteiger diese Maschinen als PCs betrachten und ihnen kurz vor Feierabend einfach den "Saft abdrehen". Dieser Kategorie von Lesern sei vorab, als erste vorbeugende Information mitgeteilt: Tun Sie das bitte nicht, es könnte unangenehme Folgen für die Datenbestände auf der Anlage haben. Eine UNIX-Maschine gehört, wie ein Maimframe-Computer, ordnungsgemäß "heruntergefahren". Stromabschalten ist ab jetzt verboten!

Bereits in der Einleitung wurde als eine der hervorragenden Eigenschaften von UNIX seine Verfügbarkeit auf einer großen Palette unterschiedlicher Rechnertypen genannt - man sagt auch, UNIX ist auf vielen Plattformen vertreten. UNIX läuft auf einem 386-er mit etwa 4 Megabyte Hauptspeicher und einer 100-Megabyte Platte ebenso, wie auf einem Midi-Rechner mit 32 Megabyte Speicher und Plattenkapazitäten bis zu mehreren Gigabytes. Diese Mittelklasserechner sind wohl die zur Zeit am häufigsten anzutreffenden UNIX-Träger. Der Trend geht zunehmend hin zu vernetzten Systemen und damit auch zu Einplatz-Workstations, die teilweise nicht einmal mehr eigene Platten haben.

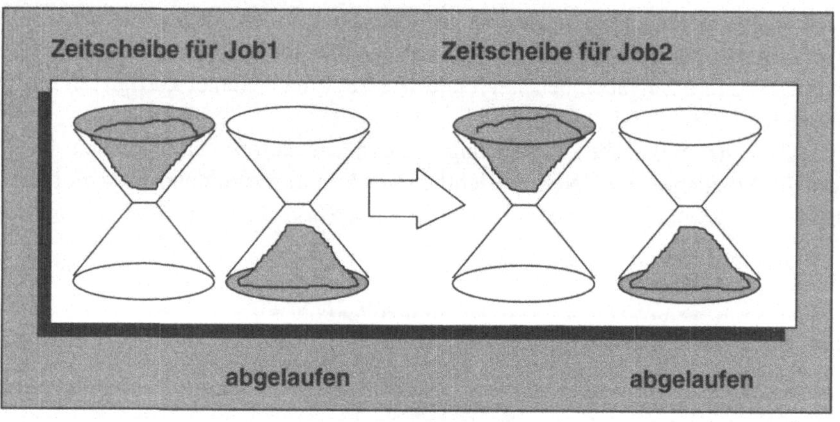

Die kleinere Dimensionierung der Maschinen liegt an ihrer moderneren Physik. Festplatten werden kompakter, Bandlaufwerke sind nicht viel größer als die Bandkassette selbst usw. Das Spektrum des Maschinenparks, für den UNIX in Frage kommt, ist also relativ groß. Die modernen, meist mit mehreren Prozessoren ausgestatteten RISC-Maschinen, welche mit Hauptspeichergrößen von 512 Megabyte und mehr aufwarten, beginnen bereits, den klassischen Mainframes hinsichtlich der Leistungsfähigkeit, den Rang abzulaufen - mit UNIX als Betriebssystem, versteht sich.

UNIX ist ein Multiuser-System, das heißt, mehrere Benutzer können zur gleichen Zeit die Leistung des Betriebssystems von mehreren angeschlossenen Terminals nutzen. Aufgrund der hohen Geschwindigkeit, mit der der Rechner seine Jobs bewältigt, hat jeder, der ihn beschäftigt, den Eindruck, die Maschine arbeite ausschließlich für ihn. In Wirklichkeit teilt der Rechner seine Leistung jedoch peinlich genau in winzige Zeiteinheiten auf, während denen er sich seinen einzelnen Aufträgen widmet - er betreibt "time sharing". Wann immer eine solches kleines Zeitintervall abgelaufen ist, wird der laufende Bearbeitungsschritt verdrängt, und der Prozessor wendet seine Aufmerksamkeit dem nächsten Job zu. Die Tatsache, daß UNIX quasi parallel mehrere Benutzer bedient, bedeutet, daß gleichzeitig mehrere Aufträge, Jobs oder Prozesse im System existieren - auch mehrere pro Benutzer. Diese Eigenschaft bezeichnet man als Multitasking oder Multiprocessing. Bei derartigen Systemen ist es absolut notwendig, die Datenbestände einzelner Benutzer voneinander zu trennen. Außerdem muß sich jeder Benutzer dem System gegenüber legitimieren. Hierzu bedarf es einer Benutzerkennung die der Systemverantwortliche zuteilt.

Ziehen wir hier ein wenig die Bremse an und beschäftigen wir uns kurz mit der Frage: Wie funktionieren sie denn eigentlich, die Kollegen Computer?

Da gibt es ja beinahe einen regelrechten Computermythos. Filme, Fernsehsendungen und teilweise auch Zeitschriftenartikel verbreiten Informationen, aus denen man schließen könnte, Rechner seien tatsächlich intelligent - weitaus intelligenter als wir selbst. Kein Wunder also, wenn Computer auch Ängste verbreiten. Bei vielen, die sich aus beruflichen Gründen heutzutage mit dem neuen Kollegen anfreunden müssen, und deshalb oft erst einmal eine Schulung über sich ergehen lassen müssen, kann man diese Hemmungen immer wieder beobachten. Viele trauen sich gar nicht erst an das Keyboard heran, weil sie glauben, etwas kaputtmachen zu können. Das eigene Selbstwertgefühl scheint auf Null zu sinken. Ehrfürchtig sitzt man dieser Horrormaschine jetzt selbst gegenüber. Sollten Sie selbst derartige Gefühle kennen, atmen Sie tief durch - Sie sind der Meister. Computer sind Maschinen und weiter nichts. Es sind stupide, wenn auch sehr schnelle Arbeiter, von eigener Intelligenz ist weit und breit keine Spur.

Rechner und die auf ihnen ablaufenden Programme und seien diese auch noch so ausgeklügelt, arbeiten alle nach einem Prinzip, welches auch jedem Kaugummiautomaten eigen ist. Alles sind determinierte, endliche Automaten, wie die Theoretiker sagen. Werfen Sie das Buch nicht gleich in die Ecke, wenn jetzt die Funktionsweise eines hochkomplizierten modernen Computers mit der des Bonbonautomaten an der Straßenecke verglichen wird. Das ist durchaus zulässig. Wie funktioniert denn der Automat?

Von sich aus tut er gar nichts - ein Computer auch nicht. Zuerst müssen Sie Geld einwerfen, also etwas eingeben. Verlangt der Automat für die Ware zum Beispiel eine Mark, wird er auf fünfzig Pfennig nicht reagieren. Erst nach dem richtigen Geldeinwurf ändert er seinen Zustand und nimmt, sofern er mehrere Angebote hat, als nächstes Ihre Wahl an. Fällt diese auf ein leeres Fach, verharrt der Automat in seinem Zustand und Sie müssen sich anders entscheiden. Falls er das Fach öffnet und Sie ins Leere greifen, haben Sie Grund, sich zu beschweren. Es liegt dann ein Programmfehler vor. Haben Sie eine gültige Wahl getroffen, die der Automat bedienen kann, liefert er Ihnen die Ware und begibt sich wieder in seinen ursprünglichen Zustand. Er wartet auf Geldeinwurf.

Versucht man, den Automaten unabhängig von der Ware, die er liefert, allgemein zu beschreiben, kann man folgendes festhalten:

- Automaten akzeptieren Eingaben

- Automaten besitzen verschiedene Zustände

- Automaten liefern Ausgaben

- die Anzahl oder die Möglichkeiten der Eingaben sind begrenzt

- gleiches gilt für die Ausgaben

- die verschiedenen Zustände sind ebenfalls in der Menge überschaubar, d.h. es sind nur endlich viele

- offensichtlich ändern sich Zustände in Abhängigkeit von der vorausgegangenen Eingabe

- Automaten machen nur in bestimmten Zuständen eine Ausgabe

- Automaten verhalten sich stets determiniert; sie arbeiten also immer gleichartig

Was würden Sie von einem Automaten halten, der nach Geldeingabe mal Zigaretten, mal Kaugummi oder auch den Spruch "Heute habe ich keine Lust zu arbeiten. Vielen Dank für Ihre Spende!" liefern würde? Mit Sicherheit würden Sie zukünftig den Weg zum nächsten, zuverlässigen Automaten nicht scheuen. Wir sind damit bei einer Eigenschaft von Automaten angelangt, die man mit Determiniertheit bezeichnet. Die Maschine soll bei identischen Ausgangsbedingungen immer die gleichen Resultate liefern. Ein Taschenrechner hat auf die Eingaben 45,8*47,11 stets das Ergebnis 2 157,638 abzuliefern, sonst können Sie ihn getrost wegwerfen.

Unabhängig von der Komplexität einer technischen Einrichtung erwartet man von ihr Zuverlässigkeit oder determiniertes Verhalten. Bei Computern und ihren Programmen ist das genauso. UNIX macht auch keine Ausnahme. Rechner handeln also immer gleichartig - im Positiven wie im Negativen. Liegt ein Programmfehler vor, wird dieser mit einer geradezu als dumm zu bezeichnenden Beharrlichkeit stets wieder reproduziert. Gerade dieses stereotype, immer gleiche Verhalten macht offenkundig, daß der gesamte Mechanismus auf gar keinen Fall intelligent sein kann.

Wie würden Sie jemanden bezeichnen, der ständig über ein soeben mühsam angefertigtes Schriftstück seine Kaffeetasse ausleert? Derart verrückt verhalten sich Computer, wenn sie falsch programmiert wurden. Es gibt nichts in ihnen selbst, was sie auf ihr dummes Verhalten aufmerksam machen würde.

Bei Computern ist die Menge der internen Zustände, der Ein- und Ausgaben zwar ungleich höher, als bei Kaugummiautomaten, das Prinzip ist aber absolut identisch. Ihre Arbeitsweise ist ebenfalls vollkommen determiniert. Sie lernen aber auch nichts dazu, die Menge ihrer internen Zustände ist stets gleich groß. Damit sind sie auf keinen Fall intelligent. Sollten Sie also wieder einmal irgendwo lesen ".. der Computer hat gesagt, daß ..." können Sie es getrost mit einem milden Lächeln abtun. Kein Computer gibt etwas von sich, wozu er nicht explizit aufgefordert ist.

Das alles soll aber auf gar keinen Fall heißen, daß man den Erfindern von Computern und denjenigen, die die Software dafür schreiben, Dummheit andichten will - im Gegenteil.

Bei Rechnern kommt der Stein dadurch ins Rollen, daß man ihn unter Strom setzt. Diese Initialzündung, die mit dem Einwurf der ersten Münze in einen Automaten gleichgesetzt werden kann, produziert dann eine Reihe von Zustandsänderungen und Ausgaben im Rechner, die man nach außen nicht wahrnimmt. Man muß auch im Normalfall nicht manuell eingreifen, denn die internen Ausgaben werden wiederum als Eingaben verwendet, die dann weitere Zustandsübergänge bewirken uns so weiter. Die ersten Aktivitäten, die im Rechner ablaufen, sind nur auf die physikalischen Komponenten des Computers - die Hardware - bezogen. Speicher wird überprüft, angeschlossene Festplattenlaufwerke, Monitore usw. werden per Hardwareprotokoll auf Existenz und Funktionieren gecheckt. Tritt in dieser Phase des Hochfahrens - wie man im Jargon sagt - ein schwerer Fehler auf, beendet sich der Vorgang und die Maschine ist in aller Regel ein Fall für die Wartung. Geht alles gut, geht der bis dahin rein hardwaremäßig funktionierende Automat über in eine Kombination aus Physik und Logik. Die Software kommt hinzu.

Der Rechner lädt einen "Bootstrap" in den Arbeitsspeicher, das ist eine physikalisch genau lokalisierte Information auf der Festplatte, und die Kette von Eingaben, Zustandsänderungen und Ausgaben setzt sich dort fort. Schließlich produziert die Maschine lesbare Informationen auf dem Bildschirm und der Zuschauer dieses Prozesses erfährt, mit welchem Betriebssystem er es auf dem gerade "hochgefahrenen" oder "gebooteten" Rechner zu tun hat. Die Maschine ist jetzt im Systemmodus und ihr Verhalten wird von jetzt an durch das laufende Betriebssystem geprägt.

Das ist unser Einstiegspunkt - unser Betriebssystem heißt UNIX.

2.3. Systemzugang

Um mit UNIX Bekanntschaft zu schließen, benötigen Sie einen Bildschirm oder wie man auch sagt, ein Terminal. Befindet sich ein solches Terminal im Grundzustand, das heißt, es ist eingeschaltet und niemand arbeitet gerade daran, zeigt es dies durch seine Login-Eingabebereitschaft an.

Will man einen Dialog mit UNIX beginnen, muß man zunächst seine Benutzerkennung eingeben - Sie haben es ja mit einem Multiuser-System zu tun. Eine solche Benutzerkennung teilt Ihnen der Systemverantwortliche zu. Im Jargon spricht man anstatt von der Benutzerkennung oft von der Userid. Wenn Sie sich schon die Mühe machen, ein Buch über UNIX zu lesen, sollten Sie auch mit dem dazugehörenden "Slang" vertraut werden. In Zukunft werde ich mich also nicht scheuen, Ausdrücke wie "Userid", "booten", "einloggen" und ähnliche, für Germanistenohren unmögliche Wortschöpfungen zu verwenden. Sie sollen ja auch mitreden können.

Sie finden auf einem freien Bildschirm stets eine Eingabeaufforderung nach folgendem Muster vor:

```
login:

Bitte Kennung eingeben:
```
oder so ähnlich

Dort geben Sie Ihre Benutzerkennung über die Tastatur ein. Die Tatsache, daß bereits die Login-Aufforderung hier nicht eindeutig wiedergegeben werden kann, soll als Hinweis dafür dienen, daß in UNIX vieles veränderbar oder konfigurierbar ist. Das heißt für die Zukunft: Nicht alles, was Sie hier lesen, ist wörtlich zu nehmen. Es kann in der Nuance auf Ihrem System immer etwas abweichen. Die Interpretation dessen, was hier geschrieben steht und was Ihr System Ihnen mitteilt, sollte jedoch stets eindeutig gelingen. Meist sind es auch nur Äußerlichkeiten, die von der Norm abweichen. Je tiefer Sie ins System eindringen, umso geringer wird der individuelle Spielraum der Systemadministratoren und die Reaktionen des Systems verhalten sich dem Standard entsprechend.

Wir waren bei der Eingabe der Benutzerkennung auf die entsprechende Aufforderung vom System. Stellvertretend für Ihr eigenes Kennwort, wird im folgenden stets `myself` angenommen. Sie geben also Ihre eigene Kennung ein. Die Eingabe schließen Sie mit der Returntaste ab, die zukünftig mit <RET> abgekürzt wird. Sie sieht in etwa so aus, wie abgebildet.

Während Sie Ihre Benutzerkennung eintippen, können Sie sie am Terminal gleich mitlesen. Allerdings kann jeder, der Ihnen beim Login-Vorgang über die Schulter schaut, die Kennung aber genauso sehen. Damit sind wir schon bei den Sicherheitsaspekten. Es wäre also kein Problem, für den "Schultergucker", sich unerlaubterweise unter Ihrer Kennung ins System "zu mogeln" und - wie Sie noch sehen werden - alle Datenbestände zu durchforsten oder gar zu löschen.

Dagegen ist natürlich Vorsorge zu treffen und es ist notwendig, zusätzlich zu den Benutzerkennungen noch Paßwörter zu definieren, die während der Eingabe nicht sichtbar sind, das heißt, sie müssen blind eingegeben werden. Nun könnten Sie mit Recht fragen, warum werden die Benutzerkennungen nicht unsichtbar eingegeben? Die Userid soll aus Gründen, die Sie im Rahmen der Kommunikationsfunktionen bald als plausibel erkennen werden, kein Geheimnis sein.

Der Systemzugang geschieht also durch Eingabe von Benutzerkennung und Paßwort, und ein Arbeiten mit UNIX ist erst dann möglich, wenn beide Angaben vom System als korrekt erkannt sind. Exemplarisch sieht der Login-Vorgang dann folgendermaßen aus:

```
Login:       myself <RET>            Möglicherweise ein spezielles Layout
Password:    _______________ <RET>
                                     Gegebenenfalls einige Meldungen
PROMPT:
```

Höchstwahrscheinlich zeigt das Terminal, an dem Sie sich einloggen irgendein Logo, Bulletin oder ein Begrüßungslayout an, das hier aber nicht weiter interessiert.

Sofern alles in Ordnung war, meldet sich UNIX - gegebenenfalls nach einigen Meldungen - mit einer zukünftig stets gleich aussehenden Kommandoeingabeaufforderung. Diese Aufforderung wird "Prompt" genannt und kann verschieden aussehen. Im einfachsten Fall ist sie identisch mit einem Dollarzeichen $. Wenn immer Sie den Prompt erhalten, sind Sie wieder am Zug, UNIX erwartet dann von Ihnen Kommandoeingaben. Sollten Sie also anstatt des $ einen anderen Prompt erhalten, ignorieren Sie dies vorerst. Ich nehme im folgenden immer das Dollarzeichen als Promptsymbol an.

Es könnte durchaus sein, daß Sie gar nicht bis zum Erhalt des Prompt durchdringen, weil Sie sich während der Eingabe der Userid oder des Paßwortes verschrieben haben. Das ist nicht weiter tragisch. Falls Sie es gleich bemerken, korrigieren Sie mit der Backspacetaste. Sie liegt bei den meisten Tastaturen über der Returntaste und weist einen dicken Pfeil nach links auf. Sie ist deutlich größer, als die entsprechende Cursortaste. Die Cursortasten sind für Eingabekorrekturen nicht zu gebrauchen. Falls Sie einen Schreibfehler nicht gleich bemerkt haben, wird UNIX Ihre Login-Anforderung zunächst abweisen, Ihnen aber - möglicherweise nach einer kurzen Wartezeit - erneut eine Chance geben. Bei fehlerhaften Kommandoeingaben reagiert das System später mit einer Fehlermeldung oder führt das Kommando nicht im gewünschten Sinne aus.

Backspace

UNIX unterscheidet sehr wohl zwischen Groß- und Kleinschreibung, ist also, wie man sagt, case-sensitiv. Achten Sie beim Login darauf, daß der Benutzername in Kleinbuchstaben eingegeben wird, da sonst generell auf Großschreibung umgeschaltet wird. In der laufenden Sitzung läßt sich dies dann auch nicht mehr rückgängig machen.

In manchen Systemkonfigurationen besteht noch immer die Möglichkeit, Benutzerkennungen ohne Paßwort zu definieren. In diesem Fall reagiert UNIX unmittelbar nach der Eingabe der Benutzerkennung mit dem Prompt-Zeichen. Sie sollten sich dann aber unbedingt ein Paßwort definieren. Dazu haben Sie mittels des folgenden Kommandos jederzeit die Möglichkeit.

passwd - Set or change password

Um ein Paßwort festzulegen oder zu ändern, verwenden Sie das folgende Kommando:

```
passwd    Paßwort definieren und Attribute ändern

passwd [-s] [name]
-s        liefert Informationen hinsichtlich der Gültigkeitsdauer des
          Paßwortes
name      Angabe einer Benutzerkennung, auf die sich das Kommando
          bezieht (nur die eigene Benutzerkennung ist erlaubt)
          Weitere Optionen finden sie in den Handbüchern.
```

Im Falle einer Paßwortänderung wickelt UNIX dann mit Ihnen den folgenden Dialog ab:

```
$ passwd                                    Kommandoeingabe

passwd: changing password for myself        hier steht Ihre Userid

Old password:___________                    Eingabe des bisherigen Paßwortes

New password:___________                    Eingabe des neuen Paßwortes

Re-enter new password: ___________          Wiederholung des neuen Paßwortes
```

Sollte der Systemadministrator Ihre Benutzerkennung ohne Paßwortschutz eingerichtet haben, entfällt selbstverständlich die Angabe des "alten" Paßwortes im obigen Beispieldialog.

Sie können ein selbst ausgedachtes Paßwort eingeben. Aus verständlichen Gründen ist auch diesmal die Eingabe nicht sichtbar. Zur Vermeidung von Mißverständnissen bei etwaigen Tippfehlern, verlangt UNIX anschließend das Paßwort noch einmal und akzeptiert es nur, wenn Sie beidemal das gleiche eingegeben haben. Werden Unterschiede in beiden Eingaben festgestellt, beendet sich das Kommando mit Fehler und Sie müssen es erneut aufrufen.

Falls bereits ein Paßwort für Ihre Benutzerkennung definiert war, und Sie dieses nur ändern wollen, tun sie es mit dem gleichen Kommando. Sie müssen dann aber zunächst das alte Paßwort eingeben, bevor der gleiche Dialog, wie oben beschrieben, abläuft. Würde UNIX eine Paßwortänderung kritiklos, also ohne vorherige Paßwortabfrage, akzeptieren, könnte genauso gut ein fremder Benutzer während Ihrer Abwesenheit Ihr Paßwort ändern. Sie könnten dann zwar nach Ihrer Rückkehr wie gewohnt weiterarbeiten, würden sich aber beim nächsten Login wundern, warum UNIX sie unter der eigenen Kennung nicht mehr "reinläßt".

Sie sollten sich ohnehin angewöhnen, bei längerer Abwesenheit auszuloggen, damit nicht fremde Hände mit Ihrer Berechtigung am System arbeiten können.

Sicherheitsvorkehrungen

Mittlerweile haben sich bei UNIX einige Security Standards etabliert, um unter anderem zu garantieren, daß keine Benutzerkennung mehr ohne Paßwort definiert werden kann, oder daß Paßworte eine bestimmte Qualität aufweisen. Je nachdem, ob auf Ihrem System ein solcher Sicherheitsstandard konfiguriert ist, kann bei der Definition oder bei der Änderung eines Paßwortes vom System eine Anfrage kommen, die es Ihnen freistellt, ein Paßwort selbst zu definieren oder sich vom System eines generieren zu lassen. Bestehen Sie auf Individualität, kann es sein, daß UNIX Ihr Paßwort nicht akzeptiert, weil es den Qualitätsansprüchen nicht genügt. Möglicherweise ist es zu kurz oder enthält keine Ziffern oder Sonderzeichen. Sie müs-

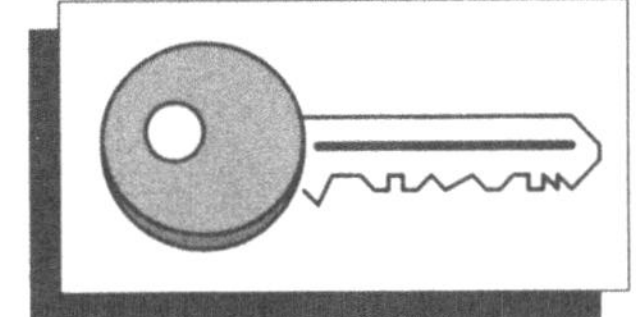

sen dann solange neue Paßworte erfinden, bis das System es als qualitativ ausreichend akzeptiert. Sollten Sie es vorziehen, sich ein Paßwort vom System vorgeben zu lassen, tun Sie gut daran, es sich zu notieren, denn UNIX sorgt für Paßworte, die sich keiner so leicht merken kann.

Zum Sicherheitsstandard gehört auch, daß Paßworte veralten. Das bedeutet, das System verlangt von Ihnen, Ihr Paßwort in bestimmten Abständen zu erneuern. Dies tun Sie dann in der beschriebenen Weise mit dem Paßwortkommando.

Um zu überprüfen, wie es um Ihre Paßwortgültigkeit bestellt ist, können Sie das `passwd`-Kommando mit der Option `-s` aufrufen. Sie erhalten daraufhin die folgenden Informationen zurück.

```
$ passwd - s myself
myself ps 05/27/92 10 168 7
```

Es bedeuten

7	Sie erhalten 7 Tage vor Ablauf des Paßwortes einen Hinweis
168	Ihr Paßwort hat ab dem Tag der Vergabe 168 Tage Gültigkeit
10	das Paßwort darf frühestens 10 Tage nach Festlegung geändert werden
05/27/92	Datum der Paßwortvergabe (hier: 27. Mai 92)

Die Bedeutung der einzelnen Informationsbestandteile ist im Beispiel bereits erläutert.

Sollten Sie auf die Idee kommen, nach einer erzwungenen Paßwortänderung unmittelbar das alte Kennwort mit `passwd` wieder zu reaktivieren, wird UNIX dies wegen der Mindestgültigkeit nicht akzeptieren.

Qualitätskriterien für Paßworte innerhalb UNIX System V 4 können beispielsweise sein:

- Das System verlangt bereits beim ersten Login eine Paßwortänderung. (Das ist dann der Fall, wenn Ihre Kennung vom Administrator zwar mit Paßwortschutz eingerichtet wurde, dieses jedoch explizit noch nicht vergeben wurde. Sie müssen das beim ersten Login selbst besorgen.)

- Paßworte müssen mindestens 6 Zeichen lang sein, ggf. müssen Ziffern oder Sonderzeichen enthalten sein.

- Permutationen der Buchstaben aus der Benutzerkennung sind unzulässig, insbesondere die Benutzerkennung selbst.

- Das neue Paßwort muß sich in mindestens drei Zeichen vom alten unterscheiden.

Die vorstehend genannten Kriterien sind wiederum keine absolute Information. Ihr Systemverwalter kann andere eingestellt haben.

Alles, was verboten ist reizt bekanntlich. Ein Versuch, sich einmal als Hacker zu betätigen und in eine fremde Kennung - womöglich noch in die des Systemverwalters - einzudringen, kann auf manchen Systemen eine definitive Blockade des Terminals auslösen. Peinlich, daß nur der Administrator diese wieder beseitigen kann. Es soll vorgekommen sein, daß wegen eines vergessenen Superuser-Paßwortes bei einem UNIX-System, das auf einem Einplatzrechner mit nur einem angeschlossenen Bildschirm lief, eine komplette Neuinstallation des Systems notwendig wurde.

Auf alle Fälle werden fehlgeschlagene Login-Versuche protokolliert und es ist relativ einfach, den Eindringling herauszufinden. Es gibt eine vom System tolerierte maximale Anzahl von Fehlversuchen sich anzumelden. Die Anzahl kann bei der Generierung des Systems eingestellt werden und ist in der Regel nicht allzu hoch bemessen. Nach jedem gescheiterten Login-Versuch läßt UNIX Sie, wie schon erwähnt, möglicherweise eine Weile warten. Diese Wartezeit kann ebenfalls auf verschiedenen Systemen unterschiedlich lange bemessen sein.

Sollte man sein eigenes Paßwort einmal vergessen, gibt es auch für den Systemadministrator keine Möglichkeit, es wieder herauszufinden. Das einzige, was er tun kann, ist, entweder mit Ihnen zusammen ein neues Paßwort einzutragen, oder den Paßwortschutz für Ihre Kennung vorübergehend ganz außer Kraft zu setzen. Sie müssen sich dann beim nächsten Login ein neues Paßwort definieren.

Was im übrigen die Qualität von Paßwörtern betrifft, sollte klar sein, daß Vornamen aus dem Verwandten- und Bekanntenkreis denkbar ungeeignet sind. Diese sind meist bekannt und werden von Hackern als erstes ausprobiert. Wählen Sie also etwas Ausgefallenes, etwa eine Kombination aus Buchstaben und Zahlen, die Sie anhand eines Bildungsgesetzes stets reproduzieren und neu ermitteln können. Der Phantasie sind keine Grenzen gesetzt; das Thema ist jedoch im Zeitalter der Rechnernetze sehr ernst zu nehmen.

Entgegen älteren UNIX-Versionen wird in der Release 4 Variante unmittelbar nach Login stets folgende Information ausgegeben:

```
Last login: ....
```

Sie verrät Ihnen durch Datum, Uhrzeit und Terminalbezeichnung, ob jemand während Ihrer Abwesenheit unter Ihrer Kennung tätig war. Besonders fragwürdig wird es, wenn anstelle des Terminals eine Folge von vier Zahlen, jeweils durch Punkt getrennt erscheint - z.B.: 123.456.78.901. Hierbei handelt es sich um eine sogenannte IP-Adresse, das ist eine Rechneridentifikation in einem Netzwerk. Taucht eine solche IP-Adresse auf, dokumentiert dies bereits den gelungenen Versuch, von außen - also von einem Fremdrechner - unter Ihrer Kennung ins System einzudringen. Sie sollten daraufhin sofort Ihr Paßwort neu festlegen, sich die IP-Adresse unbedingt notieren und Ihrem Systemverwalter mitteilen. Er hat Möglichkeiten, den Rechner zu identifizieren und der Sache nachzugehen.

Damit streifen wir bereits ein Thema, das auch DV-Neulingen bereits bekannt sein dürfte.

Hacker, Viren, Würmer und sonstige Tierchen

Diese Begriffe machen seit längerer Zeit in DV-Kreisen die Runde. Alle haben etwas mit Datensicherheit zu tun. Es ist nichts Neues, daß Informationen auf Rechnern unter Umständen sehr viel Geld wert sind. Dies ist Anreiz zu Versuchen, in fremde Systeme einzudringen und Daten zu meist illegalen Zwecken "abzusaugen". Der Abschnitt kann hier nicht sehr in die Tiefe gehen. Auch zu diesem Thema gibt es zahlreiche Bücher, und es gibt die regelrechte Wissenschaft der "Computer-Virologie". Es gilt aber rechtzeitig Sensibilität zu erzeugen.

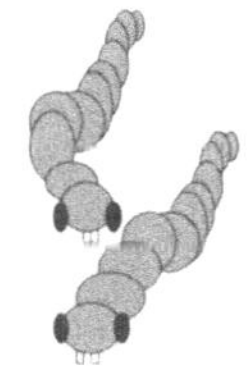

Hacker sind Leute, die versuchen, in fremde Systeme einzudringen. Es gibt bereits professionelle Hacker, die legal und gegen Entgelt, den Auftrag haben, zu versuchen, in besonders sicherheitssensible Systeme einzudringen. Es gibt aber auch Hacker, die ihre Fähigkeiten für illegale Zwecke mißbrauchen. Die Hemmschwelle bei Personen, die einfach aus Spaß ein wenig "hacken", ist wegen der Anonymität und wegen der oft nicht vorhandenen bösen Absicht herabgesetzt. Man hat nicht das Gefühl, Schaden anzurichten oder gar kriminell zu handeln. Das dachte sicher auch der Student Robert Morris, der im Herbst 1988 einen

Wurm ins amerikanische Internet einbrachte. Der Eindringling richtete selbst keinen Schaden an, als man jedoch bemerkte, daß sich offensichtlich im Netz etwas eingeschlichen hatte, trennten sich sofort zahlreiche Rechenzentren aus Panik vom Netz, was durch Blockaden und Informationsverluste zu millionenschweren Schäden führte.

Um von außen in ein Rechnernetz einzudringen, bedarf es keiner großartigen Ausstattung. Ein DOS-PC mit Modem und Terminalemulations-Software genügen - letztere gibt's bei Windows gratis dazu. Natürlich muß man die Telefonnummer eines anderen Modems kennen, welches an einen Rechner angeschlossen ist. Diese herauszufinden ist aber in vielen Unternehmen überhaupt kein Problem, da auf Modems oft Etiketten mit der Telefonnummer aufgeklebt sind - fast wie eine Einladung also.

Ist man erst einmal auf einem Rechner, kann man sich über die weiteren angeschlossenen Rechner in einem Netzwerk verbreiten - die "Anschriften" dieser Rechner stehen für jedermann lesbar in einer Datei. Oft hat man Glück und kann über die Benutzerkennung "gast" oder "guest" einloggen. Diese Kennungen sind oft nicht einmal durch ein Paßwort gesichert. Vielerorts ist sogar die root-Kennung des Systemverwalters unzureichend oder gar nicht geschützt. Das alles ist besonders fatal, bedenkt man, daß es Möglichkeiten gibt, Netzwerke so zu konfigurieren, daß beim Übergang von einem Rechner zum anderen Paßworte nicht noch einmal abgefragt werden. Dann ist man plötzlich Superuser auf einem ganzen Netzwerk. Gerade diese Konfigurationsmöglichkeit stellt ein enormes Sicherheitsrisiko dar und sollte wohl bedacht werden.

Viren sind Programmfragmente, die für sich gar nicht einmal ablauffähig sind. Sie können nur innerhalb eines Wirtsprogrammes "existieren" und insofern haben sie Ähnlichkeit mit ihren biologischen Verwandten. Viren werden von außen in Rechner eingeschleust. Dazu gibt es die verschiedensten Möglichkeiten. Infizierte Programme können sich auf Disketten befinden, die kritiklos auf dem eigenen Rechner installiert werden - sehr beliebt sind Spiele. Infizierte Programme agieren während ihrer Ausführung nach außen unbemerkt noch im Hintergrund. Sie suchen sich dabei Bitmuster in anderen Programmen, die geeignet sind, sich dort zu reproduzieren. Auf diese Weise beginnen bis dahin zuverlässig funktionierende Programme, den Virus ebenfalls weiter zu verbreiten. Viren können aber auch über ein Netzwerk in den eigenen Rechner gelangen. Das Programm "sendmail" zum Verschicken von elektronischer Post hatte beispielsweise in früheren Zeiten Sicherheitslücken, durch deren Ausnutzung es gelang, Nachrichten an laufende Programme zu verschicken. Diese Nachrichten waren dann Programme, die ausgeführt wurden und Schaden anrichteten.

Würmer sind im Gegensatz zu Viren Programme mit Eigenleben. Sie sind selbst ablauffähig und breiten sich als Speicherfresser oder Blockierer von Kommunikationskanälen in Netzwerken aus.

Des weiteren gibt es Trojanische Pferde, das sind üblicherweise Programme, die allgemein bekannt und oft genutzt werden. Meist sind es sogar Kommandos, die zwar noch immer das tun, was man von Ihnen erwartet, zusätzlich aber noch versuchen, die Sicherheitsvorkehrungen eines Systems zu hintergehen.

Echomodus

Insbesondere dann, wenn Sie Erfahrungen auf Großrechnersystemen haben, wird Ihnen die Art, in der UNIX die Tastatureingaben verarbeitet, ungewohnt sein. Bei der Eingabe wird prinzipiell jedes Zeichen von der Tastatur an die CPU weitergeleitet und erst von dieser an den Bildschirm zurückgegeben - man spricht hier vom Echomodus. Das bedeutet, daß Schreibfehler in dem Moment, in dem sie bemerkt werden, dem Rechner bereits übertragen wurden - sie sind gepuffert. DOS-Anwender kennen das bereits.

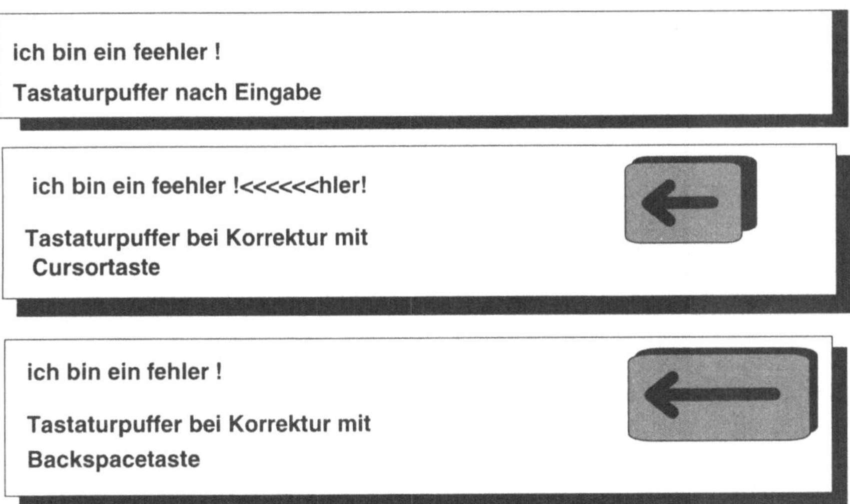

Auf Terminals von Groß-rechnern könnte man beim Erkennen eines Eingabefehlers ohne weiteres mit den Cursortasten noch zurück positionieren und korrigieren. Das funktioniert aber weder bei DOS noch bei UNIX, denn die Positionierungstasten werden wie gewöhnliche Zeichen im Puffer notiert. Auch wenn am Bildschirm alles in Ordnung scheint, maßgeblich ist der Speicherinhalt. Die einzige Möglichkeit, einen zurückliegenden Fehler zu korrigieren besteht darin, mit der Backspacetaste alle Zeichen nach dem Fehler am Bildschirm und damit gleichzeitig auch im Puffer zu löschen und ab der korrigierten Stelle erneut zu schreiben. Das ist zugegebenermaßen etwas lästig.

Am Anfang wird man sicher häufig den Fehler machen und versuchen, einen bereits eingegebenen Zeichenstring durch Positionieren mit den Cursortasten und durch Überschreiben einzelner Zeichen zu editieren. Nach Übertragen der Zeichenfolge mit <RET> erhält man dann vom System in der Fehlermeldung alle Eingaben - inklusive der Cursorpositionierungszeichen - zurück und erkennt, daß vermeintlich überschriebene Fehleingaben nicht gelöscht wurden. Die Returntaste hat also keine explizite Datenübertragungsfunktion, sie signalisiert nur das Eingabeende, woraufhin der bereits komplett im Puffer vorliegende Kommandostring an das System übergeben und von UNIX analysiert wird.

Bei hoffnungslosen Verschreibern oder irrtümlich eingegebenen Kommandos können Sie UNIX durch Betätigen der Abbruchtaste (Abr, Del, Entf,...) veranlassen, die komplette, gepufferte aber noch nicht mit <RET> quittierte Eingabe zu ignorieren. Der beschriebene Echomodus hat bei weitem mehr Vorteile als Nachteile, so daß das Ärgernis der nicht mehr nachträglich editierbaren Eingabe in Kauf genommen werden kann. Zum einen kann man das Echo der Eingabe unterdrücken, zum anderen kann man in Anwendungen mit formatierter Eingabe sofort auf fehlerhafte Daten reagieren. Moderne graphische Oberflächen mit Maus als Bedienungselement sind nur unter dem Echomodus realisierbar.

Abmelden

Nachdem Ihnen der Systemzugang und die Definition von Paßwörtern jetzt geläufig sind, sollte natürlich noch erklärt werden, wie Sie das System wieder verlassen können. Hierzu aktivieren Sie die Tastenkombination

```
<Ctrl><D> (Control D)
```

Sie betätigen dabei erst die Control-Taste und dann zusätzlich die Taste D, um die UNIX-Sitzung zu beenden. Es kann möglich sein, daß auf Ihrem System diese Kombination auf einer besonderen Taste (Funktionstaste, Endtaste u.s.w.) kodiert ist, die genannte Kombination ist jedoch Standard und funktioniert immer. Außerdem sind Tastenkombinationen für derartige Aktionen geeigneter, um nicht versehentlich etwas auszulösen - vielleicht kennen Sie die Dreierkombination Ctrl-Alt-Del (bzw. Strg-Alt-Entf) zum Warmstart bei DOS.

Sollten Sie die Taste mit der Aufschrift Ctrl auf Ihrer Tastatur vergeblich suchen, verwenden Sie die mit der Aufschrift Strg; beide sind in ihrer Wirkungsweise identisch. Sie finden sie in der Regel ganz unten links auf dem Keyboard. Vielleicht haben Sie vorher Ihr Paßwort mit dem passwd-Kommando geändert. Wenn Sie die Sitzung jetzt beendet haben und sich gleich wieder einloggen, muß Ihr neues Paßwort aktiv sein.

2.4. Der Kommandointerpreter Shell

Sobald Sie eine UNIX-Sitzung eröffnen und der Prompt Ihnen die Bereitschaft der Kommandoentgegennahme signalisiert, ist eine Komponente von UNIX aktiv, die als Shell bezeichnet wird. Diese Hülle (um den Systemkern) übernimmt die Analyse und Interpretation dessen, was Sie eingeben. UNIX kennt mehrere Shells. Die Ursprüngliche ist die nach ihrem Erfinder benannte Bourne-Shell.

Eine Erweiterung stellt die Korn-Shell dar, ferner gibt es die oft von Systemadministratoren bevorzugte C-Shell. Wir werden uns in diesem Buch ausschließlich mit der Bourne- und Korn-Shell auseinandersetzen.

Auf alle Fälle sind beide nicht grundsätzlich verschieden, die Korn-Shell umfaßt in ihrer Funktionalität all das, was die Bourne-Shell zu bieten hat. Da die Korn-Shell mittlerweile Bestandteil von UNIX geworden ist, sollte man sie auch nutzen. Die Beherrschung der Bourne-Variante ist Voraussetzung für das Verständnis der Korn-Shell. Somit ist es sinnvoll, sich zunächst mit der Bourne-Variante auseinanderzusetzen, um später die Unterschiede und Zusatzleistungen der Korn-Shell darauf aufzubauen. So wird denn in den nächsten Kapiteln im Grunde stets die Bourne-Shell als gegeben angenommen - nicht zuletzt auch aus Rücksicht auf diejenigen Leser, die ohnehin nur eine Bourne-Shell zur Verfügung haben.

Falls Sie bereits mit der Korn-Shell arbeiten sollten, gibt es zunächst wenig Unterschiede. Wenn doch, so wird an entsprechender Stelle darauf hingewiesen.

Der Aufbau eines jeden Kommandos, unterliegt einem Regelwerk - man spricht auch von Grammatik oder meist von Syntax.

Da ist zum einen das Kommando selbst. Dieses Kommandowort ist Synonym für eine Aktion, die auszuführen ist - beispielsweise die Liste aller Dateien anzeigen oder einen Kalender ausgeben (`ls` bzw. `cal`). UNIX kennt eine sehr große Anzahl von Kommandos, die man jedoch nicht alle auswendig kennen muß. Diejenigen, die man oft benutzt, prägen sich innerhalb kurzer Zeit ein. Die seltener verwendeten Kommandos kann man in den Systemmanualen nachschlagen. Dies tun übrigens auch noch Experten mit langjähriger Praxis.

Der Wirkungsbereich eines Kommandos kann eingeschränkt werden - beispielsweise nur die Liste der Dateien anzeigen, deren Namen mit dem Buchstaben "a" beginnen (`ls a*`). Des weiteren kann die Wirkungsweise des Kommandos selbst beeinflußt werden - etwa die Liste aller Dateien anzeigen, deren Namen mit "a" beginnen, dabei aber die Namen entgegen dem Standard in alphabetisch umgekehrter Reihenfolge anzeigen (`ls -r a*`).

Unter den Kommandos gibt es einige Kandidaten mit einer den Anfänger wahrscheinlich verwirrenden und unverständlichen Palette an Variationsmöglichkeiten. Selbstverständlich werden wir uns auch an solche "Brocken" heranwagen. Wichtig für den Anfang ist jedoch erst einmal, das prinzipielle Verständnis eines Kommandos und nicht unbedingt die Beschreibung all seiner Nuancen. Systemmanuale beschreiben Kommandos in ihrer gesamten Bandbreite - und das müssen sie auch. Gerade deswegen sind aber Systemhandbücher keine Lehrbücher. Eines der Ziele, die dieses Buch anstrebt, ist auch das Verständnis dieser

Manuale. Gerade am Anfang werden Kommandos im Text daher oft mit Absicht nicht vollständig wiedergegeben. Je weiter Sie jedoch vorstoßen, desto mehr Ähnlichkeit werden die Kommandobeschreibungen, die Sie hier antreffen, mit denen der Handbücher bekommen. Am Ende in der Kommandoübersicht sind sie dann weitestgehend deckungsgleich. Denn da liegt das Hauptaugenmerk auf den primär wichtigen Funktionalitäten.

Wer also Kommandos während des Durcharbeitens des Buches in ihrer gesamten Bandbreite kennenlernen will, sei bereits hier auf die genannte Übersicht am Ende bzw. auf die Systemliteratur verwiesen.

Generell, und zugegebenermaßen etwas vereinfachend, kann man sagen, ein Kommando besitzt folgenden grammatikalischen Aufbau

```
was   wie   womit

ls    -r    a*
```

Das `was` entspricht dem Kommando selbst; beispielsweise die Liste der Dateien (`ls`). Das `wie` bezieht sich auf die Optionen des Kommandos, wie etwa die Namen der Dateien in umgekehrter alphabetischer Reihenfolge (`ls -r`) auszugeben. Die Spezifikation `womit` definiert schließlich die Objekte, auf die sich das Kommando bezieht - alle Dateien, deren Name mit a beginnen (`ls -r a*`).

Denken Sie bitte daran, daß auch UNIX, was die "Intelligenz" von Programmen betrifft, keine Ausnahme macht. Auch UNIX agiert beharrlich determiniert und verlangt deshalb die Kommandos nach einem fest vorgegebenen Muster. Eigene Syntaxvarianten werden - auch wenn sie sinnvoll sind - strikt abgelehnt.

Als Trennsymbol zwischen den einzelnen Kommandokomponenten fungiert das Leerzeichen (Blank). Werden mehrere "`wie`" angegeben, stehen diese unmittelbar ohne Leerzeichen hinter dem – Zeichen.

```
sprachlich

was                          Dateiliste
was   wie                    alphabetisch umgekehrt
was           womit          mit "a" beginnender Namen
was   wie     womit          mit "a" beginnend und in umgekehrter Reihenfolge


formal

was                          ls
was   -wie                   ls -r
was           womit          ls *a
was   -wie    womit          ls -r *a
```

Bei Kommandos muß nicht in jedem Fall das `wie` und `womit` angegeben werden. Es gibt alle Arten von Kombinationen, wie sie dem Versuch ein Kommando in "umgangssprachlicher" Form zu interpretieren, entnehmen konnten.

Damit die Shell die Angabe der Optionen - das `wie` - von denen der Objekte, dem `womit`, unterscheiden kann, wird den Optionen ein Minuszeichen (-) vorangestellt. Dies ist keine Schikane oder eine willentliche Verkomplizierung durch die UNIX-Erfinder, sondern schlicht notwendig und wieder einmal ein Indiz für nicht vorhandene Intelligenz. Ohne das rein syntaktische Hilfsmittel - könnte die Shell die Fälle "`was -wie`" und "`was womit`" nicht unterscheiden, denn sie interpretiert rein formal und nicht inhaltlich. Die Schreibweise, die man in Handbüchern antrifft, machts unmißverständlich:

```
cmd [-options] [[arg1] .... [argn]]
```

Dabei deuten arg_1 bis arg_n an, daß eine ganze Liste von Objekten oder Argumenten angegeben werden kann - z.B. alle Dateien, deren Namen mit a, mit c und mit x beginnen (`ls a* c* x*`). Eckige Klammerung [ ] besagt, daß die darin enthaltenen Angaben auch weggelassen werden können. Man spricht dann von optionalen Parametern. Fehlen die Klammern, müssen die Angaben gemacht werden - es handelt sich dann um Pflichtparameter.

Sie sind jetzt mit dem nötigen Grundwissen ausgestattet, um einige einfache Mechanismen auszuprobieren, die in UNIX standardmäßig zur Verfügung stehen. Der Einfachheit halber brauchen Sie bei diesen ersten Kommandos auf grammatikalische Feinheiten noch nicht so sehr zu achten. Eines noch: UNIX spricht in der Regel englisch!

2.5. Kommunikation

UNIX bietet im Systemumfang zahlreiche sehr nützliche Utilities an, von denen Sie als ersten, einfachen Einstieg die Benutzer-Kommunikationsfunktionen und den Kalender ausprobieren können. Am meisten Spaß machts, wenn Sie noch einen Partner mit anderer Benutzerkennung zum Mitmachen überreden können. Es geht aber auch im Alleingang, vielleicht mit einem zweiten Terminal, auf dem Sie zusätzlich unter einer anderen Kennung "einloggen" - wie das geht, wissen Sie ja bereits.

Es spricht aber auch nichts gegen Selbstgespräche, denn Sie können sich auch selbst Nachrichten zuschicken. Falls Sie es jedoch vorziehen, sich einen Kommunikationspartner zu suchen, gilt es also zunächst einmal herauszufinden, wer außer Ihnen noch am System arbeitet. Sie erfahren dies, wenn Sie folgendes Kommando ausprobieren.

who - Who is on the system

UNIX liefert Ihnen auf das Kommando who eine Liste aller momentan am System "eingeloggten" Benutzer, deren Terminalidentifikation term/... und Loginzeitpunkt.

```
who          Who is on the system (aktive Benutzer)

who          [-opts]
ohne         alle momentan am System aktiven Benutzer, deren
             Terminalidentifikation und Login-Zeitpunkt werden
             ausgegeben
opts         spezielle Optionen (siehe Manuale)

who am i     wie who für die eigene Sitzung
whoami       nur Loginname (nicht überall implementiert)
```

Sie selbst sind natürlich auch dabei.

```
$ who                    Ihre Kommandoeingabe

Liste aller aktiven Benutzer
userid          Terminal    Loginzeitpunkt
root            consoleJul 10 10:22
myself          term/09Jul 10 09:00
partner         term/06Jul 10 09:15
partner         term/08Jul 10 09:17
```

Wenn Sie sich nicht selbst erkennen, fragen Sie mit

```
$ who am i
  myself term/09Jul 10 09:00      bzw.

$ whoami
  myself
```

Das Kommando ist wegen seines unmittelbaren Bezuges zur Umgangssprache "wer bin ich", eine Ausnahme und gleichzeitig eine Verletzung der grammatikalischen Regeln, die ich mich soeben bemüht habe, Ihnen nahe zu bringen. Das Kommando enthält Leerzeichen, die aber keineswegs irgendwelche Parameter vom Kommando trennen. In einer grammatikalisch korrekteren Version sind die Blanks aus dem Kommando entnommen, damit fällt whoami nicht aus dem Regelwerk.

Fairerweise muß man aber an dieser Stelle zugeben, daß der soeben beschriebene Sachverhalt nicht in jeder Implementierung von UNIX gültig ist. Vielfach besteht who am i neben whoami, wobei letzteres lediglich den Loginnamen liefert. Das who-Kommando selbst, besitzt sehr wohl eine Reihe von Optionen, deren Verwendung allerdings etwas mehr voraussetzt, als bisher bekannt ist. Wir begnügen uns mit dieser einfachen Form.

Dem Beispiel oben können Sie entnehmen, daß der Benutzer mit der Kennung partner von zwei Terminals aus am System "eingeloggt" ist. Anhand des who-Kommandos ist auch erkennbar, daß die Loginnamen der einzelnen Benutzer in UNIX im Gegensatz zu den Paßworten keine Geheimnisse sind. Ohne deren Kenntnis wären die folgenden Kommunikationsfunktionen erst gar nicht möglich. Nachdem Sie jetzt wissen, wer außer Ihnen noch am System arbeitet, können Sie Ihrem Hang nach Kommunikation freien Lauf lassen, indem Sie anderen Benutzern einige Neuigkeiten "rüberfunken". UNIX bietet dazu zwei Möglichkeiten. Da ist zum einen eine dem Telefonieren vergleichbare, synchrone Form der Kommunikation. Dabei müssen beide Partner gleichzeitig am System aktiv, also eingeloggt sein. Sie ist durch das Kommando write realisiert. Andererseits gibt es eine asynchrone Form der Kommunikation, ähnlich dem Briefeschreiben, mit den Kommandos mail, mailx und rmail.

write - Write to another user

Um einen am System aktiven Mitbenutzer direkt anzusprechen, verwenden Sie das folgende Kommando write. Hierbei ist user stellvertretend für eine Benutzerkennung zu nehmen und mesg repräsentiert einen beliebigen Text, den Sie direkt eingeben. Die Abbildung auf der nächsten Seite veranschaulicht den prinzipiellen Kommunikationsverlauf. Bei Verwendung von write kommt dabei die Nachricht nur dann beim Empfänger an, wenn dieser gleichzeitig mit dem Absender am System aktiv ist und sich nicht durch das mesg-Kommando den Empfang von direkten Nachrichten verboten hat. Der Kommunikationspartner muß also wie beim Telefonieren zuhause sein und den Hörer abnehmen.

write	Write to another user (Synchroner Nachrichtenaustausch)
write	user [tty] mesg
user	eine andere Benutzerkennung
tty	Angabe des Terminals, falls user mehrfach aktiv ist
mesg	beliebiger mehrzeiliger Text

Der Nachrichtentext wird bei `write` unmittelbar nach der Kommandoeingabe unformatiert als Fließtext mitgeschickt. Zunächst wird das Kommando mit den Zusätzen Benutzer und gegebenenfalls der Terminalidentifikation eingegeben und mit <RET> abgeschlossen.

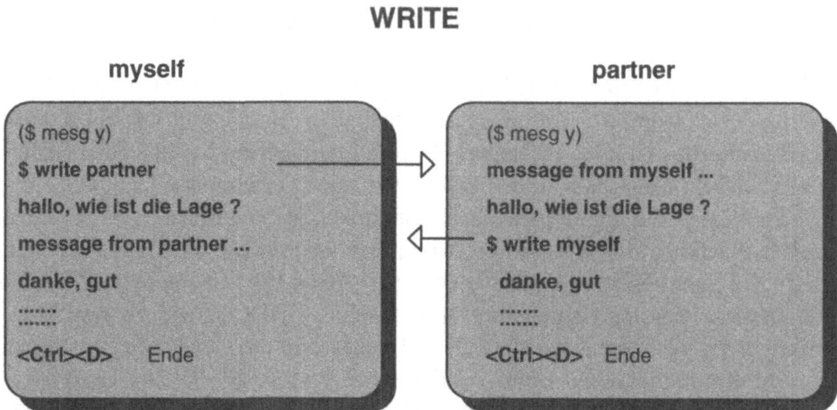

Dies bewirkt, daß der Gesprächspartner durch eine Meldung und ein akustisches Signal darauf aufmerksam gemacht wird, daß jemand Kontakt aufnehmen will. Nach dieser Kommandoaktivierung wird jede Nachrichtenzeile, die Sie eintippen und mit <RET> abschließen, sofort übertragen und erscheint auf dem Terminal des Kommunikationspartners.

Ist der Partner zu einem Smalltalk bereit, aktiviert er seinerseits das `write`-Kommando, versehen mit Ihrer Benutzerkennung. Wie beim Telefon erfolgen dann die Nachrichtenübertragung und der Empfang bidirektional, so daß sich auf Ihrem Bildschirm Ihre eigenen Nachrichten mit den Antworten des Partners überlagern können. Sie können sich also gegenseitig ins Wort fallen. Um die Kommunikation zu synchronisieren, sollten Sie eine Absprache über das Ende einer Nachricht und das "Auf Empfang gehen" treffen.

`mesg` - Nachrichtenempfang kontrollieren

Zuweilen kann das plötzliche Auftauchen von Nachrichten allerdings störend sein, da sie den Bildschirminhalt völlig zerstören können. Dies ist insbesondere beim Arbeiten mit Editoren oder sonstiger Standardsoftware lästig. Um zu verhindern, daß einem jemand Nachrichten auf den Bildschirm schickt, kann der Empfang mit `mesg n` verhindert werden. Ist man wieder kommunikationswillig, kann man das Verbot mit `mesg y` wieder außer Kraft setzen. Oft ist `mesg n` voreingestellt.

```
mesg          Permit or deny messages

mesg          [ [n] [y] ]
n             keine Nachrichten akzeptieren
y             Empfang zulassen


Wird weder y noch n angegeben, wird die momentane Belegung angezeigt.
```

Bei Aufruf des Kommandos `mesg` ohne Zusatzangabe erhalten Sie `is y`, wenn Sie momentan den Empfang zulassen und `is n`, wenn Sie keinen Empfang zulassen. Die Zusatzoption `n` schaltet den Nachrichtenempfang aus, `y` schaltet ihn ein.

```
$ mesg          Anfrage
is y(n)

$ mesg y        Empfang zulassen
$ mesg n        Empfang nicht zulassen
```

Falls der Empfänger an mehr als einem Terminal aktiv ist, kann bei `write` noch eine zusätzliche Option `terminal` angeben werden, so daß die Nachricht eindeutig zugestellt werden kann. Lassen Sie bei der Kontaktaufnahme mit dem Benutzer `partner term/006` als Identifikation des Terminals weg, erhalten Sie einen Hinweis vom System, daß der Empfänger an mehr als einem Terminal aktiv ist und an welches Terminal Ihre Nachricht jetzt geschickt wird. Standardmäßig wird die Nachricht an das erste vom angesprochenen Benutzer belegte Terminal geschickt, welches das System in seinem internen Logbuch vorfindet. Das ist in der Regel das Terminal mit dem ältesten Login-Zeitpunkt des Benutzers.

Ein kurzes Beispiel zu dem einfachen Kommunikationskommando:

```
$ write partner term/06
hallo partner, ich probiere gerade write aus und bitte um eine
kurze Antwort. Danke und Ende !
$
```

Das Problem des "Sich ins Wort Fallens" ist in Release 4 durch ein neues Kommando gelöst, welches auf `write` aufbaut.

`talk` - Bidirektionaler Smalltalk unter Release 4

```
talk          talk to another user

talk          user [tty]
user          Name des Benutzes mit dem die Unterhaltung geführt wird
tty           Terminalbezeichner, falls der Benutzer mehrfach eingeloggt
              ist
              Bei einer Anfrage erscheint auf dem Terminal des
              Angerufenen folgende Meldung:

              Message from Talk_Daemon@I386 at 22:11 ...
              talk: connection requested by root@I386.
              talk: respond with:  talk root@I386
```

Das Kommando `talk` ist leider nur optional in Release 4, insofern müssen Sie ausprobieren, ob es auf Ihrem System funktioniert. Im Prinzip arbeitet `talk` wie `write`. Bei zustandegekommener Unterhaltung wird der Bildschirm zweigeteilt. Einen Teil für Ihre Nachrichtenausgänge und einen für das, was bei Ihnen eintrifft. Somit ist eine Trennung von Senden und Empfangen möglich.

Electronic mail

Im Gegensatz zu `write` und `talk` muß bei dem mächtigeren Kommando `mail` der Empfänger nicht gleichzeitig mit Ihnen am System aktiv sein. Ihre Nachricht gelangt in einen Postkorb und wird vom Empfänger zu einem beliebigen späteren Zeitpunkt daraus entnommen. Sie können die gleiche Post gleichzeitig mehreren Benutzern zukommen lassen.

Die in UNIX als Kommando integrierte elektronische Post ist sehr umfangreich, was die Funktionalität betrifft. Sie funktioniert auch über die Grenzen Ihres Rechners hinweg und kann es bei entsprechender Konfiguration gestatten, sprichwörtlich mit der ganzen Welt in Kontakt zu treten. Auch die Behandlung eingehender Nachrichten ist sehr vielseitig. Diese können direkt beantwortet oder weitergeleitet werden. Um es gerade am Anfang nicht zu kompliziert werden zu lassen, reduzieren wir die Post auf die einfachste Funktionalität und bleiben erst einmal in den "eigenen vier Wänden", das heißt auf dem lokalen Rechner. So können Sie erst einmal spielerisch ein wenig probieren und brauchen auch keine weiteren Kenntnisse. Da Electronic Mail jedoch eine gefragte Anwendung ist, widmen wir uns dem Thema noch einmal eingehend in dem ebenfalls in dieser Reihe erscheinenden Band über Netzwerke.

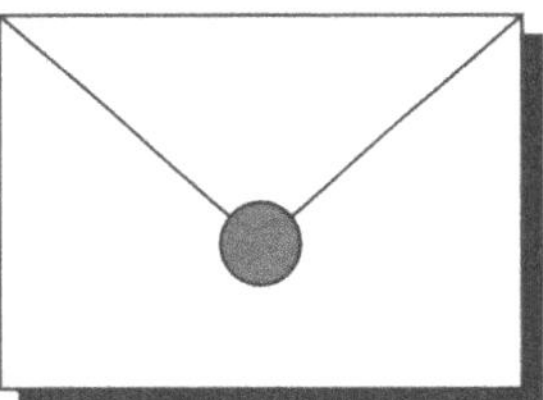

Sie können auf Ihrem System `mail` oder `mailx` verwenden. Meist stehen auch die Varianten `rmail` und `sendmail` zur Verfügung. Die einfachste Form ist `mail`, sie ist auch gerade deshalb für sporadische Mail-Anwender geeignet. Intensive Mail-Nutzer sollten sich aber eher mit `mailx` anfreunden.

Einem Mitbenutzer eine Nachricht zu senden ist relativ einfach.

```
$ mail partner  <RET>
Guten Morgen !  <RET>
Ich probiere gerade MAIL aus und dachte,<RET>
ich schicke Dir   eine Nachricht.<RET>
Damit die Sache auch für Dich etwas Anreiz  bekommt,<RET>
möchte ich Dich heute zu einem Kaffee einladen.<RET>
Wenn Du Lust und Zeit hast, schicke mir bitte eine Antwort<RET>
Gruß myself !!! <Ctrl><D>
```

Es funktioniert völlig analog zu `write`. Die Nachricht selbst wird zeilenweise nach der Kommandoaktivierung `mail partner` editiert. Jedes <RET> schließt eine Zeile ab. Die Nachricht und das Kommando selbst werden wieder mit der Kombination <Ctrl><D> beendet. Wollen Sie gleichzeitig mehreren Benutzern die gleiche Nachricht zustellen, geben Sie die Benutzer - jeweils durch Leerzeichen getrennt - hintereinander an. Das jede Nachrichtenzeile abschließende <RET> wird in den folgenden Beispielen weggelassen.

```
$ mail peter claudia anke
Guten Morgen Leute!
Ich probiere gerade MAIL aus und dachte,
ich schicke Euch  eine Nachricht.
Damit die Sache auch für Euch etwas Anreiz  bekommt,
möchte ich Euch heute zu einem Kaffee einladen.
Wenn Ihr Lust und Zeit habt, schickt mir bitte eine Antwort<RET>
Gruß myself !!! <Ctrl><D>
```

Diese Variante ist für Sie wegen des Inhalts lediglich etwas kostspieliger, ansonsten aber mit der ersten identisch. Sie brauchen jetzt nur noch auf Antwort zu warten.

Ob eine Nachricht für Sie anliegt, erfahren Sie durch sporadische Anfragen.

```
$ mail
No mail
```

In diesem Fall ist Ihr Briefkasten leer. Wenn Sie Post haben, wird Ihnen die erste Nachricht direkt angezeigt. Die Meldung "You have mail" unmittelbar nach Login signalisiert Ihnen ebenfalls Neuigkeiten.

Eingegangene Post wird Ihnen also durch ein unmittelbar durch <RET> abgeschlossenes mail-Kommando angezeigt. Nach jeder ausgegebenen Nachricht bietet Ihnen das Kommando Gelegenheit, darauf zu reagieren. Dies wird durch das Promptzeichen ? signalisiert. Sie können Mitteilungen nach Kenntnisnahme sofort löschen, direkt beantworten, weiterleiten oder aufheben. Hierzu einige Beispiele:

```
$ mail
From peter Thu Oct 8 10:00 MDT 1992                .
Content-Length: 73
von Peter
der Kaffee ist ok !
kann aber nicht vor 14:00 Uhr geht das ??
? r <RET>                                 direkt beantworten
mail  peter                               vorgegeben von mail
alles klar 14:00 bei mir                  Antwortnachricht
? <RET> oder + <RET> bzw n <RET>          nächste Nachricht zeigen
From anke Thu Oct  8 09:58 MDT 1992
Content-Length: 51
hallo myself leider nicht moeglich heute
Gruss Anke
? d <RET>                                 Nachricht löschen ("d")
From claudia Thu Oct  8 10:13 MDT 1992
Content-Length: 101
Claudia an myself:
Danke fuer die Einladung es passt zu jeder Zeit,
sage mir noch wann
Gruss Claudia!

? r  <RET>                                direkt beantworten ("r")
mail  claudia
um 14:00, Peter geht auch mit !
Bis dann
<Ctrl><D>                                 Ende
```

Die Posteingänge werden von mail in der umgekehrten chronologischen Reihenfolge ausgegeben, d.h. die zuletzt eingegangene Nachricht zuerst.

Diese Sortierung kann beim Aufruf von `mail` umgekehrt werden, wenn man die Post nach dem Eingangszeitpunkt sichten will.

`mail -r`	**Ausgabe in chronologischer Reihenfolge**

Ab Release 4 ist es auch möglich, Nachrichten zu versenden, deren Inhalt kein gewöhnlicher ASCII-Text ist. Durch die Angabe `-m type` sind beispielsweise auch Binärdateien versendbar. Interessanter für die alltägliche Mail-Praxis ist die Option `-t`. Bei der folgenden Versendeaufforderung

`mail -t ben1 ben2 ben3 nachricht`	**Zustellung mit Verteilerangabe**

erhält jeder Empfänger - hier die Benutzer `ben1`, `ben2` und `ben3` - mitgeteilt, wer außer ihm selbst die Nachricht ebenfalls erhält.

Im folgenden finden Sie eine Übersicht der gebräuchlichsten `mail`-Optionen und Ihrer Reaktionsmöglichkeiten auf eingetroffene Post. In Ergänzung soll auch noch ein Beispiel zu `mailx` folgen, damit prinzipielle Unterschiede, sowie Gemeinsamkeiten zu `mail` deutlich werden.

mail	Read or send mail (Post lesen und versenden)
`mail`	`[[u_list] [-opts] [mesg]]`
`u_list`	Liste der Benutzer, an die die Nachricht geschickt wird
`opts`	**zum Versenden**
`-m type`	zur Formatdefinition von Nicht-ASCII-Nachrichten
`-t`	fügt jeder Nachricht einen Verteiler mit allen Empfängern bei
	Postkorb sichten
`d`	gelesene Nachricht wird aus der Mailbox gelöscht
`+`	nächste Nachricht anfordern
`-`	vorherige Nachricht nochmals lesen
`r`	Nachricht sofort beantworten
`m user`	weiterleiten an Benutzer `user`
`q`	beenden von `mail` und nicht gelöschte Nachrichten aufbewahren
`x`	beenden von `mail` und alle Nachrichten aufbewahren
`?`	Help-Funktion liefert detaillierte Information, woraus weitere Möglichkeiten hervorgehen. (Siehe Kap. 14) Ansonsten sei auf die Manuale verwiesen.

Das `mail`-Kommando zeigt beim Aufruf ohne Empfängerangabe die erste von gegebenenfalls mehreren vorliegenden Nachrichten sofort an.

Die Variante `mailx` bietet hier etwas mehr Komfort. Liegen mehrere Nachrichten an, liefert `mailx` zunächst eine Liste der `Subjects`, die bei der Definition einer jeden Nachricht gefordert wird. Sie entspricht dem Betreff in einem Brief. Sie können dann Nachrichten selektiv lesen, indem Sie einfach die laufende Nummer eingeben. Die Eingabe von `?` liefert Ihnen eine Liste aller Möglichkeiten, die Sie haben, die Nachrichten zu bearbeiten (Sie finden die Help-Information in Kap. 14).

```
$ mailx
mailx version 4.0  Type ? for help.
"/var/mail/myself": 2 messages 2 new
 N  1 root  Thu Oct  8 11:53    12/278    Systemverwalter an alle
>N  2 chef  Thu Oct  8 11:51    13/333    Besprechung heute 14:00

? 2
Message  2:
From chef Thu Oct  8 11:51 MDT 1992
To: myself
Subject: Besprechung heute 14:00
Content-Type: text
Content-Length: 212
Status: R

Die fuer heute 14:00 anberaumte Besprechung ist wegen
Krankheit eines wesentlichen Beteiligten auf einen
unbestimmten Zeitpunkt verlegt.
Der genaue Termin wird rechtzeitig bekanntgegeben.
Die Geschaeftsleitung

? 1
Message  1:
From root Thu Oct  8 11:53 MDT 1992
To: myself
Subject: Systemverwalter an alle
Content-Type: text
Content-Length: 157
Status: R

Bitte nicht mehr benoetigte Dateien auf dem
Rechner freigeben (auslagern der loeschen)
Der Plattenplatz geht langsam zur Neige !

Danke Euer Systemverwalter
```

Die Nachricht beinhaltet Informationen bezüglich des Absendedatums, sowie des Absenders und den Betreff. Diesem sogenanntem *"Envelope"* folgt dann die eigentliche Nachricht ("Content"). `mailx` verlangt dann wie `mail` eine Eingabe, die durch ein `?` signalisiert wird. Sie können dann eine der Antworten wie auf der letzten Seite wählen. Durch Angabe von `-m benutzer` können Sie die gleiche Nachricht sofort an einen anderen Benutzer weiterleiten (forwarding).

Mit `r` kann die Nachricht sofort beantwortet werden. Die Antwort wird dabei genauso definiert, wie eine neue Nachricht, lediglich der Empfänger braucht nicht mehr spezifiziert zu werden; er ist mit dem Absender identisch. Falls eine neue Nachricht bei Ihnen eingeht, während Sie gerade den Postkorb bearbeiten, wird dies durch eine eigene Meldung mitgeteilt.

Wie erwähnt, spricht nichts dagegen, daß Sie sich selbst Nachrichten senden. Im Gegenteil, dies ist sogar sehr nützlich und sinnvoll, wenn Sie am nächsten Tag oder nach dem Urlaub beim ersten Login an wichtige Dinge erinnert werden wollen.

2.6. Kalenderfunktionen

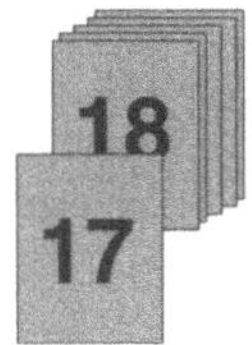

Außer der reinen Ausgabefunktion der Kommandos `date` und `cal`, die im folgenden vorgestellt werden, gibt es noch eine recht nützliche Utility `calendar`, die als automatischer Terminkalender nach Login die aktuellen Termine von heute und morgen ausgibt. Diesen Terminkalender zeigen wir im Anschluß an die Behandlung des Editors `vi` anhand eines Beispiels.

`date` - Datum und Uhrzeit

Datum und Uhrzeit einschließlich dem Wochentag liefert das folgende Kommando:

```
date        Print and set date   (Datum ausgeben)

date        [format]
format      Die Beschreibung der Formatieroptionen entnimmt man der
            Systemliteratur.
```

Die Ausgabe erfolgt in einem Standardformat. Das Format kann vom Systemadministrator durch entsprechende Optionen verändert werden, so daß es auf Ihrem System auch etwas anders aussehen kann. Sie selbst haben ebenfalls einige Möglichkeiten, die Ausgabe des Kommandos zu variieren.

```
$ date

Wed Jan 15 10:22:43 mez 1992
```

`cal` - Kalender ausgeben

Auch einen Kalender hält UNIX für Sie parat, er wird mit dem Kommando `cal` abgerufen. Der Ausgabezeitraum wird dabei durch Angabe von `month` und `year` festgelegt. Für `month` muß dabei eine Zahl von 1 bis 12 eingegeben werden. Das Jahr ist komplett mit Jahrhundert - also `1992` anstatt 92 - einzugeben, es sei denn, Sie wollen wirklich den Kalender von 92 nach Christi sehen. Das System hält den Kalender nicht gespeichert vor, sondern errechnet ihn anhand der Angaben, die Sie machen.

cal	Kalender ausgeben
`cal`	`[month] year`
`month`	Angabe in Ziffern 1,2,...,12 für den entsprechenden Monat
`year`	Jahresangabe inklusive Jahrhundert also 1993 statt 93

Wenn Sie die Monatsangabe weglassen, erhalten Sie den Kalender für das gesamte angegebene Jahr. Dabei wird jeweils ein Quartal nebeneinander ausgegeben.

Das erste Beispiel zeigt die Ausgabe eines Kalenders nur für November 1992. Im zweiten Beispiel wird keine Monatsangabe gemacht und der Kalender für das gesamte Jahr wird ausgegeben. Aus Platzgründen wurde die Ausgabe etwas gekürzt.

```
$ cal 11 1992
    November 1992
 S  M Tu  W Th  F  S
 1  2  3     4  5  6  7
 8  9 10 11 12 13 14
15 16 17 18 19 20 21
22 23 24 25 26 27 28
29 30


$ cal 1992
                        1992

        Jan                   Feb                   Mar
 S  M Tu  W Th  F  S   S  M Tu  W Th  F  S   S  M Tu  W Th  F  S
          1  2  3  4                     1   1  2  3  4  5  6  7
 5  6  7  8  9 10 11   2  3  4  5  6  7  8   8  9 10 11 12 13 14
12 13 14 15 16 17 18   9 10 11 12 13 14 15  15 16 17 18 19 20 21
19 20 21 22 23 24 25  16 17 18 19 20 21 22  22 23 24 25 26 27 28
26 27 28 29 30 31     23 24 25 26 27 28 29  29 30 31
usw.
```

Wenn Sie sich einen Kalender für das gesamte Jahr ausgeben, werden Sie mit einem kleinen Ärgernis konfrontiert.

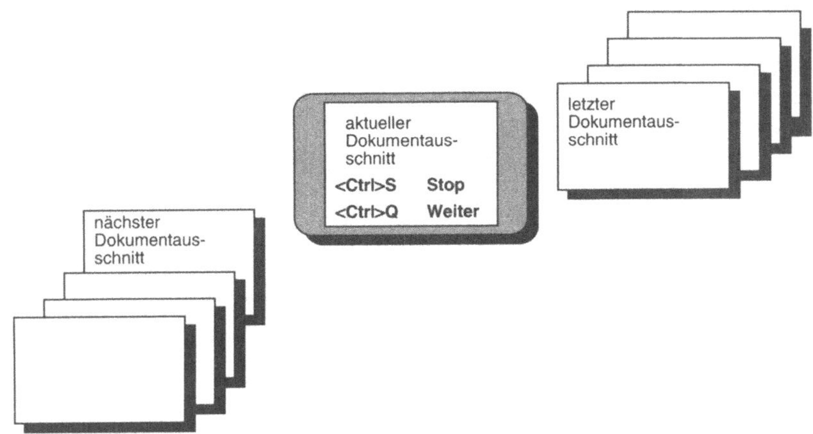

Der komplette Jahreskalender paßt nicht auf einen Bildschirm. Die Ausgabe wird Ihnen nach oben "davonlaufen", so daß Sie den ersten Teil der Ausgabe nur kurz zu sehen bekommen.

Das ist natürlich unbefriedigend. Ein einfacher Mechanismus, die Bildschirmausgabe anzuhalten und wieder fortzusetzen ist durch die folgenden Tastenkombinationen realisiert.

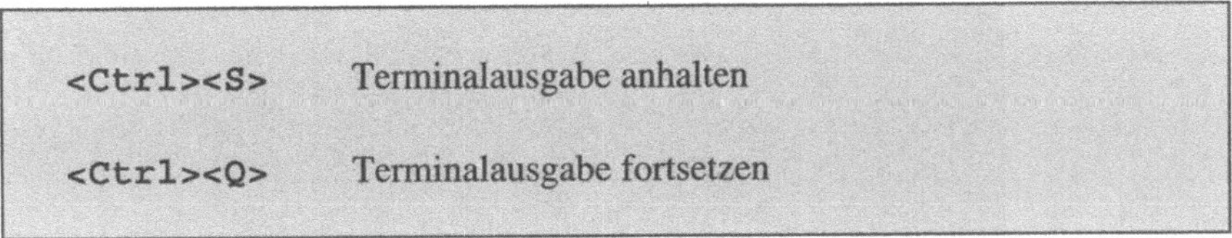

```
<Ctrl><S>        Terminalausgabe anhalten

<Ctrl><Q>        Terminalausgabe fortsetzen
```

Bei schnellen Rechnern oder auch schon bei geringer Systemauslastung benötigen Sie zum rechtzeitigen Anhalten jedoch einige Fingerfertigkeit, und das Ganze wird Ihnen nicht sehr befriedigend erscheinen. Es gibt elegantere Möglichkeiten, den Bildüberlauf zu kontrollieren. Hierzu bedarf es aber noch einiger Vorbereitungen. Geben Sie sich also fürs erste mit den genannten Tastenkombinationen zufrieden.

Sie haben jetzt einige einfache Kommandomechanismen des Systems kennengelernt und ein wenig herumgespielt. Im Rechner selbst aber haben Sie noch keine Spuren hinterlassen, denn Sie haben kein einziges Bit verändert oder abgespeichert.

Im Zusammenhang mit dem `mail`-Kommando ist Ihnen der Begriff der Datei und die Nützlichkeit, Informationen im Rechner abrufbar zu haben, bereits begegnet. Stellen Sie sich vor, Sie hätten eine seitenlange Nachricht an mehrere Mitbenutzer zu verschicken und müßten diese direkt und ohne Möglichkeit einer nachträglichen Veränderung weiterleiten. Um diese unbefriedigende Situation zu vermeiden, bietet das `mail`-Kommando die Möglichkeit, die zu versendende Nachricht aus einer Datei zu lesen. Natürlich muß die Nachricht aber erst einmal in die Datei hinein gelangen.

Wie Sie es schaffen, individuelle Informationen in Form von Dateien auf dem Rechner zu hinterlassen, soll Ihnen nicht unnötig lange vorenthalten werden. Auch im Hinblick auf den Abschnitt über das Dateisystem sollte man vorher ein Instrument kennengelernt haben, mit dem man Dateien erstellen kann. Sie können sich nun im folgendem Kapitel mit dem Standardeditor von UNIX, dem `vi` beschäftigen.

3. Der Texteditor vi

3.1. Etwas über Dateien

Das Einbringen von Information in den Rechner, das Gestalten und das ständige Ändern dieser Information, sind selbstverständlich unerläßlich für die tägliche Praxis. Das ist Grund genug, weshalb Sie bereits jetzt mit einem Mechanismus vertraut gemacht werden sollen, mit dem Sie genau das bewerkstelligen können. Wir beschäftigen uns im folgenden mit einem Programm, das als Editor bezeichnet wird. Editoren sind Werkzeuge zur Texteingabe und Änderung und als solche nicht zu verwechseln mit Textsystemen.

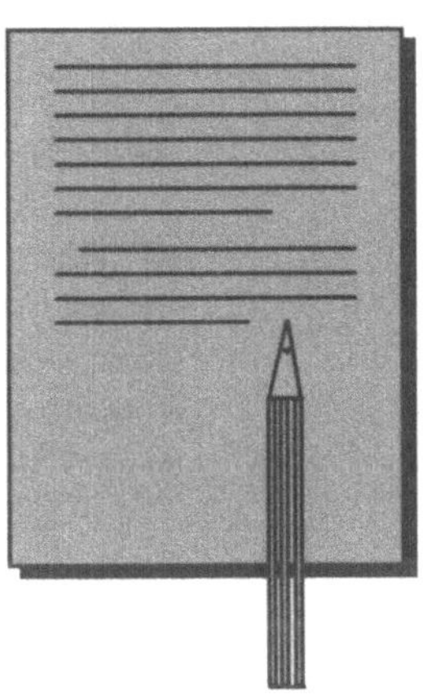

Ein Editor speichert seine Information "neutral" als reine ASCII-Datei und besitzt keinerlei individuelle Eigenarten, in seine Daten Steuerzeichenfolgen einzubauen, wie dies Textsystemen zu eigen ist. Editoren gibt es relativ viele, und jeder hat ein anderes Verhalten dem Benutzer gegenüber. Wechseln Sie den Rechner, wechseln Sie in der Regel auch den Editor.

UNIX besitzt von Hause aus verschiedene Editoren. Da sind zum einen die Zeilen-, Stream- oder Lineeditoren `ed` und `sed`. Sie bearbeiten Dateien zeilenweise und dienen in erster Linie in Shell-Scripten dazu, Dateien per Kommandomodus zu erstellen oder zu verändern. Sie haben mit dem, was wir jetzt vorhaben, nämlich Text einigermaßen komfortabel zu erfassen, wenig zu tun und werden denn auch hier nicht behandelt. Wir nehmen uns den Editor `vi` vor. Er ist auf jedem UNIX-System verfügbar. Haben Sie sich erst einmal an ihn gewöhnt, brauchen Sie beim Wechsel des Rechners in dieser Angelegenheit nichts dazulernen. Man muß sagen, daß der `vi` ein wenig geliebtes, aber auch ein wenig verstandenes Instrument ist, da er im ersten Moment sehr gewöhnungsbedürftig ist und sein etwas eigenartiges Verhalten insbesondere bei Neulingen oft große Verwirrung stiftet.

Information, die Sie dem Rechner vermitteln, muß natürlich wieder auffindbar sein. Sie wird deshalb global mit einem Namen versehen und als sogenannte Datei oder File auf der Festplatte Ihres Systems abgelegt. Die Namen, die diese Dateien tragen, bestimmen Sie selbst.

Im Gegensatz zu DOS gibt es hinsichtlich der Namensvergabe kaum nennenswerte Restriktionen. Insbesondere dürfen Namen mehrere Sonderzeichen, z.B. Punkte, enthalten. Bei den heute üblichen ufs-Dateisystemen, auf die wir später noch eingehen, kann ein Dateiname 256 Zeichen lang sein; das ist mehr als genug. In älteren Systemversionen mit den sogenannten s5-Dateisystemen sind die Dateinamen auf 14 Zeichen beschränkt. Sie sollten die Namen, die Sie Dateien geben, so wählen, daß sie bereits zum Ausdruck bringen, welche Information die Dateien beinhalten. So ist beispielsweise ein Name `privat.adr` informativer als der Name `hugo` oder `testdatei`.

Merken Sie sich für den Anfang in puncto Dateien einfach nur folgendes: Eine Datei ist ein Objekt, mit dem eine Ansammlung von Informationen, ein Text, Adressen, Termine, Lagerbestände, usw. im Rechner global benannt wird. Wie der Rechner derartige Datenansammlungen verwaltet, werden Sie später detailliert erfahren.

Im Grunde erzeugt jedes Anwendungsprogramm Dateien, und wenn Sie DOS kennen, ist es Ihnen vielleicht nicht neu, daß Programme in der Regel mit Dateien eines anderen Programms nichts anfangen können. Auch UNIX kann DOS-Dateien normalerweise nicht lesen und umgekehrt. Jedes Anwendungsprogramm - ob Textsystem, Tabellenkalkulationsprogramm oder Datenbank - besitzt eine individuelle Struktur hinsichtlich des Dateiaufbaues, in der außer der für den Benutzer lesbaren Information jede Menge Steuerinformationen für das Programm selbst enthalten sind.

Editoren wie der `vi` produzieren reine ASCII-Dateien ohne spezielles Format und ohne binäre Informationen. Man spricht auch von abdruckbarem Format. Softwareentwickler müssen die Quelltexte Ihrer Programme oder Prozeduren mit einem solchen neutralen Editor erfassen. Ein Programmtext, der mit einem Textsystem erstellt wäre, könnte vom Compiler, dem Übersetzer, nicht verstanden werden.

3.2. Eigenheiten des Editors

Ein Editor ist also ein Programm, das es erlaubt, ASCII-Informationen zu erfassen und als Datei im System abzulegen. So würde man denn erwarten, daß man nach dem Aufruf einen Bildschirm zur Verfügung hat, auf dem man mit den Cursortasten beliebig positionieren, Text eingeben und jederzeit ändern kann. Beim `vi` ist das etwas anders. Wer zudem noch schicke Textsysteme unter Windows kennt, der wird sich beim Arbeiten mit dem `vi` zunächst einmal gründlich umgewöhnen müssen. Eigentlich stammt `vi` von einem reinen Zeilen- oder Streameditor ab.

Diese entstammen der "Steinzeit" der Datenverareitung und bearbeiten Dateien mit Hilfe von Kommandos wie:

* hole die Zeile 4711 in den Puffer,
* positioniere auf Spalte 124
* setze auf die aktuelle Position die Zeichenkette "altertümlich" ein

Beim Arbeiten mit Zeileneditoren hat man den Text nicht vor Augen, sondern arbeitet sich mit entsprechenden Positionierungskommandos durch das Dokument. Für eine gewöhnliche, dialogorientierte Dateiverarbeitung sind Zeileneditoren also antiquiert. Wie man aber bei der Shellprogrammierung noch sehen wird, sind derartige Editortypen auch heute noch ein unverzichtbares Werkzeug, wenn es darum geht, Dateiinhalte gewissermaßen im Hintergrund, also ohne daß nach außen hin davon etwas bemerkt wird, zu verändern.

Der vi ist aber auf alle Fälle komfortabler als ein reiner Streameditor. vi bedeutet "visual" und steht für die Variante des Zeileneditors, der die zu bearbeitende Datei am Bildschirm vor Augen führt, also visualisiert. Die Abstammung des vi ist jedoch unverkennbar, man erkennt dies an seiner strikten Unterscheidung zwischen Eingabe- und Kommandomodus.

Da man zu Anfang immer etwas zaghaft vorgeht, wenn es gilt, Informationen im Rechner zu verändern oder welche hinein zu bringen, ist wichtig zu wissen, daß der vi eine Datei immer in einem internen Arbeitspuffer bearbeitet. Alle Änderungen werden zunächst nur im Arbeitspuffer durchgeführt, die Datei selbst bleibt bis zum gewollten Überschreiben in ihrem Ursprungszustand erhalten. Man kann also einen Dateiinhalt beliebig verunstalten, das Original bleibt erst einmal unverändert. Man muß den Editor explizit dazu veranlassen, den Inhalt der Originaldatei mit dem der Arbeitskopie zu überschreiben.

Neben der reinen Editierfunktion für Dateien bietet der vi eine Vielzahl von Kommandos, wie beispielsweise zum

* Blättern

* Suchen und Ersetzen von Texten

* Löschen, Ändern, Einfügen von Text

* Schreiben von geänderten Dateien

Ideal ist es, wenn Sie den Inhalt der nächsten Seiten gleich am Bildschirm nachvollziehen.

3.3. Aufruf

Der Aufruf des Editors `vi` erfolgt normalerweise einfach durch das folgende Kommando:

```
vi [datei]
```

Dabei steht `datei` für den Namen einer neuen oder bereits existierenden Datei. Die eckigen Klammern besagen, daß der Dateiname auch weggelassen werden kann. Wird ein Name angegeben und existiert die Datei bereits, wird beim Aufruf diese Datei in den Arbeitsbereich des `vi` gelesen und die erste Bildschirmseite ausgegeben - das sind die ersten 23 Zeilen.

Existiert die Datei noch nicht, merkt sich `vi` den Namen und speichert gegebenenfalls später den erfaßten Text in einer Datei, die diesen Namen trägt. Bei einer neuen Datei kann natürlich nichts in den Arbeitsbereich gelesen werden, daher bleibt der Bildschirm leer. Genauso verhält es sich, wenn Sie `vi` ohne Dateinamen aufrufen. Sie haben dann später immer noch Gelegenheit, einen Namen anzugeben, um Ihre Informationen zu speichern.

Falls sie den Namen einer bereits existierenden Datei beim Aufruf angeben, können Sie durch Zusatzoptionen noch steuern, welchen Abschnitt der Datei Sie gleich zu Anfang sehen wollen. Das ist sinnvoll, wenn Sie Text ans Ende einer bereits bestehenden Datei anfügen und nicht erst die Datei ganz durchblättern wollen.

Im folgenden sind die Möglichkeiten des Aufrufs und die Erklärung dazu aufgezählt.

```
vi  [+[n]]  [-R]  [datei]
```

`vi`	startet den `vi` und stellt einen leeren Bildschirm zur Verfügung
`vi datei`	startet den `vi` zur Bearbeitung der Datei `datei`; ist die Datei bereits vorhanden, wird die erste Seite ausgegeben
`vi + datei`	öffnet die Datei und positioniert gleich ans Ende (ist also ideal zum Anfügen)
`vi +[n] datei`	öffnet die Datei zur Bearbeitung und positioniert das Bildschirmfenster auf die Zeile n bzw. ans Ende, falls die Datei weniger als n Zeilen hat

> `vi -R datei`   öffnet die Datei zum Lesen, d.h. Änderungen können
> nicht zurück geschrieben werden

Merken Sie sich fürs erste den Aufruf `vi datei`. Wir gehen davon aus, daß Sie eine neue Datei erstellen wollen. Wählen Sie einen Namen oder folgen Sie der Anregung am Ende dieses Kapitels, und erstellen Sie eine Adreßdatei mit Namen `privat.adr`. Hierzu geben Sie also ein:

```
$ vi privat.adr <RET>
```

Alles, was bis jetzt auf Ihrem Terminal zu sehen war, verschwindet und Sie erhalten einen leeren Bildschirm. In der 24. Zeile, also ganz unten quittiert Ihnen `vi` die Tatsache, daß die Datei `privat.adr` neu angelegt wird.

Die Schreibmarke befindet sich am Anfang der ersten Zeile. Falls Sie versuchen, gleich loszuschreiben, werden Sie sich über das "Gepiepse" des Rechners ärgern. Es wird noch keine Eingabe von Ihnen akzeptiert. Damit sind wir bei einer sehr gewöhnungsbedürftigen Eigenheit des `vi`.

3.4. Kommando- und Texteingabe

Der `vi` unterscheidet grundsätzlich zwei Arbeitszustände: Kommando- und Eingabemodus. Nach dem Start befindet sich der `vi` immer im Kommandomodus. Als Eingaben sind jetzt nur `vi`-Kommandos zugelassen. Kein Wunder also, daß sich der Editor auf Ihre Schreibversuche hin durch Piepstöne gewehrt hat.

Der `vi` verlangt also zunächst ein Kommando, welches ihm sagt, was zu tun ist. Obwohl dies im momentanen Zustand klar ist, nämlich in den Eingabemodus umzuschalten, besitzt der Editor nicht die Intelligenz, dies selbständig zu veranlassen.

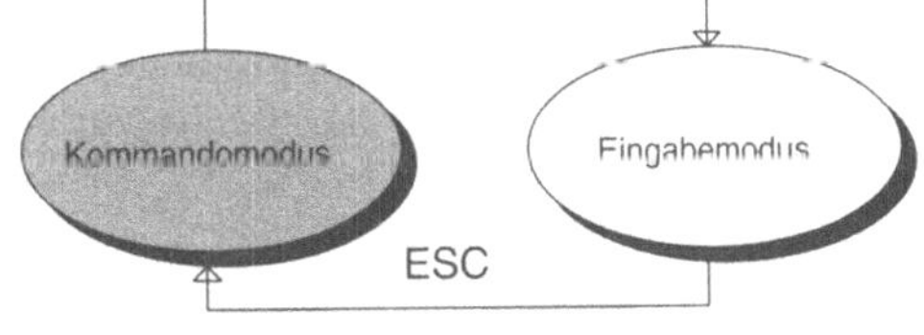

Die wichtigste Taste beim Arbeiten mit dem `vi` ist die Escapetaste `<ESC>`. Sie schaltet jeweils in den Kommandomodus um. Was Sie also tun müssen, um endlich Text eingeben zu können ist: den Buchstaben a eingeben.

<ESC> brauchen Sie in diesem Falle nicht, da sich der Editor ohnehin im Kommandomodus befindet.

> **<ESC>a**   Text an- bzw. einfügen an Cursorposition

Das Zeichen a wird nicht an Ihrem Bildschirm erscheinen, denn es ist Bestandteil eines vi-Kommandos, das Sie soeben aktiviert haben. <ESC> weist den vi an, den Modus zu ändern, a besagt, daß in den Eingabemodus "append" - also anfügen - umgeschaltet werden soll. Sie fügen also Text an eine leere Datei an. Sicher auch nicht besonders intelligent, aber der Editor unterscheidet den Zustand "Datei leer" nicht von "Datei im Arbeitsbereich". Sie können jetzt mit Ihrer Eingabe loslegen und wenn Sie wollen, Adressen nach dem folgenden Muster erfassen.

```
Nachname:Vorname:Strasse:Hausnummer:Postleitzahl:Ort:Telefon
```

Sobald Sie eine Zeile abgeschlossen haben, betätigen Sie die Returntaste. Der vi veranlaßt dann einen Zeilenumbruch.

Weichen Sie einmal von der Adressenvorlage ab, und editieren Sie eine Zeile, die länger als 80 Zeichen ist, die also über den rechten Bildschirmrand hinausreicht. Sie erkennen dann, daß vi automatisch die Zeile umbricht. Es sieht so aus, als hätten Sie zwei Zeilen editiert. Daß dem aber nicht so ist, sehen Sie, wenn Sie die Zeilennummerierung des vi einschalten. Hierzu müssen Sie aus dem Eingabemodus wieder in den Kommandomodus wechseln. Dies tun Sie durch erneutes Betätigen der Escapetaste, die diesmal vom Eingabe- in den Kommandomodus führt.

Der vi versteht zwei Arten von Kommandos: <ESC> in Verbindung mit einem Zeichen (z.B. <ESC>a) und Kommandos, die explizit formuliert werden müssen. Das Einschalten der Zeilennummerierung ist ein solches. Zum Zwecke der expliziten Kommandoeingabe reserviert der vi die letzte Bildschirmzeile. Sie gelangen dort hin, indem Sie nach <ESC> einen Doppelpunkt eingeben.

> **<ESC>:**   Aktivieren Kommandoeingabe in der letzten Zeile

Ihre Schreibmarke befindet sich jetzt in der letzten Zeile hinter einem vorgegebenen Doppelpunkt. Dort geben Sie jetzt das Kommando ein.

Für die Zeilennumerierung schreiben Sie einfach:

```
set number      Zeilennummern ein
```

Das Kommando schließen Sie mit Return ab, und `vi` numeriert Ihre Zeilen jetzt durch. Dabei wird Ihnen auffallen, daß die lange Zeile nicht als zwei Zeilen numeriert wird. Wollen Sie die Zeilennummern wieder verschwinden lassen, verfahren Sie wie oben, <ESC>: und geben in der Kommandozeile

```
set nonumber    Zeilennummern aus
```

ein. Um weiter zu schreiben geben Sie wieder <ESC>a ein. Sie können jetzt den gesamten Bildschirm mit Adressen füllen und werden sehen, daß `vi` den Inhalt nach oben "wegscrollt", wenn Sie über Zeile 23 hinausschreiben.

3.5. Navigieren und Korrigieren

Mit Sicherheit werden Sie sich beim Erfassen Ihres Textes einmal verschreiben. Liegt der Fehler in der momentan aktuellen Zeile, können Sie genau wie bei der Kommandoeingabe in der Shell mit der Backspacetaste auf den Fehler zurückpositionieren und von dort aus weiterschreiben. Liegt der Fehler in der aktuellen Zeile aber soweit zurück, daß Sie nicht mehr alles rechts vom Fehler neu schreiben wollen, können Sie mit der Cursortaste links auf die fehlerhafte Stelle zurückpositionieren - aber Achtung, jetzt müssen Sie einiges beachten.

Sie befinden sich im Eingabemodus <ESC>a, das heißt, alles was Sie ab der Stelle, auf die Sie positioniert haben, eingeben, wird eingefügt. Wenn das für Sie akzeptabel ist, ist alles in Ordnung. Wollen Sie jedoch fehlerhafte Buchstaben überschreiben, müssen Sie den Eingabemodus entsprechend wechseln. Zum Überschreiben von Text geben Sie ein:

```
<ESC>R      Text ab Cursorposition überschreiben

<ESC>r      Zeichen an Cursorposition überschreiben
```

Der Unterschied zwischen großem und kleinem `r` besteht darin, daß `R` ab der aktuellen Cursorposition alle folgenden Zeichen überschreibt, bis Sie das nächste <ESC> eingeben. `r` erlaubt dagegen nur das Überschreiben eines einzelnen Zeichens unmittelbar am Cursor und wechselt dann sofort wieder in den Kommandomodus.

Wollen Sie Text einfügen, können Sie <ESC>a verwenden, wobei hinter der Schreibmarke eingefügt wird oder Sie verwenden

<ESC>i   Einfügen Text ab Cursorposition

um an der Cursorposition einzufügen. Wollen Sie Zeichen löschen, positionieren Sie an die entsprechende Stelle und geben

<ESC>x   Zeichen an Cursorposition löschen

ein. Sie können den Buchstaben x für jedes zu löschende Zeichen ohne <ESC> wiederholen.

Seien Sie vorsichtig, wenn Sie im Eingabemodus in die nächste Zeile positionieren wollen. Falls Sie - wie gewohnt - Return verwenden, bricht der vi die Zeile um und macht kurzerhand zwei daraus. Verlassen Sie also bei Positionierungsaktionen sicherheitshalber den Eingabemodus mit <ESC>. Sie können dann überall hin positionieren, ohne Gefahr zu laufen, sich Zeilen zu zerstören.

Selbstverständlich können Sie auch Zeilen löschen. Hierzu verwenden Sie das Kommando

<ESC>dd   Zeile löschen

welches die Zeile, in der sich die Schreibmarke befindet, löscht. Daß dabei d zweimal eingegeben werden muß, ist reine Vorsichtsmaßnahme. Ähnlich wie bei <ESC>x kann dd mehrfach wiederholt werden, um mehrere Zeilen zu löschen. Den Inhalt einer Zeile ab Cursorposition nach rechts löscht das Kommando

<ESC>D   Zeichen ab Cursor bis Zeilenende löschen

Direkt an das Ende der laufenden Zeile anfügen kann man mit

<ESC>A   Text an Zeilenende anfügen

<ESC>A positioniert dabei sofort an das Ende der aktuellen Zeile, im Gegensatz zu <ESC>a, welches rechts von der Cursorposition anfügt. Auch Leerzeilen können eingefügt werden und zwar sowohl unterhalb als auch oberhalb der aktuellen Zeile:

<ESC>o   unterhalb der aktuellen Zeile neue Zeile einfügen

<ESC>O   oberhalb der aktuellen Zeile neue Zeile einfügen

Nach Einfügen von Zeilen schaltet der vi automatisch auf Eingabe, und Sie können die neue Zeile sofort beschreiben. Es gibt noch eine Reihe derartiger Textmanipulationskommandos, die am Ende in einer Übersicht zusammengestellt werden. Die bis jetzt beschriebenen Mechanismen genügen sicherlich für die elementare Praxis.

3.6. Ersatz für Positionierungstasten

Stillschweigend wurde hier unterstellt, daß Ihr vi auf die Cursortasten (Pfeile links, rechts, hoch, tief) so reagiert, wie Sie es erwarten - nämlich mit der Positionierung der Schreibmarke an den angesteuerten Ort. In aller Regel wird dies auch so sein. Die Belegung der Tasten, das sogenannte Keyboardmapping, ist aber mit dem System nicht fest verdrahtet. Das heißt, die Tastenbelegung ist per Software änderbar - hierzu gibt es eigene, spezielle Kommandos, wie mapchan, mapkey oder xmodmap bei graphischen X-Terminals.

Wahrscheinlich arbeiten Sie auf einer Tastatur nach deutscher Norm. Das auffälligste Unterscheidungsmerkmal ist der Buchstabe z, er liegt der bei einer deutschen Tastatur in der oberen Buchstabenreihe, bei einer amerikanischen unten links neben x auf dem deutschen y.

Das System belegt die Tasten beim Hochfahren standardmäßig in der amerikanischen Norm. Es sind dann beinahe alle Sonderzeichen nicht auf der entsprechenden Taste, und markanterweise sind die Buchstaben z und y vertauscht. Erst nach dem Systemstart wird das Keyboardmapping angepaßt. Das tut übrigens auch DOS, und Sie merken das, wenn Sie DOS von einer Diskette aus ohne AUTOEXEC.BAT mit Keyboard-Kommando starten.

Auf alle Fälle stellt auch UNIX beim Hochfahren ein Mapping ein, welches nicht unbedingt mit den Tastenbelegungen identisch ist. Bei vielen Maschinentypen findet man deshalb an der Konsole eine andere Tastatur vor, als an den übrigen Terminals. Sie entspricht der, die das System beim Starten setzt - meist die amerikanische Norm. Systemverwalter können ein Lied davon singen, wie lästig es ist, ein System, das nicht ordentlich hochkommt, von der Konsole aus auf die Beine zu stellen, wenn diese eine deutsche Tastatur besitzt. Sie suchen ständig die in UNIX unverzichtbaren Sonderzeichen.

Es könnte also sein, daß die Cursortasten eine Codesequenz erzeugen, die nicht derjenigen entspricht, die der vi als Cursorpositionierung erkennt. Ein Fall, der zwar wenig wahrscheinlich aber immerhin möglich ist. Da der vi insbesondere für Systemadministratoren ein unverzichtbares Werkzeug ist, ein "gecrashtes" System wieder zu normalisieren, gibt es anstelle der Cursortasten im vi auch Kommandos zur Cursorpositionierung, die auch bei nicht ordnungsgemäßem Keyboardmapping funktionieren. Es sind dies

<ESC> h   Cursor eine Stelle nach links

<ESC> l   Cursor eine Stelle nach rechts

<ESC> k   Cursor eine Zeile hoch

<ESC> j   Cursor eine Zeile tiefer

Obwohl ich hoffe, daß Sie diese Kombinationen zur Positionierung im Text nicht benötigen, sind sie auf alle Fälle wichtig für die Möglichkeiten der Kommando-Editierung in der Korn-Shell.

3.7. Blättern

Beim Blättern oder "Scrolling" wird der aktuelle Dateiausschnitt nach vorn oder hinten verlagert. Dies geschieht nicht zeilenweise, sondern in halben oder ganzen Bildschirmseiten. Die aktuelle Zeile im Dokument wird dabei mitverlagert. Letzteres ist nicht unbedingt immer so, es gibt Editoren, bei denen man schnell vom Anfang zum Ende des Dokumentes hin blättern kann, die aber bei der ersten Taste (Zeichen oder Cursorpositionierung) wieder in die ursprüngliche Zeile zurückspringen. Dort muß man den Cursor explizit positionieren. Wichtig ist, daß vor dem Blättern der Eingabemodus durch <ESC> verlassen wird.

Wenn Sie bereits so viele Anschriften erfaßt haben, daß nicht mehr alles auf eine Bildschirmseite paßt, probieren Sie die folgenden Blätterkommandos einfach aus. Beachten Sie, daß Sie auf Ihrer Tastatur anstelle von <Ctrl> möglicherweise die Abkürzung <Strg> finden. Verwenden Sie dann diese Taste. Mit der Returntaste können Sie das Dokument zeilenweise durchblättern.

<RET>   blättert eine Zeile vorwärts

Größere Abschnitte können mit den folgenden Tastenkombinationen in beiden Richtungen übersprungen werden. Sie dienen zum schnelleren Navigieren und Orientieren in der Datei.

```
<Ctrl>d   blättert um einen halben Bildschirm vorwärts

<Ctrl>f   blättert um einen ganzen Bildschirm vorwärts

<Ctrl>u   blättert um einen halben Bildschirm rückwärts

<Ctrl>b   blättert um einen ganzen Bildschirm rückwärts

<Ctrl>G   springt an das Dateiende
```

Nach dem Start des `vi` mit Angabe einer bereits existierenden Datei wird die Anzahl der Zeilen in der letzten Bildschirmzeile angezeigt. Wollen Sie direkt auf eine bestimmte Zeile bzw. in einen Zeilenbereich positionieren, verwenden Sie

```
<Ctrl>nG   springt zu Zeile n
```

Zum gezielten Positionieren innerhalb der aktuellen Zeile dienen die folgenden `vi`-Kommandos:

```
<Ctrl>w   setzt die Schreibmarke auf den Anfang des nächsten Wortes

<Ctrl>b   setzt die Schreibmarke auf den Anfang des vorigen Wortes

<Ctrl>$   setzt die Schreibmarke auf das Ende der aktuellen Zeile

<Ctrl>+   eine Zeile vor (wie <RET>)

<Ctrl>-   eine Zeile zurück
```

3.8. Sichern, Kombinieren und Beenden

Zum Schreiben der Datei vom vi-internen Puffer auf die Festplatte gibt es ein eigenes Kommando.

`<ESC>:w`	Schreiben der Datei auf Platte (sichern)

Sie können es zu jedem beliebigen Zeitpunkt aufrufen, um sicher zu stellen, daß Ihre Änderungen auch festgehalten werden. Bei längeren Sitzungen sollten Sie sich angewöhnen, dieses write-Kommando in bestimmten Abständen zu aktivieren. Denn immerhin, kommen ab und zu auch bei UNIX sogenannte Systemabstürze vor. Das System gerät dabei in einen undefinierten Zustand - etwa bei Stromausfall - und stellt ohne Vorwarnung seine Arbeit ein. Dann ist es zum Sichern von Dateien zu spät und alle Änderungen oder Neueinträge gehen verloren - die Arbeit war umsonst.

Wahrscheinlich werden Sie beim Arbeiten mit dem vi früher oder später einmal auf den Fall stoßen, eine bereits existierende Datei oder zumindest Teile aus einer solchen, ins aktuelle Dokument einkopieren zu wollen. Dies können Sie mit folgendem Kommando bewerkstelligen.

`<ESC>:r datei`	Einlesen Datei "`datei`" an Cursorposition

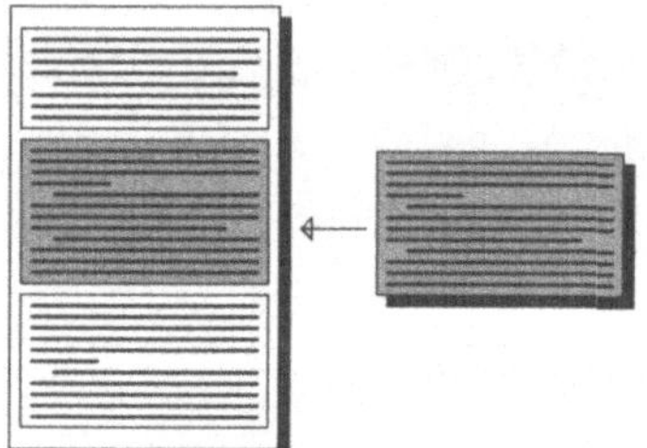

Der vi importiert die gelesene Datei an der Cursorposition. Text hinter dem Cursor wird dabei hinter die eingelagerte Datei angehängt - es wird also eine Lücke für das einkopierte Dokument geschaffen und nicht etwa irgend etwas überschrieben.

Zum Beenden des Editors dient das Kommando q - quit. Falls eine Datei, die Sie eingelesen haben nicht verändert wurde, akzeptiert der vi das folgende Kommando und beendet sich.

`<ESC>:q`	beendet den vi im Lesemodus bzw. wenn keine Änderungen vorgenommen wurden

Wurden Änderungen in der Datei durchgeführt und nicht mit w zurückgeschrieben, gibt vi eine Meldung aus und ignoriert das q-Kommando. Dies ist ein Sicherungsmechanismus gegen versehentliches Verlassen ohne das Ergebnis der Arbeit gespeichert zu haben.

Sollten Sie dennoch den `vi` beenden wollen, ohne daß Änderungen gesichert werden sollen, verleihen Sie Ihrem Vorhaben durch ein Ausrufezeichen Nachdruck.

```
<ESC>:q!      beendet den vi garantiert
```

Das Ausrufezeichen deutet dabei an, daß Sie das Verlorengehen eventueller Änderungen in Kauf nehmen. Beenden und Sichern können mittels des kombinierten Kommandos

```
<ESC>:wq    schreibt den Puffer auf die Datei zurück und beendet den vi
```

in einem Schritt durchgeführt werden. Dieses Kommando kann auch durch

```
ZZ          schreibt den Puffer auf die Datei zurück und beendet den vi
```

ersetzt werden, was die gleiche Wirkung hat.

3.9. Undo und Wiederholungen

Der `vi` bietet Ihnen eine Funktion an, mit der Sie versehentlich vorgenommene Änderungen ungeschehen machen können. Diese sogenannte undo-Funktion, die insbesondere bei den ersten Gewöhnungsübungen öfter strapaziert werden wird, aktivieren Sie mittels

```
<ESC>u      macht die letzte Änderung in der Zeile rückgängig
```

Falls es Ihnen beispielsweise passiert ist, daß der `vi` im `<ESC>a`-Modus nach Eingabe von Return die Zeile umgebrochen hat, können Sie dies mit `<ESC>u` sofort wieder rückgängig machen. Haben Sie mehrere Änderungen in der Zeile vorgenommen, die alle nicht akzeptabel sind, können Sie mit

```
<ESC>U      komplette Zeile wiederherstellen
```

den Inhalt der ursprünglichen Zeile wieder restaurieren. Eine soeben vorgenommene Änderung kann mittels

<ESC>.   letzte Änderung erneut ausführen (<ESC> Punkt)

erneut ausgeführt werden. Sie geben also einfach <ESC> . ein.

Fast jedes vi-Kommando kann mit einer vorangestellten Ziffer versehen werden, die dann als Wiederholungsfaktor für die Durchführung des Kommandos interpretiert wird. Beispielsweise löscht das Kommando

<ESC> 3dd   die folgenden 3 Zeilen löschen

die drei folgenden Zeilen. Während

<ESC>7x   löschen der 7 folgenden Zeichen

die nächsten sieben, rechts vom Cursor befindlichen, Zeichen löscht. Die Eingabe

<ESC>12rh   mehrfach mit gleichem Inhalt überschreiben

überschreibt die rechts vom Cursor stehenden zwölf Zeichen mit dem Zeichen, das Sie darauf eingeben - im Beispiel mit "h".

3.10. Bereiche kopieren

Der vi verfügt neben dem Arbeitspuffer noch über weitere Puffer, in denen Dateipassagen zwischengespeichert werden können. Es mag des öfteren vorkommen, einzelne Textteile aus der gerade in Arbeit befindlichen Datei an anderer Stelle unverändert wieder einzubauen.

```
Dies ist bereits erfasster Text Die Schreibmarke steht in der
ersten Bildschirmzeile unter dem Zeichen "D"              ,
Von der Cursorposition bis zu dieser Zeile wollen Sie den Text
zwischenspeichern und
Hier wieder einfügen.
Dies ist weiter erfasster Text,der von der Änderung nicht berührt
werden soll,
~

~

"Experimentierdatei" [New file]
```

Das folgende Beispiel zeigt, wie Sie eine Textpassage zunächst in die Zwischenablage bringen und anschließend an einer anderen Stelle - im Beispiel unter der Zeile mit unterstrichenen Hier - wieder einfügen können. Die Schreibmarke befindet sich auf dem D des Wortes Dies in der ersten Bildschirmzeile. Zum Zwischenspeichern verwenden Sie das yank-Kommando und geben ein:

<ESC>4Y   kopiert 4 Zeilen ab Cursorposition in den
              Zwischenablagepuffer (yank)

Der vi quittiert diese Aktion mit einer Meldung in der letzten Bildschirmzeile. Nachdem der Zeilenausschnitt zwischengespeichert ist, bewegen Sie die Schreibmarke auf die Zeile, unter der Ihre Zwischenablage eingefügt werden soll und geben dann

<ESC>P   Inhalt der Zwischenablage kopieren (paste)

ein.

Der vi kopiert dann den Text unter die aktuelle Zeile.

```
Dies ist bereits erfasster Text Die Schreibmarke steht in der
ersten Bildschirmzeile unter dem Zeichen "D"
Von der Cursorposition bis zu dieser Zeile wollen Sie den Text
zwischenspeichern und
Hier wieder einfügen.
Dies ist bereits erfasster Text. Die Schreibmarke steht in der
ersten Bildschirmzeile unter dem Zeichen "D"
Vom der Cursorposition bis zu dieser Zeile wollen Sie den Text
zwischenspeichern und
Dies ist weiter erfasster Text,der von der Änderung nicht berührt
werden soll,
~
"Experimentierdatei" [New file]
```

Der Inhalt Ihrer Zwischenablage existiert weiterhin, und Sie können den Inhalt noch an beliebigen anderen Textpositionen einfügen.

Achten Sie sowohl bei y als auch bei p wieder auf Groß- und Kleinschreibung. Je nachdem, ob Sie y oder Y bzw. p oder P eingeben, haben die Angaben unterschiedliche Wirkung. Groß Y kopiert immer ganze Zeilen, während klein y in Kombination mit weiteren Angaben beispielsweise folgendermaßen wirkt:

```
<ESC>yw    kopiert ein Wort

<ESC>5yw   kopiert 5 Worte

<ESC>y$    kopiert bis Zeilenende
```

Insbesondere bezieht sich klein y immer auf die aktuelle Cursorposition.

Groß P baut die Zwischenablage stets rechts vom Cursor bzw. unterhalb des Cursors ein, wenn ganze Zeilen kopiert wurden. Klein p fügt den Inhalt der Zwischenablage links vom Cursor ein. Bei ganzen Zeilen bedeutet dies oberhalb der aktuellen Zeile.

Das paste-Kommando p bzw. P kann auch in Verbindung mit dem d-Kommando zum Löschen von Zeilen verwendet werden. Die Zeile wird ähnlich wie bei yank, in den Zwischenspeicher kopiert aber im aktuellen Text gelöscht. Sie kann jedoch mit p oder P an anderer Stelle wieder einkopiert werden.

Auf diese Art können Zeilen im Text umgestellt werden, wie Sie im nächsten Beispiel erkennen.

```
Dies ist bereits erfasster Text Die Schreibmarke steht in der
ersten Bildschirmzeile unter dem Zeichen "D"
```

```
Von der Cursorposition bis zu dieser Zeile wollen Sie den Text
zwischenspeichern und
Hier wieder einfügen.
Dies ist bereits erfasster Text. Die Schreibmarke steht in der
ersten Bildschirmzeile unter dem Zeichen "D"
Vom der Cursorposition bis zu dieser Zeile wollen Sie den Text
zwischenspeichern und
Dies ist weiter erfasster Text,der von der Änderung nicht berührt
werden soll,
~
"Experimentierdatei" [New file]
```

Der Cursor steht an der unterstrichenen Position (<u>D</u>ies). Wenn Sie dort
<ESC>2dd eingeben, wird die Zeile, an der der Cursor steht und die folgende
gelöscht. Positionieren Sie anschließend die Schreibmarke auf das Wort <u>H</u>ier,
können Sie die soeben gelöschten Zeilen unterhalb wieder einfügen. Sie verwenden hierzu <ESC>P. Das Resultat sehen Sie unten.

```
Dies ist bereits erfasster Text Die Schreibmarke steht in der
ersten Bildschirmzeile unter dem Zeichen "D"
Von der Cursorposition bis zu dieser Zeile wollen Sie den Text
zwischenspeichern und
Hier wieder einfügen.
Dies ist weiter erfasster Text,der von der Änderung nicht berührt
werden soll,
Dies ist bereits erfasster Text. Die Schreibmarke steht in der
ersten Bildschirmzeile unter dem Zeichen "D"
Vom der Cursorposition bis zu dieser Zeile wollen Sie den Text
zwischenspeichern und
~
"Experimentierdatei" [New file]
```

3.11. Zeichenketten suchen und ersetzen

Hierbei handelt es sich zweifellos um eines der wichtigsten Features des vi. Es kommt häufig vor, daß in einer Textdatei ein Wort - beispielsweise ein Name - durch eine anderes ersetzt werden muß. Insbesondere bei der Programmierung in Verbindung mit Variablennamen gelangt dies häufig zur Anwendung. Gesucht wird nach einem Text immer relativ zur aktuellen Cursorposition, und die Suchrichtung wird durch das erste Suchkommando festgelegt. Ab Cursorposition in Richtung Dateiende wird mittels

```
<ESC>/strg      suchen Text "strg" ab Cursor in Richtung Dateiende
```

gesucht. Im umgekehrter Richtung - also hin zum Dateianfang mit

```
<ESC>?strg      suchen Text "strg" ab Cursor in Richtung Dateianfang
```

Suchen Sie in der Experimentierdatei nach der Zeichenfolge Cursor in Richtung Dateiende, so geben Sie folgendes Kommando ein:

```
<ESC>/Cursor
```

Sie kehren die Suchrichtung mit

```
<ESC>?Cursor
```

um. Wird der Text gefunden, positioniert vi die Schreibmarke auf den Anfang der ersten Zeile, in der der Suchbegriff auftaucht.

Wollen Sie in der gleichen Suchrichtung nach dem nächsten Vorkommen des Begriffes suchen, so verwenden Sie

```
<ESC>n      weiter nach gleichem Suchbegriff in gleicher Richtung suchen
```

Die Anweisung, eine Zeichenfolge im Text zu ersetzen, ist etwas komplizierter, und es bedarf hierzu wieder der Kommandozeile. Daher wird diese Aktion mit <ESC>: eingeleitet. Angegeben werden muß die Zeichenkette, die ersetzt werden soll und die, die an ihrer Stelle einzusetzen ist. Darüber hinaus kann der Bereich, auf den der Ersetzungsmechanismus wirken soll, angegeben werden. Wird kein Bereich definiert, wird der Austausch nur in der aktuellen Zeile vorgenommen.

Allgemein sieht ein Kommando zum Ersetzen einer Zeichenfolge durch eine andere folgendermaßen aus:

```
[bereich] s/strg1/strg2/ [g]

[bereich]         zulässige Angaben sind

   %              gesamte Datei
   n,m            von Zeile n bis Zeile m (z.B.: 12,37)
   n,$            von Zeile n bis Dateiende (z.B.: 24,$)

/strg1            die zu ersetzende Zeichenfolge
/strg2            die ersetzende Zeichenfolge
[g]               wenn angegeben: werden alle gefundenen
                  Zeichenketten ersetzt, wenn nicht, wird nur die jeweils
                  erste pro Zeile gefundene Zeichenkette ersetzt
```

Soll zum Beispiel in der `Experimentierdatei` das Wort "Cursor" überall, wo es vorkommt, durch "Schreibmarke" ersetzt werden, lautet das entsprechende Kommando:

```
%s/Cursor/Schreibmarke/g
```

3.12. Abschließende Bemerkung und Anregung

Der `vi` umfaßt außer den hier beschriebenen Mechanismen noch vieles mehr. So können beispielsweise mehrere Dateien in einer `vi`-Session bearbeitet werden. Außerdem besitzt der `vi` eine sogenannte Konfigurationsdatei (`.exrc`), in der Kommandos hinterlegt sein können, die der `vi` beim Start automatisch ausführt, beispielsweise die Zeilennumerierung einschalten. Ferner können Kommandosequenzen, sogenannte Makros definiert werden.

Der `vi` besitzt weiterhin einen unmittelbaren Zugang zum Betriebssystem, d.h. es können jederzeit UNIX-Kommandos aus dem `vi` heraus aktiviert werden. Es kann sogar die Ausgabe eines Kommandos in das laufende Dokument importiert werden und vieles mehr.

Die auf den letzten Seiten vorgestellten Mechanismen sollten jedoch für das Arbeiten mit dem `vi` genügen. Spezielle Fähigkeiten, die darauf aufbauen, sollten Sie sich unter Zuhilfenahme der Systemhandbücher aneignen. Gleiches gilt, wenn Sie anstatt mit dem `vi` mit anderen Editoren arbeiten. Sowohl die Standards (z.B. `emacs`, `xedit`) als auch herstellerspezifische Tools (z.B.: `ced`, `ined`, `maxed`) werden in der Regel mit umfangreicher Dokumentation ausgeliefert. Wenden Sie sich also an Ihren Systemverwalter, er kann Ihnen in derartigen Fragen sicher weiterhelfen.

Damit Sie zum Einüben und während der Zeit, in der Ihnen die wichtigsten `vi`-Befehle noch nicht "in Fleisch und Blut" übergegangen sind, eine schnelle Hilfe parat haben, finden Sie im Anschluß an die Anregungen eine Übersicht über die hier präsentierten `vi`-Leistungen.

Adressen

In den folgenden Abschnitten werden Mechanismen erläutert, die auf die Inhalte von Dateien wirken. Hierzu gehören u.a. das Suchen von Zeichenfolgen in Dateien, das Sortieren von Dateien und das Ausfiltern bestimmter Felder aus Dateien. Hierzu wäre es nützlich, eine Adreßdatei zu erstellen, die etwa folgenden Aufbau haben kann:

```
Nachname:Vorname:Strasse:Hausnummer:Postleitzahl:Ort:Telefon
Mustermann:Anna:Baumgarten:25:8000:Muenchen:080-161718
.....
Bruening:Peter:Bahnhofstr.:10:8200:Rosenheim
Keil:Harry:Ebersbergerstr.:12a:8000:Muenchen:089-935817
.....
```

Die einzelnen Adreßteile müssen keine feste Länge aufweisen, die Sätze der Datei müssen also nicht stellengerecht aufgebaut sein, wichtig ist nur, daß die einzelnen Bestandteile durch ein Sonderzeichen, beispielsweise einen Doppelpunkt, voneinander getrennt sind.

Nachricht aus Datei

Wenn Sie umfangreiche Nachrichten an einen oder mehrere Mitbenutzer des Systems versenden wollen, wäre die Möglichkeit, diese jedesmal unter dem `mail`-Kommando zu editieren wenig effizient. Sie erzeugen die Nachricht mit dem `vi` in einer Datei z.B. mit dem Namen `big` und versenden sie anschließend mittels `mail` nach dem in der umseitigen Abbildung skizzierten Mechanismus.

Nehmen Sie es erst einmal als gegeben hin, daß das Zeichen `<` im `mail`-Kommando dafür sorgt, daß die Nachricht nicht vom Bildschirm, sondern aus einer Datei erwartet wird. Was es mit diesem Sonderzeichen innerhalb der Shell ansonsten auf sich hat, erfahren Sie später noch im Detail.

Terminkalender

Mit Hilfe des vi können Sie sich jetzt eine Datei calendar erstellen, der Name ist fest vorgegeben; ebenso größtenteils das Format der einzelnen Sätze. Jeder Satz der Datei beginnt mit einem Datum mm/dd, wobei mm einen Monat (01,...,12) und dd einen Tag (01,...,31) beziffert.

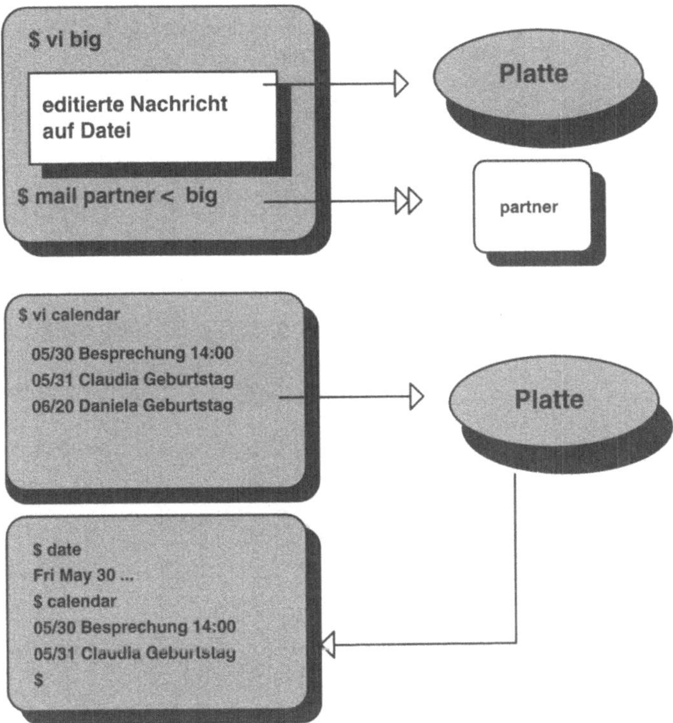

Hinter dieser Datumsangabe kann ein beliebiger Text folgen, der Sie an ein Ereignis des entsprechenden Tages erinnern soll. Sobald Sie das Kommando calendar aufrufen, gibt UNIX Ihnen die Termine von heute und morgen aus. Zurückliegende Termine werden dabei ignoriert, zukünftige werden noch nicht angezeigt. Sie können diese Datei ständig aktualisieren und haben so stets Ihre Termine parat. Den Aufruf der calendar-Routine dürfen Sie dabei allerdings nicht vergessen. Aber auch das läßt sich - wie man noch sehen wird - automatisieren.

3.13. Zusammenfassung

Aufruf

```
vi  [+[n]]  [-R]  [datei]

vi                 startet den vi und stellt einen leeren Bildschirm zur Verfügung
vi datei           startet den vi zur Bearbeitung der Datei datei; ist die Datei bereits
                   vorhanden, wird die erste Seite ausgegeben
vi + datei         öffnet die Datei und positioniert gleich ans Ende
vi +[n] datei      öffnet die Datei zur Bearbeitung und positioniert das Bildschirm-
                   fenster auf die Zeile n bzw. Ende, falls die Datei weniger als n
                   Zeilen hat
vi -R datei        öffnet die Datei zum Lesen, d.h. Änderungen können nicht zurück
                   geschrieben werden
```

Textmanipulation

```
<ESC>a             Text an- bzw. einfügen an Cursorposition
<ESC>A             Text an Zeilenende anfügen
<ESC>R             Text ab Cursorposition überschreiben
<ESC>r             Zeichen an Cursorposition überschreiben
<ESC>i             Einfügen Text ab Cursorposition
<ESC>x             Zeichen an Cursorposition löschen
```

Zeilenmanipulation

```
<ESC>dd            Zeile löschen
<ESC>D             Zeichen ab Cursor bis Zeilenende löschen
<ESC>o             unterhalb der aktuellen Zeile neue Zeile einfügen
<ESC>O             oberhalb der aktuellen Zeile neue Zeile einfügen
```

Undo, Mehrfachausführung

```
<ESC>u             macht die letzte Änderung rückgängig
<ESC>U             komplette Zeile wiederherstellen
<ESC>.             letzte Änderung erneut ausführen (<ESC> Punkt)
```

Blättern

`<RET>`	blättert eine Zeile vorwärts; Cursor steht auf Zeilenanfang
`<Ctrl>d`	blättert um einen halben Bildschirm vorwärts
`<Ctrl>f`	blättert um einen ganzen Bildschirm vorwärts
`<Ctrl>u`	blättert um einen halben Bildschirm rückwärts
`<Ctrl>b`	blättert um einen ganzen Bildschirm rückwärts
`<Ctrl>G`	springt an das Dateiende
`<Ctrl>nG`	springt zu Zeile n; die Zeile wird in der Bildschirmmitte positioniert
`<Ctrl>w`	setzt die Schreibmarke auf den Anfang des nächsten Wortes
`<Ctrl>b`	setzt die Schreibmarke auf den Anfang des vorigen Wortes
`<Ctrl>$`	setzt die Schreibmarke auf das Ende der aktuellen Zeile
`<Ctrl>+`	eine Zeile vor (wie `<RET>`)
`<Ctrl> -`	eine Zeile zurück

Sichern und Beenden

`<ESC>:w`	Schreiben der Datei auf Platte (sichern)
`<ESC>:r`	Einlesen Datei "datei" an Cursorposition
`<ESC>:q`	beendet den vi im Lesemodus bzw. wenn keine Änderungen
`<ESC>:q!`	beendet den vi garantiert
`<ESC>:wq`	schreibt den Puffer auf die Datei zurück und beendet den vi
`ZZ`	schreibt den Puffer auf die Datei zurück und beendet den vi

Zeilennummern

`<ESC>:`	Aktivieren Kommandoeingabe in letzter Bildschirmzeile
`set number`	Zeilennummern ein
`set nonumber`	Zeilennummern aus

Bereiche kopieren

`<ESC>nY`	kopiert n Zeilen in den Zwischenablagepuffer (yank)
`<ESC>y`	kopiert ab Cursorposition definiert in den Zwischenablagepuffer
`<ESC>yw`	kopiert ein Wort
`<ESC>5yw`	kopiert 5 Worte
`<ESC>y$`	kopiert bis Zeilenende
`<ESC>P`	Zwischenablage kopieren (paste) rechts bzw. unterhalb Cursor
`<ESC>p`	Zwischenablage kopieren (paste) links bzw. oberhalb Cursor

Suchen

```
<ESC>/strg      suchen Text "zeichenfolge" ab Cursor in Richtung Dateiende
<ESC>$strg      suchen Text "zeichenfolge" ab Cursor in Richtung Dateianfang
<ESC>n          weiter nach ursprünglichem Suchbegriff in gleicher Richtung
                suchen
```

Ersetzen

```
[bereich]  s/strg1/strg2/  [g]

[bereich]       zulässige Angaben sind
  %             gesamte Datei
  n,m           Von Zeile n bis Zeile m (z.B.: 12,37)
  n,$           Von Zeile n bis Dateiende (z.B.: 24,$)
/strg1          die zuersetzende Zeichenfolge
/strg2          die ersetzende Zeichenfolge
[g]             wenn angegeben: werden alle gefundenen Zeichenketten ersetzt
                wenn nicht, dann wied nur die jeweils erste pro Zeile gefundene
                Zeichenkette ersetzt
```

4. Verzeichnisse

4.1. Kapitelübersicht

Das Verständnis des Dateisystems von UNIX ist nicht nur unerläßlich für die praktische Arbeit, sondern auch für das Verständnis des Systems selbst. Das vorliegende Kapitel erläutert, wie die Dateiorganisation unter UNIX aussieht, und wie Sie selbst Ihre Dateien im System sinnvoll und überschaubar ablegen können. Das Kapitel enthält die wichtigsten Kommandos zur Navigation in der Dateienlandschaft, sowie die Befehle für globale Operationen mit Directories.

Sollten Sie UNIX bereits kennen, werden Sie bemerken, daß durch die Neufestlegung der Systemeigenschaften innerhalb von Release 4 tiefgreifende Veränderungen am Dateisystem vorgenommen wurden. Rein äußerlich werden unter Release 4 die altbekannten Standardverzeichnisse größtenteils in einen völlig anderen Zusammenhang gesetzt, so daß es sich lohnt, genauer hinzusehen.

- Grundbegriffe   Dateibaum, Organisation, Pfade
- Verzeichnisse   Inhalte, Orientierung, Definition, Löschen
- UNIX-Dateibaum   Interpretation der wichtigsten Verzeichnisse

4.2. Strukturen

Wenn Sie bereits Erfahrungen unter dem Betriebssystem DOS auf PC´s gesammelt haben, wird Ihnen die Struktur des UNIX-Dateisystems in den wesentlichen Eigenschaften bereits bekannt sein und leicht vertraut gemacht werden können. Im Abschnitt über den Texteditor vi haben Sie erfahren, wie Sie Ihre eigenen Informationen in Form von Dateien im Rechner hinterlassen. Ebenfalls nicht mehr neu ist für Sie, daß UNIX ein System ist, das mehrere Benutzer gleichzeitig bedient. Stellen Sie sich vor, was passieren würde, wenn Sie und ein Mitbenutzer gleichzeitig eine Datei mit zufällig gleichem Namen editieren.

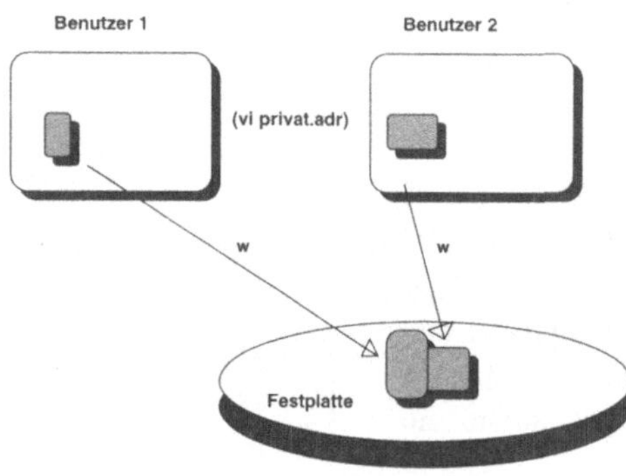

Der vi bearbeitet zunächst einmal die Datei nicht direkt auf der Festplatte. Er erstellt ein Abbild davon in seinem Arbeitsspeicher. Jeder, der den vi aufruft, erhält einen eigenen Arbeitsbereich. Ein Sicherungskommando w, das zwei Benutzer aufrufen, die zufällig eine Datei mit gleichem Namen im Editor bearbeiten, würde bewirken, daß die physikalische Datei auf der Platte jedesmal mit dem Arbeitsspeicherinhalt desjenigen Benutzers überschrieben würde, der zuletzt sichert. Wer als letztes schreibt, hat gewonnen. Die Dateiinhalte des anderen Benutzers wären verloren.

Dieses Problem ließe sich nur dadurch umgehen, daß man systemweit Absprachen über die zu vergebenden Dateinamen trifft und solche im gesamten Rechner eindeutig sein müßten. Zu Computers Urzeiten war genau dies an der Tagesordnung.

Eine derartige Forderung erhebt UNIX natürlich nicht mehr. Dateinamen müssen im System nicht eindeutig sein. Wie ist es aber dann zu schaffen, daß sich verschiedene Benutzer, sollten sie zufällig gleiche Dateinamen verwenden, ihre Daten nicht gegenseitig zerstören?

Einige Betriebsysteme stellen die Benutzerkennung insgeheim vor den eigentlichen Dateinamen, so daß zwei Dateien, die jeweils für die Benutzer `privat.adr` heißen, dem System gegenüber `userid1.privat.adr`, beziehungsweise `userid2.privat.adr` heißen; hinsichtlich ihres Namens also unterschiedlich gemacht werden. Das Problem scheint gelöst, wenn auch unter der Einschränkung, daß die Namen pro Benutzer eindeutig sein müssen, und das birgt gewisse Gefahren, denn welcher Benutzer weiß nach einiger Zeit noch alle seine Dateinamen? Versehentliches Überschreiben ist vorprogrammiert.

UNIX macht es unkomplizierter, überschaubarer und gleichzeitig komfortabler. Außer den Dateien, den eigentlichen Informationsträgern, werden organisatorische Objekte, sogenannte Kataloge, Dateiverzeichnisse oder Directories eingeführt. Ob die Bezeichnung nun so oder so lautet, gemeint ist immer das gleiche. So wie man Dateien mit beschriebenen Seiten eines Dokumentes vergleichen kann, kann man Dateiverzeichnisse mit Aktenordnern vergleichen, in denen die Schriftstücke abgelegt werden. Man "bündelt" in UNIX Dateien in Dateiverzeichnissen, welche vom Benutzer beliebig angelegt und mit Namen versehen werden können.

Was passiert aber, wenn verschiedene Benutzer nun Verzeichnisse mit gleichem Namen und darin auch noch gleichlautende Dateien erzeugen? Das Problem scheint also doch nicht gelöst, lediglich dem Zufall wird etwas vorgebeugt. Nein, letztlich erhält jeder Benutzer von UNIX nicht nur eine Menge leerer Ordner, in Form freizügiger Möglichkeiten, Dateiverzeichnisse anzulegen, er bekommt auch noch seinen eigenen "Aktenschrank" inklusive der Schlüssel dazu. Dieser Aktenschrank ist freilich wieder ein Dateikatalog und nun beginnt der Vergleich mit den Akten und Ordnern etwas schwierig zu werden.

Dateiverzeichnisse haben die Möglichkeit, ihrerseits wieder Verzeichnisse aufnehmen zu können und das beliebig tief verschachtelt. Jeder Benutzer erhält in dem Augenblick, in dem der Systemadministrator seine Kennung einrichtet, ein Dateiverzeichnis zugeteilt, in dem er alle seine Dateien und seine eigenen Kataloge ablegen kann. Insofern können sich verschiedene Benutzer normalerweise nicht stören.

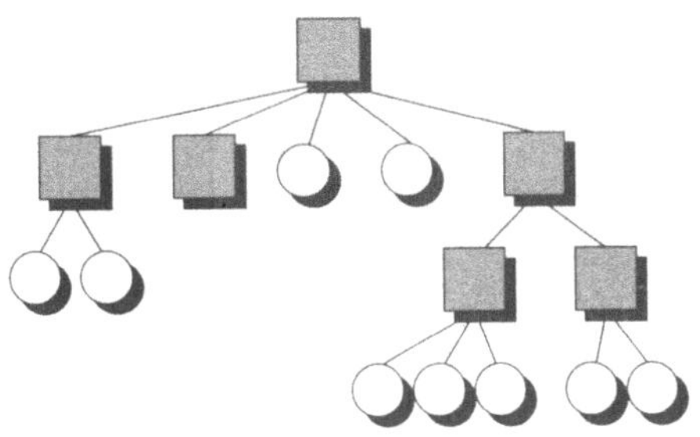

Wir wollen uns im folgenden die Struktur des UNIX-Dateisystems, welches soeben in seinen gröbsten Zügen bereits charakterisiert wurde, etwas genauer ansehen. UNIX organisiert seine Dateien in Form eines "auf dem Kopf stehenden" Baumes wie in der Abbildung rechts. Derartige Baumstrukturen sind in der Informatik weit verbreitet, da sie stets eine eindeutige Hierarchie definieren. Ausgehend von der Wurzel verzweigt sich der Baum über Äste bis hin zu den Blättern. Immer da, wo ein Ast in weitere verzweigt - wo also eine logische Unterteilung der Information im Baum auf eine untere Ebene hin erfolgt - spricht man von den bereits erwähnten Dateiverzeichnissen, Katalogen oder auch von Directories. Sie sind in der Grafik als Rechtecke dargestellt. Die Blätter des Baumes, entsprechen den Dateien, sie werden durch die Kreise repräsentiert.

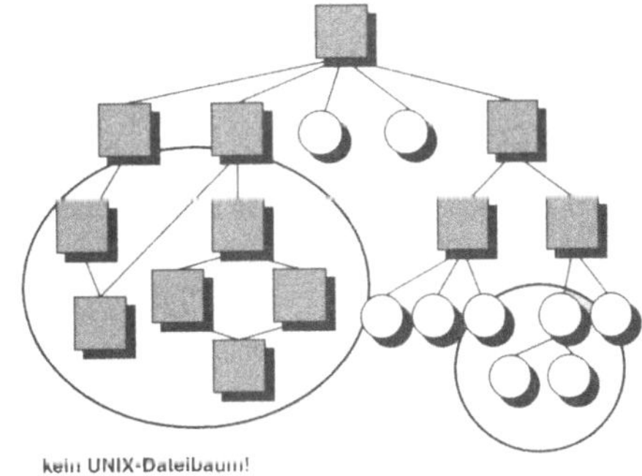

Wie bei echten Bäume, wachsen Äste, die sich einmal verzweigt haben, nicht wieder irgendwo zusammen, und Blätter treiben ihrerseits keine neuen Blätter. Das bedeutet, daß die eingekreisten Strukturen in der Abbildung rechts im UNIX-Dateibaum nicht produzierbar sind. In der Sprache des UNIX-Dateisystems bedeutet das, daß Unterhierarchien in Form eines Directories nicht wieder auf einer tiefer liegenden Ebene in einem anderen Directory zusammengeführt werden können. Der Fall, daß ein Kreis, also eine Datei, einen Verzweigungspunkt darstellt, ist widersprüchlich. Der Kreis müßte durch ein Rechteck ersetzt werden und zum Dateiverzeichnis werden, um die Struktur richtig zu stellen. Man kann es noch strikter formulieren: Jedes Element des UNIX-Dateisystems ist entweder eine Datei oder ein Verzeichnis und besitzt genau ein übergeordnetes Directory, dem es angehört. Ferner gibt es nur ein einziges Verzeichnis, das diese Regel durchbricht, das also kein übergeordnetes Verzeichnis mehr besitzt. Dieses ausgezeichnete Directory bildet sozusagen die Wurzel des Baumes oder den Ursprung des UNIX-Dateisystems und wird als `root` bezeichnet und mit dem Zeichen / (slash) abgekürzt.

Dateien und Dateiverzeichnisse sind Bestandteile eines hierarchisch geordneten Gesamtsystems und tragen Namen, die aufgrund der Struktur des Gesamten nicht mehr eindeutig sein müssen. Betrachten Sie hierzu die nächste Abbildung.

Unter den Verzeichnissen `1`, `2`, `3` und `4` wurden jeweils drei Dateien `a`, `b` und `c` definiert. Die Namen sind deshalb etwas praxisfern und phantasielos gewählt, weil es jetzt nur um strukturelle Betrachtungen geht.

Alle Dateien existieren dreimal mit jeweils gleichem Namen sind aber rein anschaulich, unter Einbeziehung der Struktur, in die sie eingegliedert sind, unterschiedliche Objekte. Diese rein intuitive Interpretation ist enorm wichtig für das Verständnis des Dateisystems. Ein Objekt, sei es Datei oder Verzeichnis, muß

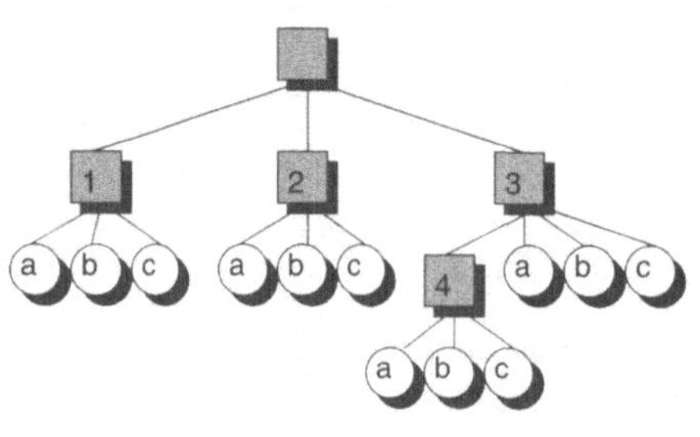

stets im Kontext der es umgebenden Struktur gesehen werden. Die Angabe Datei `a`, bezogen auf Abbildung, ist keine ausreichende Information, das Objekt exakt zu bezeichnen. Die Identifikation würde nur dann ausreichen, wäre `a` in der Struktur einmalig, was aber nicht der Fall ist. Die zusätzliche Festlegung auf das Verzeichnis, in dem `a` vorkommt - beispielsweise Verzeichnis `2` -, definiert hingegen die Datei eindeutig. Ersetzen Sie in Gedanken die Dateinamensfolge `a`, `b`, `c` unter irgendeinem

Verzeichnis durch `a`, `b`, `b`, so werden Sie ebenso intuitiv der Meinung sein, daß dann etwas nicht stimmen kann.

Es gelingt nicht, eine der beiden Dateien `b` eindeutig festzulegen, auch nicht unter Einbeziehung des Dateiverzeichnisses, denn dies ist in jedem Fall das gleiche. Daraus folgt trivialerweise, daß Namen von Dateien und Verzeichnissen, die auf der gleichen Hierarchieebene liegen, eindeutig sein müssen. Anders ausgedrückt, die Frage nach der Eindeutigkeit von Dateinamen im gesamten System ist reduziert auf eine Unterstrukturebene. Ein derartiger Ausschnitt, bestehend aus einem Verzeichnis und aller unmittelbar darunterliegenden Objekte ist überschaubar und die Eindeutigkeitsrestriktion damit akzeptabel. Die Existenz der Dateien `a`, `b`, `b` unter einem identischen Verzeichnis ist demnach unmöglich und entspricht auch in keiner Weise einer vernünftigen Anschauung.

Sehen Sie sich zum elementaren Verständnis der Dateihierarchie von UNIX noch folgende Situation an: Mehrere Benutzer `ben-1`, `ben-2` und `ben-3` besitzen jeweils eine Datei `privat.adr`. Die Dateien sind aufgrund ihrer Einbettung in die Struktur als verschiedene Objekte zu betrachten. Versetzen Sie sich in das Dateiverzeichnis `irgendwo` und qualifizieren Sie aus Ihrer Sicht die Datei `privat.adr` des Benutzers `ben-3`. Sie fragen mit Recht welche. Nehmen Sie die auf der untersten Ebene, deren Nachbar `gesch.adr` ist. Folgen Sie einfach der Intuition beim Betrachten der Grafik, und die Lösung liegt auf der Hand. Sie verfolgen den Linienzug von `irgendwo` zu `ben-3`. Die unmittelbar darunter befindliche Datei `privat.adr` ist nicht die richtige, also folgen Sie dem Weg weiter über Verzeichnis `1` und finden darunter das Ziel.

Die eindeutige Qualifizierung der Datei `privat.adr` besteht demnach in der Aufzählung aller Stationen - Dateiverzeichnisse - ausgehend von Ihrem Standort, die durchlaufen werden müssen.

Unter Verwendung eines Trennsymboles `/` für die einzelnen Wegstationen und unter Einbeziehung des Namens der gesuchten Datei lautet der Pfad, den Sie gegangen sind:

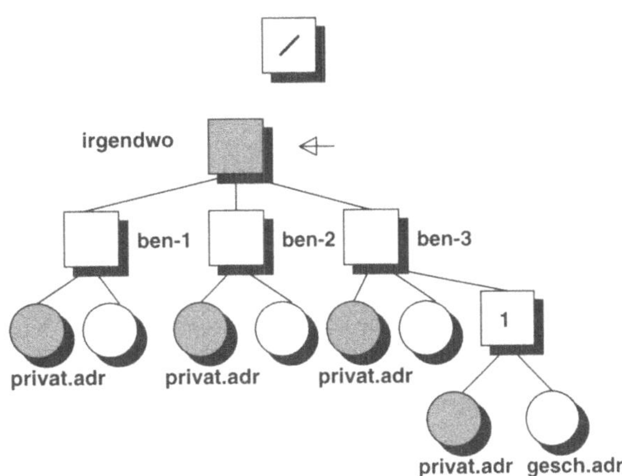


```
irgendwo/ben-3/1/privat.adr
```

In der Tat werden in UNIX Dateien genau auf diese Art identifiziert. Angaben wie im Beispiel werden Pfadnamen genannt. Beachten Sie jedoch eine wichtige Nuance bei der Lösung der vorigen Aufgabe. Der Weg führte in der Struktur stetig abwärts.

Versuchen Sie sich die gleiche Frage vom Standpunkt `ben-2` anstelle von `irgendwo` zu beantworten. Die intuitive Lösung

```
ben-2/irgendwo/ben-3/1/privat.adr
```

ist diesmal leider völlig falsch. UNIX fordert bei Pfadangaben stets, daß der von links nach rechts beschriebene Weg im Dateibaum in einer Richtung verläuft - und zwar nach unten. Um aber von `ben-2` aus einen konsistenten Pfad zur Zieldatei zu beschreiben, müssen Sie in der Hierarchie einen Sprung rückwärts machen. Ideal wäre, zurück nach `irgendwo`. Da aber von UNIX Pfadangaben immer der Hierarchie folgend nach unten aufgelöst werden, führt zunächst kein Weg unmittelbar dorthin. Diese Regel ist jedoch sinnvoll, bedenkt man, daß es in der gesamten Struktur durchaus mehrere `irgendwo` geben könnte.

Glücklicherweise hat der Dateibaum eine Wurzel und die ist eindeutig - nämlich `root` oder `/`. Beginnt ein Pfad an der Wurzel, ist jeder Knoten im Dateisystem eindeutig in der vorgegebenen Richtung innerhalb der Hierarchie benennbar. Um den Pfad zur fraglichen Datei `privat.adr` des Benutzers `ben-3` ausgehend von `ben-2` eindeutig zu beschreiben, bleibt also zunächst nur die

Möglichkeit, von `root` aus alle Verzeichnisse aufzulisten. Der resultierende Pfad ist dann:

```
/home/myself/<ggf. weitere>/irgendwo/ben-3/1/privat.adr.
```

Der vordere Teil bis hin zu `irgendwo` enthält dann beliebig viele Verzeichnisnamen und dann den bereits bekannten Pfad zum Ziel.

Pfadnamen, die an der Wurzel beginnen - also typischerweise mit / beginnen - tragen aufgrund ihres absolut eindeutigen Charakters in UNIX die Bezeichnung absoluter Pfadname. Sie sind unabhängig vom Standort immer zutreffend.

In der Praxis sind zuweilen spiegelbildliche Teilstrukturen wie in der folgenden Abbildung durchaus üblich. Unter den Verzeichnissen 11 und 12 befinden sich absolut identische Teilbäume mit gleichen Unterverzeichnissen und Dateien. Beachten Sie bitte, daß die Existenz der beiden Verzeichnisse 11 und 12 hierzu absolut notwendig ist. Über dem Verzeichnis 1 ist durch die angedeutete Struktur noch einmal verdeutlicht, daß insgesamt nur ein Ausschnitt aus dem Dateisystem betrachtet wird.

Es war von absoluten Pfadnamen die Rede. Versetzen Sie sich gedanklich in beide Verzeichnisse A sowohl unter 11 als auch unter 12. Betrachten Sie die Pfadnamen im folgenden Beispiel:

```
A/B/e

A/B/e
```

Beide sind vollkommen identisch und können im Gesamtbild zwei verschiedene Dateien e bezeichnen. Dies hängt von den übergeordneten Verzeichnissen 11 beziehungsweise 12 ab. Ebenso ist bei den folgenden Pfadnamen nicht eindeutig, welches Objekt gemeint ist.

```
A/a

A/B/d
```

Die folgende Angabe ist dagegen als absoluter Pfad wieder unmißverständlich.

```
/home/myself/<ggf. weitere>/1/11/A/B/d
```

Bei Pfadangaben die nicht von der Wurzel ausgehen, also bezeichnenderweise nicht mit / beginnen, spricht man im Gegensatz zu absoluten Pfaden von relativen Pfaden, da ihr Zielobjekt, wie aus den obigen Beispielen ersichtlich, im gesamten Dateibaum nicht unbedingt eindeutig bestimmt ist. Die Eindeutigkeit gilt nur relativ zum momentan aktuellen Verzeichnis. Kommen wir noch einmal kurz zur Abbildung mit dem Verzeichnis irgendwo zurück, und erinnern wir uns an die Schwierigkeit, die auftrat, als von ben-2 aus eine der Dateien unter ben-3 per Pfadangabe angesprochen werden sollte.

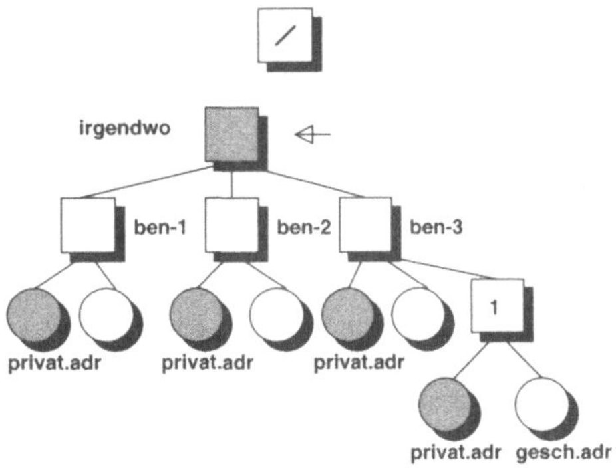

Sicherlich wäre es unbefriedigend, müßte man jedesmal den absoluten Pfad angeben, wenn die gesuchte Datei nicht in der Hierarchie unter dem momentan aktuellen Directory zu finden ist. Den Rücksprung von ben-2 nach irgendwo kann man in UNIX durchaus formulieren. Allerdings nicht so, wie in der folgenden intuitiven aber immer noch völlig falschen Weise:

```
ben-2/irgendwo/ben-3/1/privat.adr
```

Sie befinden sich in Gedanken im Verzeichnis ben-2. Um von dort zunächst nach ben-3 zu gelangen, müssen Sie im Dateibaum zur letzten "Astgabel" zurückklettern und von dort eine neue Richtung einschlagen. Da jedes Verzeichnis - mit Ausnahme von root - genau ein übergeordnetes Verzeichnis besitzt, ist dessen wirklicher Name nicht von Bedeutung und kann durch einen symbolischen Namen ersetzt werden. Dieser Name wird in UNIX mit zwei hintereinanderstehenden Punkten (..) angegeben. Egal wo man sich gerade im Dateisystem aufhält, benennt die Angabe .. stets den Verzweigungsknoten in der Hierarchie darüber, also das Directory, welches dem aktuellen übergeordnet ist. Durch die Angabe ../ben-3/1/privat.adr ist ausgehend von ben-2 die Pfadangabe jetzt korrekt und lautet im Klartext:

- gehe eine Stufe zurück
- gehe von dort nach ben-3
- gehe nach Verzeichnis 1 (dort befindet sich die gesuchte Datei)

Genauso, wie man Pfadnamen durch Auflisten von konkreten Verzeichnisnamen in der Hierarchie nach unten beliebig tief definieren kann, kann man Rücksprünge in der Struktur beliebig weit ausführen. Dies wird durch eine Kette von `..` Angaben realisiert. In der folgenden Abbildung ist dies bereits angedeutet.

Vom Verzeichnis E gelangt man durch die relative Angabe `../..` direkt ins Verzeichnis A. Denkt man sich unter E noch ein weiteres Verzeichnis E1, gelangt man von dort eben durch `../../..` nach A. Das Ganze geht beliebig weit zurück; Endstation ist natürlich die Wurzel `/`, denn die hat kein übergeordnetes Verzeichnis mehr.

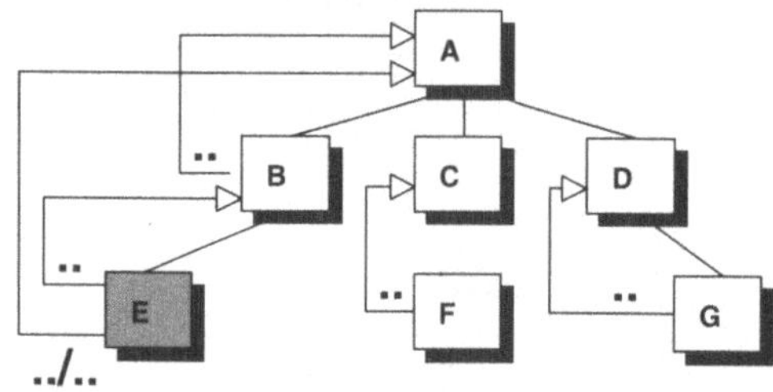

Der Vollständigkeit halber muß hier erwähnt werden, daß es neben `..` ein weiteres stets im Kontext eindeutiges Verzeichnis gibt, welchem man einen symbolischen Namen geben kann. Es handelt sich um das Verzeichnis, in dem man sich momentan aufhält. Die symbolische Bezeichnung ist `.` (also ein einfacher Punkt). Während der doppelte Punkt noch einen durchaus erkennbaren praktischen Zweck hatte, nämlich den Rücksprung um eine Etage im Dateibaum zu ermöglichen, tritt man mit dem einfachen Punkt auf der Stelle, und der Wert für die Erkenntnisse in Sachen Dateisystem bleibt zunächst noch verborgen.

Im folgenden wird noch ausführlicher auf die Relativierung von Pfadangaben eingegangen. Immerhin haben Sie jetzt eine Vorstellung vom Aufbau des UNIX-Dateisystems.

Wenn Sie sich an den Abschnitt über den Editor vi zurückerinnern, so konnten Sie nach erfolgtem Login durch Aufruf `vi privat.adr` eine Datei erzeugen. Dabei mußten Sie sich nicht darum kümmern, wo UNIX die Datei im Dateisystem ablegt. Da aber alle Dateien in die Struktur des Dateisystems integriert sein müssen, ist unmittelbar verständlich, daß man sich zum Erzeugen einer Datei in irgendeinem Dateiverzeichnis befinden muß. Welches Verzeichnis ist das? Um das heraus zu finden, gibt es ein einfaches Kommando, welches das erste ist, das Sie im Zusammenhang mit dem Dateisystem kennenlernen sollen.

Wo bin ich ?

Dieses Kommando liefert den absoluten Pfadnamen des aktuellen Kataloges -
also den momentanen Standpunkt im Dateibaum. Das Kommando wird ohne jeden Zusatzparameter aufgerufen und ist zur Orientierung im Geäst des UNIX-
Dateibaumes die alleinige Stütze.

```
pwd          print working directory   (Arbeitsverzeichnis anzeigen)

pwd
```

Probieren Sie es am besten gleich einmal aus.

```
$ pwd
/home/myself
```

Das Kommando liefert Ihnen einen Pfadnamen zurück - im Beispiel
`/home/myself`. Wie ist dieser zu interpretieren?

Zunächst sollte auffallen, daß der Pfad mit / beginnt, also absolut ist. Das
einzige, was Ihnen an der Information, die `pwd` ausgibt, bekannt sein dürfte, ist
Ihre Benutzerkennung, für die hier immer noch stellvertretend `myself` angenommen wird.

Offensichtlich gibt es ein Directory im UNIX-Dateibaum, das den Namen Ihrer Benutzerkennung trägt. Darüber hinaus scheint dieses Verzeichnis nicht unmittelbar unter der Wurzel des Dateibaumes zu liegen, was durch das vorange-
stellte `home` signalisiert wird.

Um eventueller Verwirrung vorzubeugen, ist ein kleiner Einschub notwendig,
der alle Leser angeht, die beim Ausprobieren von `pwd` etwas anderes am Bildschirm lesen, als hier abgedruckt ist.

Sollten Sie anstelle von `home` also etwas anderes zu sehen bekommen, beispielsweise `home1` oder `home2` oder vielleicht `usr` oder `usr1`, `usr2`, ... , sei
en Sie nicht beunruhigt. Die Verzeichnisse `usr` waren in früheren Versionen Ort
der Benutzerheimatverzeichnisse. In Release 4 heißen sie sinnigerweise `home`,
während das Verzeichnis `usr` anderen Zwecken dient.

Prinzipiell ist es unter UNIX jedoch nicht vorgeschrieben, eine Kennung an
einer bestimmten Stelle im Dateibaum anzusiedeln. Lesen Sie am Bildschirm
`home1`, `home2`, ... können Sie beinahe sicher sein, mit einem Release 4 System
zu arbeiten. Ihre Maschine ist dann lediglich mit mehreren Benutzerpartitionen
auf der Festplatte eingerichtet. Möglicherweise hat der Rechner, auf dem Sie arbeiten, auch mehrere Platten. Der geschilderte Fall ist sogar wahrscheinlicher, als
der, daß nur eine `home`-Partition eingerichtet ist. Dies sollte Sie zunächst jedoch
nicht weiter beschäftigen.

4.3. Das Home-Directory

Das Verzeichnis `/home/myself` heißt Home-Directory oder Heimatverzeichnis. Es ist der Ort im Dateibaum, an dem man sich automatisch nach Login befindet. Dieser Katalog wird bei der Festlegung einer Benutzerkennung im Rechner angelegt und stellt den vorher bereits erwähnten Aktenschrank des Benutzers dar.

Da Einsteiger erfahrungsgemäß bei der Trennung von Verzeichnissen und Dateien oftmals Schwierigkeiten haben, sei noch einmal in Erinnerung gerufen, daß Dateien die eigentlichen Informationsträger der Benutzer sind, während Verzeichnisse organisatorische Objekte darstellen, die keinerlei benutzerrelevante Information tragen. Der Zugang zu einer bestimmten Datei ist nur möglich, wenn man weiß, in welchem Ordner sie sich befindet. Zuweilen reicht ein Verzeichnis nicht aus, um alle Informationen sinnvoll aufzunehmen. Man legt dann mehrere Ordner nach bestimmten Gesichtspunkten an. Alle Ordner finden ihren Platz in einem Aktenschrank. Diesem Schrank entspricht das Heimatverzeichnis eines Benutzers. Hier findet er alle seine Daten. Zu den Schränken seiner Mitbenutzer besitzt er in der Regel keinen Schlüssel.

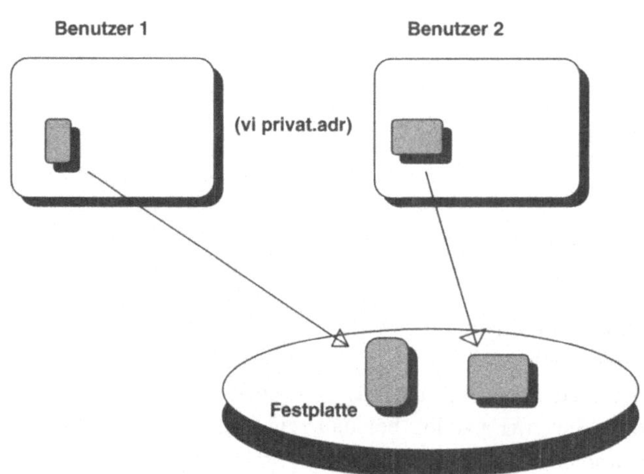

So werden also in UNIX die Benutzerdatenbestände voneinander abgeschottet. Die Grafik eingangs dieses Kapitels kann jetzt richtiggestellt werden. Benutzer besitzen eigene Heimatverzeichnisse und insofern ist es kein Problem, wenn zwei Benutzer gleichzeitig eine Datei mit gleichem Namen editieren. Die Struktur des Dateisystems sorgt dafür, daß beide Dateien verschiedene Objekte sind und die Benutzer sich nicht gegenseitig Inhalte zerstören können. Wann immer Sie einen UNIX-Dialog beginnen und zu Anfang das Kommando `pwd` aufrufen, erhalten Sie die Antwort `/home/myself`. In Ihrem Heimatverzeichnis haben Sie das Hausrecht, das heißt, sie können dort tun und lassen, was Sie wollen - Dateiverzeichnisse anlegen und wieder löschen und das auf beliebig vielen Ebenen. Das System stellt Ihnen unter dem Home-Directory eine private Arbeitsumgebung zur Verfügung. Für Ordnung in Ihrem Zuhause müssen Sie selbst sorgen. Wie Sie sich eigene Verzeichnisse anlegen und sich im Dateisystem bewegen können, erfahren Sie jetzt.

4.4. Verzeichniskommandos

Wir werden uns zunächst mit Kommandos beschäftigen, die sich in ihrer Wirkung global auf Dateiverzeichnisse beziehen. Sie dienen dazu, Informationen zum Inhalt eines Verzeichnisses auszugeben, sich im Dateibaum zu orientieren, seinen Standort zu verändern und natürlich Directories zu erzeugen und auch wieder zu beseitigen.

ls - List directory

Das Kommando ls liefert Ihnen das Inhaltsverzeichnis des aktuellen Dateikataloges. Das Kommando kennt eine große Anzahl von Optionen, wir beschränken uns hier auf die wesentlichen. Weitestgehend werden Sie mit den hier genannten Optionen in der Praxis auskommen. In voller Schönheit können Sie das Kommando in den Systemmanualen studieren. Das ls-Kommando kann sowohl auf Dateien, als auch auf Pfade angewandt werden. Insbesondere auf sogenannte wild cards, die Sie aber erst im Zusammenhang mit der Namensexpansion im Kapitel 10.8 über die Shell kennenlernen werden.

ls	list directory (Inhaltsverzeichnis ausgeben)
ls	[-opts] [name(s)]
opts	
-l	die komplette (long) Information des Kataloges wird ausgegeben
-L	Ziele von Symbolic Links werden anstatt der Links selbst angezeigt
-C	Ausgabe erfolgt als mehrspaltige alphabetisch sortierte Liste (die Sortierung erfolgt dabei in vertikaler Richtung)
-x	wie -C mit Ausgabe der Sortierung in horizontaler Richtung
-F	Verzeichnisse werden mit / markiert
-a	Dateinamen, die mit . beginnen, werden zusätzlich angezeigt (versteckte Dateien)
-p	wie ls ohne Option, Verzeichnisse werden mit / gekennzeichnet
-d	zeigt nur den Verzeichnisnamen, nicht dessen Inhalt
-R	listet rekursiv alle Verzeichnisinhalte auf
-i	gibt zusätzlich die Nummer der von der Datei belegten Inode aus

```
-m          Ausgabe der Dateinamen unformatiert, durch Komma
            getrennt
-r          Ausgabe sortiert in umgekehrter Reihenfolge
-b          gibt nicht abdruckbare Zeichen im Dateinamen in oktaler
            Codierung aus
-q          gibt nicht abdruckbare Zeichen im Dateinamen als "?" aus

Weitere Optionen finden Sie in den Manualen.

name(s)     Das Kommandos wird angewandt auf einen Pfad oder auf
            eine Gruppe von Dateien. Wird keine Angabe diesbezüglich
            gemacht, wird der Inhalt des momentanen Arbeits-
            verzeichnisses ausgegeben.
```

Die Kurzform `ls` zeigt Ihnen nur das Inhaltsverzeichnis des aktuellen Directories an. Im ersten Fall bekommen Sie nur eine einzige Datei `privat.adr` zu sehen, die Sie im Verlaufe der ersten Kontakte mit dem `vi` erstellt haben.

```
$ ls                ohne jegliche Zusatzangaben
privat.adr
$ ls /home          nur Namen ausgeben
total 24
anke          claudia  dieter     install
lost+found    myself   netuser1   netuser2
oasys         peter    msys       text
```

Im zweiten Beispiel verwenden Sie bereits eine Zusatzspezifikation im Sinne des womit. Sie geben an, von welchem Verzeichnis der Inhalt ausgegeben werden soll und `ls /home` zeigt die Home-Directories aller Benutzer.

Insbesondere kann dieser Information jedoch nicht entnommen werden, ob es sich bei einem angezeigten Objekt um ein Verzeichnis oder um eine Datei handelt. Um dies zu erfahren, benötigen Sie beispielsweise die Langform des Kommandos. Sie liefert bereits eine ganze Reihe von Informationen, die allerdings mit dem momentanen Kenntnisstand nur zum Teil sinnvoll erklärbar sind. Wollte man alle Informationen, die die Langform des Kommandos ausgibt, bereits jetzt erläutern, müßte man zu viel vorwegnehmen. Das soll auf später verschoben werden.

```
$ ls -l /home       Information in Langform

total 24
drwxr-xr-x 2 anke       other   512 Apr 12 00:43 anke
drwxr-xr-x 2 claudia    other   512 Apr 12 00:43 claudia
```

```
drwxr-xr-x 3 dieter     other  512 May  5 06:46 dieter
drwxrwxr-x 2 install    other  512 Jan 16 1991 install
drwxrwxrwx 2 root       root  4096 Jan 16 1991 lost+found
drwxr-xr-x 2 myself     other  512 Apr 12 00:46 myself
drwxr-xr-x 2 netuser1   other  512 Apr 19 15:30 netuser1
drwxr-xr-x 2 netuser2   other  512 Apr 19 15:35 netuser2
drwxr-xr-x 2 oasys      other  512 Apr 19 15:00 oasys
drwxr-xr-x 2 peter      other  512 Apr 12 00:43 peter
drwxr-xr-x 7 vmsys      vm     512 Jan 16 1991 vmsys
-rwxr--r-- 1 peter      other   50 Sep 13 18:35 text
```

Die rechte Spalte zeigt die Namen der Objekte unter dem Verzeichnis, auf das
Sie das Kommando angewandt haben. In der Rubrik ganz links signalisiert der
Buchstabe d, wenn es sich bei dem Objekt um ein Verzeichnis handelt. Finden
Sie anstelle des d einen Strich -, handelt es sich um eine Datei. Das Kommando
ls -l /home verrät, daß alle Objekte, mit Ausnahme von text Verzeich-
nisse sind.

Einen guter Kompromiß zwischen ls und ls -l ist die Ausprägung des
Kommandos mit den Optionen C und F, beziehungsweise p. Wie man gesehen
hat, liefert ls alleine zu wenig Information, die Langform unter Umständen zu
viel; sie benötigt jedenfalls eine Zeile pro Verzeichnis beziehungsweise Datei.
Die Option -C sorgt zunächst einmal dafür, daß die Liste der Namen mehrspaltig
ausgegeben wird - also wie beim simplen ls. -F versieht darüber hinaus jedes
gezeigte Objekt mit einem Zeichen, welches Auskunft über seinen Typ gibt.

Bei Verzeichnissen wird dem Namen ein / angehängt. Ausführbare Dateien
tragen einen * und symbolische Links einen @. Gewöhnliche Dateien tragen kein
Anhängsel. Was es mit Links und ausführbaren Dateien auf sich hat, untersuchen
wir später, zunächst interessieren nur Verzeichnisse und gewöhnliche Dateien.

In Kombination angewandt, bietet ls -CF einerseits Platzersparnis hinsichtlich der Ausgabe, andererseits gibt sie insbesondere Aufschluß darüber, ob es
sich bei einem angezeigten Objekt um eine Datei oder um ein Verzeichnis handelt. Wird die Parametrierung -CF durch -p ersetzt, sieht die Ausgabe prinzipiell genauso aus, es werden jedoch Links und ausführbare Dateien nicht geson-
dert gekennzeichnet.

Im folgenden Beispiel ist ein Verzeichnis ausgewählt, welches in der Regel
sehr viele Objekte beinhaltet und auch auf Ihrem System existieren dürfte.

```
$ ls -CF /usr/bin       (Liste unvollständig)
STTY*       ctags*    getint*    mailalias*  pwdmenu*  tic*
X11/        ctc@      getkeywd*  mailx*      random*   time*
acctcom*    ctcr@     getopt*    make@       rcp*      timex*
admin@      ctrace@   getpath*   makefsys*   .rdate*   touch*
ar*         cu*       getrange*  mapchan*    red*      tplot*
as@         cut*      getstr*    mapkey*     regcmp@   tput*
....
....
cal*        diff3*    i286*      montbl*     sact@     u3b5*
calendar*   dircmp*   286emul*   more*       sag@
```

```
cancel*     dirname*    i386*       mountfsys@  sar@        uname*
captoinfo*  dis@        i486*       mouseadmin* sccsdiff@
uncompress
. . . .
cktime*     expr*       last*       paste*      stop*       vc@
ckuid*      exstr*      lc*         pcat*       strace@     vedit*
ckyorn*     factor*     ld@         pdp11*      strchg*     vi*
clear*      false*      ldd@        pg*         strclean@   vidi*
cmp*        fdetach*    lex@        ping@       strconf*    view*
cof2elf@    fgrep*      license*    pkginfo*    strerr@     vsig*
```

Die Option -p angewandt auf das root-Verzeichnis / unterscheidet nur Verzeichnisse und sonstige Objekte.

```
$ ls -p /

etc/     mnt/    u/      bin/         export/   install/  opt/
shlib    unix    dev/    home/        lib/      proc/     stand/
usr/     disk/   home2/  lost+found/  sbin/     tmp/      var/
```

Wird das ls-Kommando auf einen Verzeichnisnamen angewandt, liefert es stets dessen kompletten Inhalt. Existieren unter dem Verzeichnis weitere Subdirectories, werden jedoch nur deren Namen nicht aber wiederum deren Inhalte ausgegeben. Die Auflösung der Baumstruktur erfolgt also nur für eine Ebene.

Möglicherweise besteht einmal Interesse, die Struktur eines Verzeichnisses bis zur letzten Ebene einzusehen, also den Dateibaum bis zur Blattebene zu überprüfen. Hierzu müssen dann auf jeder Stufe sämtliche Unterverzeichnisse und wiederum deren Unterverzeichnisse usw. rekursiv aufgelöst und angezeigt werden.

Im Beispiel soll die Struktur des Verzeichnisses /usr aufgelöst werden. Die gesamte Ausgabe dieses Kommandos ist aber wegen ihres Umfanges nicht abgedruckt. Sollten Sie das Beispiel auf Ihrem Rechner nachvollziehen, können Sie die Auflösung auch von / aus produzieren. Lassen Sie die Ausgabe einfach über den Bildschirm "scrollen". Sie erhalten dann einmal einen Eindruck, welche Ansammlung von Dateien und Verzeichnissen auf Ihrem System existiert.

Auf der ersten Stufe ist X das einzige Verzeichnis. Alle anderen gezeigten Objekte sind Dateien. Die Ausgabe wird daher mit /usr/X fortgesetzt. Dort finden sich jetzt nur noch Verzeichnisse.

```
$ ls -Rp /usr
X/        ccs        lost+found  preserve   src      vmsys
add-on    etc        mail        pub        sysadm
adm       include    man         sadm       tmp
admin     install    net         sbin       ucb
alarm     lbin       news        share      ucbinclude
bin       lib        options     spool      ucblib
/usr/X:
adm/      bin/       clients/    demo/      include/  lib/
```

Das erste Verzeichnis `adm` unter `/usr/X` wird aufgelöst. Dort existieren nur Dateien, also ist die Auflösung dieses Teilbaumes komplett. Das Kommando geht in der Hierarchie der Dateistruktur eine Ebene zurück, macht also eine Rekursion und löst das nächste Verzeichnis unter `/usr/X` - das ist `/usr/X/bin` - auf.

```
/usr/X/adm:
Xunix_config  oladduser     olremuser     olsetvar    olunsetvar
/usr/X/bin:
GIF/          mkfontdir     pbmtoxbm      xedit       xphoon
X/            muncher       pbmtoxwd      xev         xplaces
XHCOUT        mwm           pbmtrnspos    xevent      xpr
Xi386         olam          plaid         xeyes       xprop
Xtchangeto    olfm          puzzle        xfd         xpuzzle
```

Unter dem gerade aufgelösten Verzeichnis befand sich ein weiteres (GIF), welches sofort bis zur Dateiebene führt.

```
/usr/X/bin/GIF:

OurWorld.gif  challenger.gif  lithouse.gif  table.gif  wallsph.gif
balls.gif     eagle.gif       piano.gif     toucan.gif
berg2.gif     lips.gif        slide         vchow01.gif
```

Der Zweig `/usr/X/bin` ist komplett, und es erfolgt ein Rücksprung um diesmal zwei Hierarchieebenen von `/usr/X/bin/GIF` nach `/usr/X`. Der nächste Ast im Baum wird durchstiegen.

```
/usr/X/clients:
olam/         olfm         olprintscreen   olwm       olwsm

/usr/X/clients/olam:
help
```

Die rekursive Auflösung dauert eine ganze Weile, und falls es Ihnen zuviel wird, unterbrechen Sie das Kommando mit der Entf-Taste. Sie verfolgt einen Zickzackkurs durch den angegebenen Dateibaum. Die Richtung ist dabei stets von oben nach links unten, bis ein kompletter Pfad aufgelöst ist. Danach wird zum letzten Verzweigungspunkt zurückgekehrt und von dort aus wieder nach unten in Richtung nach links aufgelöst. Zuweilen spricht man bei einer derartigen Analyse von Baumstrukturen auch von der "Nord-West-Methode".

Die vorige Abbildung soll die Vorgehensweise der Option `-R` verdeutlichen. Die erste Ausgabe ist der Name des Startverzeichnisses, danach die der Verzeichnisse 1 und 2. Es werden in einem Ausgabeschritt immer alle Objekte angezeigt, die horizontal betrachtet in der gleichen Ebene liegen. Die Auflösung beginnt mit dem ersten linken Unterverzeichnis von 1, also mit 11. Die gesamte

Ausgabe des Kommandos `ls -R`, die "life" etwas schnell und unübersichtlich über den Bildschirm "huschte", ist dann wie folgt strukturiert. Dabei steht `d` für Datei.

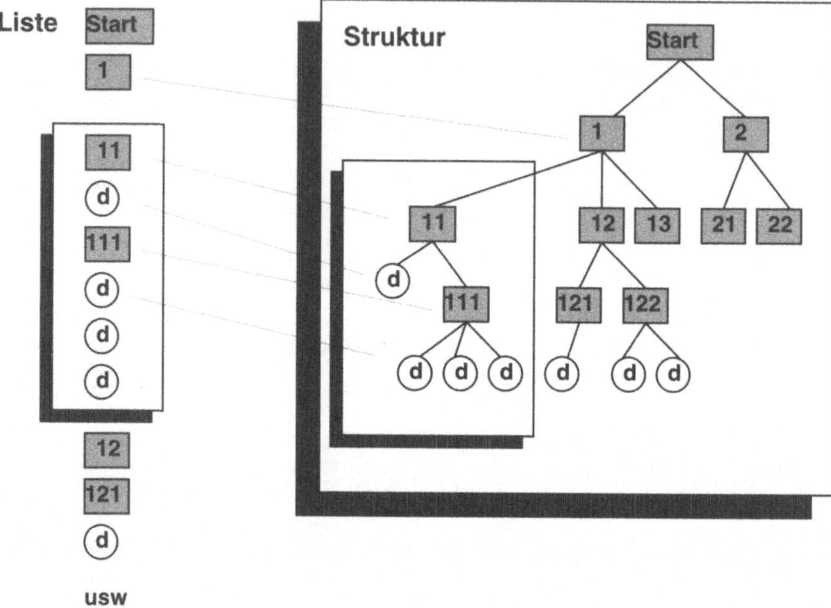

Zunächst bleiben wir im Heimatverzeichnis, das stellvertretend für die Vielzahl der Möglichkeiten weiterhin mit `/home/myself` angenommen wird. Wie in den einleitenden Sätzen zu diesem Kapitel bereits erwähnt wurde, ist es für das effiziente Arbeiten mit dem System unerläßlich, zunächst seine Datenbestände sauber abzulegen. Hierzu wird empfohlen, mit dem Anlegen von Dateiverzeichnissen - den Ordnern - nicht zu geizen.

Zu jedem Thema oder zu jeder definierbaren Kategorie von Datenansammlungen sollte ein eigenes Directory existieren, unter dem die Daten selbst abgelegt werden. Mit dem folgenden Kommando erstellen Sie neue Dateiverzeichnisse.

`mkdir` - Make directory

```
mkdir       Make directory (Verzeichnis erstellen)

mkdir       [-m mode] [-p] name(s)

-m mode     legt implizit die Zugriffsrechte gemäß der angegebenen
            Maskierung mode fest
-p          bei Angabe eines Pfades, der aus nicht existierenden
            Verzeichnissen besteht, werden alle Verzeichnisse angelegt
name(s)     Pfadname des (der) zu erstellenden Verzeichnisse(s)
```

Wenn von einem Kommando die Rede ist, welches Directories produziert, ist
naheliegend, daß man einen oder mehrere Verzeichnisnamen angibt. Nun ist ein
Katalogname oder auch ein Dateiname nichts anderes, als ein Pfad. Nämlich die
kürzeste Variante eines relativen Pfades. Daher ist es eigentlich exakt, als Argumente Pfadnamen anstatt Verzeichnisnamen zu verwenden. Dies suggeriert auch
eine wesentliche Tatsache. Verzeichnisse können von jeder Stelle im Dateibaum
an einen anderen Ort plaziert werden. Sie werden in den unten aufgeführten Beispielen sehen, wie das gemeint ist.

Die ersten Beispiele sind einfach, beachten Sie, daß im letzten Beispiel mit
einem Kommando gleich zwei Verzeichnisse produziert werden. Im Grunde können Sie eine beliebig lange Namensliste angeben.

```
$ pwd
/home/myself

$ mkdir DIR1
$ mkdir PRIVAT
$ mkdir GESCHAEFT
$ mkdir ausgaben adressen

$ ls -p
adressen/  ausgaben/  DIR1/
GESCHAEFT/  PRIVAT/  privat.adr
```

Sie haben soeben vier Dateiverzeichnisse produziert. Alle sind selbstverständlich
leer. Das kann sich aber schnell ändern.

```
$ mkdir PRIVAT/ADR
$ mkdir /home/GESCHAEFT/AUFTRAEGE
```

Sie können ohne weiteres Pfadangaben wie im Beispiel verwenden, um neue Verzeichnisse zu erstellen. Es gibt keine Regel in UNIX, die es verbieten würde, Directories von einem Standort aus in einem völlig anderen Ast des Dateibaumes zu erzeugen. Im Beispiel also vom Heimatverzeichnis unter einem bereits existierenden Katalog. Nehmen wir die Struktur in der Abbildung jetzt als gegeben an, so ist es nur unter Verwendung einer Zusatzoption möglich, mit einem Befehl gleich eine Kette untereinanderliegender neuer Verzeichnisse zu erstellen.

```
$ mkdir DIR1/DIR11/DIR111          falsch !!!

$ mkdir -p DIR1/DIR11/DIR111       richtig
```

Wird also durch eine Pfadangabe per `mkdir` ein neues Verzeichnis erstellt, müssen normalerweise alle darüberliegenden Verzeichnisse bereits existieren. Die Option `-p` gestattet jedoch die Produktion von Verzeichnisketten.

Achten Sie ferner auf die verwendeten Namen. Es gibt die Möglichkeit unsinnige und nichtssagende Namen wie `DIR1` zu verwenden. Spätestens bei `DIR7` oder früher, weiß niemand mehr, welche Dateien in den Verzeichnissen liegen. Solche Namen sollten Sie in der Praxis vermeiden. Alle anderen in den Beispielen verwendeten Namen sind sprechend und damit akzeptabel. Nur sind die einen groß, die anderen klein geschrieben.

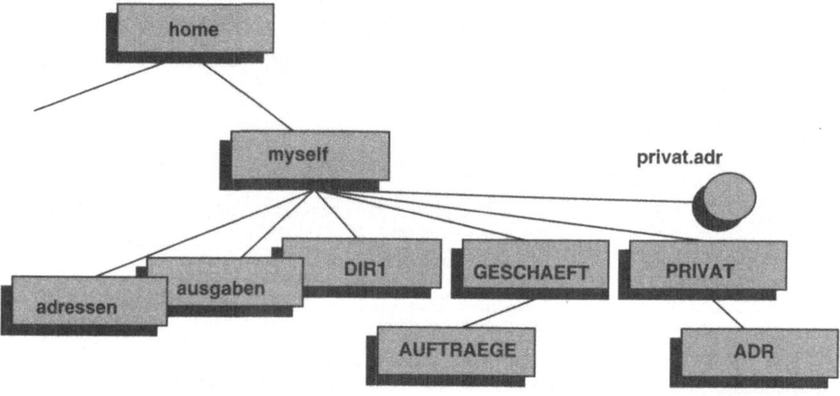

Bei einem einfachen `ls` können Sie nicht erkennen, was ein Verzeichnis und was eine Datei ist. Hierzu müßten Sie `ls` mit Zusatzoption verwenden. Durch eine Konvention, Verzeichnisnamen stets groß, Dateinamen stets klein zu schreiben, könnten Sie jedoch für sich privat die Unterscheidung auch mit der einfachen Form von `ls` treffen.

Wie dem auch sei, Sie haben soeben die Struktur Ihres Heimatverzeichnisses, auf dem sich ursprünglich nur eine einzige Datei befunden hatte, gravierend verändert. Bis auf zwei Ausnahmen befinden sich alle angelegten Directories auf der gleichen Ebene, wie die ursprünglich bereits vorhandene Datei `privat.adr` und zwar unmittelbar unter Ihrem Heimatverzeichnis.

Nachdem Sie nun wissen, wie Verzeichnisse angelegt werden, sollten Sie auch gleich erfahren, wie Sie Kataloge wieder löschen können. Möglicherweise sind Sie mit der Konvention, Verzeichnisnamen groß und Dateinamen klein zu schreiben, einverstanden und können gleich konsequent Ihre Dateistruktur dahingehend bereinigen. Sie tun dies, indem Sie die soeben erzeugten Verzeichnisse `adressen`, `ausgaben` und `DIR1` wieder löschen. Sie verwenden dazu:

`rmdir` - **Remove directory**

Das Kommando löscht einen oder mehrere Kataloge.

<table>
<tr><td>rmdir</td><td>Remove directory (Verzeichnis löschen)</td></tr>
<tr><td><code>rmdir</code></td><td><code>[-p] [-s] name(s)</code></td></tr>
<tr><td><code>-p</code></td><td>bewirkt das Löschen des angegebenen Verzeichnisses und implizit das Löschen der übergeordneten Verzeichnisse, sofern diese leer werden (die Aktion wird auf Terminal entsprechend protokolliert)</td></tr>
<tr><td><code>-s</code></td><td>schaltet die Protokollierung von <code>-p</code> auf Terminal aus</td></tr>
<tr><td><code>name(s)</code></td><td>Name(n) der Verzeichnisse, die gelöscht werden sollen</td></tr>
</table>

Sinnvollerweise kann dieses Kommando nur auf solche Kataloge angewandt werden, die leer sind, die also weder Dateien noch weitere Unterverzeichnisse enthalten. Stellen Sie sich einmal vor, wohin die Dateien, deren übergeordnetes Verzeichnis gelöscht werden könnte, hingehören würden.

In der uns vorliegenden Dateistruktur sind alle Verzeichnisse noch leer und können somit problemlos gelöscht werden.

```
$ rmdir DIR1
$ rmdir adressen
$ rmdir ausgaben  oder
$ rmdir DIR1 adressen ausgaben
$ rmdir PRIVAT/ADR GESCHAEFT/AUFTRAEGE
$ ls
GESCHAEFT PRIVAT   privat.adr
```

Die genannten Directories können Sie einzeln oder gleich alle löschen. Mit dem ls-Kommando können Sie anschließend überprüfen, ob die Aktion erfolgreich war. Beachten Sie, daß im letzten Beispiel nur auf der untersten Ebene gelöscht wird. Lediglich ADR und AUFTRAEGE werden entfernt. Die übergeordneten Kataloge PRIVAT beziehungsweise GESCHAEFT bleiben erhalten. Sie werden noch einen Mechanismus kennenlernen, der Verzeichnisse rekursiv auch dann löscht, wenn diese nicht leer sind. Das Kommando `rmdir` ist die sichere Variante und löscht nur leere Verzeichnisse auf der untersten Ebene. Es ist wichtig, noch einmal daran zu erinnern, daß die Anwendung der Verzeichniskommandos nicht vom momentanen Standort im Dateibaum abhängt. Wir wollen als Grundlage für die weiteren Schritte eine Dateistruktur, wie Sie sie in der Abbildung sehen, produzieren.

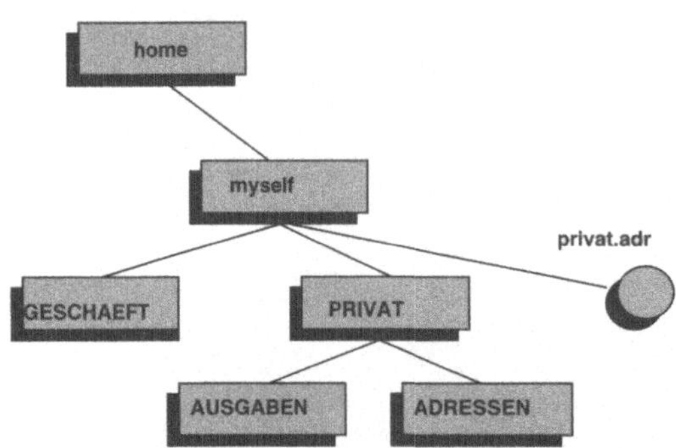

Es sind also zwei neue Kataloge zu erzeugen, AUSGABEN und ADRESSEN. Was zu tun ist, um vom `myself` aus, unter PRIVAT die neuen Kataloge anzulegen, wurde in den zurückliegenden Beispielen bereits gezeigt. Es lohnt sich aber für die Zukunft, noch ein paar Gedanken daran zu verschwenden. Überlegen Sie, wie die Pfadnamen formuliert werden müssen. Zunächst vom Ursprung des Dateisystems aus - also absolut.

```
absolut:

/home/myself/PRIVAT/ADRESSEN bzw.
/home/myself/PRIVAT/AUSGABEN
```

Da Sie sich bereits unter `/home/myself` befinden, können Sie zur Relativierung des Pfades den vorderen Teil weglassen und somit die neuen Verzeichnisse direkt benennen. Genau diese Angaben machen Sie bei dem Kommando `mkdir`, welches die beiden Verzeichnisse einrichtet.

```
relativ:

PRIVAT/ADRESSEN bzw.
PRIVAT/AUSGABEN

Verzeichnisse erzeugen:

$ mkdir PRIVAT/ADRESSEN
$ mkdir PRIVAT/AUSGABEN
```

Verzeichnisse können unabhängig vom Standort durch Angabe eines entsprechend eindeutigen Pfades erzeugt werden. Gleiches gilt auch für die Löschoperation `rmdir`. Sie können demnach Verzeichnisse löschen, ohne daß Sie sich gezwungenermaßen auf dem unmittelbar darüberliegenden Directory befinden.

Das Verständnis dieser Tatsachen ist, wie bereits betont, sehr wichtig, daher werden Sie Gelegenheit haben, dies noch eingehend zu üben. Vorher sollen aber noch einige weitere Kommandos vorgestellt werden. So sollen Sie als nächstes erfahren, wie es gelingt, den Standort von einem Dateiverzeichnis in ein anderes zu verlagern. Also beispielsweise von `/home/myself` nach PRIVAT, ADRESSEN oder AUSGABEN zu wechseln. Das dafür zuständige Kommando erlaubt Ihnen beliebig im Dateibaum von UNIX herumzuklettern oder - wie man auch sagt - zu navigieren.

cd - Change directory

Das Kommando veranlaßt einen Wechsel in das angegebene Dateiverzeichnis.

cd	Change directory (Verzeichnis wechseln)
cd	[path]
path	Name des Zielverzeichnisses als absoluter oder relativer Pfad

Dies kann wiederum durch Angabe eines Verzeichnisnamens oder allgemein durch Angabe eines Pfadnamens geschehen. Was bedeutet überhaupt, "in ein Verzeichnis wechseln", wenn man doch, nach allem, was bisher bekannt ist, alles vom Home-Directory aus erledigen kann. Man muß nur ständig lange Pfadnamen angeben.

Im Prinzip ist das auch korrekt. Explizit in ein Verzeichnis überzuwechseln bedeutet, den Kontext oder die Umgebung zu wechseln. Alles, was man per Kommando veranlaßt, wirkt sich nur lokal im aktuellen Verzeichnis aus - sofern wiederum keine Pfade angegeben werden. Entgegen mkdir kann bei cd selbstverständlich nur ein Name angegeben werden, denn man kann nicht in mehreren Verzeichnissen gleichzeitig agieren.

```
$ pwd
/home/myself
$ cd PRIVAT
$ pwd
/home/myself/PRIVAT
$ cd ADRESSEN
$ pwd
/home/myself/PRIVAT/ADRESSEN

$ cd /home/myself/PRIVAT          zurück durch Angabe des absoluten Pfades
$ pwd
/home/myself/PRIVAT

$ cd AUSGABEN                      Wechsel ins Unterverzeichnis AUSGABEN
$ pwd
/home/myself/PRIVAT/AUSGABEN
```

```
$ cd ..                                     Durch Angabe des symbolischen Namens  ..
$ pwd                                       Wechsel ins übergeordnete Verzeichnis
/home/PRIVAT
$ cd ADRESSEN
$ pwd
/home/myself/PRIVAT/ADRESSEN
$ cd                                        Wechsel direkt ins Heimatverzeichnis durch
$ pwd                                       cd ohne Zusatzangaben.
/home/myself
$ cd PRIVAT/ADRESSEN
$ cd ../AUSGABEN
$ cd ../ADRESSEN
$ cd ../../GESCHAEFT
```

Ausgehend von Ihrem Heimatkatalog wechseln Sie mit den cd-Kommandos im Beispiel in Ihre Unterverzeichnisse. Den jeweiligen Standort können Sie mit dem Kommando pwd ermitteln.

Um aus home/myself/PRIVAT/ADRESSEN wieder zurückzukehren, haben Sie je nach Ziel verschiedene Möglichkeiten. Die Angabe eines absoluten Pfades funktioniert immer. Das Kommando cd ohne Zusatzangabe wechselt stets ins Home-Directory. Wie Sie aus der Betrachtung der Dateistrukturen eingangs wissen, ist die Angabe .. ein anderer Name für das übergeordnete Directory. Da dieses stets eindeutig ist, kann dafür ein Synonym verwendet werden. Verwenden Sie also cd .., erfolgt stets ein Wechsel in den nächst höheren Katalog.

Als nächstes sollen die Kommandos, die für Dateiverzeichnisse eingeführt wurden, als kleine Übung noch einmal vertieft werden. Sicher liefert diese Beispielsitzung einige interessante Aspekte.

Das Beispiel setzt auf der momentanen Struktur des Homedirectories auf. Vollziehen Sie einfach die Kommandos einmal nach. Beachten Sie, daß hier ausgiebig von dem Pfadnamen .. Gebrauch gemacht wird. Sie befinden sich im Heimatverzeichnis und legen jetzt einige Kataloge an, die anschließend wieder gelöscht werden. Daher können Sie kurz von der Konvention der sprechenden Namen Abschied nehmen und nennen die Verzeichnisse TMP1, TMP11, usw.

```
$ cd
$ pwd
/home/myself
$ ls
GESCHAEFT  PRIVAT    privat.adr

$ mkdir TMP1
$ cd TMP1
$ mkdir TMP11
$ pwd
/home/myself/TMP1/TMP11

$ rmdir /home/myself/TMP1/TMP11
rmdir: ../TMP11:
Can't remove current directory or ..
```

```
$ rmdir .
rmdir: ../TMP11:
Can't remove current directory or ..
$ rmdir ../TMP11
rmdir: ../TMP11:
Can't remove current directory or ..
$ cd ..
$ rmdir TMP11
$ cd
$ rmdir TMP1
```

Sie haben soeben ein kleines Experiment nachvollzogen. Zunächst sind alle Directories unter `myself` leer. Sie können also jederzeit gelöscht werden. Sie versuchen, das Dateiverzeichnis `TMP11` zu löschen, obwohl es das aktuelle Working Directory ist, wie `pwd` bestätigt. Sie lassen dabei nichts unversucht, und die Kenntnis der Möglichkeiten, ein Verzeichnis im Dateibaum zu benennen, wird voll ausgeschöpft. Welche Möglichkeit auch gewählt wird, das Verzeichnis `TMP11` dem System gegenüber zu benennen, sei es durch einen absoluten Pfad, durch den symbolischen Namen . oder durch einen "Looping" `../TMP11`, es gelingt nicht, den Ast abzusägen, auf dem man gerade sitzt. Erst ein explizites Verlassen des Verzeichnisses mit `cd` macht das Directory zum Löschen frei.

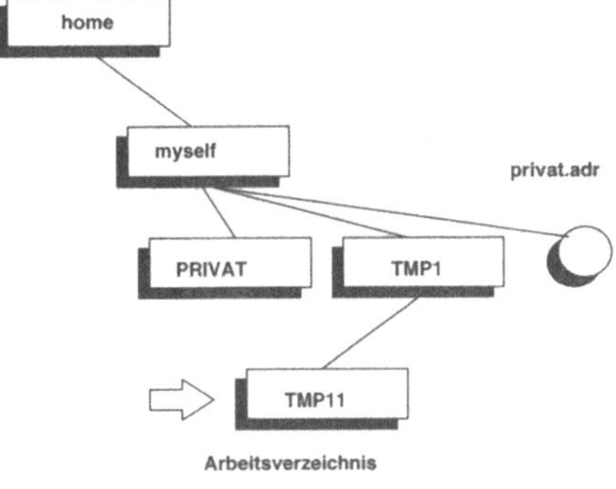

Die Shell kennt offensichtlich das aktuelle Verzeichnis und weigert sich beharrlich, sich selbst den Boden unter den Füßen zu entziehen. Was passiert aber, wenn man die Löschaktion von einer anderen Shell - sprich von einer anderen Session aus versucht? Stellen Sie also eine ähnliche Ausgangssituation wie eben wieder her.

```
$ pwd
/home/myself
$ mkdir TESTDIR
$ cd TESTDIR
$ pwd
/home/myself/TESTDIR
```

Dabei belassen Sie es und begeben sich an ein anderes Terminal und "loggen" sich dort erneut ein. Falls Sie eine graphische Oberfläche besitzen, genügt es, ein neues Fenster zu öffnen, um eine zweite Shell zu erhalten. Rekapitulieren Sie kurz die Situation: Ihre Shell mit der oben produzierten Ausgangssituation läuft noch, und diese operiert gerade auf dem Verzeichnis `TESTDIR`. Auf dem zweiten Terminal operiert ebenfalls eine Shell, allerdings nach Login im Home-Directory. Beide Shells wissen nichts voneinander und sind unter Ihrem Login

gestartet worden. Die zweite Shell veranlassen Sie jetzt, das Verzeichnis
TESTDIR zu löschen.

```
$ pwd
/home/myself
$ ls
TESTDIR    privat.adr GESCHAEFT    PRIVAT
$ rmdir TESTDIR
$ ls
privat.adr  GESCHAEFT    PRIVAT
$
```

Diesmal gelingt das Löschen problemlos, und Sie dürfen gespannt sein, wie Ihre
erste Shell darauf reagieren wird. Sie begeben sich also wieder an den ursprünglichen Ort des Geschehens.

```
$ pwd
cannot determine current directory
$ ls
.: No such file or directory

$ cd ..
..: does not exist
$ cd /home/myself
$ pwd
/home/myself
$
```

Das Verzeichnis, auf dem die Shell bislang agiert hat, ist weg. Alle Kommandos,
die normalerweise Aufschluß über die Dateiumgebung liefern, sind ratlos. Weder
pwd noch ls oder cd .. können etwas vernünftiges von sich geben. Alle relativen Pfadangaben sind aufgrund der Tatsache, daß sich ihr Bezugspunkt in Luft
aufgelöst hat, wertlos, undefiniert. Erst ein cd mit absoluter Wegweisung zurück
ins Heimatverzeichnis bringt die Sache wieder ins Lot.

Als nächstes sollten Sie Ihren Bereich im Dateisystem einmal kurz verlassen
und sich ein wenig in der Nachbarschaft umsehen.

4.5. Quer durchs Dateisystem

Vollziehen Sie einmal die folgende Kommandosequenz nach, dann werden Sie
feststellen, daß Sie sich irgendwo mitten im Dateibaum befinden und jede Menge
Nachbarn haben. Mit Hilfe der Kommandos cd, pwd und ls können Sie einmal
nach eigenem Geschmack in der UNIX-Dateienlandschaft spazierengehen.

In der Regel ist es Ihnen nicht verboten, über fremde Zäune zu schauen. Werfen Sie beispielsweise einmal einen Blick ins root-Verzeichnis. Wenn Sie sich
irgendwann irgendwo verirrt haben, hilft Ihnen ein einfaches cd-Kommando

ohne jegliche Zusatzangaben wieder an den Ausgangspunkt Ihrer Reise zurück.
Sie befinden sich dann wieder in Ihrem Heimatverzeichnis `/home/myself`.

```
$ cd ..
$ pwd
/home
$ ls
anke claudia  dieter
myself netuser1 netuser2
$ cd /
$ ls -l
total 70
drwxrwxr-x  16 root      sys         5120 May  5 06:41 dev
drwxrwxr-x  29 root      sys         3072 May  5 06:41 etc
drwxrwxr-x  32 root      sys         6044 May  5 06:41 sbin
drwxrwxrwx   2 root      root         512 Jan  9  1991 export
drwxrwxr-x  11 root      sys          512 Apr 19 15:29 home
drwxrwxrwx   2 root      root         512 Jan 16  1991 home2
$ cd /sbin
$ ls -C
STTY        ctags        getint      mailalias    pwdmenu     tic
X11         ctc          getkeywd    mailx         random      time
acctcom     ctcr         getopt      make         rcp         timex
. . . . .
basename devattr      grep         mesg         rmdel       tty
batch    devfree      groups       message      rmdir       u370
. . . . . . . .
bfs         diff         help         mkmsgs       rwho        u3b2
cal         dircmp       i286emul     more         sag         umountfsys
csh         getdev       ls           putdgrp      telnet      yacc
ct          getgid       mail         pwd          tftp        zcat

$ cd /etc
. . . . . . . .
. . . . . . . .
$ cd
$ pwd
/home/myself
```

Interessanterweise finden sich in gewissen Dateiverzeichnissen - wie `/sbin` -
Objekte, die den gleichen Namen tragen, wie Kommandos, die bereits bekannt
sind. Beispielsweise `mkdir`, `rmdir`, `cal` und `mail`. Daß es sich hierbei um
spezielle Dateien handelt, die in der Tat die entsprechenden Kommandos beinhalten, beziehungsweise mit ihnen gleichzusetzen sind, erfahren Sie im Detail
später.

Zuerst strapazieren wir jedoch noch einmal den Begriff "Ordnung". Erfahrene
Leser werden wissen, wie schnell man auf einem Rechner ein unüberschaubares
Chaos an Dateien und Verzeichnissen produzieren kann.

4.6. Ordnung

Betrachten Sie Ihr Heimatverzeichnis also als Ihren eigenen Büroschrank und jedes Dateiverzeichnis als einen Aktenordner, in dem Sie - nach bestimmten Kriterien sortiert - einzelne Dokumente ablegen. Um Chaos zu vermeiden, sollten Sie mit dem Anlegen von Ordnern nicht geizen und auch keine Dokumente einzeln im Schrank liegen lassen. Gute Ablage spart Zeit und Nerven. Wie Sie Dateien - also Dokumente - erzeugen, wissen Sie ja schon. Die `vi`-Übung hat bereits einen Zustand im Home-Directory produziert, der für Ordnungsfanatiker untragbar ist.

Die Datei `privat.adr` gehört nach neuesten Erkenntnissen nicht un-mittelbar unter das Heimatverzeichnis, sondern unter `PRIVAT/ADRESSEN`. Bedenken Sie also im Nachhinein, ob es bereits ein Dateiverzeichnis in Ihrem Schrank gibt, in den das Dokument hineinpaßt, welches Sie gerade anlegen wollen. Wenn nicht, legen Sie mit `mkdir` einen neuen Ordner an. Wir werden unseren "unsauberen" Zustand in Kürze beheben.

So wenig, wie auch Sie in aller Regel einen gefüllten Aktenordner unbesehen wegwerfen, verfährt UNIX mit Dateiverzeichnissen. Wobei UNIX normalerweise noch pedantischer vorgeht, und den Ordner erst dann löscht, wenn zuvor die einzelnen Seiten entnommen und entweder anderen Ordnern zugeteilt oder in den Papierkorb geworfen wurden. UNIX löscht deshalb im Normalfall nur leere Dateiverzeichnisse.

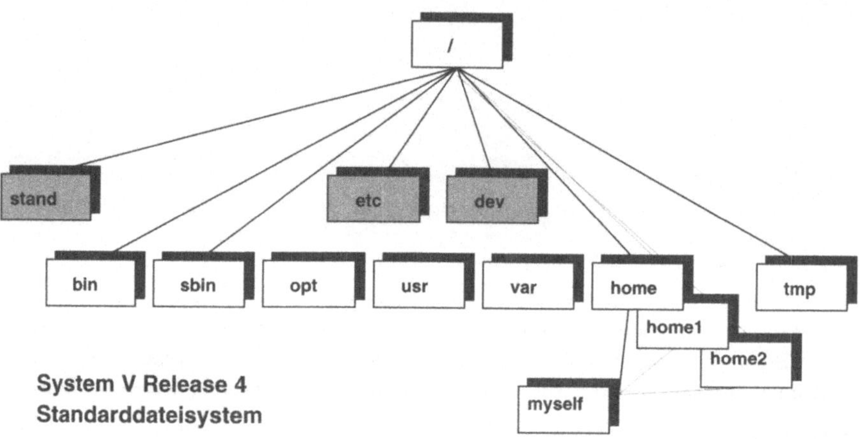

Auf Ihrem Spaziergang durch das Dateisystem, haben Sie bemerkt, daß Sie nicht allein auf dem Rechner sind, sondern sich in unmittelbarer Nachbarschaft mit anderen Benutzern befinden. Die Tatsache, daß Ihnen sogar Namen begegnet sind, die mit bekannten Kommandos identisch sind, zeigt darüber hinaus, daß auch UNIX und die Kommandos selbst sich irgendwo im Dateisystem aufhalten - wo auch sonst. Werfen wir jetzt einen Blick auf die globale Struktur des UNIX-Dateisystems.

4.7. Standarddateisystem

Die Abbildung oben zeigt ein Standarddateisystem unter Release 4. Eine gewisse Sonderstellung nehmen die dunkel dargestellten Verzeichnisse ein. So enthält beispielsweise `/stand` das Betriebssystem selbst, während die Dateien unter `/dev` die an das System angeschlossene Hardware repräsentieren. Als Benutzer haben Sie mit diesen Verzeichnissen kaum etwas zu tun. Mit ziemlicher Sicherheit werden Sie auf Ihrem System auch eine etwas andere Konstellation vorfinden. Sie blicken aus der Sicht der Wurzel des Dateibaumes auf die unmittelbar darunter befindlichen Objekte und beschränken das Interesse auf die Information in der rechten Spalte, also auf die Namen. Ferner nehmen Sie noch zur Kenntnis, daß sich in der linken Spalte am Anfang ein `d` befindet, was darauf hindeutet, daß wir es ausschließlich mit Verzeichnissen zu tun haben.

```
drwxrwxr-x ..... bin
drwxrwxr-x ..... dev
drwxrwxr-x ..... etc
drwxrwxrwx ..... export
drwxrwxr-x ..... home (home1,home2,...)
drwxrwxr-x ..... install
drwxrwxrwx ..... lost+found
drwxrwxrwx ..... mnt
drwxrwxrwx ..... opt
dr-xr-xr-x ..... proc
drwxr-xr-x ..... sbin
drwxrwxr-x ..... stand
drwxrwxrwt ..... tmp
drwxrwxr-x ..... usr
drwxrwxr-x ..... var
```

Die fett gedruckten Verzeichnisse werden Sie jedoch aller Wahrscheinlichkeit nach entdecken. Die Verzeichnisnamen, sowie deren Inhalte spiegeln eine Konvention wider, nach der innerhalb UNIX System V Release 4 ein Dateisystem standardmäßig konfiguriert ist. Die einzelnen Verzeichnisse beinhalten folgende Objekte und dienen den unten beschriebenen Zwecken.

stand Von diesem "Verzeichnis" wird das System gebootet. Es beinhaltet im Wesentlichen nur den UNIX-Kern.

sbin Beinhaltet Programme, die zum Booten bzw. zum Wiederherstellen des Systems benötigt werden. Die Bezeichnung steht für "static binary", das sind statisch gebundene Programme, die zur Laufzeit keine Programmteile dynamisch nachladen.

bin	Ist in der Regel symbolisch auf **/usr/bin** "gelinkt" (Sie erfahren später, was das bedeutet). Das Verzeichnis enthält im Gegensatz zu /sbin dynamisch "gelinkte" Programme des Systems.
dev	Hier sind alle an das System angeschlossenen Geräte logisch als Dateien (special files bzw. Gerätetreiber) festgehalten. Dies sind beispielsweise Terminals, Drucker, Disketten- und Plattenlaufwerke.
etc	Enthält vor allem Programme und Tabellen, die zur System-verwaltung notwendig sind.
opt	Ist das Standardverzeichnis für Anwendungsprogramme, es beinhaltet sogenannte optionale Softwarepakete.
home	Enthält die Heimatverzeichnisse aller Benutzer und damit alle Benutzerdaten.
tmp	Beinhaltet temporäre Dateien des Systems. In diesem Verzeichnis darf auch jeder Benutzer Daten ablegen, die er nur kurzzeitig benötigt. In der Regel wird der Inhalt des Verzeichnisses beim Starten des Rechners gelöscht.
usr	Enthält Verzeichnisse und Dateien, die für Benutzer des Systems zugänglich sein müssen. Dies sind beispielsweise Kommandos oder Bibliotheken von Programmteilen (Module), die der Benutzer zu eigenen Programmen hinzufügen und damit nutzen kann, ohne sie neu programmieren zu müssen.
var	Enthält variable Datenbestände wie u.a. Accountinginformation und die mail-Dateien der Benutzer

5. Dateien

5.1. Kapitelübersicht

Im jetzt anstehenden Abschnitt beschäftigen Sie sich mit globalen Dateikommandos. Das sind Mechanismen, die Dateien als ganze Objekte bearbeiten, jedoch dabei noch keinerlei Manipulation an deren Inhalten vornehmen. Solche Kommandos sind beispielsweise das Kopieren oder das Löschen von Dateien. Befehle, die sich auf Dateiinhalte beziehen oder besser, die Inhalte nach bestimmten Kriterien anzeigen, werden wir uns später vornehmen.

Vorab werden Sie mit einigen Details vertraut gemacht, die Ihnen zeigen, wie UNIX Ihre Dateien auf der Festplatte des Rechners verwaltet. Ein innerhalb Release 4 neu als Standard hinzugekommenes Datenobjekt ist der symbolische Link. Ihm wird besondere Aufmerksamkeit zu widmen sein. Im einzelnen beschäftigt sich das vorliegende Kapitel über Dateien mit folgenden Punkten:

- Prinzipielles über die physikalische Datenspeicherung in UNIX
- Filesysteme unter Release 4
- das Blockdepot des Systemkerns
- Dateien suchen
- Kopien von Dateien erstellen
- Dateien umbenennen und verlagern
- Dateien löschen
- was es mit Verweisen auf sich hat
- symbolic link

5.2. Die Festplatte

Sie wissen bereits, daß es kein Problem ist, in UNIX Dateien zu erstellen. Alles was Sie zunächst benötigen, ist ein Editor. Nehmen Sie als Beispiel die Adressdatei, die Sie selbst erstellt haben, und wenden Sie noch einmal das Kommando ls -l an. Die Ausgabe, die Sie am Bildschirm erhalten, kann dann etwa folgendermaßen aussehen:

```
-rw-r--r-- privat.adr 1 myself 3205 Feb 12 14:32 myself
```

Es interessiert jetzt die Zahl 3 205, die die Größe der Datei in Zeichen - in Bytes - ausweist. Wahrscheinlich stimmt die hier wiedergegebene Zahl nicht mit der Größe Ihrer Datei überein, was aber belanglos ist. Wesentlich ist, daß Sie die Datei jederzeit mit dem vi erneut bearbeiten und weitere Adressen hinzufügen können. Die Größe, die Ihnen ls -l angibt, wird sich dabei ständig ändern.

Sie teilen sich ja die Festplatte des Rechners mit mehreren anderen Benutzern, dennoch mußten Sie bisher an keiner Stelle Platz für Ihre Dateien reservieren, geschweige denn, Ihre Dateien in irgendeiner Weise physikalisch lokalisieren, so wie es bei den Betriebssystemen des frühen Computerzeitalters der Fall war. Sie können einfach darauf los schreiben.

Uns interessiert jetzt die Frage, wie es das System schafft, dieser Dynamik der Benutzerdateien Rechnung zu tragen. Sie ordnungsgemäß auf die Festplatte zu transportieren und von dieser immer wieder komplett bereitzustellen.

Dateien stehen nicht "an einem Stück" auf der Festplatte. Sie ist auch kein unstrukturiertes Speichermedium, auf dem die Bytes der Benutzer diffus verteilt sind, sondern besitzt eine Unterteilung in Heads, Zylinder und Sektoren, die rein physikalischer Natur ist und nichts mit irgendeinem Betriebssystem zu tun hat. Heutzutage ist es durchaus üblich, mehrere Betriebsysteme auf einer Maschine zu "fahren" - etwa UNIX und DOS. Damit beide Systeme sich nicht gegenseitig die Daten zerstören, wird bei ihrer Installation die Platte zunächst einmal in größere Segmente eingeteilt. Man spricht bei diesen Vorgang vom Partitionieren.

Eine Plattenpartition besteht aus einem genau definierten physikalischen Abschnitt, der in Zylindern gemessen wird. Je mehr Zylinder eine Partition einnimmt, umso mehr Daten kann sie aufnehmen. Teilen sich verschiedene Systeme eine Platte, ist sichergestellt, das jedes System nur auf den ihm zugeteilten Partitions operiert.

In der folgenden Abbildung ist die Unterteilung der Festplatte in ihre einzelnen Abschnitte wiedergegeben. Aufbauend auf dieser physikalischen Strukturierung setzt UNIX bei der Installation des Systems seine Filesysteme auf.

Der Begriff des Dateisystems, der in UNIX gerne als Synonym für die baumartige Struktur der Dateien verwendet wird, ist in dieser Interpretation nicht ganz korrekt. Das Dateisystem ist vielmehr der funktionale Teil des UNIX-Kerns, der sich mit Dateien befaßt. In UNIX gibt es das Dateisystem als Teil der Systemkern-Funktionalität und mehrere Filesysteme als Platteneinheiten. Seit Release 4 gibt es sogar unterschiedliche Filesystemtypen.

Ein Filesystem nimmt einen festdefinierten physikalischen Raum auf der Platte ein und kann mit einer UNIX-Partition gleichgesetzt werden. So wie es bei DOS mehrere Plattenlaufwerke oder DOS-Partitionen (C:\, D:\ usw.) geben kann, gibt es in UNIX ein root-Filesystem, ein usr-Filesystem, ein boot-Filesystem und noch einige andere.

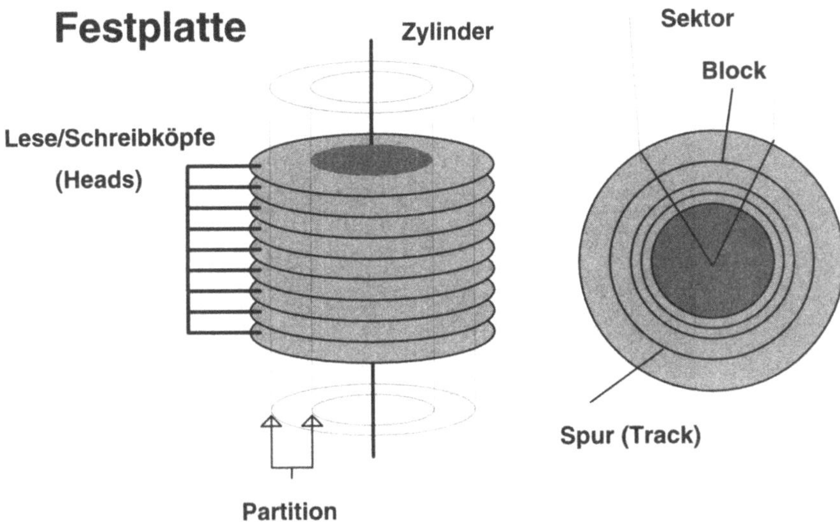

Diese Filesysteme oder meinetwegen auch Dateisysteme - um die Mehrdeutigkeit des Begriffes ebenfalls zu fördern - werden bei der Systeminstallation festgelegt. Dies geschieht bei den meisten Implementierungen mehr oder weniger automatisch. Lediglich ihre Dimension der Partitions muß in Zylindern oder in Megabytes angegeben werden. Für den Systemverwalter gibt es ein eigenes Kommando zum Einrichten von Dateisystemen mkfs, und man kann ohne weiteres ein Minidateisystem auf einer Diskette einrichten und dem System zugänglich machen. Diese Themengebiete innerhalb UNIX fallen jedoch eher unter die Systemadministration, werden aber des besseren Verständnisses wegen, hier angesprochen. Insbesondere werden auch Sie ein Beispiel diesbezüglich nachvollziehen können.

Jedenfalls besitzt die Festplatte oder die Festplatten Ihres Systems eine grobe Einteilung in Partitions, die physikalisch jeweils einen zusammenhängenden Zylinderbereich ausmachen.

Die kleinste Einheit, auf die das System auf der Festplatte zugreifen kann, ist ein Block. Blöcke sind in der Regel 512 Byte oder 1 024 Byte groß. Das System kann nie eine fest vorgegebene Anzahl von Zeichen von der Platte lesen, sondern immer nur ganze Blöcke. Das gleiche gilt auch für die schreibenden Zugriffe. Daraus resultiert, daß jede Datei - auch wenn sie nur aus einem einzigen Zeichen besteht - mindestens einen Plattenblock verbraucht. Bei vielen kleinen Dateien, die weniger als 512 Zeichen umfassen, wird der Verschnitt auf der Platte entsprechend hoch. Blockfragmente werden normalerweise nicht ausgenutzt. Zusammenfassend kann man folgendes festhalten:

- Dateien werden in Blockeinheiten von 512 bzw. 1024 Bytes physikalisch auf der Festplatte gehalten.

- Ein Block liegt seinerseits auf einer Spur, das ist ein kreisförmiger Bereich auf einer Disk.

- Die gesamte Festplatteneinheit besteht aus einem Stapel solcher Disks, welche jeweils mit einem Lese-Schreibkopf ausgestattet sind.

- Die Spuren auf einer Disk sind konzentrisch angeordnet.

- Zylinder sind deckungsgleiche übereinanderliegende Spuren auf verschiedenen Disks. Oder andersherum, die Projektion einer Spur über alle Platten des Stapels.

- Unter einer Partition hat man sich einen zusammenhängenden Zylinderbereich vorzustellen.

- Dateien belegen Blöcke, eine Datei mit weniger als einem Block Größe belegt einen ganzen Block.

- Größere Dateien belegen entsprechend viele Blöcke. Fragmente werden bei bestimmten Filesystemtypen nicht genutzt, liegen also brach.

Es versteht sich von selbst, daß das Betriebssystem über die bereits zugeteilten Plattenblöcke genau buchführen muß. Wann immer Sie eine neue Datei anlegen, verbrauchen Sie mindestens einen Plattenblock und einen Eintrag in dieser Buchführung.

5.3. Die Inode

Die Buchungseinträge für Dateien auf Filesystemen heißen Inodes - als Abkürzung für index node. Inodes sind ebenfalls Daten, die auf der Platte gehalten werden müssen. Da sie sich jedoch nicht selbst verwalten, werden sie beim Einrichten eines Filesystems fest reserviert und vom System schlicht durchnumeriert. Den prinzipiellen Aufbau eines Filesystems können Sie der folgenden Abbildung entnehmen.

Beim Einschalten des Rechners wird, nachdem die angeschlossenen Geräte überprüft wurden, das Betriebssystem von der Festplatte geladen. Die Maschine muß dazu wissen, wo sich die Information zum "booten" physikalisch befindet. Daher ist der Vollständigkeit halber der boot-Block in der Abbildung erwähnt. Er beinhaltet genau die zum Systemstart notwendigen Informationen, falls dieser vom betrachteten Dateisystem aus erfolgt.

Unser Interesse gilt jedoch den Inodes. Die Inodes selbst befinden sich auf irgendwelchen Plattenblöcken im Filesystem, genau wie die eigentlichen Daten. Organisatorische Informationen über die Inodes, die das System benötigt, sind fest auf dem zweiten Block des Filesystems hinterlegt - man spricht hier vom Superblock. Er beinhaltet insbesondere Listen, in denen vermerkt ist, welche Inodes noch unbenutzt und welche Datenblöcke noch frei sind. Die Inodes eines Filesystems werden einfach

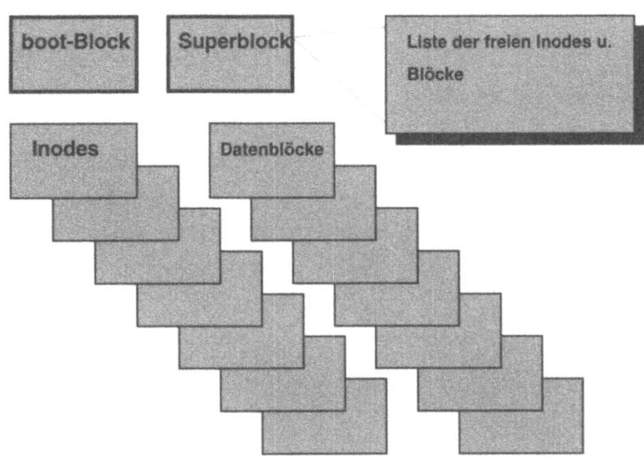

durchnumeriert. Wenn Sie wissen möchten, welche Inodes Ihre Dateien belegen, versuchen Sie das `ls`-Kommando mit der Option `-i`. Es wird Ihnen dann vor jedem Datei- und Verzeichnisnamen die Nummer der zugehörigen Inode angezeigt.

Im nachfolgenden Beispiel sind die Inodenummern fett gedruckt. Sie erkennen insbesondere, daß auch Verzeichnisse eine Inode belegen. Das gilt selbstverständlich für beinahe alle Datenobjekte unter UNIX. Die Option `-i` wird uns später noch im Zusammenhang mit der Erklärung der Links und des move-Kommandos nützlich sein.

```
$ ls -il /etc

total 446
   1691 -rw-r--r--  1 bin    bin    113 Jan  9  1991 Backup
   1692 -rw-r--r--  1 bin    bin    115 Jan  9  1991 Ignore
   1675 -r--r--r--  1 root   sys     64 Aug 16 10:02 TIMEZONE
   .....

   .....
   1823 -rw-r--r--  1 root   root     7 Jan 16  1991 X0.hosts
   8333 drwxr-xr-x  2 bin    bin    512 Jan 16  1991 acct
  19968 drwxr-xr-x  2 bin    bin    512 Jan 16  1991 ap
  18358 drwxr-xr-x  3 root   sys    512 Jan 16  1991 bkup
   .....

   .....
```

Die Anzahl der Inodes eines Dateisystems ist logischerweise identisch mit der Zahl der Dateien und Dateiverzeichnisse, die das Filesystem maximal aufnehmen kann. Zu Beginn, also nach dem Einrichten eines Filesystems, sind alle Inodes als frei gekennzeichnet. Die Plattenblöcke werden in freie und belegte Blöcke unterteilt. Im Grundzustand sind alle Blöcke frei. Jede angelegte Datei verbraucht genau eine Inode. Das Dateisystem ist erschöpft, wenn entweder alle Inodes aufgebraucht sind, oder die Liste der freien Plattenblöcke keine Elemente mehr enthält. Wieviel Blöcke eine Datei verbrauchen kann, ist im Prinzip nicht beschränkt. Sie werden sehen, daß eine Inode in der Lage ist, Dateien von stattlicher Größe zu verwalten.

Aufbau der Inode

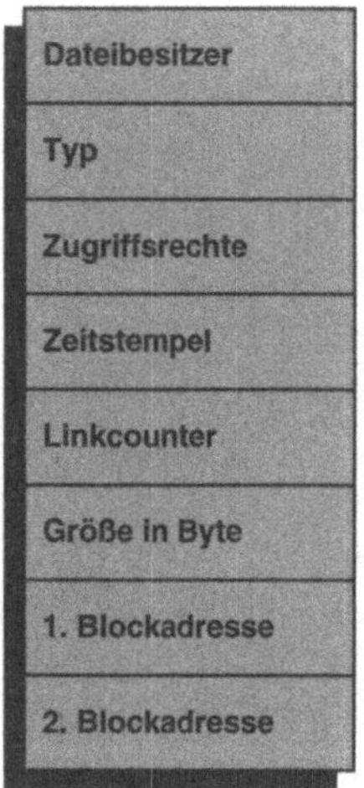

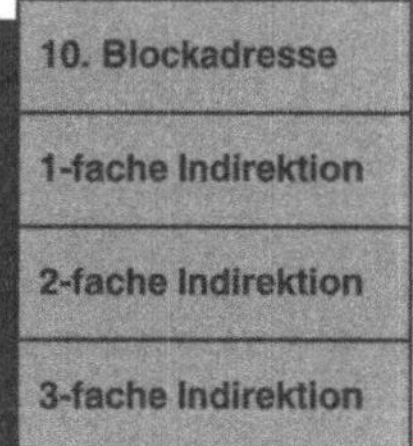

In der Praxis kann es auf einem System jedoch ein Userlimit geben, das unter anderem festlegt, wieviel Blöcke eine einzelne Benutzerdatei maximal verbrauchen kann. Diese Limitierung der Dateigröße ist aus Sicherheitsgründen sinnvoll. Wenn man nämlich weiß, wie, ist es relativ einfach, als normaler Benutzer ein komplettes Dateisystem mit einer einzigen Datei voll zu schreiben. Das Userlimit regelt auch noch andere Grenzwerte. Sie können selbst einmal überprüfen, inwieweit Ihr System Ihnen Beschränkungen auferlegt.

```
$ ulimit
4096
```

Wenn Sie `ulimit` ohne weitere Option aufrufen, erhalten Sie als Antwort die Zahl der Blöcke, die eine Datei maximal verbrauchen darf. In unserem Fall 4 096 Blöcke. Bei 512 Byteblöcken wären dies 2 Megabyte für eine Datei, bei 1 024 Byte großen Blöcken runde vier Megabyte. Dies hängt jeweils noch von den verwendeten Filesystemtypen ab, auf die wir später noch eingehen.

Betrachten wir jetzt einmal den Aufbau einer Inode - genauer gesagt, einer Inode eines klassischen s5-Filesystems. Ihre einzelnen Felder entnehmen Sie der folgenden Abbildung. Die Felder "Dateibesitzer" bis "Größe in Byte" stimmen dabei mit dem überein, was `ls -l` Ihnen ausgibt. Das Kommando bezieht seine Information ausschließlich aus den Inodes und nicht aus den Dateien selbst. Die Bedeutung der einzelnen Felder wird Ihnen in den nachfolgenden Abschnitten schrittweise erklärt. Wir bleiben zunächst bei dem Thema Organisation von Dateien auf der Festplatte.

Über die oben angesprochenen Informationen hinaus beinhaltet die Inode eines gewöhnlichen s5-Dateisystems 13 sogenannte Adressen, von denen jede einen Plattenblock festlegt. Notieren Sie am Rande, daß jede dieser Adressen 4 Byte belegt, das ist die Dimension eines short integer im System, und bedeutet eine ganze Zahl in kurzer Darstellung.

Setzen wir einmal für die folgenden Rechenexempel eine Blockgröße von 512 Byte voraus. Von diesen 13 Blockadressen sind die ersten zehn direkte Adressen, das heißt, die ersten zehn Plattenblöcke einer Datei werden direkt in der Inode adressiert. Überschreitet eine Datei die Größe von zehn Blöcken, wird im elften

Adreßfeld der Inode ein weiterer Plattenblock zugewiesen. Dieser beinhaltet seinerseits 128 Blockadressen. Die Zahl 128 kommt durch Division der Blockgröße (512) mit der Länge eine Blockadresse (4 Byte) zustande. Jede dieser 128 Adressen legt wiederum einen Datenblock fest. Auf diese Weise werden dann 128x512 Byte Platz für die Datei indirekt adressiert. Inklusive der ersten zehn Blöcke ergibt sich bis jetzt eine Dateigröße von 70 656 (10x512+128x512) Bytes. Das entspricht etwa 25 Seiten dieses Buches.

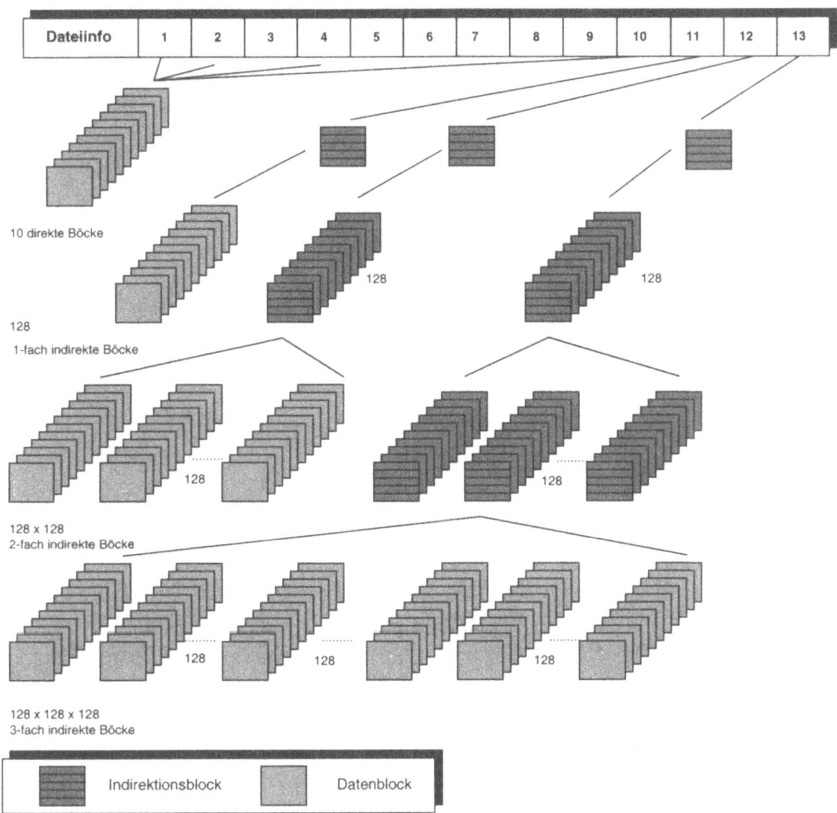

Reicht auch dieser Platz nicht mehr aus, wird der Inode-Eintrag 12 zur Zuordnung weiterer Blöcke herangezogen. Er nimmt wiederum 128 Blockadressen auf, von denen jede auf einen Plattenblock zeigt. Die Blöcke, die durch diesen Indirektionsblock zugewiesen werden, sind jedoch keine direkten Datenblöcke, sondern sind analog dem Inodeeintrag 11 zu interpretieren. Das heißt, der Eintrag 12 in der Inode bestimmt 128 Blöcke mit jeweils 128 weiteren Adressen, die ihrerseits auf direkte Datenblöcke zeigen. Zum Mitrechnen: der zwölfte Eintrag adressiert zweifach indirekt 128x128x512 Bytes zusätzlichen Plattenplatz - immer noch für die gleiche Datei. Das sind 8 388 608 Bytes - etwa 8 Megabyte. Unter Berücksichtigung der direkt adressierten 70 656 Bytes, kann die Datei also bereits 8 459 264 Zeichen groß werden. Sie müßten nicht ganz 10 Exemplare dieses Buches in eine Datei packen, um diese Größe zu produzieren.

Um es komplett zu machen. Reichen auch 8 Megabyte nicht aus, wird der Inode-Eintrag 13 herangezogen. Dieser zeigt auf einen weiteren Block, der nunmehr 128 Blockadressen mit zweifach indirekten Adressen referenziert. Das sind dann 128x128x128x512 Byte. Es wird jetzt beinahe astronomisch, denn das sind insgesamt 1 073 741 824 Byte; ich hoffe, ich habe die Zahlen richtig vom Taschenrechner abgeschrieben.

Alles zusammengenommen ergibt sich demnach eine theoretische Dateigröße von 1 082 201 088 Bytes bei 512 Byte Blöcken. Das ist ein rundes Gigabyte für eine einzige Datei. Um die plastische Anschauung auch für diese Größe zu liefern: Es handelt sich größenordnungsmäßig bereits um das tausendfache Volumen des Buches, welches Sie gerade lesen. Die Abbildung oben versucht die Methode der indirekten Blockadressierung nochmals zu verdeutlichen.

Halten wir noch einmal fest:

- UNIX verwaltet die Dateien blockweise
- eine Datei belegt mindestes einen Plattenblock
- pro Datei wird eine Inode "verbraucht"
- die Zahl der Inodes auf einem Dateisystem ist begrenzt

UNIX kennt jederzeit die im Dateisystem noch nicht belegten Plattenblöcke und verwaltet diese in der Liste der freien Blöcke. Ist die Liste der freien Blöcke erschöpft, ist das Dateisystem voll und es kann keine neue Datei mehr angelegt werden. Mithin gibt es also zwei Bedingungen, unter denen ein Dateisystem ausgeschöpft ist. Einmal der Verbrauch sämtlicher Inodes, wobei noch immer eine große Anzahl von Blöcken frei sein kann. Zum anderen der Umstand, daß die Liste der freien Blöcke keine Elemente mehr enthält, durchaus aber noch Inodes verfügbar sind.

5.4. Filesystemtypen

UNIX kennt seit Release 4 mehrere Dateisystemtypen (Filesystemtypen). Da sind zum einen die "alten" s5-Filesysteme der früheren Systemversionen - genauer der von der AT&T-Linie abstammenden UNIX-Derivate.

Sie besitzen genau die Eigenschaften, auf denen die soeben durchgeführten Berechnungen der theoretisch möglichen Maximalgröße von Dateien beruhen. Dateien eines s5-Filesystems werden in physikalischen Blöcken zu je 512 respektive 1 024 Byte gelesen und geschrieben.

Es wird jetzt notwendig, zwischen der physikalischen und der logischen Blockgröße zu unterscheiden. Während die Blockung auf physikalischer Ebene von der Hardware immer fest vorgegeben ist, können logisch, das bedeutet auf Programmebene, durchaus größere Blöcke definiert werden. Ein Programm, welches logische Blöcke von 1 024 Byte (1 Kilobyte) liest, muß bei einem Lesezugriff dann zwei physikalische Blöcke lesen, bei 2-Kilobyte-Blöcken eben vier.

Das hat Vor- und Nachteile. Plattenzugriffe sind zwar in Relation zu Operationen im Hauptspeicher immer noch zeitaufwendiger, doch wird das von "alten Hasen" heute oft übertrieben. In früheren Zeiten hat man mit derartigen Zugriffen sehr gegeizt. Nun ist heute die Hardware deutlich schneller und preisgünstiger als früher. Im Durchschnitt macht sich eine logische Blockung von einem Kilobyte entgegen einem halben kaum bemerkbar. Immerhin sind pro logischem Zugriff dann in der Regel mehrere physikalische Zugriffe nötig. Auch bei s5-Filesystemen kann eine logische Blockgröße entgegen der physikalischen definiert werden.

ufs-Filesysteme sind der zweite unter Release 4 verfügbare Typus. Insbesondere bei Einsatz von Datenbanken, wo große Datenmengen bewegt werden, sind merkliche Verbesserungen eingetreten. Insgesamt verdrängen die ufs-Filesysteme in der Praxis den s5-Typus. Wichtig zu wissen: Dateinamen waren in früheren Releases auf 14 Byte Länge beschränkt und sind es auch noch heute, sofern s5-Filesysteme generiert werden. Bei ufs-Filesystemen können Dateinamen bis zu 256 Zeichen lang sein. Dies läßt bereits Probleme erahnen, die entstehen, wenn Dateien, die aus ufs-Filesystemen stammen in s5-Filesysteme importiert werden.

Die logische Blockung der ufs-Filesysteme ist per Standard auf 4 oder meist sogar auf 8 Kilobyte eingestellt. Damit Dateien, die deutlich kleiner sind als ein logischer Block, nicht zuviel Platz vergeuden, kann bei der Generierung von ufs-Filesystemen ein Fragmentierungsfaktor eingestellt werden, der angibt, wieviel Platz eine Datei auf der Platte mindestens belegen muß. Dieser Faktor ist ein Vielfaches der physikalischen Blockgröße - bei 512 Byteblöcken also ein Block. Die ufs-Filesysteme nutzen also Blockfragmente. Die Struktur der ufs-Inodes ist in Folge dessen deutlich komplexer, als bei s5. Je größer die logische Blockung ist, desto mehr Information wird pro Plattenzugriff im Hauptspeicher verfügbar. ufs-Filesysteme verlangen nach mehr Speicher, und der wird immer billiger.

Der letzte Filesystemtypus ist der des boot-Filesystems - bfs. Das boot-Filesystem ist die Partition, von der aus das System gebootet wird. Das bfs ist gegenüber den Benutzerdateisystemen sehr klein, etwa 5 Megabyte, entgegen manchmal einigen hundert Megabyte bei sonstigen Dateisystemen. Es enthält im Prinzip auch nur den UNIX-Kern. Im boot-Filesystem werden ansonsten keinerlei Daten abgelegt. Es zeichnet sich durch besonders hohe Kompaktheit aus.

5.5. Pufferung

Der Geschwindigkeitszugewinn bei ufs entgegen s5 ist im wesentlichen im UNIX-Dateisystem - gemeint ist jetzt die Kernelfunktionalität - begründet. Das Stichwort heißt Blockdepot oder etwas kompetenter, aber gleichwertig, "buffer cache". Diesen Cache-Mechanismus wollen wir noch kurz etwas näher betrachten. Er ist im übrigen genau der Grund, weshalb man einer UNIX-Maschine nicht einfach den Strom abschalten sollte.

Wird von irgendeinem Programm aus - beispielsweise vom Editor vi - auf eine Datei zugegriffen, übernimmt der Systemkern über seinen Plattentreiber den eigentlichen Zugriff. Er liest die Daten in den Speicher. Nun ist eine Datei Bestandteil eines Filesystems. Die globalen Informationen dieses Filesystems, wie die Liste der freien Blöcke und die der freien Inodes, befinden sich auf dem Superblock. Folglich muß auch der Superblock in den Speicher. So wie der Superblock das Filesystem beschreibt, beschreibt eine Inode eine Datei. Also wird auch die Inode in den Speicher gelesen.

Wird an der gelesenen Datei eine Änderung durchgeführt und diese gespeichert, muß der Kern die Datenblöcke der Datei, die Inode und die Information des Superblockes auf der Festplatte auf den neuesten Stand bringen. Er schreibt also all diese Informationen auf die Platte zurück. Nun ist es einleuchtend, daß der Kern nicht bei jedem Dateizugriff den Superblock in den Speicher liest, beziehungsweise auf Platte zurückschreibt. Dies wäre wegen der vielen Plattenzugriffe sehr ineffizient. Der Kern versucht insgesamt die physikalischen Plattenzugriffe zu minimieren, indem er einmal gelesene Datenblöcke und Inodes im Speicher hält, in der Hoffnung, daß ein anderes Programm diese ebenfalls benötigt. Zu diesem Zweck unterhält sich der Systemkern einen Pool interner Puffer. Dieses Blockdepot beinhaltet das Abbild der in einer bestimmten Zeit gelesenen Datenblöcke von Dateien, deren Inode und nicht zuletzt die aktuelle Version des Superblocks.

Erfolgt erneut ein lesender Zugriff auf eine Datei, sucht der Kern zuerst das Blockdepot daraufhin ab, ob sich die Information bereits im Speicher befindet. Ist dies der Fall, wird entsprechende Information nicht von der Platte sondern aus dem Puffer bereitgestellt. Auch zum Speichern auf Platte anstehende Blöcke werden zunächst im Depot abgelegt und nicht sofort auf die Platte geschrieben. Konkret bedeutet das, wenn Sie den vi mit w zum Speichern veranlassen, stehen Ihre Daten noch lange nicht auf der Platte.

Um die Effizienz noch weiter zu erhöhen, werden einerseits die Blöcke im Puffer einem Alterungsprinzip unterworfen, andererseits werden Blöcke einer Datei, die ein Programm lesen will, bereits in den Speicher geholt, obwohl diese noch gar nicht benötigt werden. Das System betreibt also eine Vorsorge, um bei Bedarf Information schneller verfügbar zu haben.

Ein Block wird als alt erachtet, wenn er eine gewisse Zeit, nachdem er ins Depot gelesen wurde, von keinem Programm mehr beansprucht wurde. Der Kern entnimmt ihn dann dem Puffer, um Platz zu schaffen und veranlaßt, daß er auf die Platte zurückgeschrieben wird. Beansprucht ein Programm einen bereits im Puffer befindlichen Block erneut, verjüngt sich dieser dem Kern gegenüber und verbleibt im Blockdepot. Daraus ergibt sich notwendigerweise, daß Daten, die oft benötigt werden, relativ lange im Blockdepot verbleiben und somit nicht von der Platte gelesen werden müssen.

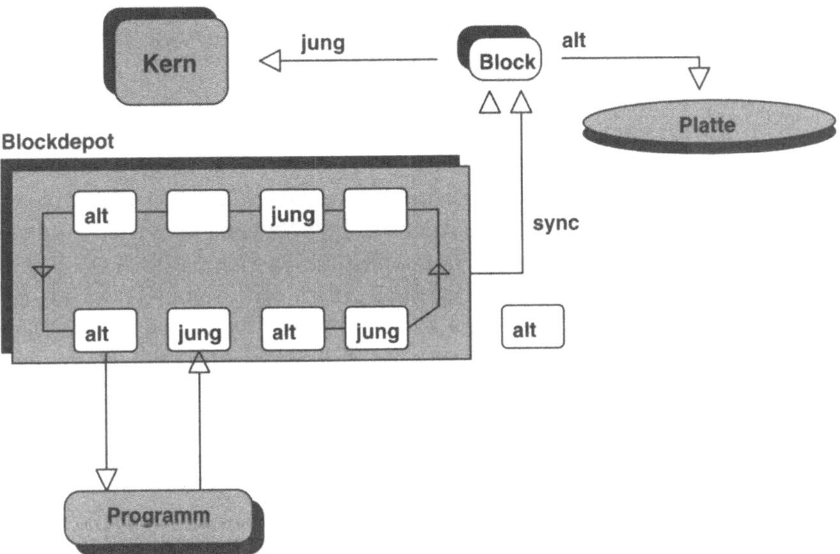

Aus den beschriebenen Sachverhalten zur Pufferung folgt nun allerdings nicht, daß Daten, die verändert wurden und so im Puffer verbleiben, minutenlang nicht physikalisch gesichert werden. Das System schreibt zyklisch den gesamten Pufferinhalt auf die Platte um Konsistenz zu garantieren. Dieser Vorgang - man spricht vom sync-Prozeß - läuft in festen Abständen asynchron zum Rest des Geschehens ab. Der Inhalt des Puffers und das Alter der Blöcke wird dadurch jedoch nicht beeinflußt. Darüber hinaus behandelt der Kern die Blöcke im Puffer unabhängig von deren Informationsgehalt. Das heißt, sie durchwandern die internen Warteschlangen unabhängig davon, ob sie zu gleichen oder verschiedenen Dateien gehören. Es spielt auch keine Rolle, ob es sich um Datenblöcke, Inodes oder gar um den Superblock handelt.

Auf Grund dieser Gegebenheiten ist einleuchtend, daß bei den größeren Blöcken der ufs-Filesysteme der Datendurchsatz entgegen s5-Filesystemen erhöht ist. Der Kern findet bei einer Suche mehr Daten vor. Voraussetzung ist natürlich entsprechend viel Speicher auf dem System.

Wesentliche Vorteile des Pufferungsprinzips sind die Gleichartigkeit der Zugriffe, Programmierer müssen sich nicht um die blockgenaue Ausrichtung ihrer Daten kümmern. Die Portabilität der Programme auf andere UNIX-Systeme wird erhöht, der Datenstrom von und zur Hardware wird reduziert. Gleichzeitig wird die Sicherheit der Daten dadurch erhöht, daß nur ein Abbild der Daten und nicht mehrere im Speicher vorhanden ist. Versuchen zwei Programme gleichzeitig die Daten eines Blockes zu verändern, serialisiert der Kern die Zugriffe und garantiert, daß keine Daten zerstört werden. Bei Systemen mit großem Hauptspeicher kann die Trefferquote im Cache durch andere Programme, die dort befindliche Blöcke ebenfalls benötigen, mittels geeigneter Dimensionierung der Puffer erhöht werden. Übertrieben werden sollte dies jedoch nicht, da schließlich auch Programme noch Speicher benötigen und bei zu großzügig dimensionierten Puffern das System zum ständigen Swappen oder Pagen gezwungen wird, was die Vorteile der Plattenzugriffsreduzierung zunichte macht.

Ein gering zu bewertender Nachteil der Pufferung liegt in der Tatsache, daß die Daten beim Lesen vom Kern zum Programm und beim Schreiben von diesem zurück zum Kern kopiert werden müssen.

Ein Nachteil der sich unter Umständen gravierend äußern kann, wird durch einfaches Stromausschalten, Stromausfall oder bei Systemabstürzen aus sonstigen Gründen sichtbar. Der Kern beläßt Datenblöcke, Inodes und auch den Superblock im Puffer und schreibt deren Inhalte zyklisch beim `sync`-Aufruf auf die Platte. Die Abstände zwischen den einzelnen Synchronisa-tionspunkten von Speicher und Platte sind konfigurierbar und liegen in der Praxis bei Werten von etwa zehn Sekunden. Bei Stromausfall zwischen zwei Sicherungspunkten kann der Fall eintreten, daß Blockreferenzen der Inodes für bestimmte Dateien nicht mehr mit den tatsächlichen Gegebenheiten übereinstimmen, weil zwar noch die Inode auf die Platte zurückgeschrieben werden konnte, jedoch nicht mehr die Datenblöcke. Dies kann also zu Datenverlusten führen. Besonders fatal wirkt sich ein derartiges Ereignis aus, wenn es just zum `sync`-Zeitpunkt selbst eintritt, und der Kern womöglich gerade den Superblock zum Schreiben an den Plattenkontroller übergeben hat. Ist der Superblock zerstört oder inkonsistent, trifft dies für das gesamte Filesystem ebenso zu.

Derartige Katastrophen sind allerdings sehr selten. Viele Implementierungen von UNIX haben heute auch bereits zusätzliche Sicherheitsmechanismen oder es gibt zumindest eine vom Netz unabhängige Stromversorgung, die es möglich macht, daß wenigstens noch ein `sync`-Aufruf vor dem Exitus ablaufen kann. Auf alle Fälle merkt der Kern, wenn er irregulär beendet wurde. Beim nächsten Systemstart ist dann ein Initialisierungssignal gesetzt, welches der Kern beim ordnungsgemäßen "Shutdown" jedesmal selbst zurücksetzt. Findet er es beim "Booten" noch vor, veranlaßt er selbständig eine Überprüfung aller zum Zeitpunkt des Absturzes aktiven Dateisysteme.

Die soeben beschriebenen Prinzipien mögen dem einen oder anderen Leser vielleicht allzu theoretisch erscheinen. Sie sind aber zum Verständnis eines so wichtigen UNIX-Themas, wie dem Dateisystem, unbedingt angebracht. Auch im folgenden, wieder mehr praxisbezogenen Teil sind "Ausflüge" in die tieferen Schichten des Dateisystems notwendig.

5.6. Dateikommandos

Im Laufe der Zeit entsteht auf einem System eine Vielzahl an Verzeichnissen und Dateien. Insbesondere dann, wenn man mit bestimmten Dateien längere Zeit nicht mehr gearbeitet hat, kann es sein, daß man nicht mehr weiß, in welchem Directory sie sich "versteckt" halten.

UNIX stellt ein sehr vielseitiges Kommando zur Verfügung, Dateien wiederzufinden. Da in den nächsten Abschnitten dieses `find`-Kommando öfters in Beispielen gebraucht wird, soll es in einer einfachen Variante bereits jetzt vorgestellt werden. Ausführlicher widmen wir uns den Optionen dieses Kommandos im Abschnitt "Werkzeugkiste" (Kap. 12).

`find` - Dateien suchen

Das Kommando besitzt eine sehr umfangreiche Optionsliste und kann sehr vielseitig eingesetzt werden. Zum einfachen Auffinden von Dateien im Filesystem genügt es jedoch, es in der nachstehend beschriebenen, einfachen Weise zum Einsatz kommen zu lassen.

Es muß zur Qualifizierung nicht unbedingt ein Name angegeben werden, sondern es kommen auch andere Identifikationskriterien, wie Alter, letzter Zugriff, und ähnliche zum Tragen. Desgleichen erschöpft sich das Kommando nicht in der bloßen Ausgabe des Namens. Es kann eine ganze Reihe von Aktionen definiert werden, die auszuführen sind, wenn die Suche erfolgreich war.

Insbesondere wird die Option `-inum n` eingeführt. Sie sucht nach der Datei mit der durch n spezifizierten Inodenummer. Auf ein Beispiel hierzu wird jedoch an dieser Stelle noch verzichtet. Wir benötigen diese Option erst später im Zusammenhang mit dem link. Mehr zu `find` erfahren Sie, wie gesagt, später.

```
find           start -optionen

start          Pfadname, ab dem die Suche beginnen soll
Optionen
-name datei    sucht die Datei mit dem Namen datei
-inum n        sucht die Datei mit der Inodenummer n
-print         weist das System an, den vollen Pfadnamen der Datei
               auszugeben, falls sie gefunden wird.
```

Sie finden nachfolgend noch einige einfache Beispiele für die hier skizzierte Anwendung des Kommandos vor.

```
$ find /home/myself -name privat.adr -print
/home/myself/PRIVAT/privat.adr

$ find / -name privat.adr -print
/home/myself/PRIVAT/privat.adr

$ find / -name passwd -print
/etc/passwd
```

Name und Aktion - hier Ausgabe des Namens - sind in den Beispielen klar. Das Resultat der beiden ersten `find`-Kommandos ist jeweils das gleiche, sofern nicht zufällig irgendwo im Dateibaum noch gleichnamige Dateien existieren. Es wird lediglich im ersten Fall der Dateibaum ab dem Heimatkatalog nach unten durchsucht, während im zweiten Beispiel ab der Wurzel alle Dateisysteme durchsucht werden. Bedenken Sie, daß aufgrund der Tatsache, daß UNIX sämtliche Verästelungen der Filesysteme durchsuchen muß, die Laufzeit des Kommandos recht lange sein kann; es hängt alles von der Wahl des Startverzeichnisses ab.

Wahrscheinlich erhalten Sie beim Nachvollziehen der Beispiele und beim weiteren Ausprobieren Fehlermeldungen vom System wie "`cannot change dir ...`". Das besagt, daß Sie als Anwender dieses Kommandos nicht berechtigt sind, bestimmte fremde Verzeichnisse einzusehen. Ignorieren Sie dies zunächst, wir klären das unter den Kapiteln Zugriffsrechte und Prozesse.

Oft ist es in der Praxis notwendig, anstelle des Originals einer Datei eine Kopie zum Bearbeiten heranzuziehen oder sich vor dem Bearbeiten eine Sicherungskopie des Originals anzufertigen, um bei etwaigen Fehlgriffen wieder von vorne anfangen zu können.

Das nachfolgend beschriebene Kommando erstellt eine Kopie der Originaldatei.

cp - Copy files

cp	Copy Files (Dateien kopieren)
cp	`[-i] [-p] [-r] source target`
source	Name der zu kopierenden Datei
target	Name der Kopie
-i	falls die Zieldatei bereits existiert, wird gefragt, ob sie überschrieben werden soll
-p	Zeitstempel und Zugriffsrechte bleiben erhalten
-r	rekursiv Unterverzeichnisse kopieren

Alternativ zum Kopieren mehrerer Dateien in ein anderes Verzeichnis kann das Kommando wie folgt verwendet werden:

```
cp        [-i] [-p] [-r]  file1 file2 ... path
file1     Liste der zu kopierenden Dateien
file2
...
path      Pfadname des Zielverzeichnisses
```

Betrachten wir zunächst die erste Variante des Kommandos. Die Wirkungsweise scheint durch die Parametrierung klar. Das Kommando kopiert die Datei, die durch `source` (Quelle) spezifiziert ist, auf die Datei, die durch die Angabe `target` (Ziel) definiert wird.

Sind Quelle und Ziel Dateinamen, liegen anschließend beide Dateien im gleichen Directory. Dies muß allerdings nicht so sein. Sowohl `source` als auch `target` können in verschiedenen Verzeichnissen liegen. Es muß dann anstatt des Dateinamens ein eindeutiger Pfadname angegeben werden.

Die nächste Abbildung soll eine Situation visualisieren, die Sie in der anschließenden Übung herstellen können. Die unmittelbar unter dem Heimatverzeichnis liegende Datei `privat.adr`, die unserem privaten Ordnungsprinzip ein wenig wider-

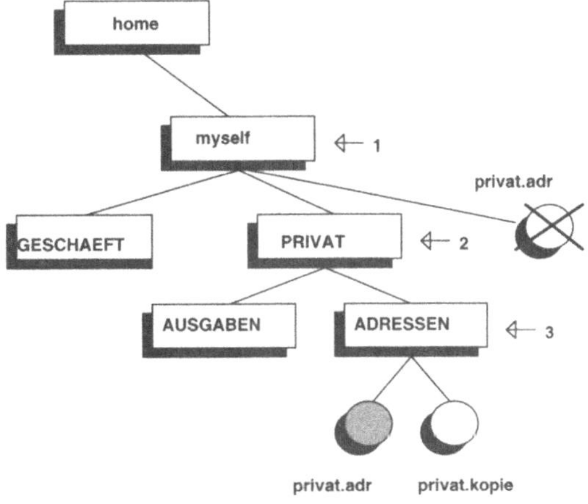

spricht und eher unter das Verzeichnis der Privatadressen gehört, soll zunächst auch dorthin kopiert werden. Daß die Datei an ihrem momentanen Standort bereits durchgestrichen ist, soll signalisieren, daß sie später einmal gelöscht werden soll. Sie bewerkstelligen die Plazierung der Datei natürlich mit dem Kommando `cp`, gehen dabei aber wieder von unterschiedlichen Standorten im Dateibaum aus. Die Positionen sind mit Pfeilen gekennzeichnet.

Wie Sie die Angaben für Quelle und Ziel von den Standorten 1, 2 und 3 aus formulieren müssen, entnehmen Sie dem folgenden Beispiel.

```
$ pwd
/home/myself                                    Standort 1
$ ls
GESCHAEFT   PRIVAT   privat.adr
$ cp privat.adr PRIVAT/ADRESSEN/privat.kopie
$ cd PRIVAT
```

```
$ pwd
/home/myself/PRIVAT                                            Standort 2
$ ls
ADRESSEN     AUSGABEN
$ cp /home/myself/privat.adr ADRESSEN/privat.kopie            oder
$ cp ../privat.adr ADRESSEN/privat.kopie
$ cd ADRESSEN
$ pwd
/home/myself/PRIVAT/ADRESSEN                                   Standort 3
$ ls
privat.kopie
$ cp ../../privat.adr privat.adr
$ ls
privat.adr    privat.kopie
```

Wenn Sie das Beispiel genau nachvollzogen haben, werden Sie bemerkt haben,
daß Sie beim Standortwechsel von 1 nach 2 die Datei `privat.kopie` zweimal
erstellt haben. Die Zieldatei wurde durch das erste Kopieren von Position 1 aus
bereits angelegt. Was ist also beim zweiten Copy von Standort 2 aus passiert?

Die Datei `privat.kopie` wurde vom System kommentarlos überschrieben. Dies ist nicht weiter tragisch, da es ja in jedem Falle eine Kopie von
`privat.adr` war. Allgemein bedeutet das aber folgendes:

Die Datei `ziel` wird beim Kopiervorgang neu angelegt oder, falls sie bereits
existiert, überschrieben. Das ist aber im allgemeinen nicht immer akzeptabel,
denn die Zieldatei könnte bereits existieren und einen anderen, wichtigen Inhalt
haben.

Ist die Option `-i` gesetzt, wird eine eventuell vorhandene Zieldatei nur nach
Anfrage überschrieben. Auf das Beispiel bezogen, hätten dann die `cp`-Befehle
wie folgt aussehen müssen:

```
$ cp -i /home/myself/privat.adr ADRESSEN/privat.kopie

bzw.

$ cp -i ../privat.adr ADRESSEN/privat.kopie

cp: overwrite ADRESSEN/privat.kopie
```

In beiden Fällen hätte UNIX sich vergewissert, ob die Zieldatei überschrieben
werden darf. Wird diese Anfrage mit `y` beantwortet, wird die Zieldatei überschrieben, ansonsten wird das `cp`-Kommando ignoriert. Wir sehen uns noch
einmal den `cp` vom ersten Standort aus an:

```
$ pwd
/home/myself                                                  Standort 1
$ ls
GESCHAEFT    PRIVAT   privat.adr
$ cp privat.adr PRIVAT/ADRESSEN/privat.kopie
```

Da sich das Original unter einem anderen Verzeichnis befindet, als die zu erstellende Kopie und die Dateiinhalte darüber hinaus gleich sind, spricht nichts dagegen, die Quelle auf ein Ziel gleichen Namens zu kopieren. Beide Dateinamen sind in diesem Fall gleich, obwohl es sich für das System um verschiedene Objekte handelt. Denn schließlich wird beim Kopieren auf jeden Fall eine Inode verbraucht, und alle Blöcke des Originals werden in bislang freie Blöcke übertragen. Gleiche Namen spielen dabei keine Rolle.

Kopiert man eine Datei lediglich in ein anderes Verzeichnis, behält den Namen jedoch bei, kann man sich auf die Angabe des Zielverzeichnisses beschränken und den eigentlichen Zieldateinamen weglassen.

```
$ cp privat.adr PRIVAT/ADRESSEN/privat.adr

$ cp privat.adr PRIVAT/ADRESSEN

aus dem Zielverzeichnis heraus

$ cp ../../privat.adr .  (<- Punkt !)
```

Die zweite Formulierung hat die gleiche Wirkung wie der erste Copy-Befehl. Die Datei `privat.adr` wird ins das Directory `PRIVAT/ADRESSEN` und dort implizit unter dem gleichen Namen `privat.adr` kopiert. Unter Verwendung der symbolischen Namen `.` für das momentane Dateiverzeichnis, und `..` für das übergeordnete, kann man den Befehl noch kompakter wie im dritten Beispiel formulieren. Voraussetzung hierzu ist aber Standort 3, das Zieldateiverzeichnis. Diesen Mechanismus kann man nutzen, um gleich mehrere Dateien in ein anderes Verzeichnis zu kopieren.

Erzeugen Sie unter dem Heimatverzeichnis einige Kopien von `privat.adr` und transportieren Sie diese dann per erneutem Copy in das Verzeichnis `PRIVAT/ADRESSEN`.

```
$ cd
$ pwd
/home/myself

$ ls
GESCHAEFT PRIVAT   privat.adr
$ cp privat.adr priv.adr1
$ cp privat.adr priv.adr2
$ cp privat.adr priv.adr3

$ ls
GESCHAEFT PRIVAT privat.adr priv.adr1 priv.adr2 priv.adr3

$ cp priv.adr1 priv.adr2 priv.adr3 PRIVAT/ADRESSEN
$ cd PRIVAT/ADRESSEN
$ ls
privat.adr  privat.kopie priv.adr1 priv.adr2 priv.adr3
```

Die Dateien `priv.adr1` bis `priv.adr3` wurden erwartungsgemäß ins Zielverzeichnis kopiert.

Klar sollte sein, daß dieser implizite Mechanismus keinesfalls von Verzeichnis zu Verzeichnis, bzw. von Verzeichnis zu Datei funktionieren kann, sondern immer nur von Dateien eines Verzeichnisses in ein anderes Verzeichniss. Das Beispiel unten mit der vermeintlichen Zielsetzung, mehrere Dateien in einer `priv.alle` zu vereinigen, wäre aus zweierlei Hinsicht ein eklatanter Mißgriff.

```
$ cp priv.adr1 priv.adr2 priv.adr3 priv.alles          falsch !!!
```

Eine derartige Aktion ist innerhalb UNIX zwar möglich, hat aber zunächst nichts mit der Funktion des Kopierens zu tun. Andererseits wäre die Shell gar nicht in der Lage, einen solchen Ausdruck syntaktisch auszuwerten, denn wo fängt das Ziel an und wo hört die Quelle auf?

In allgemeiner Notation sieht die zuletzt vorgestellte, richtige Variante des `cp`-Kommandos folgendermaßen aus:

```
cp          [-i] [-p] [-r]  file1 file2 ... path
```

In dem völlig falschen Beispiel von oben, könnte man die beiden ersten Dateien als Quellen, die beiden letzten als Ziele interpretieren. Durchaus nicht abwegig, dies hätte aber zur Folge, daß der Mechanismus immer nur bei einer geraden Anzahl angegebener Dateinamen funktionieren könnte. Darüber hinaus wäre der Aufwand, den das System treiben müßte, um derartige Ausdrücke zu analysieren und zu interpretieren zu groß. Semantische Analysen in der beschriebenen Weise betreiben heutige Betriebssysteme noch nicht. Man bedenke, daß dies auch für den Anwender äußerst problematisch sein könnte. Beachten Sie also, daß eine angegebene Quelliste nicht eindeutig auf eine gegebene Zielliste abgebildet werden könnte. Daher können mehrere Dateien nur in ein anderes Verzeichnis kopiert werden, wo sie dann allerdings den gleichen Namen tragen.

Verzeichnisse kopieren

Über den hier beschriebenen Mechanismus hinaus kennt UNIX eine Möglichkeit, rekursiv ganze Dateibäume zu vervielfältigen. Dies kann ebenfalls mit dem `cp`-Kommando bewerkstelligt werden. Es ist aber etwas Umsicht gefordert, wie man noch sehen wird. Unter einem Verzeichnis `DIR` existiert ein weiteres Directory `DIR1`, dessen Unterstruktur in der nachfolgenden Abbildung eingerahmt ist.

Durch Angabe der Option `-r` gelingt es, `DIR1` inklusive der darunter befindlichen Objekte - Verzeichnisse und Dateien - in ein neues Verzeichnis `DIR2` zu kopieren. Es entsteht rekursiv unter `DIR2` eine identische Struktur wie im Original. Zu beachten ist, daß cp ohne die Zusatzoption "rekursiv" überhaupt nicht auf Verzeichnisse angewandt werden kann.

Im ersten Beispiel unten wird ein neues Verzeichnis angelegt und dann versucht, eine Kopie davon zu erstellen, was nicht funktioniert. Das Verzeichnis DIRCOPY müßte ebenfalls mit mkdir angelegt werden. Der cp-Befehl darunter hingegen funktioniert - wenngleich allerdings ein zweiter mkdir weniger Schreibaufwand wäre.

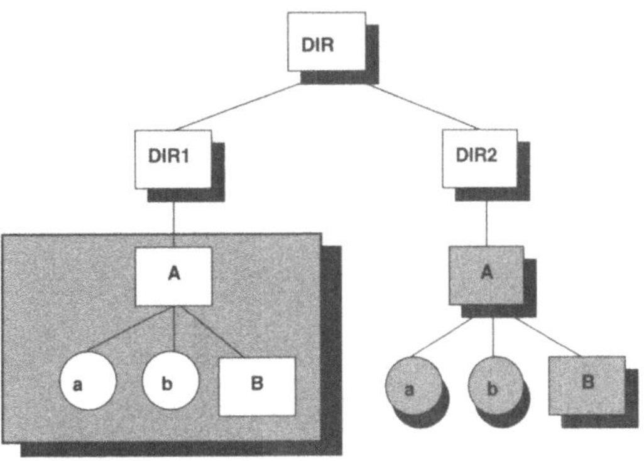

cp -r DIR1 DIR2

```
$ mkdir DIR
$ cp DIR DIRCOPY
cp: <DIR> directory
$ cp -r DIR DIRCOPY
```

Der Begriff rekursiv ist in diesem Zusammenhang sehr wohl wörtlich zu nehmen, was das folgende Beispiel zeigt. Vorweg allerdings eine Bitte: vollziehen Sie dieses Beispiel erst einmal noch nicht nach, sondern lesen Sie lieber zuerst noch ein wenig weiter. Wenn Sie gar zu ungeduldig sein sollten, suchen Sie sich vorher aber schon mal die Abbruchtaste (DEL, Entf) auf Ihrem Keyboard.

Vorsicht bei diesem Beispiel

```
$ cp -r DIR1 DIR1/MULTI
```

....<ABBRUCH> !!!

Was tut der Befehl? Die Struktur des Verzeichnisses DIR1 soll rekursiv nach DIR1/MULTI kopiert werden. DIR1 besitzt zunächst nur ein Unterverzeichnis A. Die Tatsache, daß A ebenfalls eine Unterstruktur besitzt, ist nur zweitrangig. Das Zielverzeichnis MULTI soll unter DIR1 liegen, dessen Struktur Sie jedoch kopieren. Da schlägt die Rekursivität des Kopiermechanismus nun auch voll zu. Verfolgen Sie die Einzelheiten anhand der nächsten Abbildung. Der rekursive Kopiervorgang erzeugt zunächst das Zielverzeichnis MULTI. Fatal ist, daß MULTI unterhalb DIR1 liegt und somit bereits die Struktur des Quellverzeichnisses verändert wurde, bevor der eigentliche Kopiervorgang der Unterstruktur von DIR1 anfängt. Die Unterstruktur von DIR1 besteht also jetzt aus den Verzeichnissen A und MULTI. Prompt werden beide unter MULTI kopiert. und zwar inklusive der Unterstruktur von A. Das bedeutet jedoch, daß die Unterstruktur von DIR1 sich rückwirkend bereits erneut geändert hat. Denn das ursprüngliche Zielverzeichnis MULTI besitzt nun ebenfalls eine Unterstruktur - nämlich A und

MULTI, welche prompt unter einem neuen MULTI - eine Etage tiefer - kopiert wird. Bei jedem Kopiervorgang ändert sich also rückwirkend die zu kopierende Originalstruktur, und der ganze Mechanismus erhält so eine überraschende Eigendynamik, die endlos weitergeht - bis das Filesystem mit As und MULTIs inklusive ihrer Unterstrukturen vollgeschrieben ist und UNIX erschöpftes Filesystem verkündet. Somit erklärt sich der Hinweis auf die Abbruchtaste.

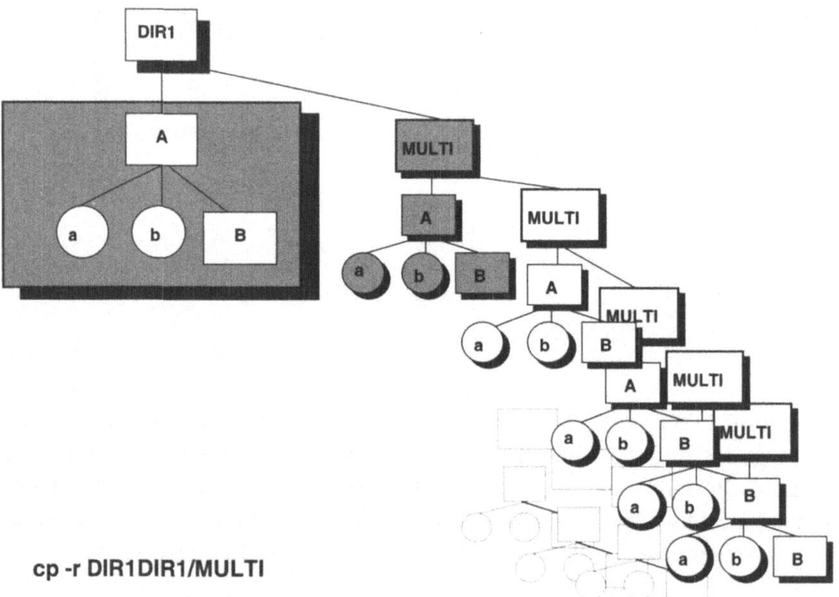

Falls Sie es unbedingt ausprobieren möchten - was nun eher wahrscheinlich ist - sollten Sie in jedem Falle nach einigen Sekunden abbrechen. Sie ärgern sonst Ihre Mitbenutzer und den Systemadministrator. Niemand kann bei vollem Filesystem auch nur ein Bit mehr darin unterbringen - denken Sie an all die Mitbenutzer, die vielleicht gerade eine mühsam mit dem vi erstellte Datei sichern wollen und keinen Platz mehr bekommen.

Hier nutzt übrigens auch ein gesetztes Userlimit gar nichts. Dieses reglementiert lediglich die Dateigröße, schließt aber die Möglichkeit, die verfügbaren Inodes eines ganzen Filesystems mit kleinen Dateien und Verzeichnissen "aufzufressen" in keiner Weise aus. Persönlich konnte ich in einer derartigen Zweckentfremdung des rekursiven Kopierens noch keinen praktischen Sinn ausfindig machen. Meine Tendenz geht dahin, das Ganze als Fehler einzustufen.

Wenn Sie einmal von DIR1 aus mit cd durch die MULTIs wandern, können Sie sich mit pwd vor Augen führen lassen, welch schier endlose Kette von Verzeichnissen Sie in wenigen Sekunden produziert haben. Hoffentlich haben Sie nicht zulange mit dem Abbrechen gewartet, denn die MULTIs, As und Bs wollen wieder gelöscht werden!

Als nächstes erwartet Sie wieder ein etwas intensiverer "Tauchgang" in die tiefer gelegenen Schichten des UNIX-Dateisystems. Die Konstruktion des Links und der Mechanismus des move-Kommandos geben hierzu Anlaß.

Nicht in allen Fällen ist es notwendig und aufgrund der Tatsache, daß eine Kopie immer Plattenplatz verbraucht, auch nicht sinnvoll, Dateien physikalisch zu kopieren. Betrachten Sie hierzu die folgenden, in der Praxis denkbaren, Fälle.

Sie haben sich unter dem Verzeichnis `/myself/GESCHAEFT` ein weiteres Verzeichnis KUNDEN eingerichtet und darunter - ähnlich wie bei Ihrer Privat- adreßkartei - eine Datei (`kunden.info`) mit Kundeninformationen aufgebaut. Sie arbeiten vorwiegend im Verzeichnis GESCHAEFT, weil Sie dort noch weite- re wichtige Informationen abgelegt haben. Wollen Sie sporadisch auf die Kun- denadressbestände zugreifen, müssen Sie entwe- der das Verzeichnis vorübergehend wechseln oder die Datei mit einem entsprechend langen Pfadnamen ansprechen. Sie sind versucht, eine Kopie der Kundenadressen unter dem vorwie- gend von Ihnen benutzten Arbeitsverzeichnis einzu-richten, was aber zurecht Ihrem Ordnungs- prinzip widerspricht.

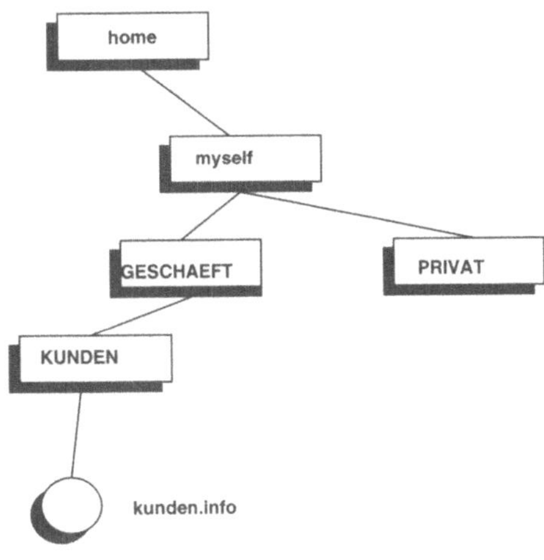

Sie wollen die Datei vielleicht auch einem Kollegen zugänglich machen, damit auch er so- wohl Information entnehmen, als auch hinzu- fügen kann. Bei allen auf einer Kopie beruhen- den Lösungen der Fragestellung stellt sich dann folgende Schwierigkeit ein: Es entstehen im Laufe der Zeit zwangsläufig differierende Infor- mationsstände auf den verschiedenen Kopien. Das würde bedeuten, Sie müßten von Zeit zu Zeit die Datenbestände abgleichen. In der Praxis ist das aber bei Datenbeständen mit entsprechender Dynamik gar nicht so einfach. Irgendwie ist das Chaos bei derartigen multiplen Daten unver- meidbar, weil irgendwann niemand mehr weiß, welcher Stand der Aktuelle ist. Nun gibt es in UNIX eine sinnreiche Möglichkeit, dafür zu sorgen, daß von mehreren Stellen im Dateisystem auf eine Datei so zugegriffen werden kann, als wäre sie genau an diesem Ort lokalisiert, von dem aus der Zugriff erfolgt. Hierzu zunächst einige Vorbetrachtungen, die zudem noch einiges Licht ins Dunkel des UNIX-Dateisystems bringen.

Die Katalogstruktur

Eine Datei besteht bekanntermaßen aus Datenblöcken, die in ihrer Inode referen- ziert sind, sowie aus der Inode selbst. Um die Datei in der Struktur des Dateisy- stems lokalisieren zu können, ist ihr Name im Dateiverzeichnis, dem sie ange- hört, hinterlegt. Das sehen wir uns sofort genauer an. Hierzu richten Sie sich am besten ein neues Verzeichnis LINKS ein und kopieren beispielsweise die Datei

/etc/passwd unter gleichem Namen dorthin. Damit mehr als eine Datei dort existiert, machen Sie gleich noch eine Kopie derselben Datei unter dem Namen passwd.c. Mit ls -i schauen Sie sich dann die Inodenummern der beiden Dateien an.

Die Ausgangssituation ist etwa folgende, wobei natürlich die Informationen im Detail bei Ihnen etwas anders aussehen werden, da nicht anzunehmen ist, daß der Kern genau die gleichen Inodes heranzieht, wie in unserem Beispiel.

```
$ pwd
/home/myself/LINKS

$ cp /etc/passwd .
$ cp passwd passwd.c

$ ls -i

22419 passwd
22420 passwd.c
```

Als nächstes werfen Sie einen Blick in die Information, die im Dateiverzeichnis selbst steht.

Bisher haben Sie gelernt, daß Verzeichnisse als rein organisatorische Datenobjekte keinerlei benutzerrelevante Information beinhalten. Das ist so auch richtig. Für die Betrachtungen, die mittlerweile aber schon einen gewissen Tiefgang haben, gibt jedoch der Katalog einiges her. Mit bekannten Mitteln - etwa einem Editor - werden Sie jedoch keinen Erfolg haben.

Um den Katalog lesbar zu machen, benutzen Sie eine UNIX-Utility mit dem Namen od für octal dump. Sie können auch hd verwenden, die Ausgaben von od sind jedoch etwas kompakter. od gewährt Einblick in jede Art von Datei und liefert die Information normalerweise im oktalen Format. Durch geeignete Optionierung läßt sich jedoch auch lesbare Information gewinnen.

od	Octal dump
od	[-bcdx] [file(s)] [+offset [. | b]]
-b	Ausgabe von Bytes im oktalen Format
-c	Ausgabe von Bytes im (lesbaren) ASCII-Format
-d	Ausgabe von "Worten" im dezimalen Format
-x	Ausgabe von "Worten" im hexadezimalen Format

Es gibt bezüglich der Ausgabe weitere Optionen, die den Systemhandbüchern entnommen werden können.

```
+offset      Abstand gemessen vom Dateianfang, ab dem die Ausgabe
             beginnen soll (Angabe in oktal Bytes)
.            offset  wird dezimal interpretiert
b            offset  wird in Blöcken zu 512 Byte interpretiert


Die einzelnen Angaben zu offset sind alternaitv.


file(s) Name der Datei(en), die ausgegeben werden soll(en)
```

Für die jetzt interessanten Zwecke verwenden Sie nur wenige der genannten Optionen. Im Beispiel unten wird zunächst -c verwendet, wobei c für "character" steht. Für uns bedeutet das, das Kommando od wird angewiesen, lesbare ASCII-Information auszugeben.

```
$ pwd
/home/myself
$ od -c LINKS
*
0000000 222   W  \0  \0  \f  \0 001  \0   .   \0  \0  \0 221   >
\0  \0
0000020  \f  \0 002  \0   .   .  \0  \0 223   W  \0  \0 020  \0
006  \0
0000040   p   a   s   s   w   d  \0  \0 224   W  \0  \0 330 001
\b  \0
0000060   p   a   s   s   w   d   .   c  \0  \0  \0  \0 225   W
\0  \0
0000100  \0  \0  \0  \0  \0  \0  \0  \0  \0  \0  \0  \0  \0  \0
\0  \0
```

Man erkennt, daß die Dateinamen sich als ASCII-Information im Directory wiederfinden lassen. Es trägt also offensichtlich ein Inhaltsverzeichnis in sich - daher auch der Name Katalog.

Das Kommando ls -i lieferte Ihnen oben die Inodenummern der Dateien als dezimale Zahlen. Wenn Sie als nächstes od mit Option d für "dccimal" anwenden, können Sie die Inodenummern ebenfalls im Katalog aufspüren.

```
$ od -d LINKS
*
0001000
0000000 22418 00000 00012 00001 00046 00000 16017 00000
0000020 00012 00002 11822 00000 22419 00000 00016 00006
0000040 24944 29555 25719 00000 22420 00000 00472 00008
0000060 24944 29555 25719 25390 00000 00000 22421 00000
0000100 00000 00000 00000 00000 00000 00000 00000 00000
*
0001000
```

Was noch fehlt, um die Dateien unter dem Verzeichnis LINKS in die Gesamtstruktur des Dateibaumes zu integrieren, sind Informationen über das Verzeichnis LINKS selbst, sowie über das übergeordnete Verzeichnis /home/myself.

Aus den zurückliegenden Betrachtungen über Verzeichnisse wissen Sie, daß
es für beide Objekte symbolische Namen gibt: "." und "..". Auch diese Information finden Sie in der Ausgabe von od -c.

```
$ od -c LINKS
0000000 222   W  \0  \0  \f  \0 001  \0   .  \0  \0  \0 221   >
\0  \0
0000020  \f  \0 002  \0   .   .  \0  \0 223   W  \0  \0 020  \0
006 \0
0000040   p   a   s   s   w   d  \0  \0 224   W  \0  \0 330 001
\b  \0
0000060   p   a   s   s   w   d   .   c  \0  \0  \0  \0 225   W
\0  \0
0000100  \0  \0  \0  \0  \0  \0  \0  \0  \0  \0  \0  \0  \0  \0
\0  \0
```

Betrachten Sie als nächstes die Inodenummern von "." und ".." mit ls -i.

```
$ ls -id .
22418 .

$ ls -id ..
16017 ..
```

Anschließend sehen Sie, daß auch diese in der Ausgabe von od -d enthalten
sind.

```
$ od -d LINKS
0000000 22418 00000 00012 00001 00046 00000 16017 00000
0000020 00012 00002 11822 00000 22419 00000 00016 00006
. . . . .
0000100 00452 00008 18764 19278 21550 21592 00000 00000
0000120 00000 00000 00000 00000 00000 00000 00000 00000
*
0001000
```

Damit ist im Katalog alles vorhanden, was zu seiner Einbettung in die Gesamtda-
teistruktur notwendig ist. Er beinhaltet zunächst seine eigenen untergeordneten
Objekte in Form von Name und Inodenummer, seine eigene Inodenummer, sowie die seines übergeordneten Kataloges. Da auch dieser eine gleichartige Information in sich birgt, kann jede Datei im System über die Einträge "." und ".."
letztendlich bis zur Wurzel zurück verkettet werden. Sie können sich diesen
Sachverhalt anhand der nächsten Abbildung noch einmal deutlich machen. Um
zur eingangs erwähnten Problematik zurückzukommen, sollen folgende Erkenntnisse aus den Betrachtungen über Kataloge extrahiert werden.

Eine Datei ist in dem Verzeichnis, in dem sie lokalisiert ist, lediglich durch Name und Inodenummer definiert. Insbesondere besteht in keiner Weise irgendein physikalischer Zusammenhang zwischen dem Katalog und den Blöcken der Dateien, die unter dem Verzeichnis existieren. Die Verwandtschaft ist rein logischer Natur.

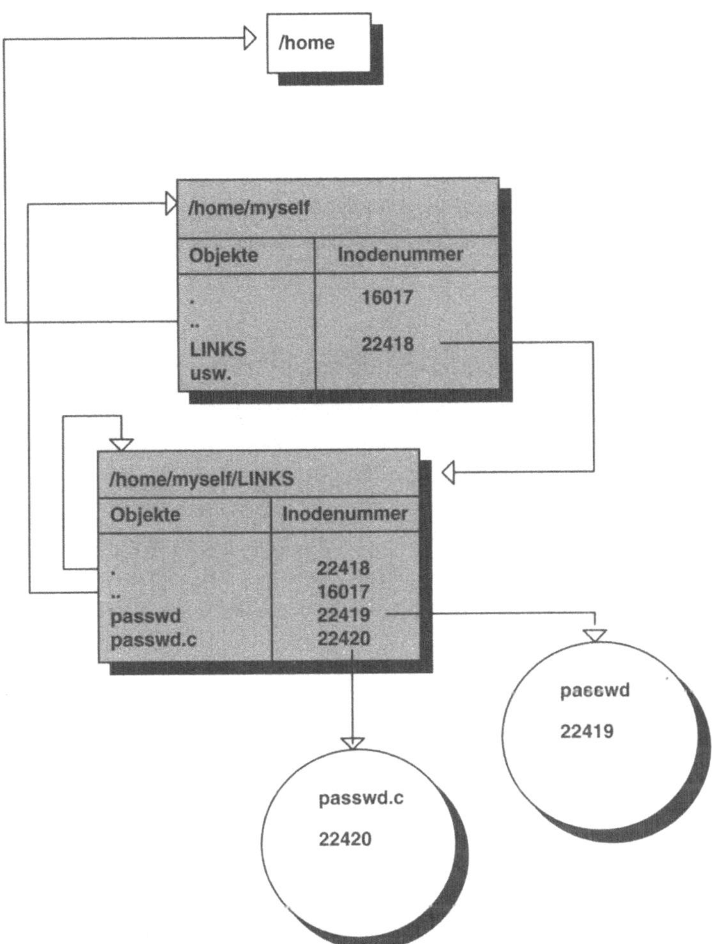

Vervollständigen wir das ganze noch durch eine Spekulation. Das Kommando od hat Ihnen Einblicke in den Katalog gewährt. Angenommen, es gäbe eine Art Editor für Kataloge, mit dessen Hilfe sich die Kataloginformation manipulieren ließe. Was würde passieren, wenn man einem Verzeichnis durch geeignete Manipulation eine Datei sozusagen wie ein "Kuckucksei" unterschieben würde? Gar nichts! Die Datei wäre von diesem Verzeichnis aus genauso zugänglich, wie von dem, unter dem sie mit konventionellen Mitteln angelegt wurde. Die Datei hätte lediglich insofern eine Sonderstellung, als daß sie mehr als einmal in verschiedenen Katalogen referenziert wäre. Eine andere Art der Manipulation des Kataloginhaltes könnte so aussehen, daß ein neuer Name eingefügt wird, der auf die gleiche Inodenummer verweisen würde, wie das ebenfalls unter dem Katalog befindliche Original. Es gäbe dann eine physikalische Datei mit zwei Namen. Derartige "Schattendateien" sind in UNIX an der Tagesordnung und tragen die Bezeichnung "hard link" oder Verweis.

Hard Link

Ein Link ist in der Tat nichts anderes, als ein zweiter Name für ein und dieselbe Datei. Der Vorteil, es gibt nur eine physikalische Datei, und der Verweis kann in einem beinahe beliebigen anderen Verzeichnis lokalisiert sein. Man spricht hier von sogenannten Hard Links im Gegensatz zu symbolischen Links, die Sie gleich kennenlernen werden. Ein Link wird ähnlich definiert, wie die Kopie einer Datei.

ln	Link files
`ln`	`[-f] [-n] source target`
`-f`	es werden auch dann keine Rückfragen an den Benutzer gestellt, wenn die Zieldatei (`target`) existiert und schreibgeschützt ist. Die Option ist voreingestellt, wenn die Standardeingabe kein Terminal ist. Ansonsten erfolgt die gewohnte Abfrage (`mode nnn: overwrite`)
`-n`	verhindert das Überschreiben der Zieldatei, falls diese bereits existiert
`source`	Quelldatei des Links
`target`	Zieldatei des Links

Hierbei sind `source` und `target` analog zu `cp` zu interpretieren. Das Kommando macht nichts anderes, als die oben beschriebene Manipulation im Katalog. Setzen wir zunächst die Betrachtung fort, indem unter dem Verzeichnis `LINKS` jetzt ein Verweis auf eine der beiden Dateien definiert wird.

```
$ ln passwd passwd.1
$ ls -l
total 6
-r--r--r--    2 myself    other      951 Jan  7 22:17 passwd
-r--r--r--    1 myself    other      951 Jan  7 22:22 passwd.c
-r--r--r--    2 myself    other      951 Jan  7 22:17 passwd.1

$ ls -i
22419 passwd     22420 passwd.c   22419 passwd.1
```

Zwei Dinge fallen auf. Zum einen - das ist aber jetzt beinahe selbstverständlich - die Inodenummern der Dateien `passwd` und `passwd.1` sind identisch. Neu ist dagegen, daß die Ziffer links von der Benutzerkennung bei den Dateien, die durch die Linkoperation betroffen waren, jetzt 2 ist. Bei der nicht betroffenen Datei `passwd.c` steht dieser Wert auf 1.

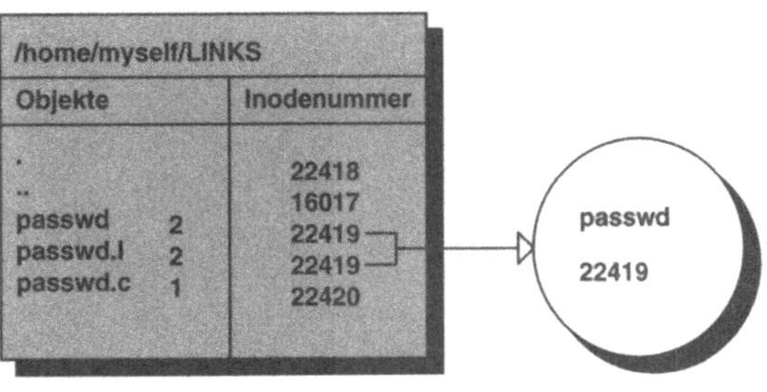

Diese Zahl heißt Linkcounter und gibt bei einem Dateinamen an, wie viele Links auf die durch den Namen benannte physikalische Datei existieren. Einfacher, der Linkcounter gibt an, unter wie vielen Namen die betrachtete Datei insgesamt im Dateisystem bekannt ist. Bei jedem weiteren Link wird dieser Zähler um eins erhöht.

Die folgenden od-Protokolle zeigen, daß der Name des Links in den Katalog aufgenommen wurde. Link und Original besitzen selbstverständlich auch im Katalog die gleiche Inodenummer.

```
$ od -c .

0000000 222   W  \0  \0  \f  \0 001  \0   .  \0  \0  \0 221   >
\0  \0
0000020  \f  \0 002  \0   .   .  \0  \0 223   W  \0  \0 020  \0
006  \0
0000040   p   a   s   s   w   d  \0  \0 224   W  \0  \0 024  \0
\b  \0
0000060   p   a   s   s   w   d   .   c  \0  \0  \0  \0 223   W
\0  \0
0000100 304 001  \b  \0   p   a   s   s   w   d   .   1  \0  \0
\0  \0
0000120  \0  \0  \0  \0  \0  \0  \0  \0  \0  \0  \0  \0  \0  \0
\0  \0


$ od -d .

0000000 22418 00000 00012 00001 00046 00000 16017 00000
0000020 00012 00002 11822 00000 22419 00000 00016 00006
0000040 24944 29555 25719 00000 22420 00000 00020 00008
0000060 24944 29555 25719 25390 00000 00000 22419 00000
0000100 00452 00008 24944 29555 25719 27694 00000 00000
0000120 00000 00000 00000 00000 00000 00000 00000 00000
*
0001000
```

Als nächstes nähern wir uns der praktische Fragestellung ein Stück und definieren einen Link zwischen verschiedenen Directories.

```
$ cd
$ mkdir LINK2
$ pwd
/home/myself/LINK2

$ ln ../LINKS/passwd .

$ ls -li
22419 -r--r--r--    3 myself other   951 Jan  7 22:17 passwd

$ od -cd .                    (Ausgabe von od ist hier stark verkürzt)

00012  00002  11822   00000   22419   00000   00488   00006
0000040  p   a   s   s   w   d  \0  \0  \0  \0  \0  \0
```

Auch hier ist wieder die gleiche Inodenummer im diesmal unterschiedlichen Katalog referenziert. Wenn Sie sich die od-Ausgabe für das Verzeichnis LINKS, unter dem jetzt zusätzlich noch ein weiteres Verzeichnis LINKS2 existiert, ansehen, werden Sie feststellen, daß Verzeichnisse im Katalog genau wie gewöhnliche Dateien notiert werden.

Wenden wir uns noch einmal den Objekten "." und ".." zu, deren Bedeutung jetzt unmittelbar klar wird.

```
$ ls -id .
22418 .
$ ls -id /home/myself/LINKS
22418 /home/myself/LINKS
$ ls -id ..
16017 ..
$ ls -id /home/myself
16017 /home/myself
```

Das Kommando ls angewandt auf "." und "..", sowie auf deren absolute Pfadnamen liefert jedesmal die gleiche Inode. Nach der Definition sind somit "." und ".." nichts anderes als Links.

Auch Verzeichnisse besitzen einen Linkcounter. Erstellen Sie ein neues Verzeichnis und überprüfen Sie mit ls -ld die Ausprägung dieser Größe. Der Linkcounter eines neu eingerichteten Directories ist zwei. Warum? Es ist von vornherein unter zwei Namen dem System gegenüber bekannt. Unter seinem eigentlichen und unter dem Namen ".". Richten Sie unterhalb eines soeben neu erstellen Directories ein weiteres ein, erhöht sich der Linkcounter auf 3. Das betrachtete Verzeichnis hat als dritten Namen ".." aus der Sicht des untergeordneten erhalten. Allgemein ist der Linkcounter eines Verzeichnisses stets gleich der Anzahl der unmittelbar darunter befindlichen Subdirectories plus zwei für seinen eigenen Namen und den Link ".". Probieren Sie es aus.

Dateien können also im System unter verschiedenen Namen an unterschiedlichen Orten bekannt sein. Außer der Tatsache, daß der Linkcounter einer Datei, die mehrere Namen besitzt, größer ist als Eins, gibt es kein Kriterium, "gelinkte" Dateien von anderen zu unterscheiden. Insbesondere ist es auf Anhieb schwierig, herauszufinden, welche Namen die gleiche Datei benennen. Das einzige eindeutige Kriterium, eine Datei zu referenzieren, ist die Nummer ihrer Inode. Das find-Kommando hilft Ihnen, alle Namen ein und derselben Datei aufzuspüren. Erkennen Sie anhand des Linkcounters, daß es offensichtlich für eine betrachtete Datei mehrere Namen gibt, gehen Sie folgendermaßen vor, um diese herauszufinden.

```
$ pwd
/home/myself/LINKS
$ ln passwd.c /home/myself/pwcopy
$ ls -i passwd.c
22420 passwd.c

$ find /home/myself -inum 22420 -print
/home/myself/PRIVAT/pwlink
/home/myself/LINKS/passwd.c
```

Kehren wir jetzt wieder zur Praxis zurück. Um beispielsweise Ihrem Kollegen den Zugang zu Ihrer Kundendatei per Verweis zu ermöglichen, müssen entweder Sie selbst von Ihrem Dateiverzeichnis aus den Link formulieren oder Ihr Kollege von seinem Standpunkt aus.

Angenommen, Ihr Kollege hat in der Tat die Benutzerkennung kollege und darunter ein Verzeichnis KUNDE. Bei ihm soll Ihre Kundendatei info heißen. Im Beispiel sehen Sie einige Möglichkeiten, den Link zu formulieren. Beim Nachvollziehen werden Sie jedoch Schwierigkeiten haben.

```
aus Ihrer Sicht im Verzeichnis /home/myself/GESCHAEFT/KUNDEN::

$ ln kunden.info /home/kollege/KUNDEN/info

aus der Sicht des Heimatverzeichnisses Ihres Kollegen::

$ ln /home/myself/GESCHAEFT/KUNDEN/kunden.info KUNDEN/info
```

Merken Sie sich im Hinblick auf Dateizugriffsrechte bereits hier vor, daß Sie soeben eine Aktion vollführt haben, die über die Grenzen Ihres eigenen Heimatverzeichnisses hinaus geht. Das ist normalerweise nicht erlaubt, und die beiden letzten Kommandos bleiben höchstwahrscheinlich zunächst Theorie. Sie können dennoch eine analoge Konstruktion unterhalb des eigenen Heimatverzeichnisses nachvollziehen.

```
aus Ihrer Sicht im Verzeichnis /home/myself/GESCHAEFT/KUNDEN::

$ ln kunden.info /home/myself/KOLLEGE/KUNDEN/info

aus der Sicht des "simulierten" Kollegen::

$ ln /home/myself/KOLLEGE/GESCHAEFT/KUNDEN/kunden.info
   KUNDEN/info
```

Sie benötigen hierzu ein Verzeichnis KOLLEGE mit der gleichen Struktur des vermeintlichen echten Kollegen. Da alles unter Ihrem eigenen Home-Directory passiert, ist die Aktion diesmal auch wirklich nachvollziehbar.

Die Reaktion des Systems beim Versuch, Dateien zu linken, die in unterschiedlichen Filesystemen liegen, zeigt das folgende Exempel:

```
$ pwd
/home/myself

$ cd LINKTEST

$ ln /etc/passwd pswd

ln: different file system
```

Die Abneigung des Systems gegen solche Versuche ist nach der Kenntnis der internen Mechanismen nun nicht weiter verwunderlich. Jedes Filesystem besitzt seine fest eingerichteten Inodes. Die Nummern der freien und belegten Inodes sind im jeweiligen Superblock hinterlegt. Ein Link zwischen verschiedenen Filesystemen könnte nur funktionieren, wenn die Inodes eindeutig über die Filesysteme hinweg bestimmt werden könnten. Nun ist aber die Nummer der Inode irgendeiner Datei in irgendeinem Filesystem in einem anderen Filesystem möglicherweise bereits von einer völlig anderen Datei belegt. Infolgedessen würde der Referenzierungsmechanisus versagen. Es käme alsbald zu katastrophalen Dateizerstörungen.

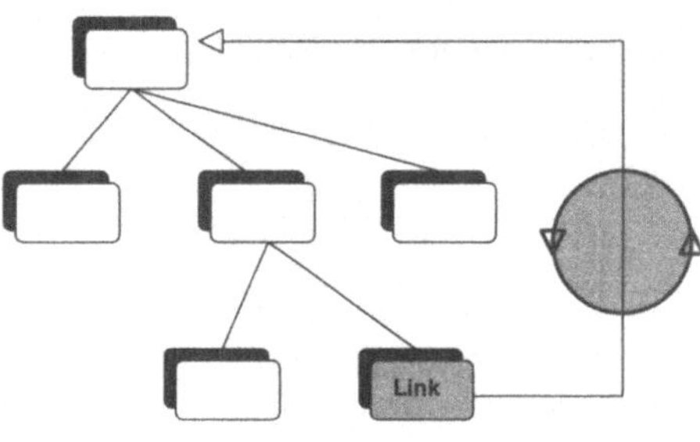

Auf den ersten Blick weniger plausibel ist die Restriktion, daß harte Links nicht zwischen Directories eingerichtet werden können. Eine kurze Überlegung anhand der nebenstehenden Visualisierung macht aber auch das verständlich. Angenommen es könnten beliebig auch Verzeichnisse gelinkt werden, so könnte man ohne Schwierigkeiten Konstruktionen im Dateibaum definieren, in denen Programme, die rekursiv Verzeichnisse durchsuchen (ls -R) in Endlosschleifen geraten würden.

Abschließend noch einige Randbemerkungen zu Hard Links. Die long-Information des `ls`-Kommandos ist beim Original und beim zugehörigen Hard Link identisch. Die jeweils gleiche Größe in Bytes besagt aber nicht, daß der Link tatsächlich neben dem Original diese Größe beansprucht. Der Link ist ja lediglich die Kopie des Katalogeintrages der Originaldatei, also ein zweiter Name. Beide referenzieren ein und dieselbe physikalische Datei. Es ist auch nachträglich nicht mehr entscheidbar, welches Objekt zuerst existiert hat, was also Link und was Original ist. Es kommt beim etwaigen Löschen auch nicht darauf an, ob der Originaldateiname oder der Linkname angegeben wird. Beide Namen beziehen sich auf dieselbe Inode und damit auf die gleiche Datei. Eine Datei ist erst dann definitiv gelöscht, wenn ihr letzter Link gelöscht wird. Wir greifen das beim Löschen von Dateien wieder auf. Die Konstruktion des Link findet nicht nur Verwendung, wenn es, wie in den vorstehend beschriebenen Praxisfällen, darum geht, Dateinamen kürzer zu referenzieren. Sie leisten auch hervorragende Dienste bei der Sicherstellung von Programmkompatibilitäten. Was dies bedeutet, werden Sie bei der folgenden Betrachtung über symbolische Links noch in Einzelheiten erfahren. Die soeben vorgestellten Hard Links unterliegen folgenden Restriktionen:

- sie sind nur zwischen Dateien definierbar,

- zwischen Directories können, wenn überhaupt, nur vom Superuser Links eingerichtet werden (in älteren Systemversionen).

- Links sind nur innerhalb eines Filesystems (im Sinne der physikalischen Partitionierung) definierbar.

Symbolic Link

Die symbolischen Links setzen sich über diese Restriktionen hinweg. Das Konstrukt wurde beim Übergang von Release 3 nach Release 4 von BSD übernommen und ist insbesondere im Hinblick auf verteilte Dateisysteme (NFS, RFS) auf mehreren Rechnern von enormer Bedeutung. Aber auch innerhalb nur eines Rechners eröffnet der "symbolic link" neue Möglichkeiten. Die Definition eines symbolischen Links entgegen einem harten Link erfolgt einfach durch die Zusatzoption `-s` im `ln`-Kommando und ist ansonsten hinsichtlich der Kommandosyntax identisch.

```
ln      [-f] [-n] [-s] source target      (symbolic link)
```

Große Sorgfalt ist dabei auf die korrekte Pfadangabe von Quelle und Ziel zu legen. Da symbolische Links auch über mehrere Dateisysteme hinweg definierbar sind, wird vom System jede syntaktisch korrekte Linkdefinition ohne Überprüfung auf Plausibilität akzeptiert. Sie können gleich nach einigen richtigen Links andere definieren, bei denen es während der Referenzierung durch Kommandos zu Fehlern kommt.

Die beiden Hard Links von vorhin lassen sich selbstverständlich auch als Symbolic Links definieren, man kann dies stellvertretend für den ersten aus dem vorigen Beispiel nachvollziehen.

Das folgende Beispiel zeigt anhand von ls -l die äußerlichen Unterschiede von Hard und Symbolic link.

```
$ ln -s kunden.info /home/kollege/KUNDEN/info
$ ln kunden.info kunden.hl
$ ln -s kunden.info kunden.sl

$ ls -l

total 6
-rw-r--r-- ... 759 May  5 20:54 kunden.hl
-rw-r--r-- ... 759 May  5 20:54 kunden.info
lrwxrwxrwx ...  11 May  5 22:07 kunden.sl -> kunden.info
```

Der symbolische Link kennzeichnet sich durch das l vorne in der Information von ls. Andererseits dadurch, daß er mit Pfeil auf seine Quelle zeigt. Außerdem unterscheiden sich die Dateigrößen von Original und Link und der Linkcounter verbleibt bei beiden auf eins. Der symbolische Link erhält eine eigene Inode, er belegt also eine eigene Datei mit Information, die dem System seine Auflösung erlaubt. Bei ls mit der Option -C werden symbolische Links durch das angehängte Zeichen @ hervorgehoben.

Zur Betrachtung der Interna wechseln Sie wieder ins Verzeichnis LINKS und definieren dort einen symbolischen Link der Datei passwd auf das Ziel passwd.sl.

```
$ pwd
/home/myself/LINKS
$ ln -s passwd passwd.sl
$ ls -il passwd passwd.sl

22419 -rw-------...        951 Jan8 01:10passwd
22421 lrwxrwxrwx...          6 Jan8 12:28passwd.sl -> passwd
```

Weitaus interessanter wird es bei symbolischen Links auf Verzeichnisse, die wir uns jetzt ansehen. Als nächstes soll ein symbolischer Link von KUNDEN unter dem Directory GESCHAEFT auf das Verzeichnis PRIVAT/KUNDEN.SL eingerichtet werden. Zu beachten ist, daß bei der Definition des Links für Quelle und

Ziel jeweils absolute Pfade angegeben wurden. In diesem Falle ist der Link korrekt, und es gelingt ein `cd`-Kommando in den Verzeichnislink unter PRIVAT.

```
$ pwd
/home/myself
$ ln -s/home/myself/GESCHAEFT/KUNDEN
        /home/myself/PRIVAT/KUNDEN.SL

$ cd /home/myself/PRIVAT
$ ls -l KUNDEN.SL
lrwxrwxrwx ... KUNDEN.SL -> /home/myself/GESCHAEFT/KUNDEN
$ pwd
/home/myself/PRIVAT
$ cd KUNDEN.SL

$ pwd
/home/myself/GESCHAEFT/KUNDEN
$ cd ..
$ pwd
/home/myself/GESCHAEFT
```

Innerhalb der Bourne-Shell stellt sich eine Besonderheit ein, die aber auf den zweiten Blick selbstverständlich erscheint. Unter PRIVAT gibt es also jetzt einen Verzeichnislink KUNDEN.SL, welcher nach GESCHAEFT/KUNDEN unter dem Heimatverzeichnis zeigt. Ein Wechsel in den Verzeichnislink führt damit ins Zielverzeichnis und ohne Umwege von PRIVAT nach GESCHAEFT/KUNDEN. Ein anschließender `cd ..` führt nun aber keinesfalls zurück nach PRIVAT - wo man per Link herkommt - sondern zu GESCHAEFT. Alles absolut einleuchtend und doch eine Gefahrenquelle für alle Programmierer. Ich spreche jetzt zugegebenermaßen eher den vorgebildeten Leserkreis an, aber ich denke, das Problem kann auch generell verstanden werden.

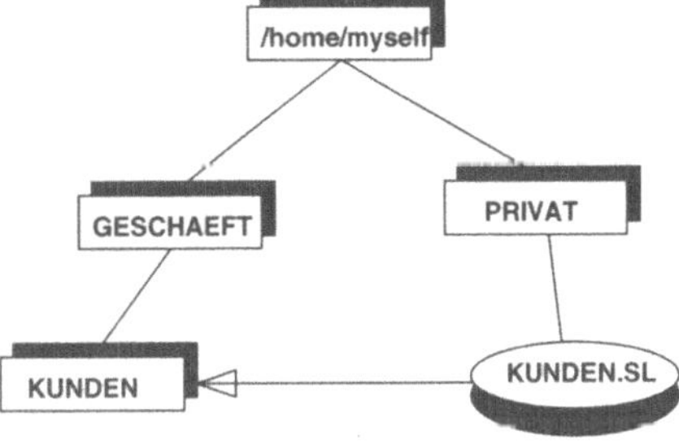

Was gemeint ist, zeigt die anschließende Abbildung und das nachfolgend geschilderte Problem aus der Alltagspraxis. Es geht um das bereits erwähnte Stichwort der Programmkompatibilität und stellt einen Einsatz des symbolischen Links in einer Situation vor, die ohne dieses Konstrukt kaum zu bewältigen wäre.

Programme verarbeiten gewöhnlich Dateien, und sie müssen wissen, wo sich diese Dateien befinden. So operiert das Kommando `passwd` beispielsweise auf der Datei `/etc/passwd`. Dateien liegen in Filesystemen und diese können irgendwann erschöpft sein. Angenommen, auf einem Rechner soll eine Software importiert werden, welche umfangreiche Datenbestände verarbeitet. Die Software erwartet diese Daten an einer bestimmten Stelle im Filesystem, beispielsweise unter einem Dateiverzeichnis mit fest vorgegebenem Namen. Nehmen Sie weiter an, das Filesystem, in dem die Programme laufen sollen, verfügt nicht mehr über genügend Kapazität, auch noch die Daten aufzunehmen.

Was ist zu tun? Um das Problem in den Griff zu bekommen, richtet man einen symbolischen Link so ein, daß der Name des Zieles mit dem Namen des Verzeichnisses übereinstimmt, in dem die zu installierende Software die Daten erwartet. Die Quelle ist dabei ein Verzeichnis in einem Filesystem mit genügend Platz. Konkret:

Die Software erwartet die Daten unter `/opt/prgnname/data`. Das Filesystem `/opt` ist jedoch fast erschöpft. Unter dem Filesystem `/home` ist dagegen noch jede Menge Platz vorhanden. Die Dateizugriffsrechte einmal großzügig außer acht lassend, erzeugt man dann ein Verzeichnis `/home/prgname/data` und definiert einen symbolischen Link gemäß

```
$ ln -s /home/prgname/data /opt/prgname/data
```

Die fragliche Software greift dann über den ihr bekannten Namen auf die Daten zu. Diese liegen in Wirklichkeit jedoch unter einem völlig anderen Pfad, sogar in einem anderen Filesystem. Die Programme merken davon nichts, sie laufen in einer gewohnten Umgebung. Bis möglicherweise folgender Fall eintritt: Ein Programmschritt besteht darin, in das in der Abbildung mit Punkt markierte Verzeichnis zu wechseln, dort Daten zu bearbeiten und anschließend mit einer Konstruktion analog zu `cd ..` wieder ins Ausgangsverzeichnis zurückzukehren. Das Programm "landet" dann unversehens in einer völlig falschen Umgebung und wird kaum vernünftig weiterarbeiten können. Ein Argument für die Verwendung absoluter Pfade in Programmkonstruktionen?

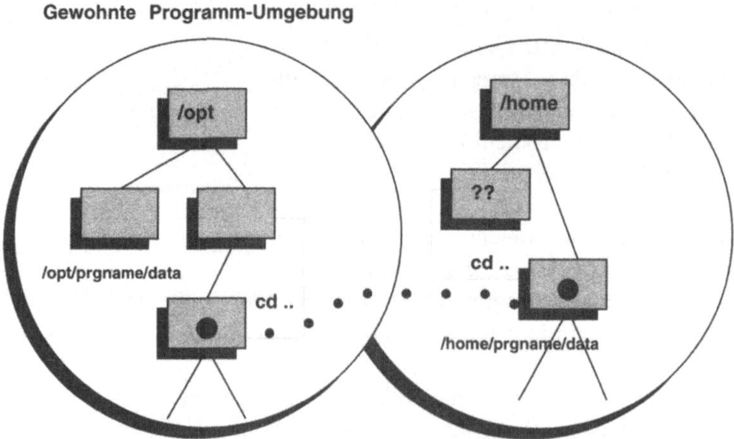

Die Korn-Shell verhält sich diesbezüglich anders, was das Ausweisen eines Pfades angeht, der durch einen Symbolic Link angesteuert wurde. Sie zeigt bei `pwd` den Link-Pfad anstelle des tatsächlichen Pfades. Darüber hinaus führt in der Korn-Shell `cd ..` auch an den Ausgangspunkt zurück. Ansonsten funktioniert bei Verzeichnislinks alles wie in einem gewöhnlichen Verzeichnis. Es können natürlich auch neue Dateien angelegt werden. Kehrt man ins Originalverzeichnis zurück, ist die unter dem Link veränderte Struktur natürlich dort vorhanden - wozu sonst auch der ganze Aufwand. Folgende Konstruktion geht dagegen gründlich schief.

```
$ pwd
/home/myself/GESCHAEFT
$ ln -s KUNDEN ../PRIVAT/KUNDEN.SLERROR
```

Augenscheinlich ist alles in Ordnung, das Verzeichnis KUNDEN existiert, ein Objekt mit Namen KUNDEN.SLERROR unter PRIVAT offenbar nicht. Der Link wird dann auch unter PRIVAT angelegt, wie man sich leicht durch ls überzeugen kann. Das Ganze sieht im Detail aber folgendermaßen aus:

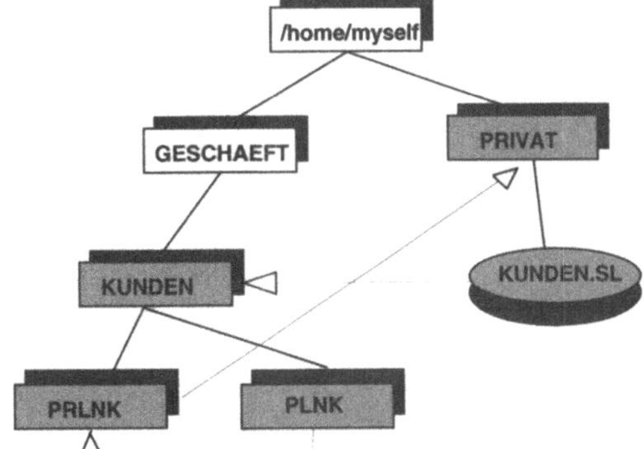


```
$ cd ../PRIVAT
$ ls -l KUNDEN.SLERROR
lrwxrwxrwx   ....    6 Nov  1  01:01
KUNDEN.SLERROR -> KUNDEN

$ pwd
/home/myself/PRIVAT
$ cd KUNDEN.SLERROR
KUNDEN.SLERROR: does not exist
```

Ein cd in das vermeintlich "gelinkte" Verzeichnis scheitert, weil ein Objekt KUNDEN unter PRIVAT nun mal nicht existiert. Man tut gut daran, sich anzugewöhnen, symbolische Links zwischen unterschiedlichen Verzeichnissen entweder immer durch Angabe absoluter Pfade für Quelle und Ziel einzurichten oder zumindest die Pfade mit Punktangaben sorgfältig zu definieren. Im folgenden Beispiel ist die Linkdefinition wieder in Ordnung.

```
$ cd /home/myself/GESCHAEFT/KUNDEN
$ ln -s ../../PRIVAT ./PRLNK
$ ls -l
total 8
lrwxrwxrwx   ... 12 Nov  1 01:11 PRLNK -> ../../PRIVAT
-rw-r--r--   3 myself   other   759 May  5 20:54 kunden.hl
-rw-r--r--   3 myself   other   759 May  5 20:54 kunden.info
lrwxrwxrwx   ... 11 Jul 14 19:51 kunden.sl ->   kunden.info
$ cd PRLNK
$ pwd
/home/myself/PRIVAT
```

Es fällt auf, daß auch im Beispiel oben der Link, obwohl richtig, so doch etwas gefährlich aussieht. PRLNK zeigt in der Tat auf ../../PRIVAT und nicht etwa auf /home/myself/PRIVAT.

Grund zu einem Experiment, ob sich der Mechanismus vielleicht doch "aufs Kreuz legen" läßt. Sollte es gelingen, den unveränderten Link in ein neu zu produzierendes Verzeichnis zu kopieren, müßte ein cd scheitern, da der relative Pfad dann um einen Knoten zu kurz geraten wäre.

```
$ cd ../GESCHAEFT/KUNDEN
$ ls -l
total 8
lrwxrwxrwx     ... 12 Nov  1 01:11 PRLNK -> ../../PRIVAT
$ mkdir NEXT
$ cd NEXT
$ pwd
/home/myself/GESCHAEFT/KUNDEN/N EXT
$ cp ../PRLNK .
cp: <../PRLNK> directory
```

Man sieht, das System läßt sich nicht austricksen und erkennt, daß sich hinter dem Link ein Verzeichnis verbirgt, welches nicht mit einem einfachen Copy vervielfältigen läßt. Auch vom Verzeichnis NEXT aus, kann erneut ein symbolischer Link mittels relativem Pfad definiert werden.

```
$ ln -s ../PRLNK PLNK
$ ls -l
total 2
lrwxrwxrwx     ...  8 Nov  1 01:13 PLNK -> ../PRLNK
$ cd PLNK
$ pwd
/home/myself/PRIVAT
```

Auch er "landet" über den Link ../PRLNK schließlich in PRIVAT. Es lassen sich also ganze Link-Ketten problemlos definieren.

Wichtig ist noch die Frage, was passiert, wenn als Zielangabe eines ln -s ein bereits existierendes Verzeichnis angegeben wird, wie in den beiden folgenden Fällen.

```
$ ln -s /etc ./PRIVAT
$ ls -ld ./PRIVAT
total 10
drwx------   7 myself   other           512 Nov  1 11:50 PRIVAT
$ cd PRIVAT
$ ls -l etc
total 36
lrwxrwxrwx     ...  4 Nov  1 11:50 etc -> /etc
$ cd etc
$ pwd
/etc
```

Offensichtlich verhält sich alles wie beim Kopieren von Dateien in ein anderes Verzeichnis. Immerhin - und das ist zunächst wichtig - kommt es zu keinem Überschreiben des Verzeichnisses mit dem definierten Link. Stattdessen wird der Link auf /etc unterhalb von PRIVAT ordnungsgemäß angelegt. Insbesondere handelt es sich hier um einen Link zwischen verschiedenen Dateiystemen.

Das nächste Beispiel zeigt den Fall, bei dem die Quelle des Links nicht existiert.

```
$ pwd
/home/myself
$ ln -s /home/myself/QUELLE /home/myself/LINKTEST/ZIEL
$ ls -l QUELLE
QUELLE: No such file or directory
$ cd LINKTEST

$ ls -l
total 2
lrwxrwxrwx    ... 19 Nov  2 21:42 ZIEL -> /home/myself/QUELLE
$ cd ZIEL
ZIEL: does not exist
```

Die Tatsache, daß der Link auf der Basis eines nicht existierenden Objektes dennoch angelegt wird, mag etwas befremden. Interpretiert man den symbolischen Link analog zum gewöhnlichen Link oder zum Copy, hätte man sich eine Fehlermeldung des Systems erwartet. Diese bleibt jedoch aus und der Link wird angelegt. Er zeigt jedoch ins Leere. Verfolgen Sie das Beispiel jedoch weiter, wird das Systemverhalten plausibel.

```
$ cd ..
$ mkdir QUELLE
$ cd QUELLE
$ pwd
/home/myself/QUELLE
$ cd ..
```

Die Quelle des bereits existierenden symbolischen Links wird jetzt nachgereicht. Es wird ein Verzeichnis Quelle unter dem Home-Directory eingerichtet.

```
$ cd LINKTEST
$ ls -l
total 2
lrwxrwxrwx    ... 19 Nov  2 21:42 ZIEL -> /home/myself/QUELLE
$ cd ZIEL
$ pwd
/home/myself/QUELLE
```

In der Tat läßt sich der Link also nachträglich vervollständigen, indem man die Quelle später definiert, als den Verweis darauf.

Bei der Vereinigung der wichtigsten UNIX-Varianten unter Release 4 war die Einführung des symbolischen Links aus Kompatibilitätsgründen absolut notwendig. Viele Programme, die alternativ unter dem BSD System und der AT&T-Version in unterschiedlichen Dateikontexten liefen, mußten innerhalb Release 4 ablaufen. Daher wurde es notwendig, zahlreiche Verzeichnisse im Dateisystem per Symbolic Link zu definieren. Ansonsten hätte man die Programme ändern müssen. Da man nicht davon ausgehen konnte, daß bei der Systeminstallation alle Dateien und Verzeichnisse bereits existieren, bevor der erste Link vom Installationsband gelesen wird, war es notwendig, Links, die ins Leere zeigen, zu akzeptieren, um die Löcher nachträglich schließen zu können.

Das großzügige Verhalten des Systems gegenüber der Definition der symbolischen Links kann jedoch auch zu echten Merkwürdigkeiten führen, wie das folgende, abschließende Beispiel zeigt.

```
drwxr-xr-x    3 myself    other         512 Aug 30 22:13 PRIVAT
drwxr-xr-x    3 myself    other         512 Nov  1 00:55 GESCHAEFT
$ ln -s HOPPLA PRIVAT
$ ls -l HOPPLA
HOPPLA: No such file or directory
$ cd PRIVAT
$ ls -l HOPPLA
lrwxrwxrwx    ... 6 Nov  1 01:07 HOPPLA -> HOPPLA

$ pwd
/home/myself/PRIVAT
$
```

Zunächst einmal stört es `ln -s` nicht, wenn die Quelle nicht existiert. Da die Zielangabe ein Verzeichnis ist, verhält sich `ln` wie `cp` und richtet den Link unter gleichem Namen unter PRIVAT ein. Unter PRIVAT existiert anschließend ein Link von HOPPLA auf sich selbst. Ein Indiz für die Kritiklosigkeit, mit der das System auch inkonsistente symbolische Links akzeptiert.

Eine zweifellos wichtige Option des `ln`-Kommandos ist noch nachzureichen: Ähnlich wie beim `cp` kann auch von ln eine bestehende Datei versehentlich überschrieben werden. Copy schafft Abhilfe durch die Option `-i`. Eine entsprechende Schutzvorrichtung gibt es beim Link durch die Option `-n`. Im Unterschied zu cp wird jedoch nicht gefragt, ob eine existierende Datei überschrieben werden darf, sondern das ln-Kommando wird mit Fehler beendet. Bisher kennen Sie ein Kommando zum Kopieren von Dateien und einen Mechanismus, Verweise auf Dateien und Verzeichnisse zu legen. Sinnvoll für die Praxis ist auch die Aktion, eine Datei in ihrer Position im Dateibaum zu verlagern. Nehmen wir uns wieder die Struktur des Home-Directories vor. Noch immer existiert die ursprüngliche Datei `privat.adr` unmittelbar unter dem Heimatkatalog. Sie wurde zwar bereits dahin kopiert, wo sie nach der Terminologie der Verzeichnisse hingehört, aber das Original existiert eben noch immer am falschen Ort. Natürlich gibt es in UNIX auch ein Kommando, mit dem man Dateien löschen kann. Würden Sie dies bereits kennen, wäre im Nu Ordnung geschaffen. Dem Löschen werden Sie aber aus guten Gründen erst weiter unten begegnen. Eleganter als eine Datei an den richtigen Ort zu kopieren und das Original danach zu löschen ist der Weg, die Datei direkt an die richtige Position zu bewegen. Dies schafft man mit folgendem Kommando:

mv - Move a File

Die Optionierung des Kommandos ist mit der von `cp` identisch. Auch für `mv` gibt es die Alternativen `source` und `target` explizit zu benennen oder eine Quelliste in ein anderes Dateiverzeichnis "umzuhängen".

mv	move (rename) files (Dateien umbenennen)
mv	`[-f] [-i] source target`
source	Name der Datei, deren Name geändert werden soll
target	neuer Name
-f	mv überschreibt existierende Dateien
-i	falls die Zieldatei bereits existiert, wird gefragt, ob sie überschrieben werden kann

Während nach `cp` zwei Dateien identischen Inhalts existieren, sieht es bei `mv` so aus, als würde die Quelldatei "gelöscht". Man kann sagen, die Datei wird umbenannt, nach `mv` existiert noch immer nur eine Datei. Diese hat entweder einen anderen Namen oder befindet sich in einem anderen Verzeichnis. Das "Löschen" ist daher nicht ohne Grund in Anführungszeichen gesetzt.

Unter der Voraussetzung, daß der Move innerhalb des gleichen Filesystems erfolgt, wird an der Datei selbst kein Bit verändert. Auch die Inode der durch `mv` erzeugten Datei ist mit der alten identisch. Sie können sich das mit dem `ls -i` veranschaulichen. Wenden Sie `ls` vor und nach dem mv-Kommando erst auf die ursprüngliche und dann auf die umbenannte Datei an. Sie sehen, daß die Inode die gleiche ist.

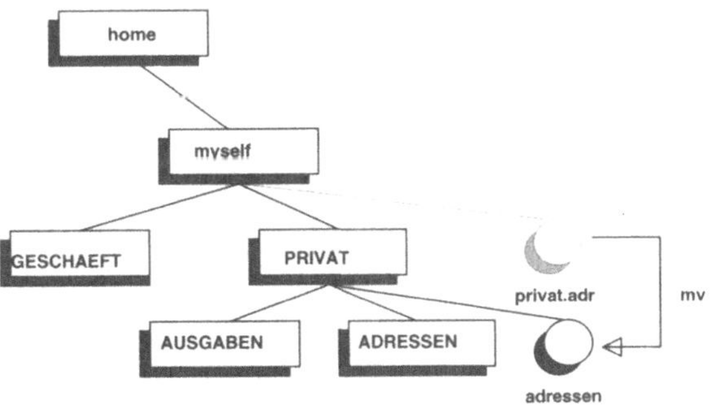

Ein gewöhnlicher Move verändert nur die Inhaltsverzeichnisse der betroffenen Kataloge. Die bereits von der Datei belegten Plattenblöcke werden im Normalfall nicht verändert - im Gegensatz zu `cp`, wo ja neuer Plattenplatz allokiert wird. Ähnlich, wie bei den Hard Links, können Sie sich die Katalogeinträge mit der Utility od oder hd anschauen und die Aktionen des mv-Kommandos verfolgen.

```
$ pwd
/home/myself
$ ls -i privat.adr
16096 privat.adr

$ mv privat.adr ./PRIVAT/adressen
$ ls -i ./PRIVAT/adressen
16096 adressen

$ od -c ./PRIVAT

0000000 210   W  \0  \0  \f  \0 001  \0   .  \0  \0  \0 221   >
        \0  \0
0000020  \f  \0 002  \0   .   .  \0  \0 340   >  \0  \0 024  \0
        \b  \0
0000040   a   d   r   e   s   s   e   n  \0  \0  \0  \0 212   W
        \0  \0
0000060 020  \0 006  \0   L   N   K   D   S   K  \0  \0 217   W
        \0  \0
. . . . .

$ od -d ./PRIVAT

*
0001000
0000000 22408 00000 00012 00001 00046 00000 16017 00000
0000020 00012 00002 11822 00000 16096 00000 00020 00008
0000040 25697 25970 29555 28261 00000 00000 22410 00000
0000060 00016 00006 20044 17483 19283 00000 22415 00000
. . . . .
. . . . .
*
0001000
```

Der Ausnahmefall, bei dem auch die allokierten Blöcke sich ändern, tritt ein, wenn der Move über die Grenzen des Filesystems hinausreicht. Wir sehen uns das im Zusammenhang mit dem "Verschieben" von Verzeichnissen näher an. Klar dürfte sein, daß das mv-Kommando wesentlich schneller arbeitet, als ein Kopieren mit anschließendem Löschen, wenngleich das Endresultat nach außen hin absolut gleich ist. Mit Hilfe des folgenden Kommandos aus der Sicht des Homedirectories wird also die Datei privat.adr endgültig richtig plaziert.

```
$ pwd
/home/myself
$ mv PRIVAT/adressen PRIVAT/ADRESSEN/privat.adr      bzw.
$ mv PRIVAT/adressen PRIVAT/ADRESSEN
```

Verzeichnisse bewegen

Das Kommando mv läßt sich auch auf Dateiverzeichnisse anwenden - und zwar auch auf solche mit Inhalt. Es lassen sich per mv komplette Unterstrukturen umhängen. Dies geht erstaunlich schnell, da auch hier nur die Struktur der betroffenen Kataloge verändert wird. Ein notwendiges Kopieren, wie bei Dateien, die von einem Filesystem in ein anderes "gemovt" werden, funktioniert jedoch bei der Anwendung auf ein Verzeichnis nicht. Auch hierzu ein paar Beispiele mit kleinen Merkwürdigkeiten.

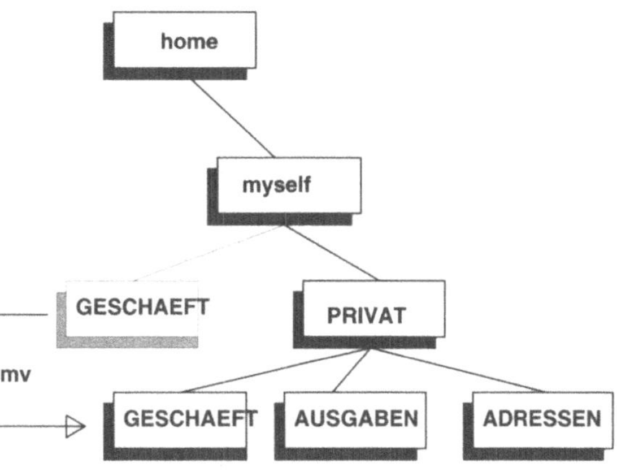


```
$ pwd
/home/myself
$ ls -ld PRIVAT GESCHAEFT
drwxr-xr-x   3 myself   other      512 Nov  4 20:33 GESCHAEFT
drwx------   7 myself   other      512 Nov  4 20:33 PRIVAT
$ mv GESCHAEFT PRIVAT
$ ls -ld PRIVAT GESCHAEFT
GESCHAEFT: No such file or directory
drwx------   8 myself   other      512 Nov  4 20:37 PRIVAT
$ cd PRIVAT
$ ls -ld GESCHAEFT
drwxr-xr-x   3 myself   other      512 Nov  4 20:37 GESCHAEFT
$ cd GESCHAEFT
$ ls
KUNDEN
$ pwd
/home/myself/PRIVAT/GESCHAEFT
```

Das vorangegangene Beispiel zeigt den Normalfall. GESCHAEFT unter dem Home-Directory wird mittels mv unter das Verzeichnis PRIVAT befördert. Natürlich ist der ursprüngliche Name anschließend unter dem Heimatkatalog verschwunden. Der Versuch das Verzeichnis GESCHAEFT in ein anderes Filesystem umzuhängen scheitert dagegen.

```
$ mv GESCHAEFT /tmp
mv: can't mv directories across file systems
```

Interessanterweise kann das Verzeichnis auch dann "gemovt" werden, wenn Sie sich gerade darin aufhalten.

```
$ pwd
/home/myself/PRIVAT/GESCHAEFT
$ mv . ../..
mv: <.> directory            Fehlermeldung vom mv
$ mv ../GESCHAEFT ../..
$ pwd
/home/myself/GESCHAEFT
$
```

Wie das Beispiel zeigt, ist das Verzeichnis, welches verschoben wird, das momentane Arbeitsverzeichnis. Der Pfad `../GESCHAEFT` ist prinzipiell identisch mit Punkt. Die Operation angewandt auf `.` funktioniert jedoch nicht. Punkt ist ein Link, der aus Konsistenzgründen existieren muß und nicht verschoben

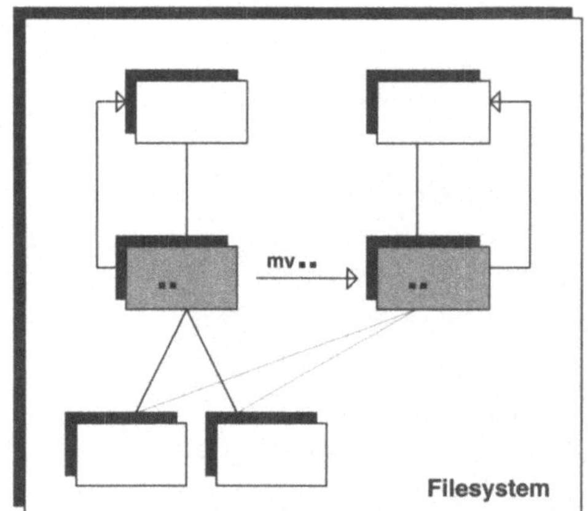

werden kann. Dagegen wird das Working Directory mit dem zweiten move-Befehl in der Tat verlagert. Ein anschließendes pwd-Kommando zeigt, daß die Operationsumgebung Ihrer Shell sozusagen mitgewandert ist. Dies gilt aber ausdrücklich nur innerhalb der Bourne-Shell. Die Korn-Shell zeigt dagegen bei pwd den alten Pfad, was sicherlich nicht ganz korrekt ist. Wenn Sie sich an den gescheiterten Versuch zurückerinnern, das Arbeitsverzeichnis zu löschen, erkennen Sie, daß mv sich völlig anders verhält. Es spielt sich tatsächlich alles an der Peripherie ab, in der lediglich die Strukturinformation korrigiert wird.

Der Verzeichnis-Move bewirkt demnach lediglich, daß die Verankerungspunkte des bewegten Verzeichnisses sich in der Gesamtstruktur ändern. Nach unten bleibt alles unberührt. Das bewegte Verzeichnis erhält eine neue Verankerung nach oben und wird gleichzeitig im Inhaltsverzeichnis des neuen übergeordneten Kataloges aufgenommen. Sonst wird kein Bit bewegt. Sie können diese Aktion detailliert mit od angewandt auf die betroffene Unterstruktur kontrollieren.

Im folgenden Beispiel soll eine Datei aus dem Filesystem hinaus nach `/tmp` "gemovt" werden.

```
$ pwd
/home/myself/MOVE
$ cp /etc/passwd
$ ls -il
total 2
9629 -r--r--r--    1 myself   other    951 Jan  8 22:08 passwd
```

```
$ mv passwd /tmp/passwd.mv
$ ls -l
total 0
$ cd /tmp
$ ls -il passwd.mv
10087 -r--r--r--   1 myself    other    951 Jan  8 22:08  passwd.mv
$
```

Die Zieldatei unter `/tmp` besitzt dort eine andere Inodenummer. Der Fall liegt
ähnlich, wie bereits bei den Hard Links geschildert. Die Inodenummer der Quelldatei ist aller Wahrscheinlichkeit nach nicht als nächste freie Inode im anderen
Filesystem verfügbar. Auch die Blöcke der Quelldatei im alten Filesystem sind
im Ziel-Filesystem tabu. Ein Move in ein anderes Filesystem ist daher nichts anderes, als ein Kopieren mit anschließendem Löschen der Quelldatei. Es wird also
deutlich mehr Aufwand getrieben, als bei einem Move im gleichen Filesystem.
Genau das ist der Grund, dafür, weshalb ein Verzeichnis-Move in ein anderes Filesystem scheitert. Es müßte dann ein rekursiver Copy mit anschließendem Remove der Quellstruktur simuliert werden. Dieser Aufwand wird vom System jedoch nicht geleistet. Die Aktion muß explizit mittels `cp -r` von Ihnen gefordert werden.

An dieser Stelle ergibt sich noch ein interessanter Aspekt bezüglich der Behandlung symbolischer Links in einem rekursiven Kopiermechanismus. Wenn
Sie GESCHAEFT mittels `cp -r` nach `/tmp` kopieren, dauert der ganze Vorgang
wieder einmal verdächtig lange, so daß nach einigen Sekunden vorsichtshalber
die Abbruchtaste betätigt werden sollte.

Das Verhalten erinnert an den Fall der As und MULTIs aus dem vorausgegangenen Beispiel zum rekursiven Copy. Jetzt kann man allerdings sicher sein,
daß die Randbedingungen andere sind. Die Struktur des zu kopierenden Verzeichnisses hat sich mit Sicherheit beim ersten Hinsehen nicht dynamisch geändert.

```
$ cp -r GESCHAEFT /tmp                            Abbruchtaste !!!
. . .
$ cd /tmp
$ cd GESCHAEFT
$ pwd
/tmp/GESCHAEFT
$ ls -CF
KUNDEN/
$ cd KUNDEN
$ pwd
/tmp/GESCHAEFT/KUNDEN
$ ls -CF
PRLNK/          kunden.hl     kunden.info     kunden.sl
$ cd PRLNK
$ pwd
/tmp/GESCHAEFT/KUNDEN/PRLNK
$ ls -CF
ADRESSEN/   AUSGABEN/   KND/
```

```
$ cd KND
$ ls -CF
PRLNK/          kunden.hl       kunden.info     kunden.sl
$ cd PRLNK
$ pwd
/tmp/GESCHAEFT/KUNDEN/PRLNK/KND/PRLNK
$ ls -CF
ADRESSEN/   AUSGABEN/   KND/
$ cd KND
$ pwd
/tmp/GESCHAEFT/KUNDEN/PRLNK/KND/PRLNK/KND
$ ls -CF
PRLNK/          kunden.hl       kunden.info     kunden.sl
```

Offenbar ist das am nicht enden wollenden Copy schuldige Objekt der symbolische Link PRLNK. Sehen wir uns die Ausgangssituation im Original an und verfolgen wir, was Copy daraus gemacht hat.

```
$ pwd
/home/myself/GESCHAEFT/KUNDEN
$ ls -l PRLNK
lrwxrwxrwx    ...    12 Nov  1 01:11 PRLNK -> ../../PRIVAT
```

PRLNK ist also ein symbolischer Link auf ../../PRIVAT. Ein Wechsel nach /tmp zeigt, daß sich dies in der Kopie geändert hat. Dort ist PRLNK ein Verzeichnis, dessen Inhalt mit dem des ursprünglich "gelinkten" Verzeichnisses übereinstimmt. Der rekursive Copy löst also den Link auf und verwandelt ihn in das Objekt, auf das er zeigt - in ein Verzeichnis.

```
$ cd /tmp/GESCHAEFT
$ cd KUNDEN
$ ls -l PRLNK
total 6
drwxr-xr-x   2 myself    other         512 Nov  5 11:23 ADRESSEN
drwxr-xr-x   2 myself    other         512 Nov  5 11:23 AUSGABEN
drwxr-xr-x   3 myself    other         512 Nov  5 11:23 KND
$ cd /home/myself
$ ls -l PRIVAT
total 38
drwxr-xr-x   2 myself    other         512 Sep  8 15:53 ADRESSEN
drwxr-xr-x   2 myself    other         512 Sep  5 23:48 ADRESSEN.2
drwxr-xr-x   2 myself    other         512 May  5  1992 AUSGABEN
........
```

Die Tatsache, daß nicht alles, was unter PRIVAT existiert, auch in dem aufgelösten Link unter /tmp zu finden ist, liegt daran, daß der ganze Vorgang abgebrochen wurde.

Woher kommt es aber, daß der Kopiervorgang nicht endet, sondern endlos weiter gelaufen wäre, hätten Sie ihn nicht abgebrochen?

```
$ pwd
/home/myself/PRIVAT
$ ls -l
total 38
drwxr-xr-x    2 myself   other      512 Sep  8 15:53 ADRESSEN
lrwxrwxrwx    ... HOPPLA -> HOPPLA
lrwxrwxrwx    ... KND -> /home/myself/GESCHAEFT/KUNDEN
```

Daran ist wiederum der symbolische Link KND unter PRIVAT schuld. Er zeigt
prompt dahin zurück, wo Copy gerade herkommt. Also ist der Endlos-Looping,
den das System dreht, erklärbar.

Anschaulich wird der Sachverhalt durch die Abbildung. Beim Kopieren und
Auflösen der Links entsteht also
eine analoge Endloskette von Objekten, wie im Beispiel mit den As
und MULTIs. Diese Sachverhalte
machen vielleicht nicht unbedingt
Reklame für das System. Auch
hier kann ein Benutzer wieder einmal ein Filesystem "zuschütten".

Diese Beispiele sollten aber
dazu beitragen, den Mechanismus
des rekursiven Kopierens und insbesondere die Seiteneffekte des
ansonsten in der Tat sehr nütz-
lichen symbolischen Links zu

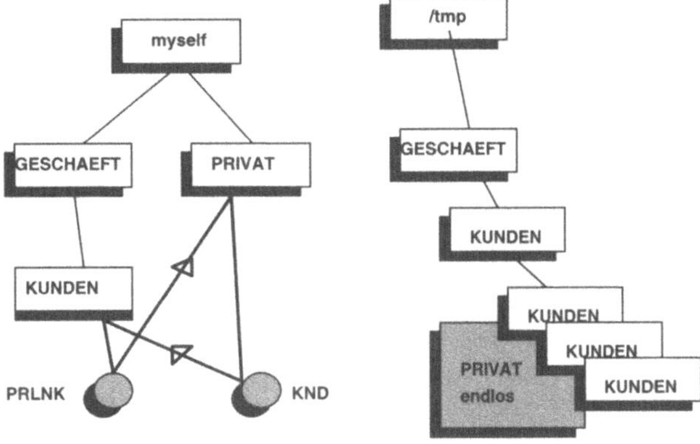

beleuchten. Beide Prinzipien sollten also wohlbedacht eingesetzt werden. Auf
alle Fälle haben Sie anderen Benutzern vielleicht etwas voraus. Sie können
derartige Besonderheiten diagnostizieren, sollten sie sich einmal auf Ihrem
System einstellen. Vielleicht machen Sie damit Reklame für sich selbst.

Es folgt gleich noch ein Kommando, das in einer bestimmten Ausprägung gefährlich werden kann. Wir kommen damit zum vorerst letzten Kommando, welches global auf Dateien wirkt. Es ist gleichsam destruktiv wie das bereits bekannte Kommando rmdir und dient zum Löschen von Dateien. Das Kommando zum
Löschen von Dateien kann, wie Sie noch sehen werden, gefährliche Ausprä-
gungen annehmen, und es sollte selbstverständlich sein, das Kommando sehr
sorgfältig einzusetzen.

Dies ist auch der Grund dafür, warum gleich anschließend ein Abschnitt über
das Sichern und Auslagern von Dateien auf externe Datenträger folgt.

rm - Remove a File or Directory

Das Kommando zum Löschen von Dateien besitzt die allgemeine Form

<table>
<tr><td>rm</td><td>remove files (Dateien löschen)</td></tr>
<tr><td><code>rm</code></td><td><code>[-f] [-i] [-r] file(s)</code></td></tr>
<tr><td><code>-f</code></td><td>alle angegebenen Dateien werden ohne Rückfrage gelöscht, auch wenn sie schreibgeschützt sind</td></tr>
<tr><td><code>-i</code></td><td>Löschen nur nach Rückversicherung</td></tr>
<tr><td><code>-r</code></td><td>Rekursives Löschen ganzer Unterverzeichnisse (nur in Verbindung mit einem Verzeichnisnamen)
Vorsicht bei dieser Option !!!</td></tr>
<tr><td><code>file(s)</code></td><td>einzelner Dateiname oder Liste von Namen; alle angegebenen Dateien werden gelöscht</td></tr>
</table>

Mit diesem Kommando lassen sich gleich mehrere Dateien beseitigen. Vorsicht ist insbesondere bei von der Shell expandierten Namen geboten. Dabei handelt es sich um eine Möglichkeit, durch Verwendung von Dateinamensfragmenten und Sonderzeichen ganze Gruppen von Dateien anzusprechen. Beispielsweise würde ein Ausdruck p* alle Dateien umfassen, deren Name mit einem p beginnt. Ein rm auf eine solche sogenannte wild card würde alle mit p beginnenden Dateien löschen. Dieses Thema wird uns noch bei der näheren Auseinandersetzung mit der Shell beschäftigen. Am Anfang ist es ratsam rm nur in Verbindung mit der Option -i zu verwenden. UNIX fragt dann jedesmal nach, ob die Datei auch wirklich gelöscht werden soll. Beim Löschen mehrerer Dateien, insbesondere mit von der Shell expandierten Namen sollte man von dieser Option durchaus Gebrauch machen.

Mit größter Vorsicht ist die Option -r zu verwenden. Sie funktioniert nur sinnvoll in Verbindung mit einem Verzeichnisnamen statt eines Dateinamens. Wenn schon, sollte man rm -ir ... verwenden um einen Kahlschlag auf seinem Verzeichnis vorzubeugen, denn r steht für rekursiv, und der gesamte Unterbaum des angegebenen Directories wird "bottom up" d.h. von unten nach oben gelöscht. Rekursivität scheint also immer eine gewisse Brisanz zu besitzen.

In Ihrer Dateistruktur befinden sich noch zwei überflüssige Kopien der ursprünglichen Datei privat.adr, die jetzt postwendend gelöscht werden sollen.

```
$ rm PRIVAT/ADRESSEN/privat.kopie      aus dem Heimatverzeichnis heraus
$ cd PRIVAT/ADRESSEN
$ rm privat.adr
```

Vorsicht bei `rm -r`

Anhand der folgenden Grafik soll die Wirkungsweise des rekursiven Löschens noch einmal eindringlich veranschaulicht werden. Es wird eine fiktive Verzeichnis- und Dateistruktur vorgegeben. Wenn Sie es genau wissen wollen, können Sie die Struktur auf Ihrem Heimatverzeichnis nachbauen und die konsequente Wirkung von `rm -r` ausprobieren. Die Namen der Verzeichnisse und Dateien unterhalb des neu angelegten Directories `ANY` sind unerheblich. Auf jeden Fall existiert eine komplexere Struktur aus Verzeichnissen und Dateien. Ein aktiviertes Kommando `rm -r ANY` löscht diese komplette Unterstruktur von unten nach oben. Ähnlich wie bei `ls -R` verfolgt das Kommando alle Pfade vom Ausgangsverzeichnis bis auf die unterste Dateiebene, löscht dann zunächst alle Dateien und anschließend das übergeordnete Verzeichnis. Diese Rekursion wird solange wiederholt, bis alle Objekte unter dem Ursprungsverzeichnis beseitigt sind. Dieses wird dann zum Schluß der Aktion gelöscht.

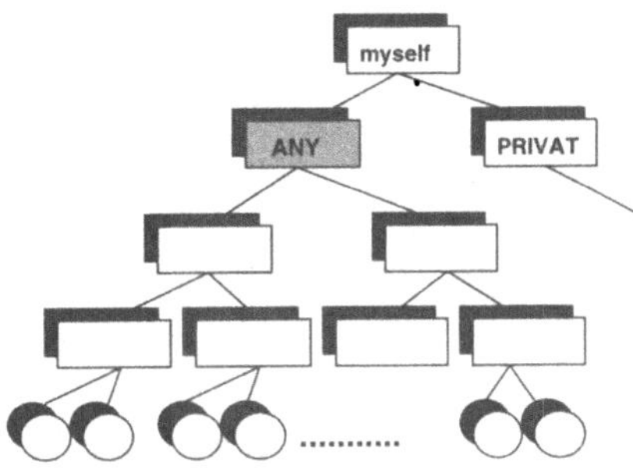

Falls Sie die Beispiele des rekursiven Kopierens nachvollzogen haben, können Sie jetzt die dabei produzierte Kette von `A`s und `MULTI`s mit vertretbarem Aufwand wieder beseitigen.

```
$ cd DIR1
$ rm -r MULTI
```

Analog können Sie `/tmp` per `rm - r /tmp/GESCHAEFT` wieder säubern. Passen Sie also bei der Verwendung des rekursiven Löschmechanismus gut auf, schlimmstenfalls können Sie sich ihr komplettes Home-Directory löschen.

Beschäftigen wir uns noch abschließend mit dem Löschen von Dateien, deren Linkcounter größer als eins ist, die also namentlich im System mehrfach referenziert sind. Im Verzeichnis `/home/myself/LINKS` gibt es noch einige solche Kandidaten. Die im Beispiel betrachteten Objekte sind ursprünglich Hard Links der Datei `passwd`. Nach jeder Löschaktion verringert sich der Linkcounter um eins. Man sieht, daß alle Objekte gleichwertig sind, denn der vorletzte `rm` löscht das vermeintliche Original, wonach noch `passwd.11` übrig bleibt und nunmehr der letzte Name der Datei ist. Wird auch dieser gelöscht, ist die Datei endgültig gelöscht.

Das bedeutet dann eigentlich, daß die von ihr belegte Inode und die allokierten Plattenblöcke dem System wieder als frei zur Verfügung stehen.

```
$ pwd
/home/myself/LINKS
```

```
$ ls -l
total 8
-rw-r--r--   4 myself    other      951 Jan  8 23:03 passwd
-rw-r--r--   4 myself    other      951 Jan  8 23:03 passwd.11
-rw-r--r--   4 myself    other      951 Jan  8 23:03 passwd.12
-rw-r--r--   4 myself    other      951 Jan  8 23:03 passwd.13
$ rm passwd.13
$ ls -l
total 6
-rw-r--r--   3 myself    other      951 Jan  8 23:03 passwd
-rw-r--r--   3 myself    other      951 Jan  8 23:03 passwd.11
-rw-r--r--   3 myself    other      951 Jan  8 23:03 passwd.12
$ rm passwd.12
$ ls -l
total 4
-rw-r--r--   2 myself    other      951 Jan  8 23:03 passwd
-rw-r--r--   2 myself    other      951 Jan  8 23:03 passwd.11

$ rm passwd
$ ls -l
total 2
-rw-r--r--   1 myself    other      951 Jan  8 23:03 passwd.11
$ rm passwd.11
$ ls -l
total 0
$
```

Selbstverständlich wird die Kataloginformation beim Löschen jedesmal vom System aktualisiert.

Nachdem Sie jetzt erfahren haben, daß Dateioperationen unter Umständen ungewollte Folgen haben können, ist es naheliegend, sich mit der Frage zu beschäftigen, inwieweit man gegen Unfälle Vorsorge treffen kann - es geht also um Datensicherung.

6. Archivierung

6.1. Kapitelübersicht

Eine Möglichkeit sich Originaldateien vor dem Bearbeiten sicherheitshalber zu retten, ist ein explizites Kopieren der Datei. Das hilft aber wenig gegen einen rekursiven Remove, der auch die Backup-Varianten der Datei zerstören kann. Sinnvoll ist es, wichtige Dateien in regelmäßigen Abständen auf ein anderes Trägermedium zu sichern. Dies können Disketten oder Magnetbänder sein.

Da trotz Preissturz auf dem PC-Markt Plattenplatz in Relation zur restlichen Hardware noch immer recht teuer ist, sieht man sich in der Praxis auch häufiger veranlaßt, Dateien, die momentan von geringerer Wichtigkeit sind, von der Festplatte auf externe Datenträger auszulagern. Nicht zuletzt besteht immer dann Veranlassung zum Extrahieren von Dateien, wenn solche auf andere Rechner, die nicht über ein Netzwerk erreichbar sind, übertragen werden sollen. Sie erfahren daher jetzt etwas über externe Datenträger und ihre Verwendung. Sie lernen zunächst ein Kommando zum Lesen und Schreiben von und auf diese Speichermedien kennen. Außerdem bietet das Thema Gelegenheit, Ihnen die Hardware-Schnittstelle des Systems über Gerätedateien zu erläutern.

• Gerätedateien	Treiber und ihre Schnittstelle im Dateisystem
• Disketten	Größen, Formatierung, Handhabung
• Bänder	Vorteile, Einschränkungen
• `tar`-Kommando	Lesen, Schreiben, Inhaltsverzeichnisse
• `compress`, `pack`	komprimieren
• `uncompress`, `unpack`	entkomprimieren

6.2. Datenträger

Auch für Sie, als "normalen" Benutzer des Systems, ergibt sich irgendwann die Situation, daß Sie Ihre Daten sichern oder auslagern müssen. Natürlich sollte der Systemverantwortliche in regelmäßigen Abständen Sicherungen im großen Stil, das heißt von der gesamten Platte, vornehmen. Es ist aber recht umständlich, beispielsweise eine versehentlich gelöschte Datei von der Tagessicherung wieder einzuspielen. Deshalb sollten Sie sich für Ihre private Datensicherung und Archivierung selbst verantwortlich fühlen. Sie haben dann auch die Möglichkeit, Sicherungsstände selbst zu definieren und jederzeit durchzuführen. Außerdem können Sie selbständig und ohne große Umstände ausgelagerte Dateien wieder zurückholen. Da Systemadministratoren in aller Regel nicht unterbeschäftigt sind, wird man es Ihnen danken, wenn Sie dies selbst übernehmen.

Disketten

Zur Sicherung von Dateien stehen Ihnen zwei unterschiedliche Medien zur Verfügung, deren Verwendung sich nach der Art und Menge der zu sichernden Daten richtet. Da sind zum einen Disketten, sie haben den Vorteil, daß sie im Prinzip so aufgebaut sind, wie eine Magnetplatte. Sie sind in Sektoren und Spuren aufgeteilt und erlauben den gezielten Zugriff. Ihr Nachteil liegt in der relativ geringen Datenmenge, die sie aufnehmen können. Im wesentlichen finden Sie zwei Diskettenformate vor, die etwas älteren 5 1/4 Zoll Disketten und den neueren, kompakteren 3 1/2 Zoll Typ.

Die Abbildungen geben in etwa das Größenverhältnis der beiden Diskettenarten wieder. Die kleinere 3 1/2 Zoll-Variante ist wegen ihres harten Kunststoffmantels und der Metallabdeckung der Lese/Schreibzone wesentlich robuster als die 5 1/4-Diskette und hat zudem noch den Vorteil, mehr Daten aufnehmen zu können. Die tatsächliche Aufnahmekapazität hängt vom eingebauten Laufwerk ab und liegt bei 5 1/4-Disketten zwischen 360 Kilobyte und 1,2 Megabyte, bei 3 1/2 Zoll zwischen 720 Kilobyte und 1,44 Megabyte. Die meisten PC-Systeme werden heute mit zwei Laufwerken für beide Diskettenformate ausgerüstet.

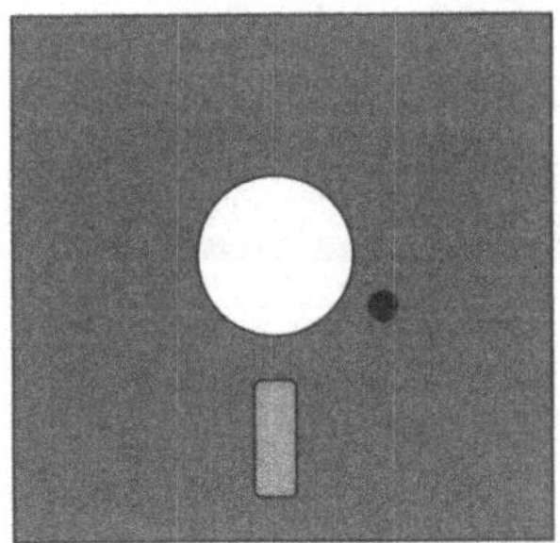

Bevor Sie Daten auf eine neue Diskette schreiben können, muß diese formatiert werden, das heißt, ihre magnetisierbare Oberfläche muß physikalisch eingeteilt werden. Innerhalb Release 4 zeigen die Namen der "special files" die Formatierungsdichte an. Sie lernen diese gleich im Zusammenhang mit dem `tar`-Kommando kennen.

Im Umgang mit Disketten sollten Sie die notwendige Sorgfalt walten lassen. Achten Sie insbesondere bei den 5 1/4 Zoll Disketten darauf, daß Sie niemals die Oberfläche im Lese-/Schreibfenster berühren. Haben Sie sehr wichtige Daten gesichert, sollten Sie Diskettenduplikate anlegen. Ansonsten gelten für Disketten und auch für Magnetbandkassetten die gleichen Vorsichtsmaßnahmen, wie für sonstige Informationsträger mit magnetisierbaren Oberflächen, beispielsweise für Audio- und Videokassetten.

- keinen starken Magnetfeldern aussetzen,
- vor Staub schützen,
- nicht gewaltsam ins Gerät einführen,
- zur Beschriftung von Diskettenetiketten nur Filzschreiber verwenden.

Disketten können gegen versehentliches Überschreiben geschützt werden. Dazu gibt es bei beiden Typen unterschiedliche Vorrichtungen, bei den 5 1/4 Zoll Disketten kann eine Aussparung rechts oben mit einem Klebeband verschlossen werden, um Überschreiben zu verhindern. Die 3 1/2 Zoll-Variante besitzt dagegen bereits einen Schieber, der den Schreibschutz setzt oder freigibt.

Bandkassetten

Wenn Sie größere Datenmengen sichern, empfiehlt sich die Verwendung von Magnetbandkassetten. Sie besitzen in etwa die Größe einer VHS-Videokassette und sind unproblematisch in der Handhabung. Sie brauchen nicht formatiert zu werden und können bis zu 150 Megabyte oder auch mehr Daten aufnehmen.

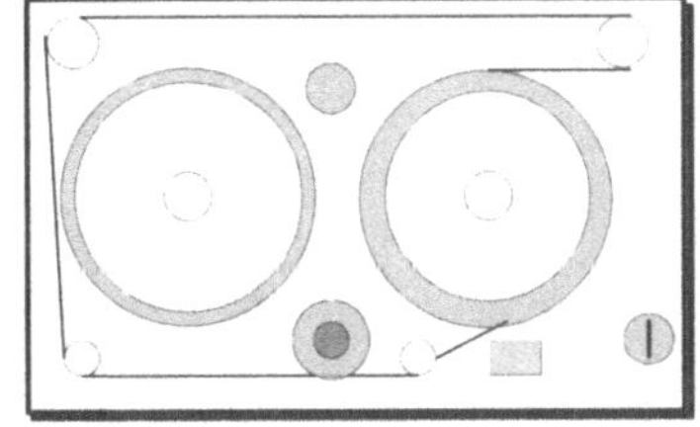

Bei Disketten kann der Lese-Schreibkopf direkt positioniert werden, dies geht bei Bändern nicht, sie können nur sequentiell verarbeitet werden, was natürlich den Zugriff verlangsamt. Gegen versehentliches Überschreiben befindet sich an der rechten unteren Ecke eine Art Drehschraube, die - in richtiger Position - ein Überschreiben des Bandes nicht zuläßt.

6.3. Special Files

Zum prinzipiellen Verständnis des nachfolgend vorgestellten Sicherungskommandos, ist es notwendig, einen Einschub zu machen und einen speziellen Dateitypus von UNIX - die sogenannten "special files" oder Gerätedateien - einzuführen. Ob Sie nun auf Platte, Diskette oder Streamertape sichern oder Dateien wieder einspielen, in jedem Fall muß das System dafür auf die korrespondierende Hardware zugreifen. Nun unterscheiden sich die Laufwerke der oben genannten Speichermedien hinsichtlich ihrer physikalischen Gegebenheiten gründlich voneinander. Andere Hardwarekomponenten sind darüber hinaus Terminals, Drucker, Tastaturen und noch einiges mehr. Dem Anwender eines Systems kann es nun nicht zugemutet werden, alle Komponenten im Detail zu kennen, um darauf zuzugreifen. Aus diesem Grund hat man zwischen Anwender und Hardware eine logische Schnittstelle gelegt, die Sie bereits kennen. Man identifiziert die Hardware durch eine Datei und lagert damit die Schnittstelle in das Dateisystem ein. Diese Dateien haben allerdings entgegen den gewöhnlichen Benutzerdateien andere Eigenschaften. Darum nennt man sie auch "special files" oder Gerätedateien. Weitere Bezeichnungen sind "devices", also Geräte.

Jedem am System angeschlossenen Gerät wird eine solche Datei zugeordnet. Spezielle Module des Systemkerns - die Treiber - kommunizieren über diese Dateien mit der Hardware. Plastisch könnte man jedes "special file" mit einem am Rechner existierenden Stecker vergleichen. Beispielsweise mit einem seriellen oder parallelen Port zum Anschluß eines Terminals, einer Maus oder eines Druckers. Ebensolche Anschlüsse gibt es auch für die Speichermedien. Dies sind die Platten-, Band- und die Diskettenlaufwerke. Der Datenstrom, den diese Geräte mit der CPU des Rechners austauschen, unterliegt bestimmten physikalischen und logischen Gesetzmäßigkeiten. Diese zu kennen ist - wie erwähnt - nicht Sache des Anwenders sondern der Programme, die die Geräte bedienen. Diese speziellen Programme werden in der Regel als Treiber bezeichnet. Man unterscheidet im Grunde nur zwei Typen von Geräten:

- zeichenorientierte, bei denen die Ein- und Ausgabe zeichenweise erfolgt
- blockorientierte, bei denen die Ein- und Ausgabe blockweise erfolgt.

Plattenlaufwerke sind typischerweise blockorientiert, Terminals dagegen zeichenorientiert. Die zeichenorientierten Geräte werden oft auch als "raw-devices" bezeichnet. Es gibt Geräte, die sowohl über eine zeichen- als auch eine blockorientierte Schnittstelle verfügen. Diese werden dann durch zwei "special files" vertreten. Diskettenlaufwerke gehören unter anderem zu den letzteren.

Jedes Gerät wird also durch eine Datei repräsentiert, die wie eine gewöhnliche Datei ins Dateisystem eingelagert ist. Gerätedateien nehmen daher auch eine Inode in Anspruch und belegen einen Knoten im hierarchischen Dateibaum.

Alle Gerätedateien sind im UNIX-Dateisystem unter dem Verzeichnis /dev - device - lokalisiert. Unten ist ein kleiner Ausschnitt aus diesem Verzeichnis zu sehen, der die Möglichkeiten der anschließbaren Diskettenlaufwerke zeigt.

```
$ cd /dev
$ ls -l
brw-rw-rw-   4 root      sys   1,112 Jan 16   1991 fd0135ds18
brw-rw-rw-   4 root      sys   1, 96 Jan 16   1991 fd0135ds9
brw-rw-rw-   6 root      sys   1, 16 Jan 16   1991 fd048
brw-rw-rw-   5 root      sys   1, 32 Jan 16   1991 fd048ds8
brw-rw-rw-   6 root      sys   1, 16 Jan 16   1991 fd048ds9
brw-rw-rw-   5 root      sys   1, 32 Jan 16   1991 fd048ss8
brw-rw-rw-   6 root      sys   1, 16 Jan 16   1991 fd048ss9
brw-rw-rw-   5 root      sys   1,  0 Jan  9   1991 fd096
brw-rw-rw-   5 root      sys   1,  0 Jan  9   1991 fd096ds15
brw-rw-rw-   4 root      sys   1,112 Jan 16   1991 fd096ds18
```

Das b als erster Buchstabe in der ls-Information deutet den blockweisen Zugriffscharakter der Geräte an, welches über den Namen der Datei angesprochen wird, beispielsweise fd0135ds18. Die meisten Blockdevices besitzen auch eine zeichenorientierte Schnittstelle und werden durch eine Gerätedatei gleichen Namens mit vorgestelltem r für "raw" vertreten.

```
crw-rw-rw-   4 root      sys   1,112 Jan 16   1991 rfd0135ds18
crw-rw-rw-   4 root      sys   1, 96 Jan 16   1991 rfd0135ds9
crw-rw-rw-   6 root      sys   1, 16 Jan 16   1991 rfd048
crw-rw-rw-   5 root      sys   1, 32 Jan 16   1991 rfd048ds8
crw-rw-rw-   6 root      sys   1, 16 Jan 16   1991 rfd048ds9
crw-rw-rw-   5 root      sys   1, 32 Jan 16   1991 rfd048ss8
crw-rw-rw-   6 root      sys   1, 16 Jan 16   1991 rfd048ss9
crw-rw-rw-   5 root      sys   1,  0 Jan  9   1991 rfd096
crw-rw-rw-   5 root      sys   1,  0 Jan  9   1991 rfd096ds15
crw-rw-rw-   4 root      sys   1,112 Jan 16   1991 rfd096ds18
```

Das c steht für "character" - also Zeichen. Jedes Gerät wird über den Namen seiner zugeordneten Gerätedatei angesprochen. Das gilt insbesondere für Disketten und Streamerlaufwerke.

Die Namen in der Liste der Disketten-Devices sind auf den ersten Blick nicht sehr sprechend und wahrscheinlich schwer zu merken. Dennoch geben die Namen genau die Eigenschaften hinsichtlich der Formatierung des Gerätes wieder. Stellvertretend für das Device fd0135ds18 gelten die Angaben in der Abbildung. Je nachdem welches Device man beim Lesen oder Schreiben angibt, geht das System davon aus, daß das im Laufwerk befindliche Speichermedium genau auf die Gegebenheiten hin formatiert ist. Wenn nicht, kommt es zu einem Fehler.

Die zu den Disketten-Devices zugehörigen Character-Devices müssen beim Formatieren des Datenträgers herangezogen werden. UNIX ist von Hause aus mit einer Vielzahl von Gerätedateien ausgestattet, was natürlich nicht heißt, daß all die passenden Geräte auch angeschlossen sind. Wenn Sie also eine Diskette formatieren wollen, fragen Sie Ihren Systemverwalter nach den Gerätedetails. Auf vielen Systemen ist allerdings eine Device-Datei `/dev/floppy` oder `/dev/tape` eingerichtet, verwenden Sie bei den folgenden Kommandos dann dieses.

Die Namen der Gerätedateien sind für das System ohnehin uninteressant. Der Systemkern interessiert sich beim Zugriff lediglich für die beiden Nummern, die in der vorangegangenen Liste fett abgedruckt sind. Diese sogenannten Major- und Minornummern sind zur Bestimmung des zuständigen Treibers durch den Kern wesentlich. Der Administrator kann jederzeit durch ein Kommando `mknod` ein Device produzieren, welches beispielsweise die Major/Minor-Kombination `1,112` aufweist und `floppy` heißt. Alle Zugriffe, die bislang über den Namen `fd1135ds18` auf ein Gerät funktioniert haben, können dann auch über den neuen Namen laufen.

Kommen wir wieder auf das eigentliche Thema Archivierung und Datenträger zurück.

6.4. Lesen und Schreiben

Formatieren müssen Sie nur Disketten, Bänder werden nicht formatiert. Es brauchen auch nur neue Disketten formatiert zu werden. Wurde eine Diskette bereits einmal UNIX-spezifisch formatiert, kann sie stets wieder neu beschrieben werden. Formatieren müssen Sie auch dann, wenn in Ihrem Rechner ein Laufwerk ausgetauscht und dieses andere Eigenschaften als das alte hat. Hoffentlich haben sie dann vor dem Austausch des Laufwerkes Ihre alten Disketten eingelesen, danach können Sie es nämlich unter Umständen nicht mehr.

Falls Sie nicht mehr benötigte DOS-Disketten zum Sichern von UNIX-Dateien verwenden wollen, sollten Sie diese ebenfalls formatieren. Zum Formatieren verwenden Sie folgendes Kommando:

format	Datenträger formatieren
`format`	`device`
`device`	Pfadangabe des entsprechenden "special file"

Verwendet werden muß beim Formatieren von Disketten stets das dem Device zugeordnete zeichenorientierte Gerät. Bei Verwendung von `fd0135ds18` als Diskettenlaufwerk muß das Gerät `rfd0135ds18` zum Formatieren herangezogen werden.

```
$ format /dev/rfd0135ds18
formatting .......
```

Falls Sie sich in unmittelbarer Nähe des Rechners aufhalten, können Sie verfolgen, wie die Kontrolleuchte am Laufwerk aufleuchtet. Je nach Laufwerks--geschwindigkeit kann der Vorgang etwas dauern. Es kann übrigens auch vorkommen, daß UNIX die Diskette nicht formatieren kann. Das läßt entweder auf eine Beschädigung der Diskette oder auf falschen Diskettentyp schließen. Für das im Beispiel genannte Laufwerk können natürlich keine Disketten formatiert werden, deren physikalische Eigenschaft beiderseitiges Beschreiben nicht zuläßt. Zum Lesen und Beschreiben von Bändern und Disketten stehen Ihnen im wesentlichen drei Kommandos zur Verfügung: `tar`, `dd` und `cpio`. Wir befassen uns hier zunächst ausschließlich mit `tar`.

Das Kommando `dd` wird vorwiegend zum Kopieren von Bändern oder Platten mit impliziter Codekonvertierung verwendet. Im Rahmen von Rechnernetzen wird `dd` auch zum Sichern von Daten auf Laufwerken eines anderen Rechners gebraucht.

`cpio` bietet deutlich bessere Möglichkeiten zum selektiven Sichern. Die Verwendung von `cpio` setzt jedoch die Beherrschung einiger Shell-Mechanismen voraus, die Sie jetzt noch nicht kennen. Insbesondere auf `cpio` werden wir im Kapitel "Werkzeugkiste" (Kap. 12) intensiv eingehen.

Der Name `tar` - "tape file archiver" - suggeriert, daß man mit diesem Kommando nur Tapes - also Bänder bearbeiten kann. Dem ist aber nicht so. Das Kommando orientiert sich nur am angegebenen "special file" Namen. Das Kommando `tar` besitzt recht umfangreiche Optionierungsmöglichkeiten, so daß auch hier wieder auf weiterführende Literatur mit Vollständigkeitsanspruch verwiesen wird.

Im vorliegenden "pragmatischen Abschnitt" beschränken wir uns auf das für die Praxis unmittelbar Wichtige.

<table>
<tr><td>tar</td><td>Tape file archiver (Archivierung)</td></tr>
<tr><td><code>tar
opts</code></td><td><code>[-opts] [-f] special file(s)</code></td></tr>
<tr><td><code>-c</code></td><td>Schreiboption: ein Datenträger wird neu angelegt, das heißt, eventuell bereits auf dem Datenträger befindliche Information wird überschrieben</td></tr>
<tr><td><code>-r</code></td><td>Schreiboption: es wird an den Inhalt eines Datenträgers angeknüpft und ab dem freien Platz weiter geschrieben, vorhandene Information bleibt also erhalten</td></tr>
<tr><td><code>-u</code></td><td>es werden nur Dateien, die noch nicht auf dem Datenträger exisitieren, oder solche mit aktuellerem Zeitstempel archiviert (impliziert r)</td></tr>
<tr><td><code>-x</code></td><td>Leseoption: die unter <code>file(s)</code> spezifizierte Datenmenge wird vom Datenträger eingelesen, ist keine Namen angegeben, wird der gesamte Inhalt zurückgeholt</td></tr>
<tr><td><code>-t</code></td><td>Leseoption: nur Inhaltsverzeichnis anzeigen</td></tr>
<tr><td><code>-v</code></td><td>Protokollierung eingeschaltet</td></tr>
<tr><td><code>-f</code></td><td>muß angegeben werden, wenn ein Gerät (<code>special</code>) spezifiziert wird</td></tr>
<tr><td><code>special</code></td><td>Gerätename des externen Mediums (Band-, Diskettenlaufwerk) oder Name einer Datei
wird anstelle des Namens "-" gesetzt, schreibt tar auf die Standardausgabe</td></tr>
<tr><td><code>file(s)</code></td><td>Name(n) der zu sichernden Dateien</td></tr>
</table>

Im folgenden einige Beispiele zum Sichern und Zurückholen von Dateien auf beziehungsweise von externen Datenträgern. Da überall die Option <code>-v</code> angegeben ist, wird nach jedem <code>tar</code>-Kommando die Liste der Dateien, die behandelt wurden, am Terminal angezeigt. Diese Ausgaben sind im folgenden ausgelassen.

Sichern des Home-Directories auf Band

```
$ tar -cvf /dev/tape /home/myself
```

Sichern des Unterverzeichnisses PRIVAT auf Diskette

```
$ tar -cvf /dev/fd0135ds18 /home/myself/PRIVAT
```

Anhängen eines Verzeichnisses oder Dateien an ein bereits bestehendes Diskettenarchiv

```
$ tar -rvf /dev/floppy /home/myself/...
```

Ausgabe des Inhaltsverzeichnisses eines Band- oder Diskettenarchivs am Terminal

```
$ tar -tvf /dev/fd0135ds18
```

Selektives Einlesen des Verzeichnisses PRIVAT vom Band auf Festplatte

```
$ tar -xvf /dev/tape /home/myself/PRIVAT
```

Einlesen eines kompletten Archivs von Band/Diskette auf die Festplatte

```
$ tar -xvf /dev/tape (bzw. /dev/floppy)
```

Die einzelnen Angaben haben folgende Bedeutung. `/home/myself` bzw. `/home/myself/PRIVAT` legen die Dateien fest, die auf das Medium geschrieben werden sollen. `/dev/tape` oder `/dev/fd0135ds18` stehen stellvertretend für die auf Ihrem System existierenden Gerätedateien.

Die Liste der Optionen `-cvf` hat in diesem Falle folgende Bedeutung: Es steht `c` für create, was heißt, daß der gegebenenfalls vorhandene Inhalt des Datenträgers überschrieben wird. Die Angabe `v` schaltet die Protokollierung am Bildschirm ein. Alle Dateinamen werden aufgelistet.

Die file-Option `f` legt explizit die Gerätedatei fest, die durch `/dev/...` spezifiziert wird. Wird die Gerätedatei nicht fixiert, so wird das Standardausgabegerät vom System angenommen - das ist das Terminal.

Die Angaben `-rvf` sind analog zu `cvf` zu interpretieren, wobei `r` statt `c` besagt, daß der bestehende Inhalt des Datenträgers nicht überschrieben werden soll. Die zu sichernden Dateien werden angehängt. Gegebenenfalls muß zusätzlich die Option `-n` für `no tape` angegeben werden.

Die erste Option `t` innerhalb der Spezifizierung `tvf` bedeutet, es soll lediglich ein Inhaltsverzeichnis des Datenträgers am Bildschirm ausgegeben werden. Dies erscheint sinnvoll, bevor Daten vom Datenträger wieder auf die Festplatte zurückgeholt werden sollen. Hierzu wird dann die `-xvf` Optionierung verwendet. Im Falle des Wiedereinspielens kann die Liste der Objekte entfallen. Es werden dann alle auf dem externen Medium befindliche Daten eingelesen. Sollen nur bestimmte Dateien wieder zurückgeholt werden, müssen sie angegeben werden.

6.5. Pfadnamen beim Sichern

Beachten Sie beim Beschreiben von Disketten und Bändern noch folgendes, falls Sie die Daten auf einem anderen Rechner wieder einspielen wollen. Die Verwendung von absoluten Pfadnamen - wie teilweise in den Beispielen - wird beim Einlesen wörtlich genommen. Solange Sie auf Ihrem Rechner bleiben, und sich die Struktur der Dateiverzeichnisse dort nicht grundlegend ändert, ist alles kein Problem. Installieren Sie aber auf einem anderen Rechner, können Sie nicht davon ausgehen, daß sich dort ein Verzeichnis befindet, das genauso heißt, wie das, dem Sie auf Ihrem Rechner die Daten entnommen haben.

Beim Einlesen will das System die Dateien allerdings unter dem gleichen Pfad einspielen, unter dem sie gesichert wurden. Findet das System diesen Pfad nicht, gibt's Fehler beim Lesen.

Sie haben nur eine Chance Ihre Dateien auf den Rechner zu bringen, wenn Sie dort die gleiche Umgebung schaffen, wie auf Ihrem System. Das ist aber aus Gründen der Zugriffsberechtigungen oft nicht möglich. In diesem Fall müßten Sie den Sytemverwalter wieder einmal von seinen eigentlichen Aufgaben abhalten. Gewöhnen Sie sich an, nur relative Pfade beim Sichern anzugeben, ähnlich wie im Beispiel unten. Sie können dann auf dem Zielsystem unter der Ihnen zugänglichen Benutzerkennung problemlos die Dateien einspielen, da Sie dort jederzeit ein Verzeichnis `PRIVAT` anlegen können, während Sie ein neues Verzeichnis `/home/myself` nicht so ohne weiteres erzeugen können.

Auch relative Pfadnamen bergen beim Sichern ihre Tücken. Sie müssen stets beim Wiedereinspielen darauf achten, daß Sie sich im richtigen Dateiverzeichnis befinden, da die Struktur, die sich auf der Diskette oder dem Band befindet, unter das momentane Arbeits-Directory eingehängt wird. Betrachten Sie dazu das folgende Beispiel.

Sichern

```
$ tar -cvf /dev/fd1135ds18 .
a ./PRIVAT/ 0 tape blocks
a ./PRIVAT/ADRESSEN/
a ./PRIVAT/ADRESSEN/privat.kopie
a ./PRIVAT/ADRESSEN/privat.adr
a ./PRIVAT/AUSGABEN/
a ./PRIVAT/KND symbolic link to /home/myself/GESCHAEFT/KUNDEN
$ cd PRIVAT
$ pwd
/home/myself/PRIVAT
```

Wieder Einlesen

```
$ tar -xvf /dev/fd1135ds18
x ./PRIVAT/ADRESSEN/privat.kopie
x ./PRIVAT/ADRESSEN/privat.adr
x ./PRIVAT/KND symbolic link to /home/myself/GESCHAEFT/KUNDEN
$ pwd
/home/myself/PRIVAT
```

```
$ ls
ADRESSEN
AUSGABEN
KND
PRIVAT (!!!)

$ cd PRIVAT
$ pwd
/home/myself/PRIVAT/PRIVAT
$ ls
ADRESSEN
AUSGABEN
KND
```

Eine Sicherung des Verzeichnisses "." - im Beispiel oben handelte es sich dabei um PRIVAT - wird prompt dort wieder eingespielt, sofern PRIVAT das aktuelle Arbeitsverzeichnis ist. Die Verlängerung des Pfades im Beispiel war sicher nicht gewollt. Wenn Sie also Sicherungen mit relativen Pfadangaben auf dem Trägermedium wieder einspielen, achten Sie auf Ihren momentanen Standort im Dateibaum.

6.6. Platzprobleme

Um beim Archivieren von Dateien Datenträger zu sparen, gibt es die Möglichkeit, Dateien vor dem Sichern zu komprimieren. Es gibt verschiedene Verfahren, dies zu tun. Gemeinsam ist allen, daß die komprimierte Form der Datei zwar deutlich weniger Speicherplatz belegt, in der komprimierten Form allerdings nicht verwendbar, das heißt lesbar oder direkt verarbeitbar ist. Zu jedem Komprimierungsverfahren muß es daher ein inverses Verfahren geben, das aus der verdichteten Form der Datei die Originaldatei wieder reproduziert. Sollten Sie also ein Komprimierungsverfahren anwenden, vergewissern Sie sich, ob auf dem Zielsystem, auf welchem Sie die Diskette wieder einlesen wollen, das entsprechende Dekomprimierungsverfahren existiert.

Die Dateikomprimierung ist nicht nur im Zusammenhang mit externen Datenträgern von Interesse, sondern findet vor allem Verwendung beim Versenden von Dateien innerhalb von Rechnernetzen. Die Information wird dort über Leitungen von einem Rechner zum anderen transportiert. Je weniger Daten übertragen werden müssen, desto effizienter ist natürlich der ganze Vorgang.

UNIX stellt unter Release 4 zwei Komprimierungsverfahren zur Verfügung, die in der Anwendung absolut identisch sind, sich jedoch in der Effektivität unterscheiden.

```
compress    Dateien komprimieren

compress    [-v]  file(s)
-v               gibt die Komprimierung in Prozent aus
file(s)          zu komprimierende Dateien (dem ursprünglichen
                 Dateinamen wird ".Z" angehängt.)
```

Das Kommando steht unter älteren Systemversionen nicht zur Verfügung. Dort muß `pack` verwendet werden.

```
pack        Dateien komprimieren

pack        file(s)
file(s)          zu komprimierende Dateien (dem ursprünglichen
                 Dateinamen wird ".z" angehängt)
```

In Release 4 Systemen sollte `compress` verwendet werden, da die besseren Resultate erzielt werden.

```
uncompress
unpack      Dateien entkomprimieren

uncompress
unpack
file(s)          Liste der zu entkomprimierenden Dateien (das von
                 compress verliehene Suffix ".Z" , bzw ".z" bei pack muß
                 nicht angegeben werden)
```

Die erste Form der Komprimierung liefert die besseren Ergebnisse, wie das Beispiel zeigen wird. `compress` arbeitet nach einem Lempel-Ziv-Verfahren, welches neuer ist, als das in `pack` realisierte Verfahren der Huffmann-Kodierung. Der Grund für die Existenz beider Verfahren liegt in der Kompatibilität mit älteren UNIX-Releases, welche nur `pack` kennen. Es empfiehlt sich innerhalb von Release 4 Umgebungen `compress` zu verwenden.

Bei der Portierung von Daten auf ein Release 3 sollte jedoch `pack` verwendet werden, da auf diesen Systemen `compress` und sein Gegenstück nicht existieren. Im folgenden Beispiel können Sie den unterschiedlichen Grad der Datenreduzierung beider Verfahren erkennen. Die Komprimierungsalgorithmen wurden dabei auf je eine große und eine kleine Datei angewandt. Nach der entsprechenden Entkomprimierung stellt sich selbstverständlich jeweils die Originalgröße der Dateien wieder ein. Im ersten Fall wurde eine relativ große Datei - nämlich der UNIX-Kern - komprimiert, im zweiten eine Kopie der Datei `/etc/passwd`.

```
$ cp /stand/unix uncopy
$ ls -l uncopy
-rwxr--r--    1 myself other       1348848 Jun 14 22:45 uncopy
$ compress uncopy
$ ls -l uncopy.Z
-rwxr--r--    1 myself other        798388 Jun 14 22:45 uncopy.Z
$ uncompress uncopy
$ ls -l uncopy
-rwxr--r--    1 myself other       1348848 Jun 14 22:45 uncopy

$ pack uncopy
$ ls -l uncopy.z
-rwxr--r--    1 myself other       1080017 Jun 14 22:45 uncopy.z
$ unpack uncopy
$ ls -l uncopy
-rwxr--r--    1 myself other       1348848 Jun 14 22:45 uncopy
$ cp /etc/passwd passcopy
$ cp passcopy passcp
$ cp passcopy passcp1

$ compress passcp
$ pack passcp1


$ ls -l
-rwxr--r--    1 myself other       1348848 Jun 14 22:45 uncopy
-r--r--r--    1 myself other          1056 Jun 14 22:50 passcopy
-r--r--r--    1 myself other           646 Jun 14 22:49 passcp.Z
-r--r--r--    1 myself other           706 Jun 14 22:49 passcp1.z
```

Wird eine Datei einem Komprimierungsverfahren unterzogen, bekommt das Resultat ein Namensanhängsel. Bei `compress` ist dies `.Z`, bei `pack` `.z`. Man kann dann unmittelbar anhand des Dateinamens erkennen, ob es sich um ein komprimiertes Format handelt und darüber hinaus um welches. Bei der Entkomprimierung brauchen Sie dieses Suffix nicht mitanzugeben.

Das Resultat der Komprimierung hängt natürlich stark vom Inhalt der Originaldatei ab. Ist dies eine ASCII-Datei, die beispielsweise viele Leerzeichen, gleiche Zeichen hintereinander und Leerzeilen enthält, wird das Ergebnis besser sein, als bei einem Original, das fast nur relevante Zeichen enthält.
Die Tatsache, daß auch die Kopie des UNIX-Kerns bei der Komprimierung um etwa die Hälfte schrumpft, macht aber deutlich, daß nicht nur Füllzeichen in ASCII-Dateien, sondern auch Bitmuster in Binärdateien komprimiert werden. Die dahinter stehenden Verfahren sind keinesfalls trivial.

6.7. Zweckentfremdung

Wir kommen jetzt noch zu einer Anwendung von `tar` und `compress`, die eine sehr effiziente Datenarchivierung gestattet.

Die durch den Parameter `f` eingeleitete Angabe des Sicherungsdatenträgers wurde bisher stets mit einer Gerätedatei `/dev/...` ausgestattet. Diese Datei, eine sogenannte "special file", ist einem Gerätetreiber zugeordnet.

Anstelle einer solchen Gerätedatei kann aber auch eine gewöhnliche Datei angegeben werden. Die Ausgabe des `tar`-Kommando wird dann eben nicht über den Laufwerkstreiber auf Diskette oder Band geschrieben, sondern über den Plattentreiber auf eine Datei im Dateisystem. Diese Datei enthält dann die gesamte Datenmenge inklusive ihrer Unterverzeichnisstruktur.

Betrachten Sie einmal folgenden Dialog:

```
$ pwd
/home/myself
$ ls -l
total 4
drwxr-xr-x   3 myself    other          512 May  5 22:27 GESCHAEFT
drwxr-xr-x   4 myself    other          512 Jun  6 18:07 PRIVAT

$ tar -cvf tarfile GESCHAEFT PRIVAT

a GESCHAEFT/ 0 tape blocks
a GESCHAEFT/KUNDEN/ 0 tape blocks
a GESCHAEFT/KUNDEN/kunden.info, 759 bytes, 2 tape blocks ......
a PRIVAT/ 0 tape blocks
a PRIVAT/ADRESSEN/ 0 tape blocks
a PRIVAT/ADRESSEN/privat.adr 2 tape blocks .....
$ ls -l
total 66
drwxr-xr-x   3 myself    other          512 May  5 22:27 GESCHAEFT
drwxr-xr-x   4 myself    other          512 Jun  6 18:07 PRIVAT
-rw-r--r--   1 myself    other        30720 Jun 16 23:58 tarfile
```

Wir machen hier eine Pause, um uns das Geschehene zu verdeutlichen. Offensichtlich befinden Sie sich zu Beginn im Home-Directory, welches die beiden bekannten Verzeichnisse `GESCHAEFT` und `PRIVAT` enthält. Sie wissen, daß sich innerhalb dieser Verzeichnisse die Dateien befinden, die bis jetzt angelegt wurden. Diese beiden Verzeichnisse werden nun mittels `tar` in eine Datei `tarfile` geschrieben. Das `tar`-Kommando listet dabei alle Dateien am Bildschirm auf. Das `ls`-Kommando am Ende des Beispieles beweist, daß es eine Datei `tarfile` gibt, die 30 720 Byte groß ist und die mutmaßlich die gesamte Struktur des Heimatkataloges in sich birgt.

Dies scheint ein eklatanter Widerspruch zu dem zu sein, was am Beginn des Abschnittes über Verzeichnisse gesagt wurde. Dateien können keine Verzeichnisse beinhalten. Bei `tarfile` handelt es sich jedoch offensichtlich um eine Datei; es fehlt das `d` in der `ls -l`- Information ganz links.

Damit dies plausibel wird, muß man wissen, daß das `tar`-Kommando Daten
in einem völlig anderen Format ablegt, als dies im Dateisystem der Fall ist. Insofern hat das Resultat des `tar`-Kommandos - die Datei `tarfile` - nichts mehr
mit den bekannten Strukturen zu tun. Die gesamte Information, Verzeichnisse,
deren Inhalte und die Dateien selbst, sind in der Datei `tarfile` festgehalten.

Ein Indiz für die spezielle Behandlung ist die Tatsache, daß beim Schreiben
tar offensichtlich die Verzeichnisse explizit sichert, was sich in der ersten Zeile
im Beispiel unmittelbar unter dem `tar`-Kommando dokumentiert. Beim Einlesen wird diese Information dann entsprechend interpretiert, und die
ursprüngliche Struktur wird im Dateisystem erzeugt.

Verfolgen Sie das Beispiel weiter.

```
$ compress tarfile
$ ls -l
total 18
drwxr-xr-x   3 root       other          512 May  5 22:27 GESCHAEFT
drwxr-xr-x   4 dieter     other          512 Jun  6 18:07 PRIVAT
-rw-r--r--   1 root       other         5980 Jun 16 23:58 tarfile.Z
$ tar -cfv /dev/fd0135ds18 tarfile.Z
a tarfile.Z 12 tape blocks
$ rm tarfile.Z
$ ls -l
drwxr-xr-x   3 root       other          512 May  5 22:27 GESCHAEFT
drwxr-xr-x   4 dieter     other          512 Jun  6 18:07 PRIVAT
```

Die von `tar` produzierte Datei `tarfile` wird einer Komprimierung unterzogen
und schrumpft dabei auf 5 980 Byte. Der Inhalt des gesamten Home-Directories
ist in dieser Information enthalten. Die komprimierte Datei `tarfile.Z` wird
jetzt auf eine Diskette transportiert. Dies geschieht natürlich wieder mittels `tar`.
Anschließend wird `tarfile.Z` aus dem Dateiverzeichnis gelöscht.

Das gesamte Heimatverzeichnis ist jetzt also kompakt gesichert. Um das Beispiel vollständig zu machen, vollziehen Sie den gesamten Mechanismus in umgekehrter Reihenfolge nach. Die gesicherten Daten werden also unmittelbar wieder eingespielt. Sie tun dies aber unter einem eigens geschaffenen Dateiverzeichnis TAR.

```
$ mkdir TAR
$ cd TAR
$ pwd
/home/myself/TAR

$ tar -xvf /dev/fd1135ds18
x tarfile.Z, 5980 bytes, 12 tape blocks
$ ls -l
total 12
-rw-r--r--   1 root       other         5980 Jun 16 23:58 tarfile.Z
$ uncompress tarfile
$ ls -l
total 60
-rw-r--r--   1 root       other        30720 Jun 16 23:58 tarfile
```

```
$ tar -xvf tarfile
x GESCHAEFT, 0 bytes, 0 tape blocks
. . . . . . . . . .
x PRIVAT, 0 bytes, 0 tape blocks
. . . . . . . . . .

$ ls -l
total 64
drwxr-xr-x   3 root      other        512 Jun 17 00:15 GESCHAEFT
drwxr-xr-x   4 dieter    other        512 Jun 17 00:15 PRIVAT
-rw-r--r--   1 root      other      30720 Jun 16 23:58 tarfile
```

Die vorher erstellte Diskette wird mit `tar` unter dem Verzeichnis TAR eingelesen, woraufhin die Datei `tarfile.Z` reproduziert wird. Diese wird jetzt entkomprimiert. Das in `tarfile` befindliche `tar`-Format wird seinerseits mit dem `tar`-Kommando anstelle von einem externen Datenträger von der Plattendatei wieder ins bekannte Format des Dateisystems rekonvertiert. In der Tat befinden sich anschließend unter TAR die Verzeichnisse GESCHAEFT und PRIVAT.

Das Beispiel hatte zwar in erster Linie die effiziente Datensicherung zum Hauptzweck, es resultieren aber noch einige nützliche Nebeneffekte. Offensichtlich gelingt es mit `tar` problemlos Verzeichnisstrukturen zu kopieren. Man erreicht also dasselbe wie mit `cp -r ...`, dies allerdings ohne den zuweilen unbeabsichtigt ausgelösten Vollschreibeffekt, wie im bekannten Beispiel aus dem Abschnitt über Dateien.

7. Ein Mini-Filesystem

7.1. Kapitelübersicht

Die Grundlagen zu einem erneuten, hoffentlich interessanten Ausflug in die tieferen Regionen des UNIX-Dateisystems wurden in den beiden vorigen Abschnitten über Dateien und Archivierung bereits geschaffen.

Das Konstrukt des Filesystems soll anhand eines eigenen Mini-Filesystems, welches auf einer Diskette angelegt werden soll, noch etwas näher beleuchtet werden. Die Tatsache, daß Dateisysteme auch auf externen Datenträgern wie z.B. Disketten angelegt werden können und damit im direkten Zugriff liegen, mag für sich genommen schon interessant genug sein. Sie ist letztlich die Voraussetzung für die Einrichtung verteilter Dateisysteme in Netzwerken. Für DOS-Kenner ist das allerdings nichts abenteuerliches.

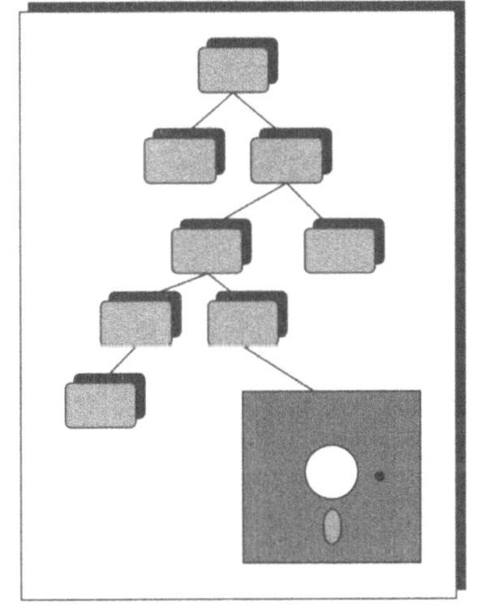

Die benötigten Kommandos zum Einrichten und Einhängen oder "Mounten" von Dateisystemen sind jedoch meist dem Systemverwalter vorbehalten. Ich kann also nicht garantieren, ob Sie ohne Zustimmung Ihres Administrators das Beispiel nachvollziehen können. Wenn nicht, fragen Sie ihn, ob er Ihnen für kurze Zeit gestattet, unter der privilegierten root-Kennung zu arbeiten.

Wenn Sie nur das Beispiel nachvollziehen, kann nichts Unangenehmes auf der Maschine passieren.

7.2. Erzeugen eines Filesystems

Auf den ersten Seiten des Kapitels über Dateien wurden Sie über die Struktur von Dateien, Inodes und über verschiedene Filesystemtypen informiert. Insbesondere wurde dort betont, daß es innerhalb einer Systemkonfiguration nicht das Dateisystem, sondern mehrere Filesysteme gibt.

Der letzte Abschnitt über Archivierung von Daten auf externe Trägermedien, wie Disketten und Bänder, brachte Ihnen die "special files" oder Gerätedateien näher. Auch die Festplatte Ihres Rechners wird über eine derartige Gerätedatei angesprochen. Sie ist gewissermaßen die Schnittstelle zwischen dem UNIX-Kern und dem Plattenkontroller, der die physikalischen Zugriffe regelt. Dateisysteme sind immer auf zusammenhängenden Zylinderbereichen der Platte - auf sogenannten Partitionen - definiert. Jede Partition wird über eine Gerätedatei unter `/dev` dem System physikalisch zugänglich gemacht. Die logische Sicht auf ein Dateisystem ist dagegen die baumartige Struktur bestehend aus Verzeichnissen und Dateien, die Sie ja bereits recht gut kennen.

Wenn Sie Daten auf Disketten sichern, transportiert das System diese von der Festplatte über einen geeigneten Treiber auf die Diskette. Zur Festplatte Ihres Systems haben Sie ständigen Zugriff, zu einer Diskette nur für die Dauer eines Sicherungskommandos.

Wir wollen jetzt ein eher "akademisches" Experiment machen. Akademisch deshalb, weil der Nutzen für die Praxis zunächst nicht unmittelbar gegeben ist. Dennoch, das Beispiel liefert einen hautnahen Eindruck vom Innenleben des Dateisystems. Es soll ein eigenes kleines Filesystem auf einer Diskette eingerichtet und im permanenten Zugriff gehalten werden. Das heißt, es soll möglich sein, Dateien beliebig im Heimatverzeichnis, einem darunter befindlichen Unterverzeichnis oder auf die Diskette zu schreiben. Mit dem Mini-Filesystem auf der Diskette soll also genauso gearbeitet werden können, wie Sie es bisher gewohnt sind.

Was Sie dazu brauchen ist zunächst eine Diskette und zwar eine, deren Inhalt überschrieben werden kann oder besser, eine komplett neue. Zunächst muß der Datenträger selbstverständlich ins richtige Laufwerk gebracht und formatiert werden. Im Beispiel wird eine 3,5 Zoll High Density Diskette benutzt, die im Gerät `/dev/fd1135ds18` auf 1,44 Megabyte formatierbar ist. Vielleicht können Sie eine gleiche Diskette beschaffen, dann können Sie alles direkt nachvollziehen.

```
# /etc/format /dev/rfd1135ds18
formatting...............
Formatted 160 tracks: 0 thru 159, interleave 2.
```

Das Beispiel geht bereits davon aus, daß alle Aktionen unter der `root`-Kennung des Systemverwalters ausgeführt werden. Daher finden Sie anstelle des gewohnten $ als Prompt ein #. Das ist der übliche Superuser-Prompt der Bourne-Shell.

Nachdem die Diskette formatiert ist, kann direkt ein Filesystem darauf erzeugt werden. Dazu ist das Kommando `mkfs` - make filesystem - zu verwenden. Das Kommando ist unter dem Verzeichnis `/etc` lokalisiert, wo sich in der Regel die Kommandos befinden, die zur Systemadministration dienen. Sie sind meist auch dem Superuser vorbehalten, deshalb eingangs der Hinweis auf die möglicherweise für Sie, unter Ihrer Kennung, nicht erlaubte Ausführung des Kommandos.

---

mkfs   Make filesystem (Dateisystem generieren)

`mkfs`	`-F Type [others][cur_o] [-o spec]` `special`
`-F Type`	Typ des Dateisystems (`s5`, `ufs`, `bfs`)
`others`	siehe Manuale
`cur_o`	spezielle Optionen für s5
`-o spec`	spezifische Optionen für Filesystemtyp
`special`	Gerät, welches das Dateisystem tragen soll

Dieses Kommando ist dem Systemverwalter vorbehalten und für "normale" Benutzer nicht zugänglich. Was die einzelnen Optionen im Detail betrifft, sei auf die Systemmanuale verwiesen.

```
# /etc/mkfs -F s5 -b 512 /dev/fd1135ds18 1400

Mkfs: make s5 file system?
(DEL if wrong)
bytes per logical block = 512
total logical blocks = 1400
total inodes = 344
gap (physical blocks) = 7
cylinder size (physical blocks) = 400
mkfs: Available blocks = 1353
```

Das `mkfs`-Kommandos spezifiziert dabei den Filesystemtypus, der generiert werden soll. Sie haben soeben ein s5-Dateisystem (`-F s5`) erzeugt. Ferner muß die logische Blockgröße des Dateisystems angegeben werden. Im Beispiel wurde eine Blockung von 512 Byte gewählt (`-b 512`). Schließlich muß das Gerät, welches das Dateisystem tragen soll, angegeben werden. Das Gerät für den hier verwendeten Diskettentyp ist `/dev/fd1135ds18`.

Zum Schluß benötigt das Kommando noch einen Anhaltswert für die Anzahl der Blöcke des Dateisystems. Im Beispiel wurde der Wert 1 400 angegeben, das entspricht nur ungefähr der Hälfte des auf der Diskette verfügbaren Platzes. Sie können den Wert also getrost auch für Disketten mit geringerer Schreibdichte verwenden. Das Kommando vergewissert sich zunächst durch eine Anfrage, ob Sie es mit der Generierung des Filesystems ernst meinen und beginnt nach Bestätigung durch Return mit der Arbeit.

Falls Sie sich in unmittelbarer Nähe des Rechner aufhalten, können Sie wieder erkennen, wie die Leuchte am Laufwerk Aktivität verkündet. Ist alles erledigt, werden die "technischen Daten" des neuen Dateisystems auf der Diskette bekanntgegeben. In unserem Fall haben wir 1 353 Blöcke für Daten und 344 Inodes zur Verfügung. Eine Lücke (gap) von 7 physikalischen Blöcken ergibt sich aufgrund interner Umrechnungen auf der Basis der bei mkfs angegebenen Werte und der physikalischen Gegebenheiten der Diskette. Maximal können also 344 Dateien im Dateisystem angelegt werden, bevor sich die Inodes erschöpfen. Alle 344 Dateien dürfen aber zusammen nicht mehr als die 1 353 Blöcke einnehmen.

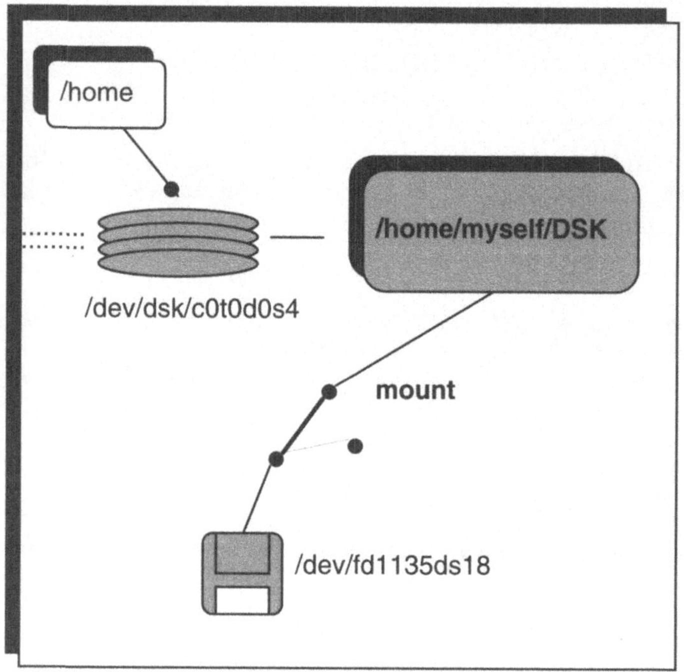

7.3. Ankoppeln ans System

Als nächstes wird der On-line-Zugriff auf das neue Filesystem vorbereitet. Dazu benötigen Sie einen Verknüpfungspunkt vom Dateisystem auf der Festplatte zu dem auf der Diskette. Dies ist nichts besonderes und muß bei den Dateisystemen auf der Festplatte genauso gemacht werden.

Ein derartiger Verknüpfungspunkt oder "Mountpoint" ist nichts weiter, als ein gewöhnliches leeres Dateiverzeichnis.

```
# mkdir DSK
```

Sie erzeugen also in Ihrem Heimatkatalog eine neues Directory und nennen es beispielsweise DSK. Nun wird das neue Filesystem - wie man sagt - an dieses Verzeichnis "gemountet".

```
# /etc/mount /dev/fd1135ds18 /home/myself/DSK

mounted as </home/myself/DSK>
```

mount	Mount filesytem (Dateisystem ankoppeln)
mount	[-F Type] [others] special mnt_pnt
-F Type	Typ des Dateisystems (s5, ufs, bfs)
others	siehe Manuale
special	Gerät, welches das Dateisystem trägt
mnt_pnt	Mount-Point, Verzeichnis, über das das angekoppelte Dateisystem zugänglich ist

Dieses Kommando ist dem Systemverwalter vorbehalten und für "normale" Benutzer nicht zugänglich. Was die einzelnen Optionen im Detail betrifft, sei auf die Systemmanuale verwiesen.

Zu beachten ist, daß beim mount-Kommando der "Mountpoint" als absoluter Pfad angegeben werden muß. Das neue Filesystem auf Ihrer Diskette ist jetzt direkt zugänglich und zwar unter dem Verzeichnis /home/myself/DSK. Sobald Sie per cd-Kommando nach DSK wechseln, gehen ab sofort am Diskettenlaufwerk die Lichter an.

Zur Verdeutlichung können Sie sich das ganze anhand der folgenden Abbildung noch einmal vor Augen führen. Alle Festplatten-Filesysteme, wie root, usr, home, stand und je nachdem, was es noch geben kann, sind genau wie Ihr Disketten-Dateisystem mit einem Verzeichnis, einem "Mountpoint" verkettet.

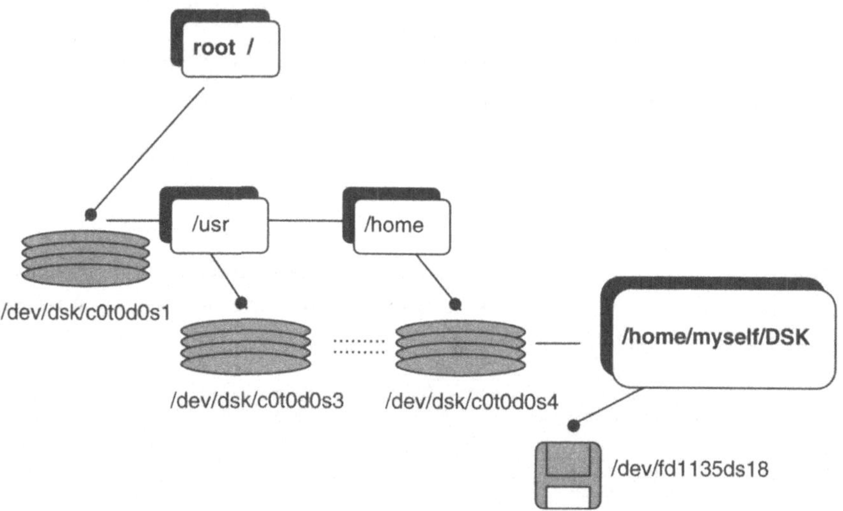

Das erste Dateisystem, welches beim Hochfahren der Maschine "gemountet" wird, ist das root-Dateisystem. Es wird sozusagen an einem "harten" Mountpoint / verknüpft. Das root-Filesystem weist gewöhnliche Verzeichnisse auf, wie beispielsweise usr und home, an die während des weiteren boot-Vorganges die übrigen Filesysteme "angemountet" werden. Also alles genau wie beim Mini-Disketten-Filesystem.

Ihr Home-Directory liegt im Dateisystem home, der Mountpoint DSK darunter. Wo ein Verknüpfungspunkt zu einem externen Dateisystem liegt ist keinen Einschränkungen unterlegen.

Es läßt sich denken, daß es prinzipiell auch kein Problem darstellen kann, die Festplatte eines anderen Rechners an einem Verzeichnis des eigenen Rechners zu mounten. Es bedarf lediglich einer physikalischen Verbindung, einem Netzwerkkabel. Auf dieser Grundlage setzen die verteilten Dateisysteme RFS und NFS auf, die in einem eigenen Buch dieser Reihe in Augenschein genommen werden sollen.

7.4. Aktion

Zurück zum Beispiel. Sie besitzen jetzt also ein privates Dateisystem, das sich im direkten Zugriff des Systems befindet. Also können Sie nach Belieben, solange der Vorrat an Blöcken oder Inodes reicht, dieses Filesystem in gewohnter Manier nutzen. Sie können zunächst einmal mit `cd DSK` explizit hinüber wechseln. Anschließend können Sie per `vi` direkt auf dem Diskettensystem eine Datei editieren, sowie alle sonstigen, gewohnten Aktionen ausführen.

```
# cd DSK
# pwd
/home/myself/DSK
# ls
lost+found
#
```

Es verhält sich alles wie gewohnt, es dauert nur auf Diskette alles etwas länger. Das soeben produzierte neue Filesystem beinhaltet lediglich ein Directory `lost+found`. Jedes Filesystem in UNIX besitzt ein solches Verzeichnis, in welches bei irregulärem Systemende (Absturz, Stromausfall) das Kommando `fsck` (filesystem check) Informationen über defekte Dateien einträgt. Insbesondere kann das Mini-Filesystem dazu dienen, einen weiteren plastischen Eindruck des so interessanten Symbolic Link aus dem Abschnitt über Dateien zu erhalten. Verfolgen Sie also den nächsten Schritt im Beispiel.

```
# ln -s /home/myself/PRIVAT /home/myself/DSK/PRVDSK
# cd DSK
# ls -l
total 2
lrwxrwxrwx     ... 9 Oct 13 15:16 PRVDSK -> /home/myself/PRIVAT
drwxrwxrwx   2 root    root     32 Oct 13 15:06 lost+found
# cd PRVDSK
# pwd
/home/myself/PRIVAT
```

Im Beispiel wurde ein symbolischer Link definiert, bei dem die Quelle auf der Festplatte, das Ziel dagegen auf der Diskette liegt. Es glückt problemlos ein Wechsel in das Linkverzeichnis auf der Diskette. Es sollte auch nicht mehr weiter verwundern, daß das `pwd`-Kommando den Pfadnamen der Linkquelle ausgibt, denn de facto befinden Sie sich ja auch dort. Das Beispiel läßt sich noch etwas vertiefen.

```
# pwd
/home/myself/DSK
# mkdir DSKVERZ
# cp /etc/passwd ./DSKVERZ/pwdcp
```

```
# ls
DSKVERZ        PRVDSK        lost+found
# cd DSKVERZ
# ls
pwdcp
# cd
# pwd
/home/myself
# cd PRIVAT
```

Was soeben passiert ist, sollte ebenfalls nicht allzu sehr verblüffen. Eine Datei aus dem `root`-Dateisystem `/etc/passwd` läßt sich genauso auf das Filesystem auf der Diskette kopieren, wie unter ihr Home-Directory.

Zum Schluß richten Sie noch einmal einen symbolischen Link ein, diesmal allerdings von Diskette nach Platte.

```
# ln -s /home/myself/DSK/DSKVERZ /home/myself/PRIVAT/LNKDSK
# ls -l
total 4
lrwxrwxrwx   1 ... LNKDSK -> /home/myself/DSK/DSKVERZ
-rw-r--r--   1 root      other        71 Oct 13 15:13 privat.adr
# pwd
/home/myself/PRIVAT
# cd LNKDSK
# pwd
/home/myself/DSK/DSKVERZ
```

Auch hier funktioniert alles, wie erwartet. Ein Wechsel nach `LNKDSK` mit anschließendem `pwd` verrät, daß Sie von Platte per Link auf die Diskette versetzt wurden.

7.5. Abkoppeln

Im abschließenden Schritt entziehen Sie Ihr privates Dateisystem wieder dem direkten Zugriff. Dazu müssen Sie sich aber von dem Dateisystem entfernen, daher der `cd`. Sie befinden sich in Ihrem Home-Directory auf der Platte.

```
# cd
# umount /dev/fd1135ds18
# cd PRIVAT
# ls
LNKDSK         privat.adr
# cd ..
# cd DSK
# pwd
/home/myself/DSK
```

```
# ls -l
total 0
# cd PRIVAT
# ls
LNKDSK          privat.adr
# cd LNKDSK
LNKDSK: does not exist
#
```

umount   Dateisystem abkoppeln

```
umount          [opts] special | m_point
opts            spezifische Optionen zum Filesystem
special         Gerätebezeichner auf dem das Dateisystem sich befindet
                oder alternativ
m_point         Verzeichnis (Mount-Point) an dem das Dateisystem
                angekoppelt ist
```

Das Kommando ist dem Systemadministrator vorbehalten. Details finden Sie in den Systemhandbüchern.

Das Kommando umount versehen mit dem Gerätebezeichner hängt das Filesystem auf der Diskette ab. Intern wird dabei die Inode des Mountpoints DSK von der Wurzelinode des Filesystems entkoppelt. Ihr Link, der auf das Diskettenverzeichnis führt, existiert selbstverständlich nach wie vor. Ebenso der "Mountpoint". Allerdings weist letzterer jetzt keine Inhalte mehr auf.

Ein Versuch in den Verzeichnislink zu wechseln scheitert selbstverständlich, denn dieser zeigt in ein dem System jetzt unbekanntes Dateisystem.

Damit Sie sehen, daß die ganze Angelegenheit auch reversibel ist, mounten Sie noch einmal die Diskette und sehen, das der Link-Pfad sofort wieder geschlossen ist.

```
# /etc/mount /dev/fd1135ds18 /home/myself/DSK
mounted as </home/myself/DSK>
# pwd
/home/myself/PRIVAT
# cd LNKDSK
# pwd
/home/myself/DSK/DSKVERZ
# cd
# umount /dev/fd1135ds18
```

Nachdem alles wieder in seinen ursprünglichen Zustand gebracht ist, abschließend noch einige Anmerkungen zu dieser Exkursion. Das Diskettenlaufwerk, welches in diesem Beispiel als Träger für ein Filesystem gedient hat, könnte durch beliebige andere Geräte ersetzt werden. Denken Sie beispielsweise an externe Plattenlaufwerke oder an CD-ROMs. Das Dateisystem ist, die entsprechenden Geräte und die zugehörigen Treiberprogramme vorausgesetzt, nahezu beliebig erweiterbar.

Verabschieden wir uns von den "akademischen" Betrachtungen und wenden uns wieder der alltäglichen Praxis zu. Im folgenden Abschnitt sollen Sie mit einigen einfachen Mechanismen vertraut gemacht werden, die es Ihnen gestatten, Einblicke in Dateien zu nehmen und zwar nicht mittels Editor sondern per Kommando.

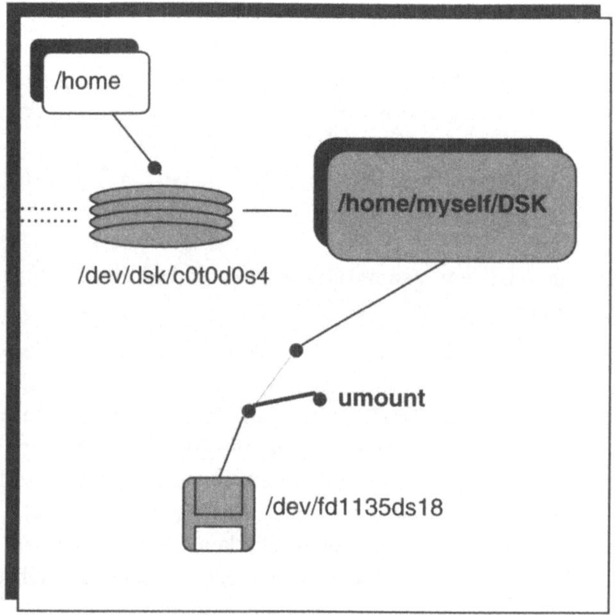

8. Dateieinblicke

8.1. Kapitelübersicht

UNIX bietet eine Reihe von Möglichkeiten, Dateiinhalte bereits auf der Ebene der Shell auszugeben. Und zwar ohne daß man dafür explizit einen Editor bemühen muß. Darüber hinaus kennt das System Kommandomechanismen, die in der Lage sind, Dateien inhaltlich zu vergleichen, Informationen herauszufiltern, zu sortieren und vieles mehr. Im folgenden Abschnitt erfolgt zunächst ein Einstieg in die Thematik anhand einfacher Mechanismen.

Die weiterreichenden globalen Funktionalitäten im Hinblick auf Dateien werden erst im Verbund mit den Shell-Mechanismen Umlenkung und Pipes sinnvoll. Im Abschnitt "Werkzeugkiste" (Kap. 12) werden sie eingehend beschrieben. Man erkennt dann, daß man im Grunde die komplette Basis für ein relationales Datenbankmodell als UNIX-Kommandos zur Verfügung hat. Zunächst also erst einige einfache Varianten der Dateieinblicke.

- `script`   Sitzung mitschneiden
- `cat`   Dateien ausgeben
- `pg`   kontrollierte Ausgabe auf Terminal
- `head, tail`   Anfangs -und Endsegmente anzeigen
- `grep`   Zeichenfolgen suchen (einfache Version)
- `wc`   Dateistatistik
- `lp`   Druckerausgabe
- `lpstat`   Druckerstatus abfragen

8.2. Sitzung mitschneiden

Das Thema Dateieinblicke eignet sich besonders dazu, ein Hilfsprogramm vorzustellen, das insbesondere für den anfänglichen Umgang mit dem System recht nützlich ist. Vielleicht sind Sie interessiert, alles, was Sie eingeben und alles, was das System dazu sagt, auf Papier zu haben und nachträglich wieder durchzusehen - Sie möchten also Ihre UNIX-Sitzung mitschneiden.

Hierzu gibt es ein Kommando, das den kompletten Bildschirminhalt, also Ein- und Ausgaben protokolliert.

```
script      terminal session script
            (Protokoll der Terminal-Sitzung)


script      [-a]  file
-a          die bereits bestehende Datei file wird fortgeschrieben
file        Name der Protokolldatei
```

Das Kommando agiert sozusagen im Hintergrund und schreibt jede Eingabe, die Sie vornehmen in eine Datei, deren Namen Sie beim Aufruf angeben. Danach wird die Eingabe der Shell übergeben. Analog verfährt der Mechanismus umgekehrt, jede Ausgabe, die das System an den Bildschirm gibt, wird ebenfalls in der Protokolldatei abgelegt.

Somit ist das Argument datei in der Kommandobeschreibung oben klar. Falls Sie nicht jedesmal, wenn Sie mitschneiden, eine neue Datei anlegen wollen, können Sie folgendermaßen verfahren. Entweder Sie geben jedesmal den gleichen Dateinamen an.

```
$ script protokoll
```

Die Inhalte, die vorher in protokoll standen, sind dann jedoch jedesmal verloren. Sie werden mit der neuen Sitzung überschrieben. Eine andere Möglichkeit besteht darin, das Protokoll fortzuschreiben; die neue Sitzung wird dann an die bereits gespeicherte angehängt. In diesem Fall geben Sie das Kommando mit der Option -a für "append" ein.

```
$ script -a protfile
```

Wollen Sie das Mitschneiden der Sitzung wieder beenden, tun Sie dies mit der gewohnten Tastenkombination <Ctrl><D>.

8.3. Einblicke

Die nachfolgend vorgestellten Kommandos beschäftigen sich mit der Ausgabe von Dateiinhalten auf dem Bildschirm. Das erste Kommando, welches man in diesem Zusammenhang einfach nicht weglassen darf, ist `cat`. Dieses Kommando leistet unter anderem die Ausgabe einer Datei auf dem Bildschirm.

Im Vergleich zu der noch vorzustellenden Funktion `pg` verblaßt `cat` im Hinblick auf die Qualität der Ausgabe. Diese geht in keiner Weise kontrolliert vonstatten, das heißt, es wird keinerlei Bildschirmüberlaufkontrolle vorgenommen.

Der eigentliche Zweck von `cat` ist aber auch ein anderer. Das kommt bereits im ausgeschriebenen Namen "concatenate" (verketten) zum Ausdruck. Dennoch steht `cat` in der Reihe der zur Ausgabe von Dateien vorgesehenen Kommandos an erster Stelle und soll hier nicht unterschlagen werden.

Wir kommen auf `cat` bei der näheren Behandlung der Shell in einem anderen Anwendungskontext wieder zurück.

`cat` - Concatenate and print files

Das Kommando gibt in der hier vorgestellten Interpretation den Inhalt einer oder mehrerer Dateien am Bildschirm aus.

```
cat           Dateien ausgeben oder konkatenieren

cat           [-opt] file(s)
-opt          dienen zum Ein- und Ausschalten der Pufferung oder zur
              Darstellung nicht abdruckbarer Zeichen und sind hier nur
              der Vollständigkeit halber erwähnt (siehe Systemliteratur).
file(s)       Name(n) der Datei(en), die auszugeben sind.
```

Die nähere Beschreibung der Optionen kann man sich im momentanen Kontext sparen; sie würden eher nur verwirren.

Die folgenden Kommandos liefern den Inhalt der jeweiligen Dateien am Bildschirm.

```
$ cat /home/myself/ADRESSEN/privat.adr
Krause:Otto:Marienplatz:12:8000:Muenchen:089/7900123
Schulz:Monika:Marktstr.:9a:2000:Hamburg:????/1234567
.....

$ cat /etc/passwd
root:x:0:1:0000-Admin(0000):/:/bin/ksh
daemon:x:1:1:0000-Admin(0000):/:
bin:x:2:2:0000-Admin(0000):/usr/bin:
sys:x:3:3:0000-Admin(0000):/:
.....
dieter:x:104:1:osfmotif-user 1:/home/dieter:/bin/ksh
myself:x:105:1:osfmotif-user 2:/home/myself:/bin/ksh
claudia:x:106:1:osfmotif user 3:/home/claudia:/bin/ksh
.....
```

Wenn Sie das Kommando auf eine größere Datei anwenden, deren Ausgabe nicht auf einen Bildschirm paßt, haben Sie wieder das Problem, daß die Ausgabe nach oben "davonläuft". Abhilfe schafft auch hier wieder die Tastenkombination <Ctrl><S> zum Anhalten bzw. <Ctrl><Q> zum Fortsetzen der Ausgabe.

Probieren Sie `cat` ruhig einmal aus, aber ärgern Sie sich nicht, wenn der Rechner schneller ist, als Ihre Finger und Sie nur jeweils das Ende der Dateien zu sehen bekommen. Dieser Mißstand wird jetzt mit dem nächsten Kommando endgültig beseitigt.

Für eine kontrollierte Ausgabe sorgt das nächste Kommando `pg`. Es liefert Ihnen die Ausgabe seitenweise am Bildschirm. Nach jeder ausgegebenen Bildschirmseite fordert Sie das Kommando zu einer Eingabe auf, mit der Sie die weitere Ausgabe steuern können.

pg - Page file

Das Kommando gibt also eine oder mehrere angegebene Dateien seitenweise am Bildschirm aus. Eine Seite ist hierbei genau die Datenmenge, die auf den Bildschirm paßt, also normalerweise 23 Zeilen. Nach jeder ausgegebenen Seite hält das Kommando an und erwartet von Ihnen eine Reaktion, die das weitere Verhalten des Kommandos steuert.

Ist das Ende der aktuellen Datei erreicht, also deren letzte Seite angezeigt, wird dies durch die Ausgabe `EOF:` - "end of file" - signalisiert. Werden bei `pg` mehrere Dateien angegeben, wird der Name der als nächstes angezeigten Datei jedesmal angezeigt.

```
next file: <Name der nächsten Datei>
```

Zunächst eine Übersicht der Möglichkeiten, die pg Ihnen zur Dateiausgabe bietet:

pg	Page files (Dateien seitenweise ausgeben)
pg	`[-number] [-p str] [-cefnr] [+1] [+pat]` `file(s)`
-number	legt die Größe des von pg nutzbaren Zeilenbereiches am Terminal fest (normalerweise 23)
-p str	veranlaßt pg den String str als Prompt zu verwenden (normalerweise ":")
-c	leert den Bildschirm vor Ausgabe jeder Seite
-e	unterdrückt die Ausgabepause bei Dateiwechsel
-f	Zeilen, die länger sind als eine Bildschirmzeile werden abgeschnitten
-n	pg-Kommandos brauchen nicht mit <RET> abgeschlossen zu werden
-r	verbietet den Übergang in die Shell mit "!"
+1	die Ausgabe beginnt ab Zeile 1
+pat	die Ausgabe beginnt in der ersten Zeile, die das Muster pat enthält (pat ist ein regulärer Ausdruck)
file(s)	die Liste der auszugebenden Dateien
	Die wichtigsten Benutzereingaben während der Ausgabe von pg sind:
h	liefert eine Liste mit allen möglichen Benutzeraktionen
<RET>	oder
+	bewirkt die Ausgabe der nächsten Seite
-	zeigt die vorherige Seite noch einmal
	in Verbindung mit einer relativen Seitenzahl liefert
+n	die Fortsetzung der Ausgabe n Seiten weiter (in Relation zur aktuellen Seite)
-n	die Fortsetzung der Ausgabe n Seiten zurück (in Relation zur aktuellen Seite)
$	springt unmittelbar zur letzten Seite der Ausgabe
1	springt auf die erste Seite der Ausgabe zurück
q	beendet die Ausgabe vorzeitig
!<cmd>	ermöglicht das Einschieben eines Kommandos
/muster/	sucht in der Datei nach dem angegebenen Muster in Richtung Dateiende
?muster?	sucht in Richtung Dateianfang

Weitere Einzelheiten finden Sie in den Handbüchern.

Mit pg hat man ein Instrument zur Hand, mit dem die Ausgabe von Dateien am Bildschirm relativ komfortabel möglich ist.

Im folgenden Beispiel ist zunächst einmal mit Hilfe von script eine umfangreiche Datei produziert worden, damit sich die ganze Übung überhaupt lohnt. Mit ls -R /etc wurde eine rekursiv aufgelöste Dateiliste des angegebenen Verzeichnisses produziert und die Ausgabe protokolliert. Danach wurde per <Ctrl><D> die Mitschneidefunktion beendet.

Das Resultat sieht dann etwa folgendermaßen aus - es wurde aus Platzgründen stark verkürzt:

```
$ script lsR.txt

Script started on Wed Oct 14 11:42:21 1992
$ ls -R /etc
Backup          dfs             inet            netconfig     setclk
Ignore          dfsck           inetd.conf      networks      setmnt
TIMEZONE        dfspace         init            nodename      shadow
X0.hosts        dgroup.tab      init.d          opasswd       shells
acct            diskadd         initpipe        opt           shutdown
adddisk         disksetup       initprog        oshadow       skel
adduser         dumpcheck       inittab         partitions    stdprofile
ap              dumpsave        install         passwd        strcf
autopush        emulator        ioctl.syscon    passwd.bak    sulogin
.....
cron.d          getclk          mkpart          rc1.d         uucp
cshrc           getty           mnttab          rc2           vfstab
custom          gettydefs       motd            rc2.d         volcopy
datemsk         group           mount           rc3           vtgetty
dcopy           grpck           mountall        rc3.d         wall
default         hosts           mvdir           rstab         whodo
deluser         hosts.equiv     named.boot      saf           wsi
device.tab      idrc.d          ncheck          scsi          wtmp
devnm           idsd.d          net             services
.....
Script done on Wed Oct 14 11:42:51 1992
```

Die rekursive Auflösung des Verzeichnisses /etc ist einigermaßen umfangreich, und die über den Bildschirm "gerauschte" Ausgabe ist in der Datei lsR.txt festgehalten. Sie können jetzt pg auf den Mitschnitt anwenden.

```
$ pg lsR.txt

Script started on Wed Oct 14 11:42:21 1992

$ ls -R /etc
Backup          dfs             inet            netconfig     setclk
Ignore          dfsck           inetd.conf      networks      setmnt
TIMEZONE        dfspace         init            nodename      shadow
X0.hosts        dgroup.tab      init.d          opasswd       shells
acct            diskadd         initpipe        opt           shutdown
adddisk         disksetup       initprog        oshadow       skel
adduser         dumpcheck       inittab         partitions    stdprofile
```

```
ap              dumpsave        install         passwd          strcf
autopush        emulator        ioctl.syscon    passwd.bak      sulogin
.....
cron.d          getclk          mkpart          rc1.d           uucp
cshrc           getty           mnttab          rc2             vfstab
custom          gettydefs       motd            rc2.d           volcopy
:$
```

Das Kommando liefert die ersten 24 Zeilen und hält dann an. Die Reaktion, Eingabe des $ in der letzten Zeile, läßt das Kommando auf die letzte Seite der Datei springen. Diese wird dann am Bildschirm angezeigt. Die Ausgaben werden ab jetzt aus Platzgründen wieder kürzer als im Original wiedergegeben.

```
...skipping forward
S88smtpd
/etc/saf:

_cmdpipe  _sacpipe  _sactab   core      inetd     tcp
.....
.....
/etc/uucp:

Config    Devices     Dialers     Limits      Poll    Systems
script done on Wed Oct 14 11:42:51 1992
(EOF):1
```

Das erreichte Dateiende wird durch (EOF) signalisiert. Eingabe 1 springt zurück auf die erste Seite, die Sie oben bereits gesehen haben.

```
clri            fsdb            magic           pwck            umount
conf            fsstat          mail            rc.d            umountall
conflgs         fstyp           memsize         rc0             unlink
:/passwd/
```

Die Eingabe /passwd/ startet jetzt eine Suche nach der Zeichenfolge passwd und zwar in Richtung Dateiende - also vorwärts. Das pg-Kommando zeigt daraufhin die erste Seite, in der das gesuchte Muster vorkommt. Der Suchbegriff steht dabei auf der ersten Zeile.

```
...skipping forward
cron        default.att512  init        passwd        workstations
.........
.........
:h
```

Falls Sie nicht weiter wissen, können Sie sich durch die Anfrage h - help - die Möglichkeiten des pg direkt anzeigen lassen. Die Möglichkeiten, die Sie diesbezüglich haben, werden auf der nächsten Seite aufgezeigt.

Als nächstes suchen Sie den Begriff passwd in der umgekehrten Richtung zum Dateianfang hin. Dazu ist der Suchbegriff anstatt mit / mit ? zu klammern. das Resultat ist identisch mit dem der ersten Suche in Vorwärtsrichtung.

```
:?passwd?
...skipping backward
cron          default.att512  init          passwd          workstations
........

"On Line-Help" von pg

:h
------------------------------------------------------------------
h                         help
q or Q                    quit
<blank> or <newline>      next page
l                         next line
d or <^D>                 display half a page more
. or <^L>                 redisplay current page
f                         skip the next page forward
n                         next file
p                         previous file
$                         last page
w or z                    set window size and display next page
s savefile                save current file in savefile
/pattern/                 search forward for pattern
?pattern? or
^pattern^                 search backward for pattern
!command                  execute command

Most commands can be preceeded by a number, as in:
+1<newline> (next page); -1<newline> (previous page); 1<newline>
(page 1).
```

"Page" bietet auch eine Schnittstelle zur Shell. Das heißt, wenn Sie innerhalb von pg ein Kommando an die Shell absetzen wollen, brauchen Sie das Kommando nicht notgedrungenermaßen zu beenden. Die Eingabe ! leitet eine Kommandoeingabe ein. Im Beispiel wurde es einmal mit dem Kalender ausprobiert. Sie können jedes beliebige Kommando wählen, inklusive vi-Aufruf oder pg in sich selbst geschachtelt.

```
:!cal 10 1992
    October 1992
 S  M Tu  W Th  F  S
             1  2  3
 4  5  6  7  8  9 10
11 12 13 14 15 16 17
18 19 20 21 22 23 24
25 26 27 28 29 30 31
:q
```

Wenn Sie mehrere Dateien beim Aufruf angeben, können Sie sie einzeln genauso bearbeiten, wie im vorausgegangenen Beispiel gezeigt wurde. Darüberhinaus, können Sie zwischen den Dateien hin und her springen, wie das abschließende Beispiel zeigt.

```
$ pg /etc/*
(Next file: /etc/Ignore)n
(Next file: /etc/TIMEZONE)n
(Next file: /etc/X0.hosts)n
(Next file: /etc/TIMEZONE)n
(Next file: /etc/X0.hosts)n
pg: /etc/acct is a directory
(Next file: /etc/adddisk)n
. . . . . . . . . .
```

Wenn Sie unmittelbar nach dem ausgegebenen Dateinamen n angeben, wird zur nächsten Datei gewechselt, p geht zurück zur vorherigen. Return zeigt die gerade aktuelle Datei an.

Falls in der Kette der Dateien ein Verzeichnis vorkommt, wird dies von pg gemeldet. Um das Beispiel oben nachzuvollziehen, müssen Sie wissen, daß der beim Aufruf angegebene "Stern" /etc/* bedeutet, daß alle Dateien unter dem Verzeichnis etc gemeint sind.

Oft kann man sich in der Praxis damit begnügen, nur den Anfang oder das Ende einer Datei kurz anzusehen - vielleicht weil man im eigenen "Dateiensammelsurium" nicht mehr genau weiß, was wo steht. Natürlich ginge das auch mit pg aber UNIX hält dafür zwei weitere, nützliche Kommandos bereit.

head - Head of file

Gibt den Anfang - also den Kopf - einer oder mehrerer Dateien aus. Daher die Bezeichnung head.

head	Head of a file (Dateianfang ausgeben)
head	[-n] file(s)
-n	gibt an, wie viele Zeilen ab Dateianfang ausgegeben werden sollen.
file(s)	Datei oder Liste der Dateien, auf die das Kommando angewandt werden soll

Die Option -n spezifiziert dabei die Anzahl der Zeilen, die ab Dateibeginn ausgegeben werden sollen. Wird nichts angegeben, werden voreingestellt 10 Zeilen geliefert.

`tail` - Tail of file

Das Kommando `tail` besitzt mehr Steuerungsmöglichkeiten als `head`, wobei hier nur die wichtigsten genannt werden. Ansonsten können Sie beinahe genauso gut auf `pg` zurückgreifen.

tail	Tail of a file (Endeabschnitt einer Datei)
`tail`	`[opts] file(s)`
`opts`	
`+mbl`	Start der Ausgabe ab der m.-ten Zeile
`+mbc`	Start der Ausgabe ab dem m.-ten Zeichen
`+mb`	Start der Ausgabe ab dem m.-ten Block der Datei
`-nl`	Ausgabe der letzten n Zeilen
`-nc`	Ausgabe der letzten n Zeichen
`-rn`	Ausgabe der letzten n Zeilen in umgekehrter Reihenfolge (Standard ist 1 für Zeilen)
`file(s)`	Liste der Dateien, auf die das `tail` angewandt werden soll

```
$ tail -5l /etc/passwd      (gleichbedeutend mit tail -5 /etc/passwd)
myself:x:105:1:motifuser book:/home/myself:/usr/bin/ksh
dieter:x:104:1:motifuser:/home/dieter:/usr/bin/ksh
nobody:x:100:101:unprivileged user:/nonexistent:/noshell
netuser:x:106:1:networkuser:/home/netuser:/sbin/sh
net1:x:107:1:netuser1:/home/net1:/sbin/sh
```

Es wurden die letzten 5 Zeilen der `passwd`-Datei ausgegeben. Die Angabe - bedeutet bei `tail` stets eine Orientierung am Dateiende, während eine numerische Angabe mit + sich stets am Dateianfang orientiert. Insbesondere wird im nächsten Beispiel die gesamte Datei ausgegeben, da der Offset mit dem Dateianfang zusammenfällt.

Es wird die Datei `etc/passwd` ausgegeben, wobei 0 Zeilen ab Dateianfang begonnen wird. Das bedeutet schlicht, es wird mit der ersten Zeile angefangen.

```
$ tail +0 /etc/passwd
root:x:0:1:0000-Admin(0000):/:
daemon:x:1:1:0000-Admin(0000):/:
bin:x:2:2:0000-Admin(0000):/usr/bin:
sys:x:3:3:0000-Admin(0000):/:
adm:x:4:4:0000-Admin(0000):/var/adm:
uucp:x:5:5:0000-uucp(0000):/usr/lib/uucp:
.....
net1:x:107:1:netuser1:/home/net1:/sbin/sh
```

Analog würde die Angabe +5 im Beispiel oben die ersten 5 Zeilen auslassen und das Resultat wäre

```
$ tail +5 /etc/passwd

uucp:x:5:5:0000-uucp(0000):/usr/lib/uucp:
.....
net1:x:107:1:netuser1:/home/net1:/sbin/sh
```

Anstatt auf Zeilen kann man sich bei `tail` auch auf Zeichen beziehen. Das nächste Exempel liefert die letzten 15 Zeichen aus der Datei `/etc/passwd`, zur Kontrolle lassen Sie sich die letzte Zeile noch einmal insgesamt anzeigen.

```
$ tail -15c /etc/passwd
/net1:/sbin/sh
$ tail -1 /etc/passwd
net1:x:107:1:netuser1:/home/net1:/sbin/sh
```

8.4. `grep` - Global regular expression

UNIX bietet die Möglichkeit, das Vorkommen von Zeichenketten in Dateien direkt - also ohne Zwischenschalten eines Editors - zu überprüfen. Zu diesem Zweck gibt es ein sehr mächtiges Kommando, welches auf der Basis der regulären Syntax arbeitet. Den Mechanismus der regulären Ausdrücke werden wir ausführlich im Kapitel über die Shell (Kap. 10) behandeln. Insofern wird das Kommando `grep` jetzt nur kurz zum "Anfreunden" vorgestellt. Die der Vollständigkeit halber in der folgenden Kommandosyntax erwähnten Optionen werden ebenfalls später nachgeholt.

grep	Global regular expression
egrep	Extended grep
`grep`	`[-opt] rex    [file(s)]`
`rex`	die zu suchende Zeichenfolge, die gemäß der allgemeinen regulären Syntax definiert ist
`file(s)`	Datei oder Liste von Dateien, in denen der angegebene Ausdruck gesucht werden soll.
`opt`	
`-b`	gibt für jede Zeile, in der der Ausdruck gefunden wurde, die Nummer des Datenblockes der Datei aus
`-c`	gibt nur die Nummer der Zeile aus, die den Ausdruck enthält
`-i`	ignoriert Groß- und Kleinschreibung
`-h`	unterdrückt die Dateinamen bei der Ausgabe
`-l`	gibt nur die Namen der Dateien aus, die den Ausdruck enthalten
`-n`	gibt die Zeilennummer der Datei aus, in denen der Ausdruck vorkommt
`-s`	verhindert Fehlermeldungen bei nicht existierenden Dateien (nur `grep`)
`-v`	liefert alle Zeilen, die den Ausdruck nicht enthalten
`-f file`	liest den regulären Ausdruck aus der Datei `file` (nur `egrep`)

Die Erweiterungen der regulären Syntax, die von `egrep` akzeptiert werden sind im wesentlichen:

```
rex+            prüft auf ein- oder mehrmaliges Vorkommen des
                regulären Ausdruckes rgex
rex?            prüft auf Nichtvorkommen oder auf genau einmaliges
                Vorkommen des regulären Ausdruckes rgex
rex1|rex2       prüft das Vorkommen des Ausdruckes rex1 oder rex2
                (oder beide)
(rex1)rex2      gruppiert den Ausdruck rex1 mit rex2
                rex1 ist dabei sinnvollerweise ein kombinierter Ausdruck
                (z.B.: (rex1|rex3)rex2)
```

Als einfaches Beispiel für `grep` mag das Suchen des Namens `Maier` in der Adreßdatei `privat.adr` dienen - sofern Sie auch einige Vertreter mit diesem Namen erfaßt haben. Der bekannte Name bietet wegen der vielfältigen Schreibweisen auch später noch interessante Beispiele zur Formulierung regulärer Ausdrücke. Falls die Adreßdatei etwa folgendermaßen aussieht,

```
Krause:Otto:Marienplatz:12:8000:Muenchen:089/7900123
Schulz:Monika:Marktstr.:9a:2000:Hamburg:????/1234567
Meier:Peter:Lindwurmstr:10:8000:Muenchen:089/471399
.....
Mayer:Ulrich:Alte Allee:24:8250:Feldkirch:08121/234690
usw:
```

kann die Suche nach `Maier` wie folgt formuliert werden:

```
$ grep Maier privat.adr
Maier:Helmut:Salzstadl:14:8200:Rosenheim:08031/241800
Maier:Andreas:Chiemgaustr.:3:8200:Rosenheim:08031/170411

$ grep Maier privat.adr geschaeft.adr
Maier:Helmut:Salzstadl:14:8200:Rosenheim:08031/241800
Maier:Andreas:Chiemgaustr.:3:8200:Rosenheim:08031/170411
Maier:GmbH:Lindwurmstr.:127:8000:Muenchen 2:089/1234567

$ grep Maier Andreas privat.adr
Andreas not found
Maier:Helmut:Salzstadl:14:8200:Rosenheim:08031/241800
Maier:Andreas:Chiemgaustr.:3:8200:Rosenheim:08031/170411
```

Die Suchbegriffe in den Beispielen sind jeweils fett gedruckt. Wird das `grep`-Kommando fündig, gibt es alle Zeilen, in denen das Suchkriterium erfüllt ist, am Terminal aus.

Angenommen, Sie suchen `Maier` in mehreren Dateien. Beispielsweise in `privat.adr` und in `geschaeft.adr`. Den Suchbefehl können Sie dann wie im zweiten Beispiel aktivieren.

Problematisch wird es, wenn der Suchbegriff aus mehreren Worten besteht, so wie im dritten Beispiel. Das `grep`-Kommando - genau genommen ist es die Shell - gerät bei der Interpretation dieses Ausdrucks in Schwierigkeiten. Sie ist aufgrund der Kommandosyntax zwar noch in der Lage, `Maier` als Suchmuster zu erkennen, `Andreas` würde aber bereits als Dateiname interpretiert werden. Das `grep`-Kommando liefert die Zeilen, die den Namen `Maier` - ohne Einschränkung auf `Andreas` - beinhalten, aus der Datei `privat.adr`, jedoch auch zusätzlich eine Fehlermeldung `Andreas not found`. Letzteres bedeutet, daß `Andreas` bereits als Dateinamen gedeutet wurde aber eine Datei mit Namen `Andreas` offensichtlich nicht existiert.

Die Shell, die ja letztlich die Kommandos aktiviert und die Argumente an sie übergibt, kennt aber Mechanismen, die solche Fehldeutungen ausschalten. Als Vorgriff auf die Quotierung von Eingabestrings durch die Shell klären wir hier schnell das kleine Problem aus dem Beispiel.

Durch Verwendung bestimmter Sonderzeichen wird der standardmäßige Interpretationsmechanismus der Shell beinflußt. In unserem Beispiel genügt es, den Suchbegriff in Anführungszeichen `"..."` zu stellen, um ihn von den Dateinamen zu trennen. Der Grund für die nicht korrekte Interpretation lag ja in dem Leerzeichen zwischen `Maier` und `Andreas`. Die Shell nimmt Leerzeichen prinzipiell als Parametertrenner in Kommandos an. Die Anführungszeichen weisen die Shell nun dementgegen an, den dazwischen befindlichen Text - nämlich `Maier Andreas` diesbezüglich interpretationsfrei zu akzeptieren.

```
$ grep "Maier Andreas" privat.adr
Maier:Andreas:Chiemgaustr.:3:8200:Rosenheim:08031/170411
```

Im Falle von `grep` können Sie sich zunächst merken, daß Suchmuster, die Leerzeichen enthalten, in Anführungszeichen gesetzt werden sollten, damit sie richtig interpretiert werden.

Mehr zum Thema "Verpackung" von Suchmustern finden Sie unter "Reguläre Ausdrücke" und "Quotierung" innerhalb des Kapitels über die Shell (Kap. 10).

Übrigens beklagen sich viele UNIX-Kritiker über dessen kryptische Oberfläche. Man darf unterstellen, daß damit mehrheitlich sicher nicht die Kommandoabkürzungen wie `ls` für `list directory` oder `cd` für `change directory` gemeint sind. Das ist in anderen Betriebssystemen - etwa in DOS - nicht anders. Es scheinen vielmehr die vielen Sonderzeichen innerhalb der Quotierung und der regulären Ausdrücke zu sein, die auf Ablehnung stoßen.

Sicher kann man sich in diesem Zusammenhang vieles nicht auf Anhieb merken. Echte "UNIX-Freaks" geben sich denn in der Tat auch viel Mühe, in Scripten oder C-Programmen Ausdrücke zu "basteln", die eher nach Keilschrift, als nach etwas Sinnvollem aussehen. Übertreiben kann man es natürlich überall, und zuweilen ist es allein aus dokumentarischen Gründen besser, fünf Zeilen zu schreiben, als unbedingt den Ehrgeiz aufzubringen, alles in einer zu formulieren.

Wesentlich ist allerdings, daß es überhaupt eine Möglichkeit gibt, die Wirkungsweise von Kommandos durch Einbringen syntaktischer Elemente in der Nuance zu beeinflussen. Dies unterscheidet UNIX auf alle Fälle von anderen Systemen, und das kann kein Nachteil und damit eigentlich auch kein Kritikansatz sein.

8.5. Worte zählen

Ein eher unscheinbares Kommando, dessen Nützlichkeit sich erst in späteren Themen, wie der Shellprogrammierung, dokumentiert, ist "word count". Es gibt Aufschluß über die Anzahl von Zeichen, Worten und Zeilen, die eine Datei beinhaltet. Das Kommando soll im Hinblick auf die nachfolgend behandelte Druckerausgabe hier schon einmal vorgestellt werden. Sie können sich damit dann einen ungefähren Überblick über die beim Ausdruck einer Datei benötigte Papiermenge verschaffen.

Das Kommando wird Ihnen später noch einmal begegnen, und sich, wie erwähnt, als recht nützliches "Werkzeug" zu erkennen geben.

```
wc          Word count

wc          [-lwc] file(s)
-c          zählt die Zeichen in der Datei
-w          zählt die Worte
-l          zählt die Zeilen
```

Wird bei dem Kommando keine Option angegeben, so werden alle drei Werte ausgegeben. Bei mehreren angegebenen Dateien erfolgt die Ausgabe jeweils einzeln, anschließend wird die Summe der Einzelwerte ausgegeben.

Ein Wort ist im Zusammenhang mit dem Kommando als Zeichenkette aufzufassen, in der keine Leerzeichen enthalten sind. Werden mehrere Dateien angegeben, erfolgt die Ausgabe pro Datei. Der Dateiname wird mit ausgegeben, und abschließend wird die Summe der einzelnen Angaben produziert und angezeigt.

Um die Arbeitsweise von "word count" bei Angabe mehrerer Dateien zu überprüfen, wurden im Beispiel zunächst einige Kopien von `privat.adr` erzeugt und diese inhaltlich ein wenig verändert, so daß unterschiedliche Resultate erzielt werden.

Im ersten Beispiel sind keine Optionen gesetzt, so daß das Kommando die Gesamtinformation tabellarisch ausgibt. Hierbei gibt die erste Spalte die Zeilen, die zweite die Worte und die dritte die Zeichen wieder.

```
$ wc privat.adr privat.org privat.kopie
   13       27      711   privat.adr
    7       17      414   privat.kopie
    6       10      297   privat.org
   26       54     1422   total

$ wc -l privat.adr
   13  privat.adr

$ wc -w privat.adr
   27  privat.adr

$ wc -c privat.adr
  711  privat.adr
```

Da im ersten Fall mehrere Dateien überprüft wurden, finden Sie in der rechten Spalte deren Namen sowie darunter eine Summenzeile.

Die Einzelergebnisse sind angewandt auf `privat.adr` jeweils mit den Optionen `-l`, `-w` und `-c` abrufbar.

8.6. Dateien drucken

Nach dem Motto "was man schwarz auf weiß besitzt ...", möchten auch Sie sicherlich ab und zu Ihre Dateien zu Papier zu bringen. Man muß allerdings erwähnen, daß das Drucken wegen der Vielzahl der existierenden Druckertypen und der unterschiedlichen Konfigurationsmöglichkeiten, die der Systemadministrator hat, auf den verschiedenen Systemen sehr unterschiedlich geregelt ist.

Es wird daher im folgenden eine exemplarische und zugegebenermaßen recht simple Druckerkonfiguration vorgestellt, die nur aus einem einzigen Drucker besteht, der direkt am lokalen System angeschlossen ist. In der Praxis ist es heutzutage üblich, daß sich mehrere Rechner einen oder mehrere Drucker verschiedener Typen teilen und über ein Netzwerk darauf zugreifen.

Über die installierte Druckerumgebung auf Ihrem System verschafft das folgende Kommando einen Überblick. Details müssen Sie aber auf alle Fälle von Ihrem Systemverwalter erfragen.

lpstat	Status des Print-Service ausgeben
`lpstat`	`[-a] [-others]`
`-a`	liefert Information über alle Drucker in Bereitschaft
`-others`	steht hier stellvertretend für eine Reihe weiterer Optionen, die hier nicht behandelt werden können (siehe Systemmanuale)

Dieses Kommando zeigt die Anzahl der einzelnen Drucker und deren Zustand an. Insbesondere also, ob der Drucker gerade einen Auftrag ausführt, überhaupt Aufträge akzeptiert oder nicht bereit ist.

```
$ lpstat -a
hplaser accepting requests since Thu Mar 12 08:13:16 EST 1992
```

Im Beispiel heißt der einzige angeschlossene Drucker `hplaser`. Die Tatsache, daß dieses Gerät "requests" akzeptiert, bedeutet, daß er für das System druckbereit ist. Sie könnten also einen Druckauftrag dorthin dirigieren, indem Sie folgendes Kommando anwenden:

lp	Datei(en) drucken
`lp`	`[-d dest] [-others] [file(s)]`
`-d dest`	einer der Namen, die lpstat als ansprechbaren Drucker liefert
`-others`	steht hier stellvertretend für eine Reihe weiterer Optionen, die hier nicht behandelt werden können (siehe Systemmanuale)
`file(s)`	Dateien, die gedruckt werden sollen

Sind mehrere Drucker zugänglich, richtet sich die Wahl nach dem jeweiligen Bedarf. Briefe wird man dabei eher auf einem aufwendigeren Gerät, wie beispielsweise einem Laserdrucker, ausgeben. Für einfache Listen, etwa Programmquellcode, könnte man sich mit einem Drucker zufriedengeben, dessen Ausgabe weniger gestochen scharf, dafür aber etwas schneller ist. Der gewählte Drucker wird mit der Option `-d` definiert.

Falls nur ein Drucker am System existiert, kann man normalerweise auf die Angabe des Druckernamens verzichten. Tut man dies auch bei mehreren Druckern, erhält man entweder eine Fehlermeldung, oder das System weist den Auftrag einer "default Destination" zu, das ist ein Gerät, das alle nicht näher spezifizierten Aufträge abwickelt.

```
$ lp privat.adr
request id is hplaser-40 (1 file)

$ lp -d hplaser privat.adr
request id is hplaser-40 (1 file)
```

Mehr kann das Betriebssystem für Sie nicht tun. Ist der Drucker physikalisch in einem fehlerhaften Zustand, sei es durch Papierstau oder weil das Papierfach leer ist, kann uns UNIX das unter Umständen nicht mitteilen.

In aller Regel muß man sich als Anwender eines UNIX-Systems ohnehin selbst zum Drucker begeben, um das Produkt seiner Bemühungen dort abzuholen. Steht man des öfteren frustriert vor einem leeren Ausgabefach, sollte man kompetente Hilfe in Anspruch nehmen, es sei denn, man kennt sich mit den Gepflogenheiten des Druckers aus.

9. Zugriffsrechte

9.1. Kapitelübersicht

Ein sehr wichtiges Thema steht an. Es geht um die Möglichkeiten, die UNIX bietet, Dateien gegen unberechtigtes Lesen und Schreiben zu schützen. Wie der Systemzugang gegen unbefugtes "Betreten" geschützt ist, wissen Sie ja bereits. Wie Sie Ihre Dateien gegen neugierige Mitbenutzer abschirmen, erfahren Sie jetzt. Im einzelnen werden Sie vertraut gemacht mit:

- Benutzerorganisation   Superuser, Gruppen, User, Eigentümer
- Dateizugriffsrechte   lesen, schreiben, ausführen, durchsuchen
- `chmod`   Zugriffsrechte festlegen, erlauben, verbieten
- `ls -l`   im Detail
- `umask`   Voreinstellungen

9.2. Benutzerklassen

Jeder Benutzer unter UNIX hat das Hausrecht in seinem Home-Directory. Alle Dateien und Dateiverzeichnisse, die er dort anlegt, gehören selbstverständlich ihm. So ist es beinahe überflüssig zu erwähnen, daß der Benutzer selbst, als Eigentümer, uneingeschränktes Zugriffsrecht auf seine eigenen Dateien und Kataloge hat. Er kann also seine eigenen Daten jederzeit lesen, verändern oder löschen. Ebenso einsichtig ist es, daß ein Benutzer all die genannten Aktionen auf fremde Dateien nicht so ohne weiteres anwenden kann. Ein Benutzer kann aber Zugriffsrechte für andere Benutzer auf seine Daten definieren. Er kann erlauben, daß andere seine Dateien lesen, schreiben oder auch löschen.

Aus der Sicht einer vorgegebenen Benutzerkennung unterscheidet UNIX drei Kategorien von Benutzern, die sogenannten Benutzerklassen.

Da ist zum einen der Benutzer selbst. Dem System gegenüber ist dieser durch seine "Userid" bekannt. Werden Kennung und zugehöriges Paßwort korrekt beim Login-Vorgang eingegeben, akzeptiert UNIX einen Dialog. Der Begriff des Benutzers ist natürlich nicht an eine Person gebunden. Kennt jemand anderes Ihre Login-Informationen, kann er selbstverständlich genau wie Sie selbst und mit allen Konsequenzen am System arbeiten.

Die nächste Kategorie in der Benutzerhierarchie ist die Benutzergruppe. Diese Institution ist aus praktischen Erwägungen sehr nützlich. In aller Regel wird man nicht immer im Alleingang mit UNIX arbeiten, sondern einem Team angehören. Beispielsweise einer Gruppe von Kolleginnen und Kollegen, die an der Entwicklung einer Software arbeiten. Nun ist es sicher sinnvoll, wenn jeder Projektmitarbeiter eine eigene Kennung gegenüber UNIX besitzt, um einen abgeschlossenen Bereich im Dateisystem zu erhalten. Sicher ist es aber in der Praxis unumgänglich, daß andere Teammitglieder Zugang zu wenigstens bestimmten Dateien der übrigen haben. Entweder muß eine zentrale Dokumentation eingesehen und ergänzt werden können, oder Programmodule müssen zugänglich sein.

Würde jedes Teammitglied bestimmte Dateien für alle anderen Projektmitarbeiter zugänglich machen, würde dies automatisch bedeuten, daß die Dateien für alle Benutzer des Systems zugänglich wären. Das ist aber nicht unbedingt erwünscht. Es ist also eine Abgrenzung von Benutzern, einer Gruppe von Benutzern - dem Projektteam - und allen übrigen Benutzern notwendig. Genau deshalb existiert oberhalb der Institution Benutzer noch die der Benutzergruppe. In einer solchen Benutzergruppe sind verschiedene Systembenutzer - aber eben nicht alle - zusammengefaßt. Zugriff auf Daten wird dann auch gezielt für Mitglieder der Gruppe definierbar.

Konkret können beispielsweise alle Benutzer der Gruppe in eine Datei schreiben, die einem Benutzer aus der Gruppe gehört. Für alle übrigen Benutzer des Systems wird dagegen der Zugriff verweigert.

Implizit sind damit bereits alle drei Kategorien umrissen. Es sind dies der Benutzer selbst, aus seiner Sicht alle Benutzer, die seiner Gruppe angehören und alle anderen, die dies nicht tun. Man spricht bei letzteren auch vom "Rest der Welt" oder den "others".

- **Benutzer**   definiert durch eine Kennung und ein zugeordnetes Home-Directory

- **Benutzergruppe**   eine im System definierbare, benutzerübergreifende Instanz als Zusammenfassung mehrerer Benutzer zu einer Einheit, der auch der Benutzer selbst angehört

- **alle anderen**   die also insbesondere nicht zu der Benutzergruppe gehören

In der Abbildung sind die Benutzer ben_1, ben_2 und ben_3 zu einer Gruppe zusammengefaßt. Aus der Sicht dieser Gruppe werden die nicht zu ihr gehörenden Benutzer ben_4 bis ben_7 als restliche Benutzer - kurz "others" - betrachtet.

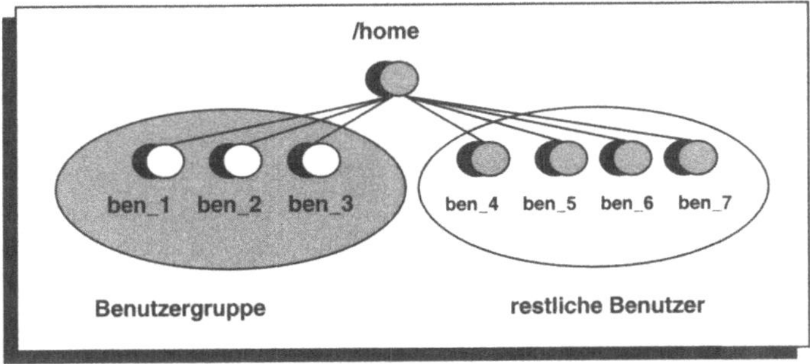

Jeder Benutzer hat seine eigene Dateistruktur, für die er Zugriffsrechte vergeben kann. Für seine eigenen Datenobjekte kann er Rechte für sich selbst, für Angehörige der Gruppe und für die Benutzer außerhalb der Gruppe definieren. In UNIX gibt es zur Definition von Benutzergruppen und zur Definition von Benutzern zwei Systemdateien, auf die schreibend selbstverständlich nur der Systemverwalter zugreifen kann.

Die Datei `/etc/group`

In der Datei `/etc/group` werden die Benutzergruppen definiert. Die Datei hat den Aufbau, den Sie unten in einem exemplarischen Auszug sehen.

```
$ cat /etc/group

root::0:root
other::1:
bin::2:root,bin,daemon
sys::3:root,bin,sys,adm
adm::4:root,adm,daemon
.....
```

Jeder "Satz" in dieser Datei besitzt prinzipiell einen gleichen Aufbau, der hier stellvertretend für die Gruppe `bin` analysiert werden soll. Der Name der Benutzergruppe ist `bin`, er ist ebenso frei wählbar, wie der Name eines Benutzers. Eingerichtet werden Gruppen ausschließlich vom Systemverwalter.

Die Namen der Gruppen und der Benutzer, sind im System allerdings nicht von Interesse. Intern werden Aktionen über Gruppen- oder Benutzernummern abgewickelt. Jede Benutzergruppe erhält also eine systemweit eindeutige Gruppennummer. Im Beispiel ist `bin` die Benutzergruppe `2`.

Die Benutzernamen `root`, `bin`, `daemon` stehen im Beispiel stellvertretend für die Liste aller Benutzernamen, die der Gruppe zugerechnet werden. Alle Kennungen, die der Gruppe angehören, werden durch Komma getrennt hintereinander aufgelistet. Wie man aus der Liste erkennt, kann ein Benutzer - hier `root` - durchaus mehreren Gruppen angehören.

Die einzelnen Felder eines Satzes werden durch `:` voneinander getrennt. Was auffällt, sind die beiden Doppelpunkte `::` hinter dem Gruppennamen. Zwei Feldtrenner unmittelbar hintereinander bedeuten, daß der Eintrag, der eigentlich zwischen die beiden Doppelpunkte gehört, ausgelassen wurde. In dem Fall der Datei `/etc/group` würde hier ein Gruppenpaßwort zwischen die beiden Doppelpunkte gehören. Das Gruppenpaßwort hat aber im Gegensatz zum Benutzerpaßwort keine so relevante Bedeutung und ist in den meisten Systemen ungenützt.

Die Datei /etc/passwd

Die Datei ist Ihnen während der Beispiele in den vorausgegangenen Abschnitten schon öfter begegnet. In /etc/passwd sind die einzelnen Benutzer des Systems definiert. Der Aufbau ist - wenn auch inhaltlich umfangreicher - prinzipiell dem der Datei /etc/group ähnlich. Bei genauem Hinsehen werden einige Sachverhalte, die implizit bereits bekannt sind, deutlicher.

```
$ cat /etc/passwd
root:x:0:1:0000-Admin(0000):/:/sbin/sh
daemon:x:1:1:0000-Admin(0000):/:
bin:x:2:2:0000-Admin(0000):/usr/bin:
.....
sysadm:x:0:0::/usr/admin:/usr/sbin/sysadm
vmsys:x:102:100:FACE executables:/home/vmsys:/sbin/sh
oasys:x:103:1:Object Architecture Files:/home/oasys:/sbin/sh
dieter:x:104:1:osfmotif-user 1:/home/dieter:/bin/ksh
myself:x:105:1:bourne-shell-user:/home/myself:/sbin/sh
claudia:x:106:1:osfmotif user 3:/home/claudia:/bin/ksh
nobody:x:100:101:unprivileged user:/nonexistent:/noshell
netuser2:x:108:1:network comand test user:/home/netuser2:/bin/ksh
.....
```

Zerlegen wir stellvertretend den fettgedruckten Eintrag der wohlbekannten Benutzerkennung myself in seine Bestandteile - es ist der eines typischen Benutzers.

Der Name myself ist die Benutzerkennung. Den Buchstaben x unmittelbar dahinter findet man in neueren Systemversionen. In älteren trifft man dagegen noch auf folgende Ungereimtheit UpfHH2prt oder etwas ähnliches, jedenfalls vollkommen unverständliches. Es handelt sich hierbei um die Verschlüsselung des Paßwortes, die bis System V.3 noch in der Datei /etc/passwd hinterlegt wurde. Ab Release 4 stehen die Paßwort-Informationen, natürlich ebenfalls verschlüsselt, in einer eigenen Datei, /etc/shadow. Vergeuden Sie übrigens keine Zeit mit Versuchen, den Code zu "knacken", es wird Ihnen kaum gelingen. Die Verschlüsselung ist gut gelungen. Auch im Klartext gleichlautende Paßworte haben unterschiedliche Codierungen.

Das x ist der Form halber in der Datei /etc/passwd geblieben, da eine Strukturänderung dieser Datei zu viele Änderungen im System zur Folge gehabt hätte.

Unter der systeminternen Benutzernummer, im betrachteten Beispiel 105, führt UNIX über die Benutzeraktionen Buch. Diese auch als reale Benutzernummer bezeichnete Größe ist eigentlich relevant für UNIX, die Benutzerkennung ist dagegen ist für das System belanglos. Somit ist diese Zahl eigentliche die "Userid".

Der nächste Eintrag in der Datei definiert die Gruppe, der ein Benutzer angehört. In unserem Fall ist 1 die Nummer der Gruppe other. Jeder Benutzer, der nicht explizit zu einer Gruppe gehört, wird vom System standardmäßig der Gruppe `other` zugeteilt. Der Text `"Bourne-Shell-User"` ist ein beliebiger Kommentar zum Benutzer.

Was bekannt sein dürfte, ist `/home/myself`, als Name des Benutzer-Heimatverzeichnisses. Es trägt in der Regel den Namen des Benutzers.

Die Tatsache, daß diese Information in der `passwd`-Datei überhaupt auftaucht, legt die Vermutung nahe, daß durchaus mehrere Benutzer einem gleichen Home-Directory zugeordnet sein können. Das bedeutet, mehrere Benutzer teilen sich die gleiche Dateistruktur. Derartige Vorgehensweisen erscheinen auf den ersten Blick nicht unbedingt sinnvoll, werden aber insbesondere bei Kennungen verwendet, bei denen die Benutzer keinen Zugang zur Shell haben.

Der Dateiname `/usr/sbin/sh` ist der Name eines Programms, welches sofort nach Login gestartet wird. Im vorliegenden Fall handelt es sich um die Bourne-Shell. Es kann anstelle der Shell irgendein anderes Programm gestartet werden, so daß ein derart ausgestatteter Benutzer von UNIX, oder besser von der Shell nichts zu sehen bekommt. In diesem Fall, ist auch das Zusammenführen mehrerer Benutzer unter einem Homeverzeichnis möglicherweise sinnvoll, da nur programmgesteuert und kontrolliert auf Daten zugegriffen wird.

Wird das in der `/etc/passwd` referenzierte Programm beendet, ist dies gleichbedeutend mit dem Ende der UNIX-Session. Im übrigen bedeutet die Eingabe `<Ctrl><D>` auf der Shell auch nichts anderes, als daß das Programm Shell beendet wird.

Wenn Sie die `passwd`-Datei genauer betrachten, werden Sie erkennen, daß es auch Ausnahmen gibt, die von der hier beschriebenen Interpretation insofern abweichen, als daß weder Home-Directory noch Startprogramm definiert sind.

Derartige Pseudo-Kennungen sind aus systeminternen Gründen nützlich und notwendig. Das soll aber hier nicht Gegenstand der Erläuterung sein.

Die Datei `/etc/shadow`

In der Datei `/etc/shadow` sind schließlich die Verschlüsselung sowie Informationen zur Gültigkeit des Kennwortes hinterlegt. Diese Gültigkeitsinformationen haben Sie eingangs (Kap. 2.3) im Zusammenhang mit dem `passwd`-Kommando und der Option `-s` kennengelernt. Innerhalb Release 4 sind diese Informationen neu hinzugekommen. In älteren Versionen gab es nur das Paßwort selbst. Aus diesem Grund war es vorher nicht notwendig, eine eigene Datei zur Hinterlegung dieser Informationen zu haben. Das verschlüsselte Paßwort stand direkt in `/etc/passwd`.

```
/etc/shadow                                    (Details Siehe Kap. 2.3)
root::zTcDOOIvZpFHk:8121:0:168:7:::
.....
myself:8UJE1CfdtMOPI:8182:10:168:7:::
.....
```

Nachdem die Verankerung der Benutzerkennungen und Gruppen im System jetzt bekannt ist, können wir uns im Prinzip den eigentlichen Zugriffsrechten auf Dateien zuwenden.

Lassen Sie uns aber vorher noch ein für alle Mal die Rolle des bereits vielzitierten Systemadministrators oder Superusers hinsichtlich seiner Definition gegenüber dem System klären.

Superuser

An oberster Stelle in der Datei `/etc/passwd` finden Sie den arg strapazierten Superuser oder Systemverwalter. Auf den meisten Systemen hat er den Benutzernamen `root`, weil die Wurzel `/` des Dateisystems sein Heimatverzeichnis ist. Entscheidend dafür, daß jemand Superuser ist, ist aber keinesfalls der Name `root`, sondern ausschließlich die ihm zugeteilte Benutzernummer 0. Superuser ist also jeder eingetragene Benutzer, der die Benutzernummer 0 hat. Wie Sie der `passwd`-Liste entnehmen können, ist dort ein Benutzer `sysadm` eingetragen, der ebenfalls die Benutzernummer 0 besitzt. Auch diese Kennung hat Superuserberechtigung. Der dort vorgefundene Programmname ist eine Software, die formatiert und menügesteuert die wesentlichen System-administrationsfunktionen beinhaltet.

9.3. Zugriffsarten

Auf eine Datei kann man auf drei Arten zugreifen. Lesend, also insbesondere nicht verändernd, schreibend, also verändernd, und ausführend.

Letzteres heißt, man kann eine Datei wie ein Kommando aufrufen, wenn deren Inhalt entweder ein ablauffähiges Programm oder eine Kommandofolge ist. Ausführbare Kommandofolgen, sogenannte Shell-Prozeduren oder Scripts werden uns noch später begegnen.

Die drei Arten des Zugriffs werden durch `r (read)`, `w (write)` und `x (execute)` abgekürzt. Keines der drei Rechte schließt ein anderes aus. Eine Datei kann also sowohl lese- wie schreibberechtigt sein und dazu noch ausführbar. Sie hat dann die Zugriffsrechte `rwx`.

Ist eines der drei Rechte nicht gesetzt, wird dies durch - angedeutet, so daß `rw-` bedeutet: Lese- und Schreibberechtigung aber nicht ausführbar, während `r--` nur eine Leseberechtigung darstellt. Ein Zugriffsrecht `---` gibt es übrigens auch. Betrachten wir noch einmal einen Ausschnitt aus dem Resultat eines `ls -l`-Aufrufes:

```
/home/myself
drwxr-xr-x   2 myself    other      512 Jun  7 14:27 ADRESSEN
/home/myself/ADRESSEN
-rw-r--r--   1 myself    other      807 May  5 21:09 privat.adr
```

Unterhalb des Verzeichnisses ADRESSEN finden Sie bei privat.adr in der Rubrik links die Zeichenfolge -rw-r--r-- deren Bedeutung jetzt verständlich gemacht werden kann. ADRESSEN ist ein Verzeichnis, während privat.adr eine Datei ist. Dieser Unterschied wird bekanntermaßen durch das erste Zeichen d beziehungsweise - in der ls-Ausgabe dokumentiert. Wo immer also d auftritt, haben Sie es mit einem Verzeichnis zu tun, während es sich bei - um eine Datei handelt. Ein symbolischer Link wird mit einem l gekennzeichnet - unabhängig davon, ob es ein Datei- oder ein Verzeichnislink ist.

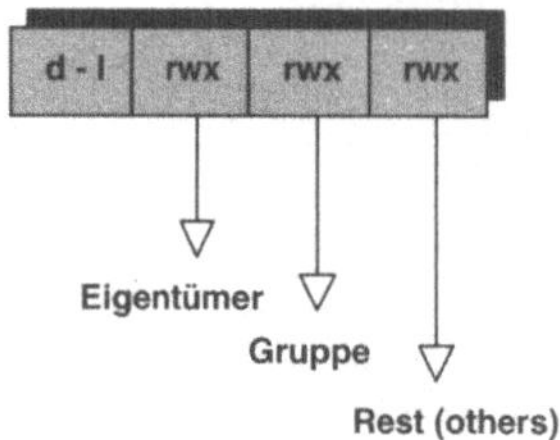

In beiden Informationen finden Sie jetzt die Folge rw, was die Zugriffsrechte in der bereits genannten Weise definiert. ADRESSEN und privat.adr sind also lese- und schreibberechtigt. Um Herauszufinden für wen, sehen wir uns die linken Teile komplett an.

```
drwxr-xr-x    2 myself    other     512 Jun   7 14:27 ADRESSEN
-rw-r--r--    1 myself    other     807 May   5 21:09 privat.adr
```

Sie erkennen, daß die Zugriffsinformation - also die Sequenzen aus r,w,x - insgesamt dreifach vorkommen und zwar in unterschiedlicher Ausprägung. Der erste Dreierblock rw- bei privat.adr und rwx bei ADRESSEN bezieht sich auf den Eigentümer, der ist in beiden Fällen myself. Der "owner" steht in der Information von ls an zweiter Position von links gesehen.

Der darauf folgende Block r-x bzw. r-- bezieht sich auf die Benutzergruppe other, die den dritten Informationsteil von ls ausmacht. Alle anderen Benutzer des Systems besitzen für ADRESSEN r-x und für privat.adr nur r--. Die Datei privat.adr kann also nur gelesen werden. Offen bleibt zunächst die Frage, was das x beim Verzeichnis ADRESSEN zu bedeuten hat. Nichts mit den Zugriffsrechten zu tun haben die letzten Informationsteile von ls. Folgende Tabelle faßt noch einmal die Informationen für PRIVAT/ADRESSEN zusammen:

d	d Dateiverzeichnis, - Datei, l symbolic link,
rwx	Zugriffsrechte Eigentümer
r-x	Zugriffsrechte Gruppe
r-x	Zugriffsrechte alle anderen
2	Link counter
myself	Eigentümer (Benutzername)
group	Gruppenname
512	Größe der Datei in Byte
Jun 7 14:27	Datum und Zeit der letzten Änderung
ADRESSEN	Datei- oder Verzeichnisname

Eingangs wurde das Zugriffsrecht x als Ausführberechtigung definiert. Was soll aber ausführbar im Zusammenhang mit Dateiverzeichnissen bedeuten?

Das x-Recht hat bei Directories eine andere Bedeutung, denn Verzeichnisse auszuführen kann ja keinen Sinn machen. Außer der Lese- und Schreibberechtigung gibt es bei Verzeichnissen noch eine andere Aktion, die es von Fall zu Fall zu verhindern gilt. Es handelt sich um das "Betreten" eines Verzeichnisses mit dem cd-Kommando. Genau hierzu ist das x-Recht für Directories zuständig. Im Beispiel ist es jedem Benutzer erlaubt, in das Verzeichnis ADRESSEN zu wechseln und sich das Inhaltsverzeichnis anzusehen. Wären dagegen die Rechte auf drwx------ könnte nur der Eigentümer das Directory mit cd betreten.

Auf die Besonderheiten der Zugriffsrechte im Zusammenhang mit Verzeichnissen gehen wir gleich noch intensiver ein. Zunächst sollen Sie erfahren, wie Sie die Zugriffsrechte Ihrer Dateien nach Belieben vergeben und wieder entziehen können.

9.4. chmod - Zugriffrechte ändern

Natürlich können Zugriffsrechte für Dateien und Verzeichnisse nur vom jeweiligen Eigentümer verändert werden - die Ausnahme bildet wieder einmal der Superuser, der sich ja bekanntermaßen über alle Restriktionen hinwegsetzt. Die Zugriffsarten sind Ihnen ja bereits bekannt.

Fassen wir noch einmal kurz zusammen. Wir haben es mit drei verschiedenen Zugriffsarten zu tun. Gleichzeitig existieren die Rechte für die drei bekannten Benutzergruppen Eigentümer, Gruppe und alle anderen. Per Konvention werden die Rechte mit + verliehen und mit - entzogen.

Das Kommando zur Regelung der Zugriffsrechte muß all das definieren und wird deshalb ein wenig schreibaufwendig.

chmod	Zugriffsrechte verändern
chmod	who +/-what objects
objects	gibt den Namen der Datei(en) oder Verzeichnisse an, für die die Rechte definiert, bzw. verändert werden sollen
who	u user (Eigentümer)
	g group (Gruppe)
	o other (alle anderen)
	a all (umfaßt u,g und o und ist gleichzeitig voreingestellt!)
+/-what	r lesen
	w schreiben
	x ausführen, durchsuchen
Mit + werden Rechte verliehen, mit - werden Rechte entzogen.	

```
chmod       mask objects
mask        3-stellige oktale Zahl, wobei jeder Ziffer von links nach
            rechts zu u, g oder o gehört.
            Jede Ziffer wird aus der Summe der Rechte r, w, x gebildet,
            wobei gilt:  r=4
                         w=2
                         x=1

Folgende darüberhinaus definierten Belegungen werden nicht behandelt.

                  s (set User-ID)
                  t (sticky Bit)
                  l (mandatory locking)
```

Außer den bekannten Optionen r,w,x gibt es noch weitere. Sie haben aber im bisher definierten Sinn mit der Regelung des Zugriffes auf eine Datei direkt nichts zu tun und bleiben zunächst von der Betrachtung ausgeschlossen. Es sind dies s und t, wobei wir auf s im Kapitel über Prozesse zu sprechen kommen werden.

Im Vergleich mit den bisher kennengelernten Kommandos hat chmod eine vergleichsweise komplizierte Syntax. Erfahrungsgemäß stolpern darüber die "Einsteiger" als erstes. Wichtig ist, daß UNIX auch hier keine Freiheitsgrade einräumt, was die Reihenfolge der Optionen anbelangt. Hierzu ein hoffentlich erschöpfendes und klärendes Beispiel:

Angenommen Sie haben Ihre private Adreßdatei privat.adr unter dem Verzeichnis ADRESSEN erstellt. UNIX vergibt beim Erstellen neuer Dateien und Verzeichnisse ein Standardzugriffsrecht, welches allerdings voreinstellbar ist. Die Voreinstellung sei so beschaffen, daß Verzeichnisse beim Einrichten die Rechte drwxr-xr-x und Dateien rw-r--r-- erhalten. Dateien können also von jedem gelesen, Verzeichnisse von jedem gelesen und mit cd "betreten" werden; schreiben dürfen nur Sie.

Da Sie zu Recht der Meinung sind, Ihre Privatanschriften gingen außer Ihnen niemanden etwas an, möchten Sie die Rechte auf Verzeichnis und Datei entsprechend ändern. Dazu gehen Sie schrittweise folgendermaßen vor: Die "Verpackung" des Kommandos ist zunächst das Kommandowort chmod selbst und die Datei oder Dateien, auf die es sich bezieht. Für die Adreßdatei also

```
chmod........ privat.adr
```

Die Benutzerklassen, deren Zugriffsrecht gerade festgelegt werden soll, muß zuerst genannt werden. Da Sie mit den standardmäßig vergebenen Rechte des Ei-

gentümers - das sind Sie selbst - zufrieden sind, brauchen Sie nur noch Gruppen-
und Allgemeinrecht zu verändern. Das Kommando wird wie folgt ergänzt:

```
chmod  g ...o...    privat.adr
```

Zu den Benutzerklassen werden die Rechte jeweils gesetzt oder entzogen, im
Beispiel wird das Leserecht entzogen:

```
chmod  g-r  o-r  privat.adr
```

Damit hat die Adreßdatei die gewünschten Rechte.

```
rw- --- ---
```

Da die oben vorgenommene Manipulation sowohl für die Gruppe als auch für
den "Rest der Welt" jeweils das Leserecht entzieht, also die gleiche Definition
vornimmt, kann man dies auch kompakter als

```
chmod go-r   privat.adr
```

formulieren. Das übergeordnete Verzeichnis ADRESSEN passen Sie dann wie
folgt an:

```
chmod g-rwx o-rwx ADRESSEN

        bzw.

chmod go-rwx ADRESSEN
```

Das Resultat sind dann die Zugriffsrechte

```
drwx --- ---
```

Niemand - mit Ausnahme des Superusers - kann fortan in Ihren ADRESSEN
"herumstöbern".

Im folgenden eine kleine Übung zum Thema, die gleichzeitig einige interessante
Aspekte aufwirft.

1. Variieren Sie die Zugriffsrechte auf das Verzeichnis ADRESSEN so, daß
   das Kommando `ls -l` folgendes liefert:
   ```
   d--- --- ---...... ADRESSEN
   ```
   Wechseln Sie mit `cd` nach ADRESSEN !

2. Ändern Sie die Rechte des Verzeichnisses ADRESSEN auf
   ```
   d--x --x --x
   ```
   und versuchen Sie noch mal Ihr Glück mit `cd`. Was passiert bei `ls`?

3. Ändern Sie die Rechte ab auf
   ```
   dr-x r-x r-x
   ```

4. Versuchen Sie das Kommando
   ```
   ls -l ADRESSEN
   ```

5. Verändern Sie die Rechte des Kataloges ADRESSEN wie folgt
   ```
   drwx rwx rwx
   ```
   und kopieren Sie die Datei `privat.adr` auf `privat.copy`
   Entziehen Sie der Kopie das Schreibrecht für alle Benutzer

6. Bitten Sie einen Übungspartner - das können auch Sie selbst sein - unter
   einer anderen Benutzerkennung auf Ihr Verzeichnis ADRESSEN zu
   wechseln und zu versuchen, die soeben kopierte Datei `privat.copy`
   zu löschen. Gelingt das ?

7. Wiederholen Sie 5 und 6 wobei Sie aber die Rechte von ADRESSEN auf
   ```
   drwx r-x r-x
   ```
   setzen. Wie war das mit dem Löschen von `privat.copy`?

8. Wie verhält es sich, wenn Sie der Datei `privat.copy` Schreibrecht
   für alle verleihen ?

Wenn Sie diese Übung im Alleingang schaffen und auch noch die Resultate richtig interpretieren, haben Sie alles Notwendige im Zusammenhang mit Zugriffsrechten unter UNIX verstanden.

9.5. Besonderheit bei Verzeichnissen

Vielleicht waren Sie während der kleinen Übung über manche Verhaltensweisen überrascht. Im folgenden finden Sie die Auflösung der Rätsel.

zu 1:
Der Entzug sämtlicher Rechte auf das Verzeichnis ADRESSEN gelingt mit

```
chmod ugo-rwx ADRESSEN
```

Da Sie im letzten Fall die Rechte für alle drei Benutzergruppen auf den gleichen Wert gesetzt haben, bietet UNIX Ihnen für derartige globale Definitionen die Möglichkeit, anstelle von ugo die Klassifizierung a für alle zu verwenden. Das chmod-Kommando sieht dann kürzer folgendermaßen aus:

```
chmod a-rwx ADRESSEN
```

Allein die Tatsache, daß das Verzeichnis kein x-Recht mehr besitzt, ist Schuld an der Erfolglosigkeit des anschließenden Versuches, mit cd in das Verzeichnis ADRESSEN zu gelangen. UNIX quittiert dies mit einer Meldung "Permission denied ...". Sie kommen auf jeden Fall nicht mehr in Ihr eigenes Verzeichnis - auch dann nicht, wenn Sie einen absoluten Pfad angeben. Sie hätten diesen Effekt auch allein durch

```
chmod a-x ADRESSEN
```

erzielen können.

zu 2:
Die Merkwürdigkeit, nicht mehr in Ihr eigenes Verzeichnis wechseln zu können, bereinigen Sie problemlos mit:

```
chmod a+r ADRESSEN
```

Nach gelungenem Wechsel in ADRESSEN mittels cd, verweigert jedoch das ls-Kommando die gewünschte Information. Dies begründet sich mit der Tatsache, daß das Verzeichnis kein Leserecht mehr besitzt - auch nicht für Sie als Eigentümer. Einem Katalog mit ls den Inhalt zu entlocken, ist genau der Sinn des Leserechts für Dateiverzeichnisse, denn mehr gibt ein Katalog nun mal beim Lesen nicht her.

zu 3:

Sie stellen das Leserecht für Ihren Katalog mit

```
chmod a+r ADRESSEN
```

wieder her.

zu 4:

Das Kommando funktioniert wieder wie gewohnt.

```
ls -l ADRESSEN
```

zu 5:

Die Kommandofolge

```
chmod a+rwx ADRESSEN
cd ADRESSEN
cp privat.adr privat.copy
chmod a-w privat.copy
```

leistet die Vorarbeit für die nächste Aufgabe, deren Auflösung besondere Aufmerksamkeit verdient.

zu 6:

Nach der Vorarbeit in 5, besitzt Ihr Verzeichnis ADRESSEN insbesondere Zugangsrecht x für alle Benutzer des Systems. Unter diesem Verzeichnis befindet sich die Datei privat.copy, der Sie soeben sämtliche Schreibrechte entzogen haben. Ein fremder Benutzer kann in Ihr Verzeichnis ADRESSEN "eindringen" indem er folgende Kommandos ausführt:

```
Login: partner
Password:....
cd /home/myself/ADRESSEN
```

Der Versuch, die Datei privat.copy mit dem Kommando

```
rm privat.copy
```

zu löschen ist erfolgreich, wenn auf eine Anfrage des Systems

```
privat.copy Mode 440 ?
```

mit y geantwortet wird. Zur Anfrage des Systems später mehr. Zunächst sollte die Tatsache interessieren, wieso es einem fremden Benutzer gelingt, eine Datei von Ihnen zu löschen, der Sie vorher explizit die Schreibberechtigung entzogen haben. Die Begründung ist einfach, wenn vielleicht auch überraschend: Das Schreibrecht des übergeordneten Kataloges ADRESSEN setzt sich über die Rechte der darunterliegenden Dateien hinweg und ist damit allein ausschlaggebend. Das Schreibrecht für Kataloge hat höhere Priorität als die Rechte auf der Ebene darunter. In Beispielfall "überdeckt" das Schreibrecht für ADRESSEN das nicht vorhandene Schreibrecht der darunter befindlichen Datei privat.copy. Deshalb kann diese Datei gelöscht werden.

Es gibt Meinungen unter Experten, die diese Regelung für unsinnig halten - auf alle Fälle verhält sich das System genauso! Achten Sie deshalb insbesondere auf die Schreibrechte Ihrer Kataloge.

zu 7 und 8:
Entziehen Sie dem Katalog ADRESSEN das Schreibrecht für fremde Benutzer.

```
chmod go-w ADRESSEN
```

Daraufhin scheitert selbstverständlich der Versuch eines fremden Benutzers, die Datei privat.copy zu löschen. Um dies zu verifizieren, müssen Sie natürlich die Ausgangssituation von 5 wieder herstellen, da privat.copy vorher gelöscht wurde.

Um das Thema "Besonderheiten bei Verzeichnissen" abzurunden, folgt noch ein recht interessantes Beispiel. Es wurde hierzu ein neues Verzeichnis RECHTE unter dem Heimatkatalog angelegt. Ferner enthält das Verzeichnis eine Datei. Das Verzeichnis besitzt nach dem Einrichten Standardzugriffsrechte, die Sie zunächst komplett entziehen. Daraufhin können Sie weder in das Verzeichnis wechseln, noch ein Inhaltsverzeichnis ausgeben. Das ist aufgrund der Zugriffsrechte völlig verständlich. Beachten Sie noch, daß in den folgenden Beispielen die Angaben u, g, und o jeweils weggelassen wurden. Es gilt dann die globale Voreinstellung a.

```
$ ls -ld RECHTE
drwxr-xr-x   2 myself    other           512 Jan 13 12:32 RECHTE
$ chmod -rwx RECHTE
$ ls -ld RECHTE
d---------   2 myself    other           512 Jan 13 12:32 RECHTE
$ cd RECHTE
/usr/bin/ksh: RECHTE: permission denied
$ ls RECHTE
can not access directory RECHTE
```

Sie vergeben jetzt wieder ein Durchsuchrecht auf den Katalog und können problemlos mit `cd` überwechseln. Der Versuch, mit ls ein Inhaltsverzeichnis auszugeben scheitert. Auch dann, wenn Sie das Verzeichnis wieder verlassen. Der Katalog besitzt keinerlei Leserecht.

```
$ chmod +x RECHTE
$ cd RECHTE
$ pwd
/home/myself/RECHTE
$ ls
can not access directory .
$ cd ..
$ ls -l RECHTE
can not access directory RECHTE
total 2
$ ls RECHTE
can not access directory RECHTE
```

Sie ändern das und können ein Inhaltsverzeichnis sowohl in Kurz- als auch in Langform ausgeben.

```
$ chmod +r RECHTE
$ ls -ld RECHTE
dr-xr-xr-x   2 myself    other           512 Jan 13 12:32 RECHTE
$ ls RECHTE
adressen
$ ls -l RECHTE
total 2
-rw-r--r--   1 myself    other            47 Jan 13 12:31 adressen
```

Als nächstes entziehen Sie wieder das x-Recht für das Verzeichnis RECHTE. Zu Ihrer Verblüffung stellen Sie fest, daß Sie jetzt zwar ein Inhaltsverzeichnis der Dateinamen von ls erhalten, jedoch verweigert das System Ihnen die Langform mit ls -l.

```
$ chmod -x RECHTE
$ ls -ld RECHTE
dr--r--r--   2 myself    other           512 Jan 13 12:32 RECHTE
$ ls RECHTE
adressen
$ ls -l RECHTE
RECHTE/adressen: Permission denied
total 0
$
```

Woran liegt das? Der Katalog besitzt nur ein Leserecht. Das bedeutet, daß ein einfacher ls deswegen funktioniert, weil er seine Information ausschließlich aus der Katalogdatei bezieht. Der Zugriff erfolgt ähnlich wie bei den Beispielen mit od im Kapitel 5, nur auf die Daten des Directories. Darin enthalten sind unter anderem Name und Inodenummern der Dateien. Nicht im Katalog selbst enthalten sind detaillierte Informationen über die beinhalteten Dateien und Verzeichnisse. Um an diese Information zu gelangen, müssen die Inodes der untergeordneten Objekte beschafft werden. Dazu müßte aber in den Katalog gewechselt werden, was wegen des fehlenden x-Rechtes scheitert.

9.6. Maskierung

Im Grunde ist damit das `chmod`-Kommando zur Veränderung der Zugriffsrechte bereits erschöpfend behandelt. Wenn Sie allerdings einem erfahrenen Anwender beim Ändern von Zugriffsrechten über die Schulter sehen, werden Sie wahrscheinlich bemerken, daß er es, was den Schreibaufwand betrifft, etwas effizienter schafft. Er benutzt eine andere Parametrierungsmethode, die Sie jetzt kennenlernen sollen.

Die sogenannte Maskierung der Zugriffsrechte ist effizienter, weil man weniger schreiben muß. Zunächst noch einmal ein Beispiel in der gewohnten Manier: Die Zugriffsrechte `rw-r--r--` einer Datei sollen in `rwx--x---` geändert werden. Dies leistet selbstverständlich das folgende Kommando

```
chmod ug+x go-r    (datei)
```

Das gleiche Resultat erzielt dagegen ein erfahrener UNIX-Anwender, indem er stattdessen formuliert:

```
chmod 710    (datei)
```

Die umständliche und sicher auch relativ fehleranfällige Schreibweise in der ersten Variante des Kommandos wird durch die Ziffer `710` ersetzt. Wie funktioniert das? Zunächst werden hinsichtlich der unterschiedlichen Arten des Zugriffs die folgenden Vereinbarungen getroffen, mit denen die Zugriffsrechte erst einmal eindeutig auf Zahlen abgebildet werden.

Leserecht	$r \Rightarrow 4 = 2^2$	
Schreibrecht	$w \Rightarrow 2 = 2^1$	
Ausführrecht	$x \Rightarrow 1 = 2^0$	
keines	$- \Rightarrow 0 = 0$	

Dem Leserecht wird die Zahl 4 zugeordnet, das Schreibrecht erhält 2, Ausführrecht ist gleich 1 und - , das ist überhaupt kein Recht, wird gleich Null gesetzt. Daß man ausgerechnet die ersten Zweierpotenzen gewählt hat, hat natürlich seine

Gründe. Wenn also den Rechten jetzt Zahlen zugeordnet sind, ist es relativ einsichtig, daß kombinierte Rechte durch Addition dieser Zahlen definiert werden können. Also beispielsweise Lesen und Schreiben gemäß:

$$r=4, \quad w=2, \quad x=0 \Rightarrow \quad rw \quad = 4+2+0=6$$

oder Schreiben und Ausführen

$$r=0, \quad w=2, \quad x=1 \Rightarrow \quad -wx \quad = 0+2+1=3$$

Zunächst einmal gibt es offensichtlich bei den gewählten Ziffern keinen Überlauf bei der Addition, denn maximal kann bei `rwx` die Zahl 7 entstehen. Da Rechte für drei Benutzerkategorien definiert werden müssen, kann man die Ziffern der drei Benutzergruppen als größere Zahl hintereinanderschreiben und erhält irgendwelche Werte zwischen `000` und `777`. Insofern erklärt sich die Identität der Zugriffsrechte `rwx--x---` mit der Zahl 710.

$$
\begin{aligned}
rwx \quad &= 4+2+1 \quad &= 7 \quad &\text{Eigentümer} \\
{-}{-}x \quad &= 0+0+1 \quad &= 1 \quad &\text{Gruppe} \\
{-}{-}{-} \quad &= 0+0+0 \quad &= 0 \quad &\text{Rest}
\end{aligned}
$$

Es bleibt noch die Eindeutigkeit der "Bezifferung" im Hinblick auf die explizite Schreibweise sicherzustellen. Die Zahl 7 kann zwar als $4+2+1$ dargestellt werden, genauso aber auch als $4+3+0$ oder als $6+1+0$ usw. Trifft man aber die Konvention, daß die Zerlegung nur in Zweierpotenzen erfolgen darf, dann kann 7 nur als $4+2+1$ dargestellt werden. Alle anderen Möglichkeiten erweisen sich als widersprüchlich. Folglich ist die Wahl der Ziffernzuordnung plausibel. Man bezeichnet den Vorgang die Zugriffrechte nach der beschriebenen Manier auf Ziffernfolgen abzubilden als Maskierung.

UNIX arbeitet intern nur mit maskierten Zugriffsrechten. Sie können jetzt auch die Meldung von UNIX

```
privat.copy Mode 440
```

aus der letzten Übung interpretieren. Die Meldung beugt nämlich dem versehentlichen Löschen vermeintlich wichtiger Dateien vor. Für das System sind alle Dateien "wichtig", die Zugriffsrechte über den Eigentümer hinaus - im Beispiel Leserecht für die Gruppe - haben.

Damit sich die Zahlentheorie etwas manifestiert, noch einige Beispiele zu maskierten Zugriffrechten.

```
ls -l

User  Group  Other                                        chmod
rwx   r--    r--      ⇒   4+2+1   4+0+0   4+0+0    =    744
rw-   rw-    rw-      ⇒   4+2+0   4+2+0   4+2+0    =    666
r-x   --x    --x      ⇒   4+0+1   0+0+1   0+0+1    =    511
--x   --x    --x      ⇒   0+0+1   0+0+1   0+0+1    =    111
---   ---    ---      ⇒   0+0+0   0+0+0   0+0+0    =    000
rwx   r-x    ---      ⇒   4+2+1   4+0+1   0+0+0    =    750
```

9.7. `umask` - Voreinstellungen

Jedesmal, wenn Sie eine neue Datei anlegen, erhält diese automatisch eine Standardbelegung ihrer Zugriffsrechte. Wie diese Initialisierung auf Ihrem System aussieht, finden Sie ganz einfach heraus. Erstellen Sie mit dem `vi` eine neue Datei und schauen Sie sich die Rechte anschließend mit `ls -l` an. Angenommen, Ihr System verleiht Dateien primär folgende Rechte:

```
rw- r-- r-- =  644
```

und Verzeichnisse erhalten folgende Zugriffsrechte:

```
drwxr-xr-x = 755
```

Nun haben Sie etwas dagegen, daß jede Datei und jedes Verzeichnis von vornherein für jeden Benutzer des Systems lesbar ist und daß darüber hinaus jeder Benutzer mit `cd` in Ihre Verzeichnisse wechseln darf. Natürlich könnten Sie jedesmal nach dem Erzeugen mit `chmod` die Rechte umdefinieren. Das wäre jedoch auf Dauer etwas zu mühsam, und Sie würden es sicher öfter vergessen. UNIX kennt einen Mechanismus, mit dem die Vorbelegungsrechte verändert werden können.

umask	set file-creation mode mask
`umask`	`[mask]`
`mask`	eine dreistellige (oktale) Zahl, die in Analogie zur Definition der Zugriffsrechte mit Maskierung zu betrachten ist.

Entgegen der Maskierung von Dateizugriffsrechten über chmod, wo die Zugriffsrechte einer Datei als individuelles Merkmal manipuliert werden, trifft umask eine globale Vereinbarung. Das Kommando legt fest, welche Rechte einer neuen Datei oder eines neuen Verzeichnisses entzogen werden sollen. Berücksichtigen Sie, daß bei Dateien Ausführrechte x nicht durch Voreinstellung im System gesetzt werden. Sie sind immer explizit zu vergeben. Daraus ergibt sich, daß die "großzügigsten" Rechte, die das System beim Erzeugen einer Datei vergeben kann 666 sind. Bei Verzeichnissen mit eingeschlossenem Durchsuchrecht 777.

```
Dateien         rw- rw- rw-    =   666
Verzeichnisse   rwxrwxrwx      =   777
```

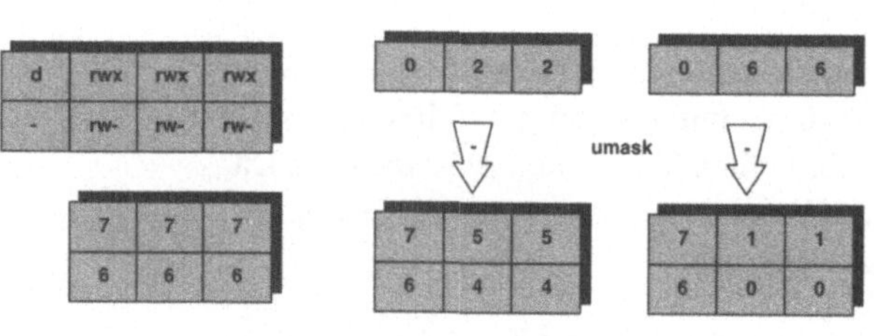

Bei umask geben Sie ebenfalls eine Maske an, in der jedoch nicht die Rechte bestimmt werden, die eine Datei bekommt, sondern diejenigen, die ihr von den standardmäßig Verliehenen wieder entzogen werden sollen. Das heißt, die Rechte, die in der Maske von umask "gesetzt" sind, sind genau diejenigen, die bei der Belegung der Zugriffsrechte gelöscht - oder besser - auf Null gesetzt werden. Zum Verständnis ist wieder einmal ein Beispiel hilfreich. Angenommen auf Ihrem System werden neu erzeugten Objekten als Standard folgende Zugriffsrechte verliehen:

```
Dateien         rw-r--r--      =   644
Verzeichnisse   rwxr-xr-x      =   755
```

Vergleichen Sie diese Rechte mit der maximalen Ausprägung oben, impliziert dies, daß umask 022 gesetzt sein muß. An den Eigentümerrechten wird nichts verändert (0). Die Schreibrechte für Gruppe und alle anderen werden entzogen (22).

Um eine Standardbelegung nach folgendem Muster zu erzielen

```
Dateien         rw- --- ---    =   600
Verzeichnisse   rwx --- ---    =   700
```

müßte umask 077 gesetzt werden. Die Eigentumsrechte blieben demnach wie in der Voreinstellung, Schreibrecht, Ausführrecht bzw. Durchsuchungsrecht bei Verzeichnissen werden ausgeschaltet.

Würden Sie statt `umask 077` `umask 066` einstellen, hätten Sie bei Dateien das gleiche Resultat wie bei `umask 077`. Das Durchgangsrecht (x) für Verzeichnisse bliebe jedoch bei Gruppe und Rest bestehen.

Wenn Sie `umask` ohne Angabe angeben, wird Ihnen die aktive Maskierung angezeigt.

```
$ umask
022
```

Beachten Sie nochmals den globalen Charakter des `umask`-Kommandos, es bezieht sich nicht auf einzelne Dateien, sondern wird von der Shell generell für die Dauer Ihrer Sitzung angewandt. Zunächst müssen Sie also nach jedem Login das Kommando erneut aufrufen, um Ihre vom Standard abweichenden Zugriffsrechte für neue Dateien zu erhalten. Selbstverständlich kann das auch automatisiert werden, wie Sie noch sehen werden.

9.8. Dateien schützen

In der Hauptsache geht es beim Thema Zugriffsrecht natürlich darum, zu verhindern, daß fremde Benutzer Ihre Dateien nicht lesen und nicht ändern können. Es sollte deutlich geworden sein, daß Schreibrecht für eine Datei gleichzeitig des Recht nach sich zieht, die Datei komplett zu löschen.

Eine oft vernachlässigte Frage in diesem Zusammenhang ist die, wie es um den Schutz Ihrer Dateien vor Ihren eigenen Aktionen bestellt ist. Im Laufe der Zeit werden Sie sicher einige Dateien erstellen, in denen sehr viel Arbeitsaufwand steckt und die es auf alle Fälle gegen versehentliches Löschen oder Überschreiben zu schützen gilt. Der Fall ist zwar bereits in der zurückliegenden Übung angedeutet, wegen seiner Wichtigkeit sollte er aber noch einmal unter dem hier geschilderten Blickwinkel beleuchtet werden.

Wir wollen also sehen, ob es eine Möglichkeit gibt, Dateien so mit Zugriffsrechten auszustatten, daß ein versehentliches Zerstören des Inhaltes in jedem Falle ausgeschlossen werden kann. Hierzu rufen Sie sich zunächst all die Aktionen ins Gedächtnis zurück, die in der Lage sind, eine Datei zu überschreiben.

An erster Stelle steht natürlich das Kommando `rm`. Weitere Möglichkeiten sind versehentliches Überkopieren mit `cp` und Überlagern mit `mv`. Versehentliches Definieren von Links kommt dem copy-Fall gleich und wird separat betrachtet. Eine weitere Unfallquelle stellt der Umlenkungsmechanismus der Shell dar, den Sie aber erst kennenlernen werden. Er wird jedoch ebenfalls durch den Fall des Überkopierens erfaßt und ist daher bei der Betrachtung redundant und somit vernachläßigbar.

Machen wir es konkreter: Unter Ihrem Verzeichnis `PRIVAT` wird eine Datei mit Namen `wichtig` angenommen. Für unsere Versuchszwecke kann dies beispielsweise eine Kopie von `privat.adr` sein. So wird die Ausgangssituation hergestellt:

```
$ pwd
/home/myself/PRIVAT
$ cp ./ADRESSEN/privat.adr wichtig
$ ls -l
total 12
-rw-r--r--    1 myself    other         442 Oct 15 12:19 wichtig
$ cp wichtig wichtig.bak
```

Die Datei besitzt die von `umask` implizierten Standardzugriffsrechte. Alle dürfen lesen und Sie als Eigentümer auch schreiben. Vorsichtshalber fertigen Sie noch eine Kopie `wichtig.bak` an. Da es zu verhindern gilt, daß die Datei `wichtig` versehentlich überschrieben wird, muß natürlich zuerst Ihr eigenes Schreibrecht zurückgesetzt werden.

```
$ chmod 400 wichtig
$ ls -l wichtig
-r--------    1 myself    other         442 Oct 15 12:19 wichtig
```

Ironischerweise kopieren Sie vielleicht noch die `passwd`-Datei auf eine Datei `unwichtig`, mit der versucht werden soll, `wichtig` zu überschreiben.

```
$ cp /etc/passwd  unwichtig
$ ls -l
total 18
-rw-r--r--    1 myself    other          32 Oct 15 12:21 unwichtig
-r--------    1 myself    other         442 Oct 15 12:19 wichtig
-r--------    1 myself    other         442 Oct 15 12:20 wichtig.bak
```

Der Versuch die wertvolle Datei durch eine unwichtige zu überschreiben scheitert dank der entzogenen Schreibberechtigung von `wichtig`.

```
$ cp unwichtig wichtig
cp: cannot create wichtig
cp: Permission denied
```

Wie verhält es sich mit "Move"?

```
$ mv unwichtig wichtig
mv: wichtig: 400 mode?
```

```
$ ls -l
total 18
-rw-r--r--    1 myself    other          32 Oct 15 12:21 unwichtig
-r--------    1 myself    other         442 Oct 15 12:19 wichtig
-rw-rw-rw-    1 myself    other         442 Oct 15 12:20 wichtig.bak
```

Das Verhalten ist verdächtig. mv nimmt zwar zur Kenntnis, daß die Zieldatei
wichtig existiert und zeigt auch deren Zugriffsrechte an, signalisiert aber
durch die Meldung Bereitschaft, zuzuschlagen. Hätten Sie die Nachfrage mit y
beantwortet, wäre sie dahin, Ihre wichtige Datei.

Das Kommando rm verhält sich da absolut identisch. Wenn Sie es, wie im
zweiten Versuch, darauf ankommen lassen, ist die Datei wichtig gelöscht. Im
Ernstfall könnten Sie sie wenigstens mit der Backup-Kopie wieder herstellen.

```
$ rm wichtig
rm: wichtig: 400 mode ?
$ ls -l wichtig
-r--------    1 myself    other         442 Oct 15 12:19 wichtig

$ rm wichtig
rm: wichtig: 400 mode ? y

$ ls -l wichtig
wichtig: No such file or directory

$ cp wichtig.bak wichtig
$ chmod 400 wichtig
```

Der Entzug der Schreibrechte auf die Datei genügt also nicht, diese zu schützen.
Erinnern Sie sich an die zurückliegende Übung. Es besteht noch die Chance, die
Datei durch Manipulation der Katalogrechte abzuschotten.

```
$ ls -l wichtig
-r--------    1 myself    other         442 Oct 15 12:25 wichtig
$ cd ..
$ ls -ld PRIVAT
drwxr-xr-x    6 myself    other         512 Oct 15 12:25 PRIVAT
$ chmod 400 PRIVAT
$ ls -ld PRIVAT
dr--------    6 myself    other         512 Oct 15 12:25 PRIVAT
$ cd PRIVAT

$ mv unwichtig wichtig
mv: wichtig: 400 mode? y
mv: cannot rename unwichtig
mv: Permission denied

$ rm wichtig
rm: wichtig: 400 mode ? y
rm: wichtig not removed.
Permission denied
```

Die Schreibrechte werden auch dem Verzeichnis PRIVAT entzogen. Anschließend werden die beiden destruktiven Aktionen wiederholt, und selbstbewußt können Sie die Anfragen sowohl bei mv als auch bei rm mit y beantworten. Die Datei wichtig übersteht alles unbeschadet. Auch wenn Sie sich selbst wieder Schreibrecht auf wichtig zugestehen, ist die Datei nicht zu löschen bzw. zu überschreiben, da die in der Priorität höherwertigen Katalogrechte dies verhindern.

```
$ chmod 600 wichtig
$ ls -l wichtig
-rw-------    1 myself    other          442 Oct 15 12:25 wichtig

$ rm wichtig
rm: wichtig not removed.
Permission denied

$ mv unwichtig wichtig
mv: cannot rename unwichtig
mv: Permission denied

$ rm -f wichtig
$ ls -l wichtig
-rw-------    1 myself    other          442 Oct 15 12:25 wichtig

$ cd ..
$ rm -f PRIVAT/wichtig
$ cd PRIVAT
$ ls -l wichtig
-rw-------    1 myself    other          442 Oct 15 12:25 wichtig
```

Auch die Option -f (forced) schafft es nicht wichtig auszulöschen; lediglich die Meldungen werden unterdrückt.

Um der Wichtigkeit der Katalogrechte gegenüber den Dateirechten noch einmal Nachdruck zu verleihen, stellen Sie das Schreibrecht beim Verzeichnis wieder her und entziehen es der Datei. Sie sehen, daß wichtig dann ohne weiteres gelöscht werden kann.

```
$ chmod 400 wichtig
$ cd ..
$ chmod 700 PRIVAT

$ rm -f PRIVAT/wichtig
$ cd PRIVAT

$ ls -l wichtig
wichtig: No such file or directory
```

Wie Sie gesehen haben, besteht die einzige Möglichkeit, eine Datei absolut zu schützen darin, dem übergeordneten Katalog das Schreibrecht zu entziehen.

Ganz vorsichtige Leser könnten die Frage stellen, wie es um die Sicherheit einer Datei bestellt ist, deren unmittelbar übergeordneter Katalog zwar kein

Schreibrecht besitzt, der aber seinerseits unter einem Verzeichnis mit Schreibberechtigung liegt. Auch dann kann der Datei nichts passieren. Die Höherbewer-
tung der Verzeichnisrechte überlagert keine Subdirectories, so daß die geschilderte Situation, die in der Abbildung noch einmal verdeutlicht ist, auf alle Fälle
kein Sicherheitsrisiko darstellt.

Dennoch ist das Gesamtverhalten als nicht sehr benut-
zerfreundlich zu bezeichnen. Wollen Sie wirklich einmal an
derart geschützten Dateien konstruktive Änderungen vornehmen, müssen Sie stets erst die Katalogrechte anpassen.
Nach den Änderungen dürfen Sie dann nicht vergessen, die
Schreibrechte wieder zu entziehen. Insgesamt scheint das
Sicherste immer noch zu sein, wichtige Daten regelmäßig
und gegebenenfalls in mehrfacher Ausfertigung auf externen Datenträgern zu sichern.

Abschließend noch zwei Kommandos, die die Behandlung der Zugriffsrechte vervollständigen. Einschränkend
kann man aber sagen, daß beide meist nur vom Superuser
ausgeführt werden können.

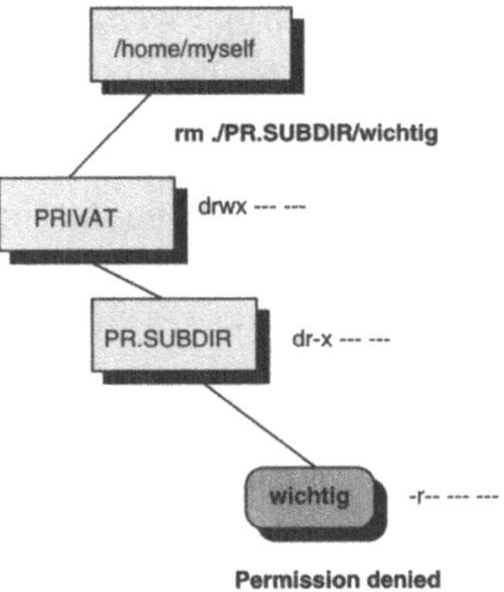

chown - Dateien verschenken

UNIX sieht eine Möglichkeit vor, die Eigentumsrechte einer oder mehrerer Dateien an einen anderen Benutzer abzutreten. Praktischer Hintergrund hierzu ist
beispielsweise, daß Programmdateien im Rahmen einer organisierten Softwareentwicklung nach Erstellung und Test an die Qualitätssicherung übergeben werden. Sie ändern dann ihren Eigentümer und können von dem Entwickler nicht
mehr verändert werden.

<table>
<tr><td>chown</td><td>Eigentümer von Dateien ändern</td></tr>
<tr><td><code>chown</code></td><td><code>owner file(s)</code></td></tr>
<tr><td><code>owner</code></td><td>der Benutzername des neuen Eigentümers (anstelle des
Namens kann auch die Benutzernummer angegeben
werden; diese ist in <code>/etc/passwd</code> definiert)</td></tr>
<tr><td><code>file(s)</code></td><td>Name(n) der Datei(en), deren Eigentumsrechte abgetreten
werden sollen</td></tr>
<tr><td colspan="2">Das Kommando ist oft nur dem Systemverwalter vorbehalten</td></tr>
</table>

Bevor Sie allerdings allzu großzügig Dateien verschenken, beachten Sie bitte,
daß Sie sich diese nicht mehr zurückholen können - geschenkt ist geschenkt. Es

sei denn, Sie kennen das Passwort des neuen Eigentümers und verschenken die Datei unter seinem Login wieder an sich selbst zurück.

Bei `chown` ist noch zu beachten, daß der neue Besitzer nichts von seinem Glück erfährt, denn die verschenkte Datei wird nicht etwa implizit in das Heimatverzeichnis des neuen Besitzers kopiert. Der neue Eigentümer muß das Kopieren selbst besorgen, wozu er natürlich die entsprechenden Rechte auf das Verzeichnis erhalten muß, in dem die geschenkte Datei liegt.

Es ist sehr wahrscheinlich, daß Sie das `chown`-Kommando auf Ihrem System überhaupt nicht nutzen können, da es häufig dem Superuser vorbehalten ist. Ein Grund hierfür liegt in der Tatsache, daß `chown` Hand in Hand mit folgendem Kommando geht, welches die Gruppenzugehörigkeit von Dateien neu festlegt. `chgrp` ist mit Sicherheit dem Administrator vorbehalten.

chgrp - Gruppenwechsel

chgrp	Gruppenzugehörigkeit ändern
`chgrp`	`group  file(s)`
`group`	der Name der Benutzergruppe, den die Datei in Zukunft tragen soll
`file(s)`	Name(n) der Datei(en), auf die sich die Änderung bezieht.

Das Kommando ist in der Regel dem Systemverwalter vorbehalten.

10. Die Shell

10.1. Kapitelübersicht

Wir werden uns jetzt eingehend mit der Shell und mit ihren eigenen Mechanismen auseinandersetzen. Dies sind zunächst insbesondere die Funktionalitäten der Bourne-Shell, die aber anderen Shells ebenfalls zu eigen sind.

Später werden Sie dann noch mit den wichtigsten Erweiterungen der Korn-Shell vertraut gemacht werden. Es sind dies sehr effiziente, zusätzliche Funktionen, die deutlich über die Fähigkeiten der Bourne-Shell hinausgehen. Im einzelnen werden im vorliegenden Abschnitt folgende Themen behandelt:

- Umlenkung   Standardeingabe, Standardausgabe, Standarderror
- Pipes   Kommandoverkettung
- Scripte   Ansätze zur Shellprogrammierung
- Variable   frei definierbare Größen der Shell
- .profile   eine enorm nützliche Institution
- Namensexpansion   verstümmelte Dateinamen, "wild cards"
- Reguläre Syntax   grep in voller Schönheit
- Quotierung   Bedeutung von Sonderzeichen in der Shell
- Substitution   Weiterverwendung von Kommandoausgaben

Die Shell ist nicht mit UNIX selbst zu verwechseln. Sie ist lediglich die Kommandoschnittstelle zum Betriebssystem und als solche nichts anderes, als ein Programm. Die Shell gehört nur unmittelbar zum Betriebssystem, es gibt auf Ihrem Rechner ein laufendes Betriebssystem - UNIX, aber unter Umständen mehrere Shells. In Release 4 mit Sicherheit die Bourne-Shell, die C-Shell und die Korn-Shell.

Die Shell ist eine Art Dienstprogramm, welches den Zugang zum eigentlichen Systemkern gestattet. Sie bildet eine Hülle um diesen Kern, daher stammt wohl auch die Bezeichnung. Sie eröffnet dem Anwender die Möglichkeit, Kommandos einzugeben. Diese existieren ebenfalls nur an der Peripherie des Systems und können durch eigene Konstruktionen wie Programme oder Scripte ergänzt werden.

Hinter jedem Standardkommando verbirgt sich ein Programm, insofern sind die Begriffe Programm und Kommando identisch. Die Shell nimmt bei der Eingabe diese Kommandos als erste Instanz entgegen, überprüft sie auf syntaktische Korrektheit und nimmt in der Tat bereits Veränderungen an dem vor, was Sie eingegeben haben. Schließlich leitet sie die Ausführung des Kommandos ein.

Das Kommando oder Programm fordert dann durch sogenannte Systemcalls, das sind Aufrufe an den Kern, die eigentliche Funktionalität des Betriebssystem UNIX ein.

Die Shell liest ihre Eingaben normalerweise von der Tastatur und gibt die Resultate der Kommandos am Bildschirm aus. Die Tatsache, daß Sie Ihre Eingaben auch am Terminal sehen ist nur ein nützlicher Nebeneffekt, aber keinesfalls notwendig.

10.2. Umlenkung

Sie sind es bis jetzt gewohnt, Ihre Eingaben über die Tastatur vorzunehmen und erwarten die Ausgabe des Systems am Bildschirm. Sie sehen außer den eigentlichen Ausgaben, die ein Kommando liefert, auch noch jede Menge zusätzliche Information, wie Hinweise und auch Fehlermeldungen des Systems an Ihrem Terminal.

Stellen Sie sich einmal folgende Situationen vor, mit denen Sie in der Praxis jederzeit konfrontiert werden können:

Sie wollen an eine Reihe von Mitbenutzern über den Write- oder Mail-Mechanismus Nachrichten versenden. Die Nachricht gestaltet sich relativ umfangreich und variiert zudem von Benutzer zu Benutzer ein wenig. Mit den Ihnen momentan zur Verfügung stehenden Werkzeugen können Sie lediglich jedem Benutzer einzeln seine Nachricht zustellen. Diese müssen Sie jeweils direkt innerhalb des entsprechenden Kommandos editieren. Korrekturmöglichkeiten haben Sie dabei so gut wie keine. Sobald Sie sich daran machen, Ihr Werk zu tun, wird Ihnen einfallen, wie schön und erleichternd es doch wäre, könnten Sie Ihre Nachrichten zunächst mit dem Editor zusammenstellen und dann gezielt aus den so produzierten Dateien versenden.

Eine andere Situation: Ihr Systemadministrator wünscht von Ihnen eine Liste all Ihrer Dateien auf dem System, versehen mit einem Steckbrief hinsichtlich Inhalt, Wichtigkeit usw. Sie müßten demzufolge die Ausgabe des `ls -l` Kommandos fein säuberlich vom Bildschirm abschreiben, um mit diesem Ausgangsmaterial dem Administrator den Gefallen zu tun. Nun, machen Sie sich keine Gedanken, von derart lästigen Tätigkeiten werden Sie verschont bleiben.

Die Shell kennt sogenannte Ein- und Ausgabekanäle. Diese Kommunikationswege werden mit `stdin` Standardeingabe, `stdout` Standardausgabe und `stderr` (Fehlerausgabe) bezeichnet. Systemintern werden diese Kanäle noch kürzer durch die Nummern 0, 1 und 2 identifiziert. Bei diesen Zahlen handelt es sich um sogenannte Filedeskriptoren, das sind Kennziffern für Dateien. Dateien kennen Sie bisher allerdings nur als logische Zusammenfassung von Blöcken auf der Festplatte. Sie wissen aber aus dem Abschnitt über Archivierung, daß UNIX auch Geräte über Dateien identifiziert. Diese Tatsache und die damit verbundenen `special files` sollten Sie sich schnell noch einmal ins Gedächtnis zurückrufen.

Anschaulich können Sie die Kanäle `stdin`, `stdout` und `stderr` durchaus als Leitung mit Stecker betrachten. Stellen Sie sich ferner Ihre Tastatur und Ihren Bildschirm mit Steckdosen ausgerüstet vor.

Dann sieht die "Standardverkabelung" so aus, wie in der folgenden Abbildung. Nun handelt es sich in der Konstellation um Geräte - also um Hardware, die die Ein-/Ausgabekanäle definieren. Aus den Kapiteln Archivierung und den grundlegenden Informationen über Dateisysteme wissen Sie, daß Geräte sich dem Benutzer gegenüber wie gewöhnliche Dateien präsentieren.

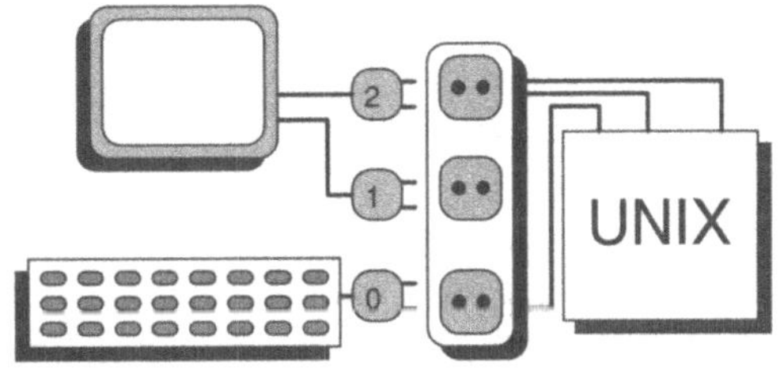

Im Systeminnern werden zum Informationsaustausch (Lesen und Schreiben) mit Geräten oder Dateien, lediglich jeweils unterschiedliche Gerätetreiber benutzt. Letztendlich bedeutet das Lesen und Schreiben von Dateien ja einen Gerätezugriff auf die Festplatte oder ein angeschlossenes Laufwerk. Die Information, die auf ein Medium geschrieben wird ist vor dem physikalischen Zugriff völlig neutral, ebenso ist sie es nach einem lesenden Zugriff. Lediglich der Treiber, der das Gerät bedient, konvertiert die Information spezifisch. Insofern ist es durchaus erklärbar, daß die Standardkanäle von einem Gerät auf ein anderes Gerät umgelegt werden können.

Die Alternative zu Tastatur und Bildschirm stellen dann auch gewöhnliche Dateien dar. Es ist unerheblich, ob eine neutrale Information - ein Bytestream - über den Bildschirmtreiber am Terminal oder über den Plattentreiber auf einer Datei ausgegeben wird. Genauso verhält es sich mit der Kombination Tastatur- und Plattentreiber hinsichtlich der Standardeingabe. Die systeminternen File- oder Dateideskriptoren 0,1 und 2 werden lediglich von der entsprechenden Gerätedatei im Verzeichnis `/dev` einer gewöhnlichen Plattendatei im Dateisystem zugewiesen. Somit ist verständlich, daß die in der ersten Abbildung skizzierte "Standardverkabelung" auch so, wie in der zweiten aussehen kann.

Die Standardeingabe und die Standardausgabe können also jederzeit und unabhängig voneinander auf eine gewöhnliche Datei umgelenkt werden. Die Zeitdauer der Umlenkung beschränkt sich dabei auf die Laufzeit eines Kommandos. Die Umlenkung selbst ist auf der Shellebene sehr einfach durch die Verwendung der folgenden Sonderzeichen realisiert.

Umlenken der Standardausgabe	>
Umlenken der Standardeingabe	<

Das eingangs erwähnte Problem bezüglich dem Versenden langer Nachrichten an verschiedene Benutzer, kann durch den Umlenkmechanismus deutlich vereinfacht werden. Die Nachricht wird zunächst mit dem Editor `vi` als Datei definiert. Angenommen, die Datei heißt `longmsg`. Die Empfänger seien die Benutzer `partner` und `root`. Die Kommandos zum Versenden können Sie dem folgenden Beispiel entnehmen.

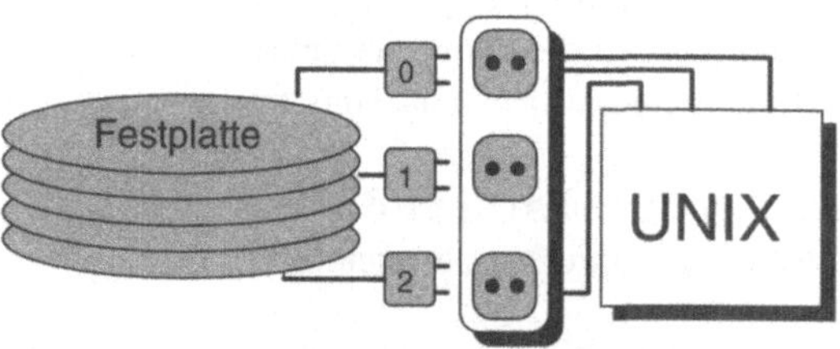


```
$ vi longmsg
.....
$ write partner root < longmsg
$ mail partner root < longmsg
```

Das vorkommende Sonderzeichen < weißt dabei die Shell an, den Nachrichtentext nicht von der Tastatur, sondern von der Datei `longmsg` zu lesen. Ansonsten verhält sich das Kommando wie gewohnt. Die Einstellung "Standardeingabe=Tastatur" ist nach Ablauf des Kommandos wieder gegeben. Die Dateiliste für den Systemverwalter kann durch Umlenken der Standardausgabe des `ls`-Kommandos vorbereitet werden.

```
$ ls -l /home > dateiliste

$ cat dateiliste
  total 24
drwxr-xr-x 2 anke     other    512 Apr 12 00:43 anke
drwxr-xr-x 2 claudia  other    512 Apr 12 00:43 claudia
drwxr-xr-x 3 dieter   other    512 May  5 06:46 dieter
drwxrwxr-x 2 install  other    512 Jan 16  1991 install
drwxrwxrwx 2 root     root    4096 Jan 16  1991 lost+found
drwxr-xr-x 2 myself   other    512 Apr 12 00:46 myself
drwxr-xr-x 2 netuser1 other    512 Apr 19 15:30 netuser1
drwxr-xr-x 2 netuser2 other    512 Apr 19 15:35 netuser2
drwxr-xr-x 2 oasys    other    512 Apr 19 15:00 oasys
drwxr-xr-x 2 peter    other    512 Apr 12 00:43 peter
drwxr-xr-x 7 vmsys    vm       512 Jan 16  1991 vmsys
-rwxr--r-- 1 peter    other     50 Sep 13 18:35 text
```

Das Resultat des ls-Kommandos befindet sich anschließend in der Datei, die Sie hinter dem Umlenkungssymbol angeben. Natürlich bekommen Sie dann am Bildschirm nichts von der Kommandoausgabe zu sehen. Diese befindet sich ja in der Datei dateiliste und steht Ihnen dort zur weiteren Verarbeitung mittels vi zur Verfügung.

In den weiteren Beispielen wird die Ausgabe des cal-Kommandos einmal in die Datei Feb92 bzw. Jahr92 umgelenkt. Sie können sich den Jahreskalender dann beispielsweise auch ausdrucken lassen.

Die Information hinsichtlich der momentan am System aktiven Benutzer erhalten Sie in der Datei benutzer, wenn Sie die Standardausgabe des who-Kommandos entsprechend umlenken. Auf das Abdrucken der teilweise umfangreichen Ausgaben wurde im folgenden teilweise verzichtet.

```
$ cal 11 1992 > Nov92
$ cal 1992    > Jahr92
$ pg Nov92 Jahr92

      November 1992
   S   M  Tu   W Th   F   S
   1   2   3   4   5   6   7
 . . . . .
  22  23  24  25 26  27  28
  29  30



                        1992

          Jan                         Feb                         Mar
   S   M  Tu   W Th   F   S    S   M  Tu   W Th   F   S    S   M  Tu   W Th   F   S
               1   2   3   4                            1    1   2   3   4   5   6   7
 . . . . .


$ lp Jahr92

$ who > benutzer
$ cat benutzer
root          consoleJul 10 10:22
hardwork      term/01Jul 10 06:30
myself        term/09Jul 10 09:00
partner       term/06Jul 10 09:15
partner       term/08Jul 10 09:17
```

Im folgenden Beispiel soll der eigentliche Zweck des cat-Kommandos, das wir ja bereits aus den Dateieinblicken kennen, nahegebracht werden.

```
$ ls -l /home > datei1
$ who > datei2
```

```
$ cat datei1 datei2                     Ausgeben von zwei Dateien
   total 24
drwxr-xr-x 2 anke       other   512 Apr 12 00:43 anke
drwxr-xr-x 2 claudia    other   512 Apr 12 00:43 claudia
drwxr-xr-x 3 dieter     other   512 May  5 06:46 dieter
drwxrwxr-x 2 install    other   512 Jan 16  1991 install
. . . . .
root           consoleJul 10 10:22
hardwork       term/01Jul 10 06:30
myself         term/09Jul 10 09:00
partner    term/06Jul 10 09:15
partner    term/08Jul 10 09:17

$ cat datei1 datei2 > datei3            Konkatenieren von zwei Dateien
$ cat datei3
drwxr-xr-x 2 anke       other   512 Apr 12 00:43 anke
drwxr-xr-x 2 claudia    other   512 Apr 12 00:43 claudia
drwxr-xr-x 3 dieter     other   512 May  5 06:46 dieter
drwxrwxr-x 2 install    other   512 Jan 16  1991 install
. . . . .
root           consoleJul 10 10:22
hardwork       term/01Jul 10 06:30
myself         term/09Jul 10 09:00
partner    term/06Jul 10 09:15
partner    term/08Jul 10 09:17

$ cat datei3 > datei4

$ cat > datei                           Erzeugen einer Datei durch
. . . . .                               Eingabe über die Tastatur

<Ctrl><D>
```

Das erste Beispiel kommt Ihnen sicher bekannt vor. Die Dateien `datei1` und
`datei2` werden am Bildschirm ausgegeben. Bei der Umlenkung der Ausgabe
im zweiten Fall, entsteht eine Datei `datei3`, die offenbar den Inhalt beider Dateien in sich vereint. Die Dateien wurden konkateniert.
Die dritte Zeile im Beispiel stellt in gewisser Weise einen Sonderfall des Kopierens dar. Eine Datei wird mit `cat` ausgegeben. Die Ausgabe wird in eine andere
Datei umgelenkt, wodurch ein identisches Abbild der `datei3` in `datei4` entsteht.

Das letzte Beispiel zeigt einen einfachen Mechanismus, eine Datei ohne einen
Editor zu erzeugen. `cat` erwartet in diesem Fall die Eingabe von der Tastatur
und schließt die Datei - ähnlich wie bei `write` oder `mail` nach Eingabe von
`<Ctrl><D>`.

Welches Resultat erzielt man bei der Hintereinanderausführung der beiden
folgenden Kommandos, wenn man sich anschließend den Inhalt der Datei
`liste` anschaut?

```
$ ls -l /home/myself > liste
$ ls -l /home > liste
```

```
$ cat liste
total 24
drwxr-xr-x 2 anke      other    512 Apr 12 00:43 anke
drwxr-xr-x 2 claudia   other    512 Apr 12 00:43 claudia
drwxr-xr-x 3 dieter    other    512 May  5 06:46 dieter
drwxrwxr-x 2 install   other    512 Jan 16  1991 install
dwxrwxrwx 2 root       root    4096 Jan 16  1991 lost+found
drwxr-xr-x 2 myself    other    512 Apr 12 00:46 myself
drwxr-xr-x 2 netuser1  other    512 Apr 19 15:30 netuser1
drwxr-xr-x 2 peter     other    512 Apr 12 00:43 peter
drwxr-xr-x 7 vmsys     vm       512 Jan 16  1991 vmsys
-rwxr--r-- 1 peter     other     50 Sep 13 18:35 text
```

Offensichtlich steht in `liste` das Inhaltsverzeichnis des Kataloges `/home`. Das Resultat des ersten `ls`-Kommandos ist nicht zu entdecken. Aus `liste` geht also nicht hervor, daß irgendwann das erste Kommando überhaupt gelaufen ist. Der zweite `ls` hat offensichtlich den ersten Inhalt der Datei `liste` komplett überschrieben.

Sie können die Aktion auch in einzelnen Schritten nachvollziehen.

```
$ ls -l /home/myself > liste
$ cat liste
  drwxr-xr-x 2 myself  other   512 Apr 15 14:00  PRIVAT
  drwxr-xr-x 2 myself  other   512 Apr 15 16:43  SAMMELSUR
. . . . .
$ ls -l /home > liste

$ cat liste
  total 24
drwxr-xr-x 2 anke      other   512 Apr 12 00:43 anke
drwxr-xr-x 2 claudia   other   512 Apr 12 00:43 claudia
. . . . .
```

Um das Ergebnis beider `ls`-Kommandos in einer Datei zu erhalten, müßte man demnach die Ausgaben der einzelnen Kommandos auf jeweils verschiedene Dateien `liste1` und `liste2` umlenken. Man hätte dann jedoch zwei Dateien produziert. Diese könnte man dann per `cat` in einer dritten Datei konkatenieren. Um nicht allzu verschwenderisch mit dem Plattenplatz umzugehen, sollten dann die Dateien mit den einzelnen Resultaten wieder gelöscht werden.

```
$ ls -l /home/myself > liste1
$ ls -l /home > liste2
$ cat liste1 liste2 > liste3
$ rm liste1 liste2
$ cat liste3
drwxr-xr-x 2 myself  other   512 Apr 15 14:00  PRIVAT
drwxr-xr-x 2 myself  other   512 Apr 15 16:43  SAMMELSUR
. . . . .
drwxr-xr-x 2 anke      other   512 Apr 12 00:43 anke
drwxr-xr-x 2 claudia   other   512 Apr 12 00:43 claudia
. . . . .
```

Die ganze Aktion läuft etwas umständlich ab. Es gibt jedoch eine einfache Möglichkeit, eine Datei an eine bereits bestehende anzuhängen und zwar ohne explizite Verwendung von `cat`. Die Verdopplung des Umlenkungssymboles `>>` bewirkt, daß das Ergebnis des zweiten `ls` in der Datei `liste` an das dort bereits befindliche Ergebnis des ersten `ls` konkateniert wird. Allgemein unterbindet die Verdoppelung der Umlenkungssymbole das Überschreiben einer eventuell bereits existierenden Standardausgabedatei und hängt stattdessen das Ergebnis an deren Inhalt an. Existiert die Ausgabedatei nicht, wird ein doppeltes Umlenkungssymbol wie ein einfaches behandelt. Es kommt also zu keiner Fehlermeldung.

```
$ ls -l /home/myself > liste
$ ls -l /home >> liste
$ cat liste
drwxr-xr-x 2 myself  other   512 Apr 15 14:00  PRIVAT
drwxr-xr-x 2 myself  other   512 Apr 15 16:43  SAMMELSUR
.....
drwxr-xr-x 2 anke    other   512 Apr 12 00:43  anke
drwxr-xr-x 2 claudia other   512 Apr 12 00:43  claudia
.....
```

Was das Umlenken der Ausgaben eines Kommandos anbetrifft, fehlt uns noch eine Möglichkeit, die informativen Ergebnisse von den Fehlermeldungen zu unterscheiden. Bislang kennen Sie den Mechanismus `kommando > datei` wobei alle Ausgaben in die Datei `datei` geschrieben werden, unabhängig davon, ob es sich um Fehlermeldungen oder um die eigentlich interessante Ausgabe des Kommandos handelt. Die Unterscheidung geschieht durch Angabe der Filedeskriptoren. Also 1 für Standardausgabe und 2 für Fehlerausgaben.

Durch die Angabe `kommando 1>datei1` oder `kommando 2>datei2` wird es möglich, die beiden Ausgaben voneinander zu trennen. Betrachten wir noch einmal das Beispiel des `find`-Kommandos aus dem Abschnitt über Dateien.

```
$ find / -name privat.adr -print
... cannot chdir ...
```

Die Suche beginnt an der Wurzel des Dateibaumes `/`. Sie selbst sind ein nicht privilegierter Benutzer, das heißt, Sie können nicht in jedes Dateiverzeichnis wechseln.

Dies will aber das `find`-Kommando tun, um nach Dateien zu suchen. Da das Kommando jedoch unter Ihrer Berechtigung abläuft, kann es nicht alle Pfade des Dateibaumes durchwandern.

Das System quittiert diesen Umstand jeweils mit einer Meldung `cannot chdir`. Diese Fehlerausgabe wird in die für Sie eigentlich interessante Ausgabe des Kommandos "eingestreut" und ist daher störend.

```
$ find / -name privat.adr -print 2>muell
```

Durch explizite Umlenkung der Fehlerausgabe `2>muell` können diese Meldungen aus der gesamten Kommandoausgabe herausgefiltert werden. Die Fehlermeldungen werden jetzt auf die Datei `muell` geschrieben, und Sie sehen nur die gewünschten Ausgaben, nämlich die Pfadnamen aller Dateien mit Name `privat.adr`.

Die Datei `muell` ist im Grunde wertlos und verbraucht Plattenplatz, weshalb Sie sie unbesehen wieder löschen können. Da man derartige "Schrottdateien" öfters produziert, stellt UNIX für solche Fälle einen allgemein zugänglichen Müllcontainer zur Verfügung, in dem jeder Benutzer seinen "Unrat" abladen darf.

Diese Mülldeponie heißt `/dev/null`. Wollen Sie die Fehlerausgabe also gleich wegwerfen, formulieren Sie beispielsweise das `find`-Kommando von oben jetzt wie folgt

```
$ find / -name privat.adr -print 2>/dev/null
```

Der Mülleimer ist in die Reihe der Geräte eingeordnet, da ein spezieller Treiber Daten, die auf dieses "Gerät" geschrieben werden, einfach verschwinden läßt. Aus `/dev/null` kann im Übrigen nichts gelesen werden. Daten, die dorthin geschrieben werden, sind unweigerlich verloren.

Wollen Sie sowohl die produktive Ausgabe eines Kommandos, als auch die Fehlerausgabe in jeweils getrennten Dateien notiert haben, können Sie auch die folgende Konstruktion verwenden.

```
$ find / -name privat.adr -print 1> find.prod 2 > find.trash
$ pg find.prod
/home/dieter/PRIVAT/privat.adr
/home/myself/CPIOIN/PRIVAT/ADRESSEN/privat.adr
$ pg find.trash
find: cannot read dir /home/dieter/PRIVAT: Permission denied
find: cannot read dir /usr/lib/getdate: Permission denied
find: cannot read dir /var/preserve/root: Permission denied
find: cannot read dir /var/spool/cron: Permission denied
find: cannot read dir /var/spool/lp/fifos/private: Permission
denied
find: cannot read dir /var/spool/lp/fifos/public: Permission
denied
find: cannot read dir /var/spool/lp/requests/obelix: Permission
denied
find: cannot read dir /var/spool/lp/tmp: Permission denied
find: cannot read dir /opt/unix: Permission denied
.....
```

Standardausgabe und Standardfehlerausgabe können also auch getrennt voneinander umgelenkt werden.

10.3. Pipelines

Sie wissen nun, daß die Standardeingabe und die Standardausgabe auf Dateien umgelenkt werden können. Für UNIX gibt es prinzipiell keinen Unterschied, Informationen von dem Gerät Tastatur oder Festplatte zu lesen, bzw. auf das Gerät Terminal oder Festplatte zu schreiben. Man kann also sagen, Terminal und Tastatur sind nichts anderes als Dateien - symbolische Gerätedateien.

Kommandos erhalten ihre Eingaben demnach von der Standardeingabe und legen ihre Ausgaben auf den Dateien Standardausgabe und Standardfehlerausgabe ab. Hier setzt ein sehr mächtiges Instrumentarium der Shell auf - die sogenannten "Pipelines" oder kurz "Pipes".

Anhand der folgenden, einfachen Fragestellung soll der Mechanismus der Pipe nahegebracht und erläutert werden.

Es interessiert uns, wie viele Benutzer zur Zeit gerade am System arbeiten. Wir wollen aber eine kurze, prägnante Antwort auf diese Frage, nämlich schlicht die Anzahl, weiter nichts.

```
wie viele Benutzer ?
```
erwartete Antwort des Systems: beispielsweise 5

Gibt es eine Möglichkeit herauszufinden, wie viele Benutzer momentan am System aktiv sind? Kann man dem System diese Information als rein zahlenmäßige Angabe entlocken? Ein Kommando, das die Frage "wie viele Benutzer" realisiert und nur die entsprechende Anzahl ausgibt, existiert in UNIX nicht. Sie kennen jedoch bereits ein Kommando, das die Frage annähernd beantwortet. Es handelt sich um who. Das who-Kommando liefert aber zu viel Information auf die Frage und läßt Sie zudem noch zählen, wie viele Benutzer es denn nun wirklich sind. Das Kommando who ist für sich genommen also unbefriedigend. Wir wollen ja nur die Anzahl wissen.

Angenommen, Sie leiten die Ausgabe von who - also die Liste aller aktiven Benutzer - auf eine Datei benlist um und erhalten eine Datei mit etwa dem folgenden Inhalt.

```
$ who > benlist

$ cat benlist
root consoleJul 10 10:22
hardwork term/01 Jul 10 06:30
myself term/09Jul 10 09:00
.....
```

Pro Benutzer liefert who eine Zeile an Information. Die Frage nach der Anzahl der Benutzer ist dann beantwortet, wenn man die Anzahl der Zeilen kennt, die who liefert. Diese Fragestellung ist aber trivial, denn Sie kennen ja bereits das hierfür zuständige Kommando wc.

Das Kommando "word count", versehen mit der Option -l für Lines, liefert die Anzahl der Zeilen einer angegebenen Datei. Das Resultat des folgenden Kommandos wäre also die Antwort auf die Frage nach der Anzahl der aktiven Benutzer - nämlich 5.

```
$ wc -l benlist
5
```

Damit geben wir uns aber noch nicht zufrieden. Immerhin müssen zwei Kommandos hintereinander eingegeben werden, und es wird zudem noch eine Datei produziert. Was die Datei betrifft, könnte man ja den System-Müllcontainer /dev/null verwenden. Sie können es ja mal ausprobieren. Allerdings werden Sie stets die Antwort 0 erhalten, denn in /dev/null wird keinerlei Information festgehalten, sie verschwindet augenblicklich. Der Mülleimer ist in diesem Fall also nicht zu gebrauchen.

Überlegen Sie aber einmal, was die Datei benlist für das Kommando wc bedeutet. Probieren Sie einmal wc ohne Dateiangabe aus. Das Kommando verhält sich dann genau wie write, mail oder cat und erwartet mangels angegebener Eingabedatei die Information von der Standardeingabe - also von der Tastatur.

Die Datei benlist stellt also für das Kommando wc nicht anderes, als die Standardeingabe dar. Woher stammt benlist? Sie wird von dem who-Kommando als Standardausgabe produziert. Im betrachteten Fall ist also die Standardausgabe des ersten Kommandos who, identisch mit der Standardeingabe des zweiten Kommandos wc. Vielleicht "klingelt" es bereits bei Ihnen, wenn Sie folgende Abbildung in Ihre etwaigen Mutmaßungen mit einbeziehen!

Um auf direktem Wege unser gewünschtes Resultat zu produzieren, wäre es günstig, eine Möglichkeit zu haben, die die Kommandos in genau dieser Weise miteinander verkettet. Allgemeiner: Die Ausgabe eines Initialkommandos dient als Eingabe für ein Folgekommando und so fort, bis hin zu einem letzten Kommando in der Kette, das dann als Standardausgabe ein gewünschtes Resultat liefert. Man stellt sich also eine Art Baukastenprinzip vor. UNIX lebt von diesem Prinzip und kennt daher derartige Verkettungsmechanismen.

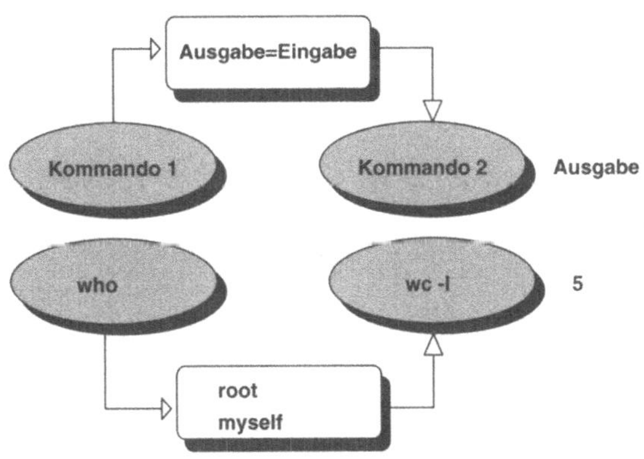

Man nennt sie Pipes oder Pipelines. Bezeichnend für die Pipe ist, daß Information immer nur in einer Richtung fließt. Daher auch die Bezeichnung Rohr oder Leitung, wo ja üblicherweise die Fließrichtung auch eindeutig sein sollte. Eine Pipe wird auf der Shellebene wieder durch ein Sonderzeichen definiert. Werden zwei oder mehrere Kommandos mit dem Symbol | verbunden, handelt es sich um eine Pipe.

Bezogen auf unser einfaches Beispiel wird durch die Schreibweise eine Pipe zwischen dem Kommando who und wc eingerichtet. Das heißt, who sendet seine Ausgabe unmittelbar in die Standardeingabe von wc. Word count macht dann seine Ausgabe wie gewohnt auf den Bildschirm.

```
$ who | wc -l
5
```

Natürlich könnte wc seine Ausgabe auch wieder über eine Pipe an ein nächstes Kommando weiterreichen oder über das Umlenkungssymbol > diese auf Datei schreiben. Der Inhalt der Datei anzben wäre dann 5.

```
$ who | wc -l > anzben
$ cat anzben
5
```

Im folgenden noch einige Beispiele für einfache Pipe-Konstruktionen.

```
$ ls -l | wc -l          Anzahl der Dateien des momentan aktuellen Verzeichnisses

$ ls -l | pg             Kontrollierte Ausgabe von ls über pg

$ cat privat.adr|pg      Ausgabe von cat per pg kontrollieren
$ pg privat.adr          leistet natürlich dasselbe  !

$ cal 1992 | pg          Kontrollierte Ausgabe des Kalenders über pg

$ who | grep "root"      Überprüfen, ob Benutzer "root" aktiv ist, falls ja wird die
                         gesamte Zeile von "who" ausgegeben, falls nein erfolgt
                         keine Ausgabe.
```

Der Mechanismus ist sehr mächtig, und wir werden im Zusammenhang mit noch zu erläuternden Kommandos stets wieder darauf zurückkommen. In den Beispielen oben wird auch deutlich, wie sich das Problem des Bildschirmüberlaufes bei langen Kommandoausgaben generell lösen läßt. Die Ausgabe wird einfach mittels einer Pipe an das Kommando pg geleitet, welches für die kontrollierte Ausgabe sorgt.

Einfache Pipes wie in den Beispielen können für den täglichen Gebrauch recht interessant werden. Oft wird es einem im Laufe der Zeit zur Gewohnheit, zu Beginn jeder Sitzung die gleichen Kommandos einzugeben, um sich über gewisse Gegebenheiten zu informieren. Die folgende Kommandofolge könnte etwa eine solche Angewohnheit werden.

```
$ who
$ ls -l | pg
$ date
$ mail chef
ich bin auch schon da !
<Ctrl><D>
```

Bis jetzt besteht der Nachteil allerdings noch darin, daß man derartige Sequenzen immer wieder "eintippen" muß. Nachfolgend wird eine Möglichkeit aufgezeigt, sich derartige Kommandofolgen stets abrufbar zu halten. Man kann sich in UNIX eigene Kommandos aufbauen.

10.4. Scripte

Die Shell ist nichts anderes als ein Kommando oder ein Dienstprogramm. Wie zum Beispiel `ls` wird die Shell als Kommando unter dem Namen `sh` innerhalb eines Release 4 Systems unter dem Verzeichnis `/sbin` geführt.

Die etwas mächtigere Korn-Shell unter dem Namen `ksh` im Verzeichnis `/bin` oder `/usr/bin`. Vergewissern Sie sich einmal mit dem `ls`-Kommando, dessen Ausgabe unten durch eine Pipe nach dem Suchkommando `grep` gleich effizient gefiltert wird. Sie erhalten etwa folgende Information.

```
$ ls -l /sbin | grep " sh"
-r-xr-xr-x   2 bin       bin      63996 Jan  9  1991 sh
```

Das gleiche für die Korn-Shell ksh

```
$ ls -l /bin | grep " ksh"
-r-xr-xr-x   2 bin       bin     111988 Jan  9  1991 ksh
```

Sie erkennen an der verwendeten Pipe-Konstruktion noch einmal die Eleganz, mit der der Baukasten UNIX es gestattet, ohne viel Mühe, umfangreiche Ausgaben, wie die des `ls`, nach einer bestimmten Information zu filtern.

Geben Sie also ruhig einmal das Kommando sh ein. Daß dabei überhaupt etwas passiert, merken Sie erst, wenn Sie die Tastenkombination <Ctrl><D> aktivieren. Üblicherweise wird dadurch ja das System verlassen, jetzt plötzlich nicht; Sie erhalten prompt den $ und sind nach wie vor in der Shell.

```
$  sh
$  . . . . . . .        weiter, wie gewohnt
$  <Ctrl><D>
$
```

Erinnern Sie sich an die Datei /etc/passwd, in der für jede Benutzerkennung unter anderem ein Eintrag existiert, der festlegt, welches Programm unmittelbar nach Login ausgeführt werden soll.

```
myself:x:105:1:bourne-shell-user:/home/myself:  /sbin/sh

oder   /bin/ksh
```

Der Vorgang des sich Abmeldens am System ist gleichzusetzen mit dem Beenden des in der Datei /etc/passwd definierten Kommandos.

Die Tastenkombination <Ctrl><D> beendet daher nicht explizit die UNIX-Session, sondern die Shell und damit implizit Ihren Dialog mit dem System. Wäre anstelle der Shell im Passwd-Eintrag irgendein anderes Programm festgelegt, wäre durch dessen Beendigung die Session ebenfalls geschlossen.

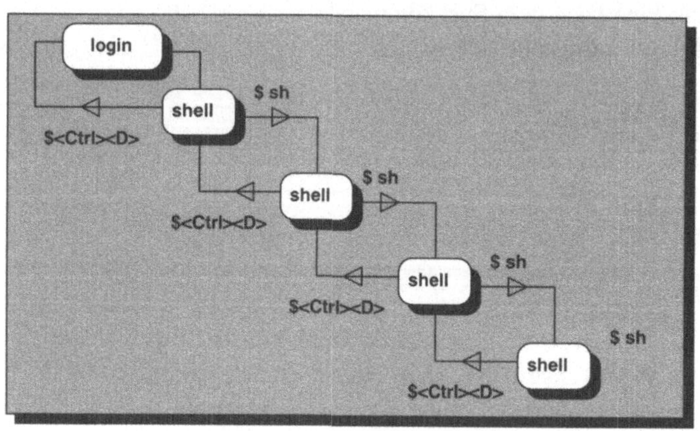

Falls Sie jetzt also das Kommando sh aktivieren, wird nur eine zweite Shell gestartet. Man bezeichnet sie auch als Subshell. Sie können den Vorgang mehrfach wiederholen und erhalten stets wieder eine neue Shell. Nach außen merken Sie davon zunächst nichts. Lediglich beim Beenden mit <Ctrl><D> wird die momentane Shell beendet, und Sie kehren in die Shell zurück, von der aus Sie die gerade Beendete gestartet haben. Irgendwann beenden Sie auch die Login-Shell und verlassen dadurch das System.

So läßt sich denn auch die Shell in die Reihe der Kommandos einordnen, die es gewohnt sind, ihre Eingaben von der Tastatur zu bekommen und ihre Ausgaben auf den Bildschirm zu projizieren.

Weshalb sollte es nicht auch der Shell möglich sein, ihre Eingaben anstatt von der Tastatur über den Umlenkungsmechanismus von einer Datei zu lesen? Wir machen die Probe aufs Exempel und führen den unten wiedergegebenen Dialog.

```
$ vi kommandos
.....
$ cat kommandos
date
who
ls -l | pg
```

In einer Datei kommandos wurden soeben ein paar einfache UNIX-Befehle hinterlegt.

Danach geben wir von der Shell aus das Kommando sh < kommandos ein. Es ist nicht weiter verwunderlich, daß das Verhalten genau den Erwartungen entspricht. Die neu gestartete Shell liest ihre Standardeingabe aus der Datei kommandos und führt die dort stehenden Kommandos nacheinander aus.

```
$ sh < kommandos
Wed Jan 13 16:22:01 EST 1993
myself    console  Jan 13 12:06

... alle Kommandos aus der Datei werden ausgeführt
```

Bei erkanntem Dateiende, also nach dem letzten Kommando, beendet sich die Subshell, und Sie befinden sich wieder in der Login-Shell.

Was Sie soeben in der Datei kommandos produziert haben, ist bereits ein kleines Shell-Programm. Im Allgemeinen nennt man eine Folge von Shell-Kommandos, die in einer Datei stehen, Shell-Prozedur, Shell-Programm oder einfach Script. So einfach ist das also. Es wird noch einfacher, denn in diesem Fall, wenn es sich bei dem Kommando dessen Standardeingabe umgelenkt wird, um die Shell handelt, kann man auf das Umlenkungssymbol < verzichten.

```
$ sh kommandos
```

Das letzte Beispiel leistet dasselbe, wie das erste mit Umlenkungssymbol.

10.5. Das Ausführrecht

Bei der Behandlung der Zugriffsrechte wurde das Ausführrecht x für Dateien aus guten Gründen etwas vernachlässigt. Wir beschäftigten uns dort eingehend mit Lese- und Schreibberechtigungen. Jetzt sind allerdings die Voraussetzungen geschaffen, uns ausführlicher diesem x bei Dateien zu widmen.

```
$ chmod (a)+x kommandos
```

Wenn Sie dem soeben erstellten Script kommandos mit dem chmod-Kommando die Ausführberechtigung erteilen, haben Sie ein privates Kommando geschaffen, das Sie wie jedes andere auch aufrufen können - die Shell wird es dann ausführen.

```
$ kommandos
Wed Jan 13 16:22:01 EST 1993
myself    console  Jan 13 12:06
    .... Kommandos n der Datei werden ausgeführt
```

Auf eins muß man allerdings achten. Während man die "echten" Kommandos normalerweise von jeder Stelle des Dateibaumes einfach durch Eingabe des Kommandonamens aktivieren kann, muß man beim Aufruf "privater" Kommandos zumindest vorerst noch immer den Pfad angeben. Es sei denn, man befindet sich gerade auf dem Ast im Dateibaum, in dem das zu rufende Script sich ebenfalls befindet. Aber Sie vermuten schon richtig - auch das läßt sich ändern, wie Sie gleich sehen werden.

```
$ pwd
/home/myself
$ cd PRIVAT

$ kommandos
... not found ...
$ ../kommandos ...   ... Kommandos in der Datei werden ausgeführt
```

10.6. Die Datei `.profile`

Hierbei handelt es sich um eine gewöhnliche Datei, die direkt unter dem Home-Directory eingerichtet werden kann. Der etwas ungewöhnliche Name, der mit einem Punkt beginnt, mag zweierlei Gründe haben. Zum einen den, daß die Datei nicht zufällig überschrieben wird - wem fallen schon solche Namen ein. Zum anderen, und das ist eigentlich wichtig zu wissen, bewirkt der Punkt am Beginn des Dateinamens, daß die Namen bei einem gewöhnlichen `ls`-Kommando nicht mit angezeigt werden. Es handelt sich um eine sogenannte "versteckte" Datei. Erst ein `ls -a` läßt sie an der Oberfläche erscheinen.

Bei der Datei .profile handelt es sich um ein Script, welches beim Login von der Shell sofort ausgeführt wird. Sie ist deshalb von so großer Bedeutung, weil man mit dem profile-Mechanismus automatisch zu Beginn jeder Session Voreinstellungen machen und Informationen ausgeben kann. Denken Sie beispielsweise an `umask`, zur Maskierung der Dateizugriffsrechte.

Das Kommando müßten Sie ohne `.profile` jedesmal nach Login "per Hand" aufrufen. Legen Sie den Aufruf in Ihrer `.profile` ab, können Sie sicher sein, daß alle Dateien, die Sie anlegen, die von Ihnen gewünschten Zugriffsrechte haben. Schauen wir uns ein einfaches Exemplar einer solchen Datei einmal näher an.

```
# Beispiel für eine .profile
# Variablendefinitionen
#
TP=/dev/tape
DSK=/dev/fd0135ds18
#
export TP DSK
#
# Pseudonyme ausgeben
#
umask 022
echo "---------------------"
echo " Geräte-Dateien
echo "---------------------"
echo " TP    fuer Band "
echo " DSK   fuer Diskette"
echo "---------------------"
date
#
# Ende .profile
#
```

Die Datei enthält zu einem großen Teil Informationen, die Sie noch nicht interpretieren können. Sie ist daher ein nützlicher Aufhänger zur Erläuterung einiger noch unbekannter Sachverhalte.

Selbstverständlich ist die Datei `.profile` benutzer-individuell. Jeder kann sie also nach eigenen Bedürfnissen gestalten. Darüber hinaus existiert noch eine systemweite Datei `/etc/profile`, die der Systemadministrator für alle Benutzer gestaltet. Dort werden globale Systemkonstanten und vieles mehr festgelegt. Die Shell führt nach Login zunächst `/etc/profile` aus und danach die eigene `profile`.

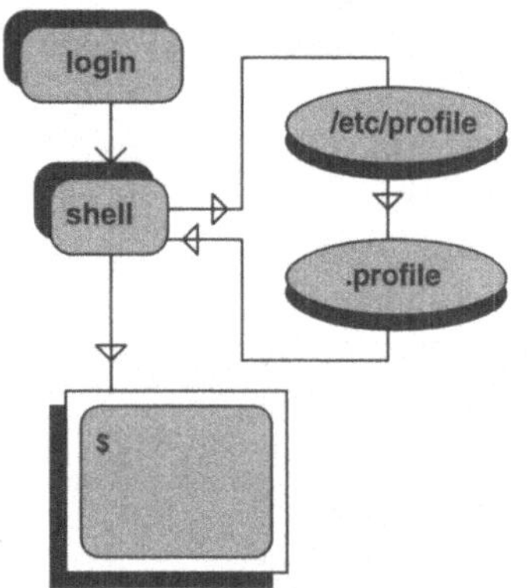

Im Beispiel finden Sie einige erklärende Kommentare, wobei jede dieser Zeilen mit einem # beginnt. Dieses Sonderzeichen leitet eine Kommentarzeile ein, und sobald die Shell dies bei der Interpretation des Textes erkennt, wird der Rest der Zeile ignoriert. Die Shell versucht also nicht den Inhalt der Zeile als Kommando auszuführen. Dies ist eine sehr sinnreiche Einrichtung, denn Kommentare in Scripten sind äußerst wichtig, da der Mensch ja vergeßlich ist und eigene Prozeduren - sofern sie hinreichend komplex sind - nach einigen Wochen oft auf Anhieb vom Autor selbst nicht mehr verstanden werden. Es sei denn, die eigenen Gedanken sind ausreichend kommentiert.

Erinnern wir uns zurück an das Kapitel über die Archivierung von Dateien. Wenn Sie Dateien auf Band oder Diskette auslagern, müssen Sie den symbolischen Gerätenamen angeben. Diese Namen unterliegen zwar einer gewissen Konvention, sind aber schwer im Gedächtnis zu behalten.

In unserem Fall ist das Bandgerät beispielsweise durch die Datei `/dev/tape` und das Diskettenlaufwerk durch `/dev/fd0135ds18` ansprechbar. Wann immer man also Dateien auf Diskette auslagern möchte, ist man gezwungen, diese Namen anzugeben, ggf. müßte man sie irgendwo nachschlagen oder rückfragen. Nun gibt es innerhalb der Shell allerdings eine sinnreiche Möglichkeit, die Abhilfe schafft und im folgenden Abschnitt beschrieben wird.

10.7. Shell-Variable und Environment

Die Shell läuft in Ihrem System als sogenannter Prozeß, wie ein anderes Kommando ab. Mit Prozessen beschäftigen wir uns später eingehend in einem eigenen Abschnitt. Um den Begriff der Shell-Variablen und den des Environments zumindest andeutungsweise zu erläutern, ist es wichtig, daß Sie sich mit Hilfe der folgenden Abbildung eine Vorstellung davon entwickeln können.

Zunächst ist Ihre Shell mit einiger Sicherheit nicht die einzige, die im System aktiv ist. Alle Shells, die zur gleichen Zeit laufen, gehen auf die gleiche Programmdatei zurück. Sobald eine Shell läuft, kann man ihr eine individuelle Note verleihen. Sie besitzt nämlich einen Speicherbereich, den man als ihre Umgebung oder als ihr Environment bezeichnet. Die Lebensdauer dieses Speichers entspricht der des Shellprozesses, d.h., beenden Sie die Shell, verflüchtigt sich auch ihre Umgebung. In diesem Environment sind Informationen in Form bereits vor-

definierter Shell-Variablen vorhanden. Diesen können Sie eigene, also individuelle Variable hinzufügen.

Komplizierte Ausdrücke, wie beispielsweise die
Gerätedateinamen der Diskettenlaufwerke, können
durch einen einfachen Zuordnungsmechanismus auf
selbst erfundene Namen abgebildet und dann über
diesen "Alias" angesprochen werden.

Im Beispiel wird unter anderem durch
`DSK=/dev/fd0135ds18` die schwer zu mer-
kende Gerätebezeichnung des Diskettenlaufwerkes
mit dem einfachen Namen `DSK` gleichgesetzt.
Fortan werden die `tar`-Kommandos zum Behandeln von Disketten in diesem Laufwerk etwas unkomplizierter, wie man im folgenden Beispiel erkennt.

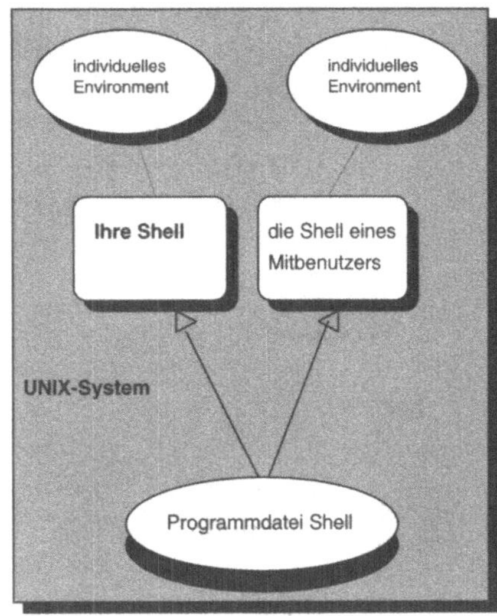


```
$ DSK=/dev/fd0135ds18          entfällt, wenn in ".profile" definiert !

$ tar -cvf $DSK ........        anstatt

$ tar -cvf /dev/rfd096ds15 .....
```

Allgemein funktioniert die Festlegung von Variablen also so:

```
VNAME=konkreter Ausdruck
```

Die selbst erfundenen Namen, denen eine andere Größe zugeordnet wird, nennt
man Variablen. Angesprochen wird eine Variable einfach durch Ihren Namen,
der Inhalt der Variable hingegen durch $VNAME. Dem Namen wird also einfach
ein $-Zeichen vorangestellt.

```
$ ADR=/home/myself/PRIVAT/ADRESSEN

$ cd $ADR                      anstelle von

$ cd /home/myself/ADRESSEN

$ cd ADR                       ohne "$" Fehler ...
ADR not found
```

Definiert man sich wie oben einen Pfadnamen, auf den man häufig wechselt, als
Variable, kann man sich Schreibarbeit sparen.

Vergißt man den $ vor den Namen zu setzen, wird versucht in ein nicht vorhandenes Verzeichnis ADR zu wechseln. Die Fehlermeldung ist selbstverständlich, eben-so wie die Einsicht, daß bei dem Bezug auf Variableninhalte wieder ein syntaktisches Element - der $ - ins Spiel kommen muß, damit es nicht zu Mißverständnissen inner-halb der Shell kommt.

Auf diese Weise werden also im .profile-Beispiel die Gerätenamen durch einfache Synonyme ersetzt. Schließlich sorgt die Anweisung export dafür, daß die soeben getroffene Namenskonvention global bekannt gemacht wird. Normalerweise kennt nämlich nur diejenige Shell die Variablenzuordnungen, die sie selbst getroffen hat. Wird eine Subshell gestartet, sind dieser die individuellen Variablen zunächst unbekannt. Man spricht auch von lokalen und globalen Variablen. Dies hängt sehr eng mit der Prozeßphilosophie von UNIX zusammen. Was sich genauer hinter dem Variablenexport verbirgt, wird im Abschnitt über Prozesse eingehender erörtert.

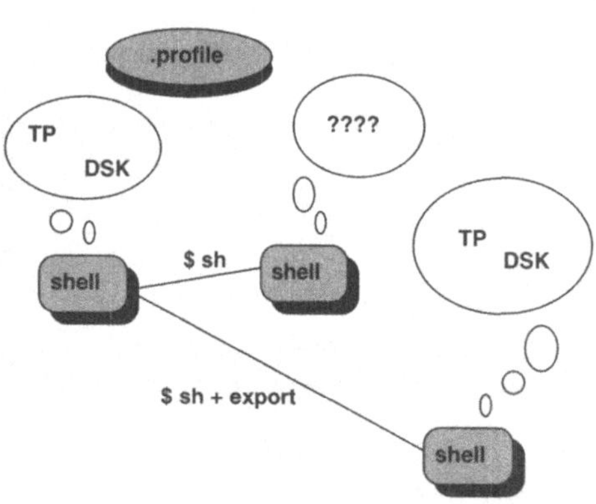

Das export-Kommando macht die getroffenen Variablendefinitionen global und damit auch allen Subshells bekannt, die nach der Definition der Variablen und deren Export gestartet werden. Alle innerhalb einer Shell definierten Variablen zusammengenommen, bezeichnet man als ihre Umgebung oder als ihr Environment.

export	Variablen global definieren
export var_list	
var_list	Liste von Variablennamen, die exportiert werden sollen
Innerhalb der Korn-Shell ist auch das implizite Setzen der Variable möglich:	
export name=val	
name	Name der Variable, die sofort exportiert wird
val	Wert der Variablen

Werden Variablen nicht länger benötigt, kann man sie mit dem folgenden Kommando wieder eliminieren:

unset	Variable eliminieren
`unset`	`var_list`
`var_list`	Liste von Variablennamen, die eliminiert werden sollen

Wenden wir uns wieder unserem Beispiel zu. Damit die getroffenen Namenskonventionen auch stets in Erinnerung bleiben, werden sie innerhalb der exemplarischen `.profile` mit dem folgenden Kommando ausgegeben.

`echo` - Text auf Standardausgabe

Dieses Kommando bewirkt, daß der dahintersteckende Text auf die Standardausgabe - also im Normalfall auf den Bildschirm - geschrieben wird. Das Kommando versteht zur Formatierung des Ausgabetextes bestimmte Escape-Sequenzen.

echo	echo arguments to stdout
`echo`	`[-n]` `"text"`
`-n`	gibt nach Ausgabe des Textes `text` keine neue Zeile aus
`text`	beliebige Zeichenfolge
Escape-Sequenzen (können in den Text eingestreut werden)	
`\b`	Backspace
`\c`	ohne Ausgabe einer neuen Zeile
`\f`	Form-Feed
`\n`	Neue Zeile
`\r`	Carriage Return
`\t`	Tabulator
`\v`	Vertikaler Tabulator
`\\`	Backslash
`\0n`	n Oktalzahl

Bevor wir uns dem Beispiel für eine Datei `.profile` zuwenden, zunächst einige Beispiele, die die Wirkungsweise der Escape-Sequenzen im Zusammenhang mit dem `echo`-Kommando erläutern. Beachten Sie, daß Sie den auszugebenden Text in doppelte Anführungszeichen einschließen. Nur so werden die Escape-

Sequenzen wirksam. Weshalb dies so ist, erfahren Sie noch in diesem Kapitel im
Zusammenhang mit der Quotierung.

```
$ echo "UNIX im Alleingang"              normal
UNIX im Alleingang

$ echo "UNIX\tim\tAlleingang"            Worte durch Tabulatoren abgesetzt
UNIX    im        Alleingang

$ echo "UNIX\rim\rAlleingang"            die Ausgabe der einzelnen Worte beginnt
Alleingang                               beginnt stets wieder am Anfang der
                                         gleichen Zeile

$ echo "UNIX\vim\vAlleingang"            nach jedem Wort wird in einer neuen
UNIX                                     Zeile an der alten Schreibposition fort-
    im                                   gesetzt
        Alleingang

$ echo "UNIX\nim\nAlleingang"            Zeilenumbruch nach jedem Wort
UNIX
im
Alleingang

$ echo "UNIX \bim \bAlleingang"          das letzte Zeichen vor \b wird jeweils
UNIXimAlleingang                         gelöscht

$ echo "UNIX\fim\fAlleingang"            form feed wirkt wie vertikaler Tabuöator
UNIX
    im
        Alleingang

$ echo "UNIX im Alleingang\07"           \07 entspricht einem Piepston
UNIX im Alleingang (beep)
```

In der exemplarischen Datei .profile verwenden Sie die einfache `echo`-Variante
ohne Escape-Sequenzen.

```
echo "-----------------------"
echo " Gerätedateien
echo "-----------------------"
echo " TP   Band"
echo " DSK  Diskette"
echo "-----------------------"
```

Somit erscheint nach jedem Login automatisch durch die Ausführung der Datei
`.profile` folgende Meldung, die die Synonyme - nicht deren Inhalte - für
Band- und Diskettenlaufwerk ausgibt.

Außerdem werden noch das aktuelle Tagesdatum und die Uhrzeit angezeigt.

```
-------------------
Gerätedateien
-------------------
  TP  Band
  DSK Diskette
-------------------
Wed Jan 15 10:22:43 mez 1992
$
```

set und env

Um die Definition von Variablen und den Exportmechanismus noch etwas zu verdeutlichen, werden kurz noch die beiden Befehle set und env eingeführt.

set   Shell-Optionen setzen

`set    [[-opts] [arg]]`
liefert ohne Zusatzangaben alle momentan definierten Variable; also insbesondere auch die, die **env** ausgibt.

`arg`   jede angegebene Zeichenkette wird einer Stellungsvariablen zugeordnet ($1,...,$n); als Variablentrennsymbol dient das Leerzeichen

`opts`   (Optionen werden mit − gesetzt und mit + aufgehoben)
`-a`   jede künftig definierte Variable wird exportiert
`-e`   beendet die Shell augenblicklich, wenn ein Kommando mit Fehler beendet wird ($? ungleich 0)
`-f`   verhindert Dateinamensexpansion
`-h`   jedes Kommando erhält einen tracked alias
`-m`   Hintergundprozesse laufen in einer eigenen Prozeßgruppe. Bei Ende eines Hintergrundprozesses wird eine Meldung ausgegeben.
`-n`   verhindert die Ausführung von Kommandos
`-t`   beendet die Shell nach Ausführung genau eines Kommandos
`-u`   gibt eine Fehlermeldung aus, falls undefinierte Variable angesprochen werden.
`-v`   gibt eingegebene Kommandos vor deren Ausführung noch einmal aus (und zwar so, wie eingegeben)
`-x`   wie `-v`; die Kommandos werden jedoch so ausgegeben, wie sie ausgeführt werden

```
-o       allexport    wie -a
         errexit      wie -e
         bgnice       Hintegrundprozesse erhalten geringere Priorität
         ignoreeof    Shell wird nur durch Kommando exit beendet
         markdirs     Verzeichnisse werden mit / markiert (bei ls)
         monitor      wie -m
         noclobber    verhindert das Überschreiben von Dateien bei
                      umgelenkter Standardausgabe
         noexec       wie -n
         noglob       wie -f
         nolog        Funktionsdefinitionen werden nicht in der
                      History-Datei gespeichert
         nounset      wie -u
         verbose      wie -v
         trackall     wie -h
         vi           setzt den integrierten vi-Editor
         xtrace       wie -x
```

Im Moment soll nicht näher auf Optionen von set eingegangen werden. Die set-
Optionen sind zum großen Teil erst nach noch folgenden Abschnitten verständlich. Der Vollständigkeit halber sind sie hier zwar aufgezählt, konkrete Beispiele
werden jedoch erst bei der Behandlung der Korn-Shell (Kap. 13) gegeben. set
wird insbesondere in der Shellprogrammierung stark beansprucht.

```
env          Print or set environment

env          [[name=val] ... [cmd]]
             ohne Angaben liefert das Kommando alle globalen, d.h.
             exportierten Variablen der Shell
name=val     zur Ausführung des Kommandos cmd  kann eine
             Liste von Variablen temporär dem Environment
             zugeordnet werden. Nach Ausführung des Kommandos
             sind die Variablen dann nicht mehr existent.
cmd          beliebiges, eingebettetes Kommando; es kann auf die
             implizit definierten Variablen zugreifen
```

Für den Zweck, um den es hier geht, beschränken wir uns auch bei env ohne
Zusatzangaben.

Geben Sie einmal das Kommando `set` ein. Sie erhalten daraufhin die Liste aller
gesetzter Variablen am Bildschirm. Sie wird bei Ihnen größtenteils mit der hier
abgedruckten Variante übereinstimmen, sofern Sie mit der Bourne-Shell-Va-
riante arbeiten. Die Korn-Shell liefert darüber hinaus noch einige Variablen
mehr. Fettgedruckt sind bereits die individuellen Veränderungen entgegen den
vorbelegten Variablen.

```
$ set

DSK=/dev/fd1135ds18
HOME=/home/myself
HZ=100
IFS=

LOGNAME=myself
MAIL=/usr/mail/myself
MAILCHECK=600
PATH=/usr/bin:/usr/X/bin:/usr/ucb:/home/myself
PS1=$
PS2=>
TERM=vt100
TP=/dev/rmt/c0s0nr
TERMCAP=/etc/termcap
TZ=EST5EDT
```

Die von der Shell standardmäßig definierten Variablen haben im einzelnen folgende Bedeutung:

HOME:	das Heimatverzeichnis
HZ:	Frequenz des Stromnetzes in Hertz (nicht in allen Systemen)
IFS:	Feldtrennsymbol (normalerweise Leerzeichen)
LOGNAME:	Benutzerkennung
MAIL:	Pfadname des Directories, welches Ihre Mail enthält
MAILCHECK:	Wert in Sekunden (600=10 min) nach dem nach neuer Post geschaut wird
PATH:	Liste der Verzeichnisse, die die Shell nach Kommandos durchsucht (wird gleich näher erläutert)
PS1:	primäres Promptsymbol ($)
PS2:	sekundäres Promptsymbol (>), wird ausgegeben, fall ein Kommando interaktiv Information von Ihnen erwartet.
TERM:	Terminaltyp
TERMCAP:	Datenbasis mit Detailinformationen zum Terminal
TZ:	Zeitzone

Versuchen Sie es mit `env` genauso, und Sie dürften in etwa die gleiche Ausgabe wie bei `set` erhalten. Beide Kommandos geben also offensichtlich die aktuelle Variablenbelegung der Shell aus.

Definieren Sie eine neue Variable, und rufen Sie anschließend erneut zuerst `set` und dann `env` auf.

```
$ ADR=/home/myself/PRIVAT/ADRESSEN
$ set
ADR=/home/myself/PRIVAT/ADRESSEN
FLOPPY=/dev/fd1135ds18
HOME=/home/myself
. . . . .
$ env
FLOPPY=/dev/fd1135ds18
HOME=/home/myself
HZ=100
. . . . .
```

Spätestens jetzt wird ein Unterschied deutlich. Während die `set`-Ausgabe die neue Variable `ADR` kennt, ist diese bei `env` offenbar noch nicht angekommen. Sie exportieren jetzt die Variable `ADR` und bemühen `env` nochmals.

```
$ export ADR
$ env
ADR=/home/myself/PRIVAT/ADRESSEN
FLOPPY=/dev/fd1135ds18
HOME=/home/myself
. . . . . .
```

Diesmal erkennt auch `env` die neue Variable. Der Unterschied zwischen den beiden Kommandos hat sich manifestiert: Während `set` alle Variablen der aktuellen Shell anzeigt, zeigt `env` nur die, die exportiert wurden. Sind Sie sich also einmal nicht sicher, ob eine Variable exportiert ist, rufen Sie `env` auf, und verschaffen Sie sich so Gewißheit.

Auf die weitere Vererbungslehre von Variablen bezüglich Subshells gehen wir erst im folgenden Kapitel über Prozesse ein. Sie können das Verhalten jedoch kurz überprüfen, indem Sie eine beliebige Variable definieren, diese nicht exportieren und eine Subshell (Kommando `sh`) erzeugen. Rufen Sie in der Subshell erneut `env` auf, wird die gerade definierte Variable dort nicht erscheinen. Haben Sie die Variable vor Aufruf der Subshell jedoch exportiert, wird `env` sie auch innerhalb der Subshell liefern.

Es gibt aber außerdem noch einiges Bemerkenswertes zu entdecken.

```
$ echo $ADR
/home/myself/PRIVAT/ADRESSEN
$ unset ADR
$ echo $ADR

$ ADR=$HOME/PRIVAT/ADRESSEN
```

Einzelne Variableninhalte können mit dem echo-Kommando angezeigt werden. Wird eine Variable nicht mehr gebraucht, kann ihre Definition mit unset zurückgenommen werden. Interessant ist auch die letzte Zeile des Beispieles oben.

Anstatt eine Variablendefinition stets auszuschreiben, können auch bereits definierte Platzhalter zur Festlegung neuer herangezogen werden. Im Beispiel wird die standardmäßig zum Environment gehörende HOME-Variable benutzt, um die Definition von Pfaden abzukürzen.

Wegweiser für die Shell

Eine wesentlicher Bestandteil des Environments ist die PATH-Variable. Sie kann bei Ihnen durchaus eine etwas andere Besetzung haben, als hier aufgezeigt ist.

```
PATH=/sbin:/usr/sbin:/usr/bin:/etc:/usr/bin/X11:/usr/ucb
```

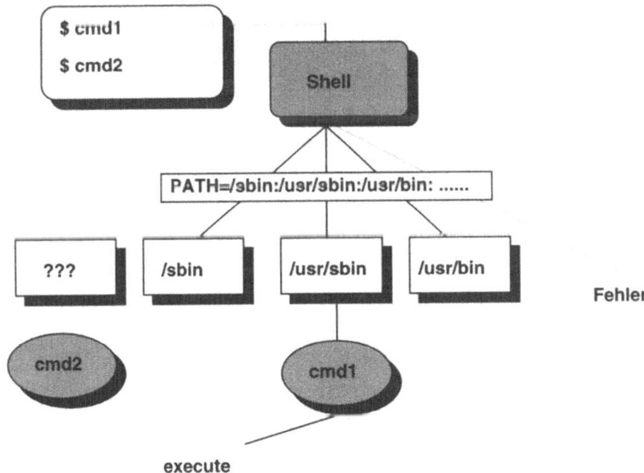

An der Stelle, an der wir unsere kleine Shell-Prozedur eingeführt hatten, wurde bereits darauf hingewiesen, daß eigene Scripte normalerweise durch Angabe des vollen Pfadnamens aufgerufen werden - es sei denn, man befindet sich gerade auf dem Pfad, unter dem auch die Prozedur selbst liegt.

Wechselt man in ein anderes Verzeichnis, wird die Shell die Prozedur beim Aufruf nicht finden und dies mit einer Fehlermeldung quittieren. Der Grund hierfür liegt in der Beschaffenheit der PATH-Variablen. Sie gibt der Shell an, wo sie nach ablauffähigen Konstrukten, also Kommandos, Programme und Scripts, suchen soll. Wäre die PATH-Variable nicht besetzt, könnten Sie kein einziges Kommando mehr nur unter Angabe des Namens (ls, cat usw.) aufrufen. Die Shell ergänzt jeden Namen, den Sie für ein Kommando oder Script eingeben, durch Angaben aus der PATH-Variable und sucht das aufrufbare Objekt dort. Insbesondere gilt, daß immer das erste Objekt ausgeführt wird, welches in der durch die PATH-Variable festgelegten Reihenfolge gefunden wird. Gibt es also unter den verschiedenen Pfaden gleichnamige Objekte, wird stets das erste ausgeführt. Die PATH-Variable gibt demnach eine Priorität vor.

Haben Sie eigene Kom-mandos als Shell-Prozeduren definiert, die Sie jederzeit ohne Pfadangabe aufrufen wollen, können Sie die PATH-Variable umdefinieren. Angenommen. sie legen Ihre eigenen Kommandos unter dem Verzeichnis /home/myself/UTILITY ab, dann brauchen Sie lediglich wie folgt vorzugehen, um der Shell den Suchpfad beizubringen:

```
PATH=$PATH:/home/myself/UTILITY
bzw.
PATH=$PATH:$HOME/UTILITY
```

Das folgende Beispiel zeigt ein etwas abgewandeltes ls-Kommando, welches eine Überschrift ausgibt. Die Bedeutung der Sonderzeichenkombination $* wird anschließend erklärt. Dieses Beispiel birgt aber eine Tücke, auf die Sie achten müssen. Auch diese wird bereits im Hinblick auf den Abschnitt über Prozesse erläutert. Sie schreiben folgende Kommandofolge in eine Datei, der Sie den Namen ls geben. Anschließend verleihen Sie der Datei ls mittels chmod Ausführrecht.

```
$ vi ls
echo "Liste der Dateien angewandt auf $*"
/usr/bin/ls $*
<ESC>:wq
$ chmod +x ls
```

Es gibt jetzt zwei ausführbare Objekte ls auf Ihrem System. Das "offizielle" unter /usr/bin, zum anderen Ihr eigenes unter $HOME/UTILITY.

Was passiert, wenn Sie Ihr "privates ls" aufrufen? Zunächst gar nichts, denn es wird nach wie vor das Kommando /usr/bin/ls zum Ablauf gebracht.

Dies liegt an der PATH-Variable, die ja noch immer folgendes Aussehen hat.

```
/sbin:/usr/sbin:/usr/bin:/etc
```

Sie können dies nun wie folgt ändern:

```
$ PATH=$HOME/UTILITY:$PATH
$ export PATH
$ echo $PATH
/home/myself/UTILITY:/sbin:/usr/sbin:/usr/bin:/etc
```

Ihr eigenes Verzeichnis UTILITY muß dabei vorn in der PATH-Variable stehen,
da Ihr Kommando den selben Namen trägt, wie das bekannte UNIX-Kommando.
Hätten Sie Ihren privaten ls anders genannt, würde es genügen, die PATH-
Variable nach dem Muster der vorigen Seite zu verlängern. Sie können jetzt
Ihren privaten ls starten.

```
$ ls /home/myself
Liste der Dateien angewandt auf /home/myself
drwxr-xr-x 2 myself  other   512 Apr 15 14:00  PRIVAT
drwxr-xr-x 2 myself  other   512 Apr 15 16:43  SAMMELSUR
. . . . .
```

Es kommt eine Stelle, an der man aufmerksam werden sollte. In Ihrem eigenen
ls verwenden Sie das offizielle ls-Kommando. Nachdem Sie Ihr Shell-Environment geändert haben, müssen Sie
das ls-Kommando jetzt mit dem vollen
Pfadnamen referenzieren.

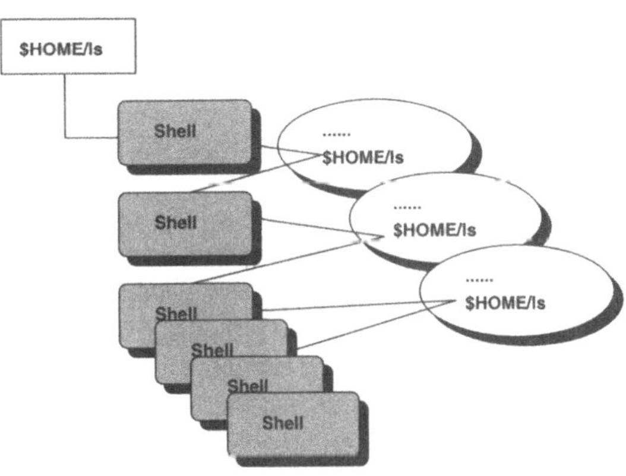

Was würde passieren, wenn Sie in
Ihrem Script - welches den Namen ls
trägt - anstelle /usr/bin/ls einfach
ls angegeben hätten? Dies hätte unter
Umständen fatale Folgen, denn es würde
sich um einen rekursiven Aufruf Ihrer
Prozedur handeln. Sie bekämen endlos
die Überschrift zu sehen, aber keine
Dateinamen! Unter Umständen könnten
Sie damit das System so arg in Bedräng-
nis bringen, daß auf der Maschine nichts
mehr geht. Der Prozeßzähler kann wegen einer Überproduktion von Subshells
überlaufen oder bei einer instabileren Implementierung könnte sogar der Systemkern mit einer Panic-Meldung seinen Dienst einstellen. Sie hätten dann einen
Systemabsturz bewirkt.

Es steht noch eine kurze Erklärung zu dem verwendeten Symbol $* aus. Wenn Sie sich eigene Kommandos schaffen, möchten Sie ja sicher, daß diese genau wie die "echten" Kommandos Parameter im Sinne von Objektlisten verarbeiten. Der Ausdruck $* ist eine spezielle Shell-Variable, die den String der gesamten angegebenen Parameterliste ersetzt. UNIX kennt sogenannte Stellungsparameter $1, $2, ... Diese können auch explizit mit dem Kommando set gesetzt werden. Der Ausdruck $* faßt alle diese Parameter zu einer Zeichenfolge zusammen. Sie benötigen diese Funktionalität hier im Grunde noch nicht. Sie ist erst innerhalb der Shellprogrammierung von großem Wert. Trotzdem möchte ich sie hier kurz skizzieren, um gleich einige sinnvolle Beispiele für Kommandoersetzungsmechanismen geben zu können. Im folgenden also noch ein Beispiel zu set in seinem eigentlichen Anwendungskontext.

```
$ set dieter peter tobias claudia anke
$ echo $1
dieter
$ echo $4
claudia
$ echo $*
dieter peter tobias claudia anke
$ echo $#
5
```

Aus dem Beispiel ist ohne weiteres ableitbar, daß folgende Zusammenhänge gelten:

```
$i      Variable Nummer i, i ist dabei eine Zahl zwischen 0 -9

$*      alle Variablen als Zeichenfolge, so wie gesetzt

$#      Anzahl der besetzten Stellungsparameter.
```

Das private ls-Kommando von vorhin ruft intern /usr/bin/ls auf und übergibt an dieses die Variable $* also alles, was beim Aufruf des privaten ls-Kommandos an Argumenten übergeben wurde. Wir kommen gleich auf set noch einmal kurz zurück. Intensiv beschrieben und genutzt wird set allerdings erst im Rahmen der Shellprogrammierung.

Die folgenden Abschnitte beschäftigen sich mit der Tatsache, daß die Shell einige Sonderzeichen oder Kombinationen aus Sonderzeichen in einer genau festgelegten Weise interpretiert. Dieser Umstand ist recht nützlich, wenn auch etwas gewöhnungsbedürftig, da man sich einige Sonderzeichen merken muß, um sie in der Praxis effizient einsetzen zu können.

Die nun beschriebenen Interpretationsmechanismen lassen sich alle unter dem bereits bekannten jedoch noch nicht hinreichend beschriebenen Stichwort "reguläre Grammatik" zusammenfassen. Wir beschäftigen uns als erstes mit Dateinamensgruppen und Namensfragmenten.

10.8. Dateinamensexpansion

Um die hier zu behandelnde Sonderfunktion der Shell von der praktischen Seite her anzugehen, wird unter dem Home-Directory wieder ein Verzeichnis ADRES-SEN vorausgesetzt, in dem sich die beiden folgenden Dateien befinden.

```
privat.adr
geschaeft.adr
```

Die Situation läßt sich mit den bekannten Operationen auch leicht reproduzieren. Die Dateinamen sind selbstredend, die erste Datei enthält Anschriften aus dem privaten, die zweite solche aus dem geschäftlichen Bereich.

Angenommen, Sie führen auch noch einen Terminkalender, wobei Sie wiederum das Geschäftliches von Privatem trennen. Es bietet sich an, auch hier für die Namensteile `privat` bzw. `geschaeft` voranzustellen. Daß es sich bei dem Inhalt der Dateien um Termine handelt, könnte durch das Anhängsel `term` angedeutet werden. Ein etwaiger Punkt zwischen den beiden Namens-teilen hat keine weitere Bedeutung; er dient lediglich zum Absetzen der Namensteile. Oft findet man anstelle des Punktes auch den Unterstrich _ , das ist reine Geschmackssache.

Aufgrund der besseren Lesbarkeit, ist es üblich, Dateinamen aus mehreren Teilen zusammenzusetzen, wobei die einzelnen Bestandteile durch Sonderzeichen voneinander getrennt sind. In aller Regel ist der Punkt das Trennsymbol. Oft genügt es, Namen aus zwei Teilen zu bilden, um einen eindeutigen Bezug zum Inhalt der Datei herzustellen. Man kennt derartige Namensbildungen innerhalb des Betriebssystems DOS. Wenn auch dort restriktivere Namensregeln gelten als innerhalb UNIX. Entgegen DOS ist es möglich, mehrere Sonderzeichen als Trenner in Dateinamen einzustreuen. Die Länge der Namensteile ist auch keinen Restriktionen unterworfen.

Die folgenden Beispiele legen nahe, was gemeint ist. Was also die Vergabe von Dateinamen angeht, sollte man sich - ähnlich wie bei der Strukturierung seiner Dateiverzeichnisse - gewisse Ordnungskriterien angewöhnen.

```
Dateiliste mit sprechenden Namen
geschaeft.adr
geschaeft.term
privat.adr
privat.term
privat.adr.neu
privat.adr.alt
notiz.22.08.92
```

```
Dateiliste mit nichtssagenden Namen
hugo
test1
test12
xyz
```

Einen vorangestellten Namensteil, wie `privat`, bezeichnet man üblicherweise als "Präfix", die Anhängsel `adr` bzw. `term` als "Suffix". Das Ganze ist nur eine Empfehlung und unterliegt vom System her keinerlei Überwachungskriterien.

Nehmen wir weiter an, Sie hätten noch mehr Adreßdateien, die Sie unter detaillierteren Kriterien, als nur privat und geschäftlich, angelegt haben. Beispielsweise können Ihre Ansprechpartner bei verschiedenen Firmen in entsprechenden Dateien notiert sein. Alle Adreßdateien haben Sie mit dem Suffix `adr` ausgestattet. Auf dem Dateiverzeichnis, in dem diese Adreßbestände gelagert sind, kann man sich noch andere Dateien und Verzeichnisse vorstellen. Sie möchten sich nun eine Liste aller Dateien, die Adressen beinhalten, ausgeben lassen. Etwas genauer, alle Dateien, mit dem Suffix `.adr` sind für Sie von aktuellem Interesse. Wie können Sie das `ls`-Kommando überreden, Ihnen ausschließlich diese Namen anzuzeigen?

Wenn Sie die vorangegangen Beispiele aufmerksam verfolgt haben, dann hätten Sie bereits eine Möglichkeit zur Hand.

```
$ ls -l | grep ".adr"
```

Es werden in der Pipe-Konstruktion von oben alle Dateinamen über das grep-Kommando geschleust, welches sie nach dem Kriterium `.adr` ausfiltert. Es geht aber auch einfacher und vor allem vielseitiger. Sie verwenden hierzu das Sonderzeichen `*`. Der Stern ersetzt - oder substituiert - einen beliebigen Namensteil; genauer eine beliebige Zeichenfolge. Mit Hilfe des Sterns können Namensangaben folgendermaßen fragmentiert werden:

`$ ls -l *.adr`	listet alle Dateinamen mit Suffix ".adr" auf
`$ ls -l privat.*`	listet alle Dateinamen mit Präfix "privat." auf
`$ grep "Maier" *.adr`	sucht die Zeichenfolge "Maier" in allen Dateien mit Suffix ".adr".
`$ ls -l *`	Listet alle Dateien auf
`$ ls`	Liefert alle Namen
`$ ls *`	ist identisch mit dem letzten ls
`$ ls a*priv*c`	Listet alle Namen auf, die mit "a" beginnen, mit "c" enden und irgendwo "priv" enthalten

Das Expansionszeichen * kann auch mehrfach vorkommen. Suchen Sie beispielsweise nach allen Dateien, deren Name mit a beginnt, irgendwo die Zeichenfolge priv enthält und mit c endet, formulieren Sie dies wie im letzten Beispiel.

Beliebige derartige "wild cards" lassen sich anwenden, um Dateinamen im momentan aktuellen Verzeichnis aufzufinden. Sehr nützlich wird diese Namensexpansion auch im Zusammenhang mit anderen Kommandos, wie beispielsweise find, wobei <wild card> ein beliebig aufgebauter Suchstring nach bekanntem Muster sein kann. Die Shell liefert dann alle Dateien auf dem System, deren Namen dem Kriterium genügen.

```
$ find / -name <wild card> -print
```

Um die Suchkriterien zum Auffinden von Dateien noch genauer definieren zu können, interpretiert die Shell außer dem * noch weitere Zeichen und Zeichenkombinationen. Der Stern wird zu einer beliebigen Zeichenkette expandiert, will man jedoch alle Dateien suchen, deren Name genau vier Zeichen lang ist, versagt der Mechanismus. Ebenso beim Suchen von Namen, die mit einer genau festgelegten Menge von Buchstaben, z.B. a, f oder z, beginnen, oder im Namen eine Sequenz von Buchstaben a - e tragen. Die folgenden Beispiele verschaffen einen Eindruck, was noch so alles möglich ist. Ein einzelnes Zeichen wird dabei durch ? ersetzt.

```
$ ls -l m??er        zwei Zeichen beliebig
$ ls ????            4-stellige Namen
$ ls -l [a-d]*       alles, was mit a,b,..,d beginnt
$ ls [UuIi]*         alles,was mit U,u,I,i beginnt
```

Das erste Beispiel filtert alle Dateinamen, die mit m beginnen, mit er enden und an zweiter und dritter Position ein beliebiges Zeichen haben. Insbesondere sind in diesem Beispiel die Namen nicht länger als fünf Zeichen.

Das zweite Beispiel liefert alle vierstelligen Namen. Wird nach allen Dateien gesucht, deren Name mit den Buchstaben a - d beginnt, wird der Zeichenbereich in eckigen Klammern [ ] festgelegt.

Im dritten Beispiel legt [a-d] fest, daß nur Namen interessant sind, deren Anfangsbuchstabe a,b,c oder d ist. Bereiche werden mit - definiert. Ebenso kann man Zeichen diskret selektieren, indem man keine Bereiche, sondern die in Frage kommenden Zeichen direkt in eckige Klammern einschließt.

Wie im letzten Beispiel kann man dann beispielsweise alle Dateien, deren Namen mit großem oder kleinem "u" bzw. großem oder kleinen "i" beginnen, ausfiltern. Selbstverständlich können die beschriebenen Expansionsmechanismen beliebig miteinander kombiniert werden. Hierzu ein etwas akademisch anmutendes Beispiel zum Üben:

```
Welche Dateinamen passen zum angegebenen Muster ?
$ ls ?[abe]*.[co].??[r-u]
1. UnixSysV.R4
2. Version.o.12s
3. Standard.c.npt
4. Rechnung.0392.offen
```

Vielleicht finden Sie selbst heraus, welche der Namen dem vorgegebenen Suchmuster genügen. Es paßt nur der zweite Name `Version.o.12s`.

10.9. Reguläre Ausdrücke

Wir bleiben bei dem Thema Suchkriterien und Muster. Während die Expansionszeichen für Namen global auf das Objekt Datei wirken, wird noch eine Möglichkeit aufgezeigt, einen analogen Mechanismus auf Dateiinhalte anzuwenden, also Zeichenmuster in Dateien zu suchen.

Mit dem Kommando `grep` aus dem Abschnitt "Dateieinblicke" haben Sie bereits die Möglichkeit kennengelernt, die jetzt noch weiter detailliert werden soll. Reguläre Ausdrücke dienen zur Formulierung komplexerer Suchausdrücke und werden von verschiedenen UNIX-Befehlen interpretiert.

Verwenden Sie wieder die Datei `privat.adr` zum Ausprobieren der regulären Syntax.

Die Adreßdatei hat beispielsweise folgenden Inhalt:

```
Krause:Otto:Marienplatz:12:8000:Muenchen:089/7900123
Schulz:Monika:Marktstr.:9a:2000:Hamburg:????/1234567
Meier:Peter:Lindwurmstr:10:8000:Muenchen:089/471399
Maier:Helmut:Salzstadl:14:8200:Rosenheim:08031/241800
Mayer:Ulrich:Alte Allee:24:8250:Feldkirch:08121/234690
usw:
```

Das Kommando `grep` liefert alle Zeilen aus der Datei, die einem angegebenen Suchmuster - regulären Ausdruck - entsprechen.

Bei geeigneter Parametrierung ist es auch möglich, alle Zeilen, die den Suchausdruck nicht enthalten, zu filtern.

```
$ grep M privat.adr      liefert als Treffer die gesamte Datei:
Krause:Otto:Marienplatz:12:8000:Muenchen:089/7900123
Schulz:Monika:Marktstr.:9a:2000:Hamburg:????/1234567
Meier:Peter:Lindwurmstr:10:8000:Muenchen:089/471399
Maier:Helmut:Salzstadl:14:8200:Rosenheim:08031/241800
Mayer:Ulrich:Alte Allee:24:8250:Feldkirch:08121/234690
```

Jede Zeile, die irgendwo ein M enthält, wird ausgegeben. Will man nur diejenigen Zeilen, die mit einem M beginnen, formuliert man den regulären Ausdruck wie im nächsten Beispiel:

```
$ grep '^M' privat.adr     ^M´ in Verbindung mit grep liefert folgende Zeilen:

Meier:Peter:Lindwurmstr:10:8000:Muenchen:089/471399
Maier:Helmut:Salzstadl:14:8200:Rosenheim:08031/241800
Mayer:Ulrich:Alte Allee:24:8250:Feldkirch:08121/234690
```

Das Sonderzeichen ^ ist also eine Anweisung, die darauf folgende Zeichenkette nur am Zeilenanfang zu suchen. Der gesamte Ausdruck muß unbedingt in den einfachen Anführungszeichen ´...´ stehen, andernfalls wird der Ausdruck nicht im gewünschten Sinne interpretiert, sondern insgesamt als zu suchende Zeichenfolge aufgefaßt. Die Analogie zum Suchen von Zeichenketten am Zeilenende ist ´...$´, wobei der zu suchende String vor dem $-Zeichen steht.

```
$ grep '9$' privat.adr      liefert als einzige Zeile

Meier:Peter:Lindwurmstr:10:8000:Muenchen:089/471399
```

Die Angabe einer Buchstabenfolge in [...] ist ebenfalls ein gültiger regulärer Ausdruck und ist analog zum Mechanismus der Dateinamensexpansion zu verstehen.

```
$ grep '[y]' privat.adr             liefert

Mayer:Ulrich:Alte Allee:24:8250:Feldkirch:08121/234690
                                    ebenso, wie

$ grep '[yY]' privat.adr            da nach großem oder kleinem y gesucht wird.
```

Sinnvoll ist es auch, nach negierten Bedingungen suchen zu können. Also beispielsweise anstelle aller Zeilen, die mit M beginnen, alle Zeilen suchen, die nicht

mit M beginnen. Eine Negation wird stets durch folgende syntaktische Form definiert: ´...[^...]´ innerhalb der Klammer steht der negierte Ausdruck.

```
$ grep ´^M´ ...          sucht nach allen Zeilen, die mit "M" beginnen,
$ grep ´^[^M]´..          sucht nach Zeilen, die nicht mit "M" beginnen und
                          liefert demnach folgendes Resultat

Krause:Otto:Marienplatz:12:8000:Muenchen:089/7900123
Schulz:Monika:Marktstr.:9a:2000:Hamburg:????/1234567
```

Diese Schreibweise mag auf den ersten Blick etwas sehr kryptisch erscheinen.
Durch die zweifache Bedeutung des Zeichens ^ entsteht der Eindruck, daß der
Klammerausdruck einem positiv formulierten regulären Ausdruck - also der Su-
che aller Zeilen, die mit M beginnen - entspricht.

In diesem Beispiel hat aber [^M] die Bedeutung "nicht M", da das Zeichen ^
innerhalb der Klammer eine Negation bedeutet. Das Suchen nach "am Anfang
der Zeile" wird durch das vor die Klammer gestellte ^ erreicht.

Wir suchen jetzt alle Zeilen, die nicht mit der Ziffer 0 enden. Dazu wird zunächst die Bedingung positiv formuliert: ´0$´. Die Option $ - am Zeilenende -
soll erhalten bleiben, 0 wird mittels [^0] negiert, so daß das gewünschte Resultat Zustande kommt.

```
$ grep ´[^0]$´    alle Zeilen, die nicht mit "0" enden

Krause:Otto:Marienplatz:12:8000:Muenchen:089/7900123
Schulz:Monika:Marktstr.:9a:2000:Hamburg:????/1234567
Meier:Peter:Lindwurmstr:10:8000:Muenchen:089/471399
```

Das nächste Beispiel liefert alle "Maiers", die am Zeilenanfang und am Zeilenende stehen. Das geht natürlich nur, wenn die Zeile nur aus Maier besteht.

```
$ grep ^Maier$
```

Eine Zeile mit Inhalt Maier.....Maier würde dadurch nicht selektiert, obwohl der gleiche Ausdruck am Zeilenanfang und am Zeilenende auftaucht. Für
grep ist aber ^Maier$ ein einziger Ausdruck, der beiden Bedingungen gleich-
zeitig genügen muß. Um Maier.....Maier zu erkennen, müßte ein Kom-
binierter Ausdruck "Maier am Anfang und Maier am Ende" definiert werden.
Wir kommen auf Kombinationen weiter unten zurück.

Alle Variationen eines gängigen Namens liefert das letzte Beispiel, wenn man
von den bayrischen Varianten Mair oder Mayr einmal absieht.

```
$ grep ´^M[ae][iy]er´
```

10.10. Parametrierung und Erweiterung von `grep`

Sie haben `grep` bisher nur in Verbindung mit einem regulären Ausdruck kennengelernt. Um die Palette der Anforderungen an einen derartigen Suchmechanismus zu komplettieren, fehlen allerdings noch einige Funktionalitäten.

grep	Global regular expression
egrep	Extended grep
`grep`	`[-opt] rex   [file(s)]`
`rex`	die zu suchende Zeichenfolge, die gemäß der allgemeinen regulären Syntax definiert ist
`file(s)`	Datei oder Liste von Dateien, in denen der angegebene Ausdruck gesucht werden soll.
`opt`	
`-b`	gibt für jede Zeile, in der der Ausdruck gefunden wurde, gibt nur die Nummer der Zeile aus, die den Ausdruck enthält
`-i`	ignoriert Groß- und Kleinschreibung
`-h`	unterdrückt die Dateinamen bei der Ausgabe
`-l`	gibt nur die Namen der Dateien aus, die den Ausdruck enthalten
`-n`	gibt die Zeilennummer der Datei aus, in denen der Ausdruck vorkommt
`-s`	verhindert Fehlermeldungen bei nicht existierenden Dateien (nur **grep**)
`-v`	liefert alle Zeilen, die den Ausdruck nicht enthalten
`-f file`	liest den regulären Ausdruck aus der Datei `file` (nur **egrep**)

Die Erweiterungen der regulären Syntax, die von **egrep** akzeptiert werden sind im wesentlichen:

`rex+`	prüft auf ein- oder mehrmaliges Vorkommen des regulären Ausdruckes **rgex**
`rex?`	prüft auf Nichtvorkommen oder auf genau einmaliges Vorkommen des regulären Ausdruckes **rgex**
`rex1|rex2`	prüft das Vorkommen des Ausdruckes `rex1` oder `rex2` (oder beide)
`(rex1)rex2`	gruppiert den Ausdruck `rex1` mit `rex2`. `rex1` ist dabei sinnvollerweise ein kombinierter Ausdruck (z.B.: `(rex1|rex3)rex2`)

Das `grep`-Kommando reagiert, wie Sie gesehen haben, stets mit der Ausgabe aller Zeilen, die das mitgelieferte Suchmuster enthalten.

Erstreckt sich die Suche über mehrere Dateien oder ein ganzes Verzeichnis, wird Ihnen unter Umständen zuviel Information auf einmal geliefert. Stellen Sie sich vor, ein elektronisches Branchenverzeichnis der Bundespost beantwortet Ihre Anfrage nach einem Computerladen mit einer kiloschweren Liste aller derartigen Unternehmungen in der gesamten Bundesrepublik - eindeutig zuviel des Guten. Es ist Ihnen von vornherein klar, daß eine solche Datenbank Sie zuerst nach einem Ort fragen sollte, oder Ihnen zumindest - statt der gewichtigen Liste - ein Verzeichnis der Orte zur weiteren Auswahldetaillierung anbietet.

Vorabauswahl

Bezogen auf `grep` heißt das, Sie wissen zwar genau, wonach Sie suchen - einem regulären Ausdruck anstatt des Computerladens - Sie wollen aber zuerst eine Liste der Dateien, in denen das Gesuchte vorkommt, einmal in Augenschein nehmen. Danach werden Sie weiter sehen. Sie ergänzen hierzu `grep` wie folgt.

```
grep  -l regulärer Ausdruck  Dateispezifikation
```

Sie erhalten daraufhin nur die Liste der Dateinamen, in denen der reguläre Ausdruck gefunden wurde. Ohne die Zusatzoption würde das Kommando Ihnen sofort die gesamte Informationsmenge, also alle dem regulären Ausdruck entsprechenden Zeilen in allen angegebenen Dateien, liefern. Jetzt können Sie erst einmal in Ruhe Ihre Vorauswahl treffen und explizit in bestimmten Dateien nach Zeilen suchen.

In der letzten Kommandobeschreibung wurde der Begriff der Dateispezifikation verwendet. Nachdem Ihnen die Namensexpansionsmechanismen der Shell jetzt geläufig sind, wissen Sie, was sich hinter dem Begriff alles verbergen kann. Als Dateispezifikation gelten eine oder mehrere Dateien, Pfadangaben oder expandierbare Ausdrücke, die Sonderzeichen wie * , ? und so weiter enthalten.

Groß oder Klein

Ein weiteres Detail bei der Suche nach Textmustern, auf das man ab und an lieber einmal verzichtet, ist die Groß- und Kleinschreibung. Selbstverständlich ist für `grep` die Suche nach `Mayer GmbH` etwas anderes als nach `mayer gmbh` oder `MAYER GmbH`.
Sind Ihnen derartige Nuancen erst einmal gleichgültig, können Sie auch `grep` zu etwas mehr Kulanz umstimmen, indem Sie

```
grep -i regulärer Ausdruck  Dateispezifikation
```

angeben. Groß- oder Kleinschreibung wird dann ignoriert.

Globale Negation

Bisher wurde immer nach Sätzen in Dateien gesucht, die einem bestimmten Kriterium, welches durch den regulären Ausdruck spezifiziert wurde, genügten. Selbstverständlich macht es auch Sinn, nach den Zeilen zu suchen, die genau diesem Merkmal nicht entsprechen.
Beispielsweise suchen Sie in Ihrer Adreßdatei nach allen Bekannten, die nicht im Münchner Raum wohnen. Das Suchkriterium verbinden Sie mit der Telefonvorwahl. Sie definieren den Großraum München mit allen Vorwahlnummern, die mit `08` beginnen. Die Positivbedingung "alle Bekannte im Münchner Raum" ließe sich dann durch

```
grep ":08" privat.adr
```

einigermaßen treffend formulieren. Genau die wollen Sie aber nicht suchen! Sic müssen also die Negativbedingung formulieren, und das geht einfach so:

```
grep -v ":08" privat.adr
```

Das gewählte Selektionskriterium `:08` ist hinsichtlich des Auswahlkriteriums ziemlich treffend, wenn auch nicht unbedingt exakt. Wegen dieser Eindeutigkeitsproblematik wurde der Doppelpunkt mit in das Suchmuster einbezogen. Wäre er weggelassen worden, würden auch alle Ihre Bekannten, die in einem Haus mit Nummer `108` - oder so ähnlich - wohnen, nicht in Ihrer Selektion auftauchen. Filterkriterien können, sofern sie unscharf formuliert sind, selbstverständlich unvollständige oder falsche Treffer produzieren.

Erweiterte Logik mit `egrep`

Damit sind wir an dem Punkt angelangt, den die Logiker unter Ihnen während des Lesens der letzten Seiten wahrscheinlich schon "stirnrunzelnd" kritisiert haben. Die Mittel, die `grep` zum Suchen zur Verfügung stellt, reichen oft nicht aus, eindeutige Selektionskriterien zu formulieren. Was fehlt, ist die Kombination mehrerer Suchbegriffe mittels logischer Operatoren, also das Selektieren nach Anfragen folgender Art:

* suche alle Sätze, die einem Kriterium 1 **und** einem weiteren Kriterium 2 entsprechen
* suche alle Sätze, die einem Kriterium 1 **oder** einem alternativen Kriterium 2 entsprechen
* suche alle Sätze, die **weder** Kriterium 1 **noch** Kriterium 2 entsprechen
* weitere Kriterien sind formulierbar.

Den Perfektionisten sei an dieser Stelle gleich folgendes mitgeteilt: Alles was sich aussagenkalkulatorisch oder mathematisch logisch formulieren läßt, können `grep` oder der mächtigere `egrep` nicht abbilden. Beispielsweise tut man sich bei der Formulierung von Ausnahmen schwer. Für Anhänger einer "wasserdichten" Logik hierzu eine kleine Erinnerung an mathematische Schulweisheiten:

Jede logische Aussage, die mit den Operationen "und", "oder", "wenn, dann" bzw. "genau dann, wenn", sowie dem Mittel der Negation formulierbar ist, kann in eine äquivalente Form umgewandelt werden, die nur "und" und "oder" enthält. Dabei sind dann partielle Aussagen zu negieren. Komplexe Folgeschlüsse können so eliminiert werden. In einschlägiger Literatur kann man unter dem Stichwort "disjunktive" oder "konjunktive" Normalform nachschlagen. Auch die immerhin in der Informatik bekannten "De Morgan´schen Regeln" kommen unter Umständen bei der Bildung regulärer Ausdrücke zum tragen. Wir wollen es hier aber mit der Theorie nicht übertreiben. Um "auf dem Teppich" zu bleiben, es gibt immerhin die Möglichkeit, anstatt mathematische Lehrbücher zu konsultieren, das Resultat von `grep` über eine Pipe wiederum einem `grep` zur weiteren Filterung vorzusetzen. Es werden hierzu einige Beispiele geliefert.

Es gibt einen weiteren `grep`-ähnlichen Befehl in UNIX mit der Bezeichnung `egrep`. Das "e" steht dabei für "extended (erweitert)", was darauf hindeutet, daß das Kommando eine umfangreichere Menge regulärer Ausdrücke interpretieren kann. Zuweilen wird das "e" auch als "exponentiell" interpretiert, was als Indiz für den Speicherverbrauch des Kommandos dienen möge. Er wächst exponentiell, was bedeutet, daß das Kommando sehr laufzeitintensiv ist, weil Dateien unter Umständen mehrfach durchsucht werden müssen. Das `egrep`-Kommando besitzt prinzipiell die gleiche Syntax, wie `grep` und leistet auch das gleiche. Der wesentliche Unterschied besteht in der Möglichkeit, mehrere reguläre Ausdrücke durch logisches "ODER" miteinander verknüpfen zu können. Demnach ist also explizit eines der Kriterien in der Liste der noch offenen Anforderungen erfüllt. Implizit sind aber auch die beiden anderen erledigt, wie wir gleich sehen werden.

Auch `egrep` kennt die Parameter `-i`, `-l` und die Negation `-v`. Mehrere reguläre Ausdrücke werden durch ein Pipe-Symbol ı getrennt. Dieses Symbol ist in der mit UNIX sehr eng verbundenen Programmiersprache "C" entlehnt, wo es als logisches "ODER" verstanden wird. Was noch wichtig ist, der gesamte Ausdruck muß in einfache Hochkommata ´...´ gesetzt werden. Letzteres deswegen, damit sich die Shell und `egrep` bei der Interpretation des Ausdruckes nicht wieder einmal gegenseitig "ins Gehege" kommen. Wir sehen das im Detail bei der Quotierung.

Zunächst einige Beispiele zu `egrep`, die teilweise auch mit `grep` funktionieren. Wir gehen dabei wieder von der Adreßdatei aus; Sie können die Beispiele auf Ihre eigenen Daten abbilden.

Um einen besonderen Fall zu überprüfen, sind noch einige "Meier" mehr in die Adreßdatei mit aufgenommen.

```
$ cat privat.adr
Bruening:Peter:Bahnhofstr.:10:8200:Rosenheim
Keil:Harry:Ebersbergerstr.:12a:8000:Muenchen:089-935817
....
Bayer:Michael:Pappelalle:115:8000:Muenchen:089-7600821
Bayer:Manfred:Wagnerstr.:15:8000:Muenchen:089-1293107
Bernhard:Otto:Koenigplatz:40:8200:Rosenheim:08031-34008
Wanninger:Xaver:Marienplatz:12:8000:Muenchen:089-170422
Maier:xxxxxx:
Maier:yyyyyy:
Mair:xxxxxx:
Mayer:xxxxxx:
Mayr:xxxxxx:
Meier:xxxxxx:
Meyer:xxxxxx:
```

Zugegebenermaßen sind einige der folgenden Beispiele etwas fern ab der Praxis. Es soll aber hier die Bandbreite des Kommandos `egrep` untersucht werden, so daß sich die Frage nach dem Sinn, alle Adressen mit m an der vierten Namensposition zu suchen, nicht unbedingt stellt. Wir suchen dann auch im ersten Beispiel nach genau diesen Kandidaten. Zum Verständnis müssen Sie vorab unbedingt wissen, daß der Punkt . in regulären Ausdrücken ein beliebiges Zeichen ersetzt.

```
$ (e)grep '^...m' privat.adr

Germer:Dieter:Elsenheimerstr.:50:8000:Muenchen:089-745324
```

Zur Erinnerung rekapitulieren wir das Beispiel rasch: Das ^-Zeichen bedeutet, daß der folgende String am Satzanfang zu suchen ist. Danach können drei beliebige Zeichen folgen, die nicht interessieren - sie werden durch drei Punkte ersetzt. An der nächsten Position hat dann aber ein m zu stehen, damit das für praktische Zwecke zweifelhafte Kriterium erfüllt ist.

So finden Sie im Beispiel unten alle vierstelligen Namen heraus, indem Sie mit ^ ab Zeilenanfang vier beliebige Zeichen . . . . : gefolgt von einem Doppelpunkt suchen.

```
$ (e)grep '^....:'privat.adr
```

Das Resultat ist dann

```
Keil:Harry:Ebersbergerstr.:12a:8000:Muenchen:089-935817
Mair:xxxxxx:
Mayr:xxxxxx:
```

Besonders elegant kann man mit `egrep` alle Anschriften, die Namen wie `Holzinger` oder `Wanninger` beinhalten, filtern. Im Allgemeinen sind damit Informationsbestandteile gemeint, die gleiche Präfixe oder Suffixe besitzen. Groß- Kleinschreibung soll hierbei nicht unterschieden werden.

```
$ egrep -i '(holz|wann)inger' privat.adr
Holzinger:Guenther:Rosseger Platz:16:8200:Rosenheim:08031-10456
Wanninger:Xaver:Marienplatz:12:8000:Muenchen:089-170422
```

Die Wirkungsweise der Klammerung in Verbindung mit dem Oder-Symbol | wird im obigen Beispiel besonders deutlich. Würde man die Klammern weglassen, würde nach `Holz` oder `Wanninger` gesucht. Die Klammerung macht dementgegen klar, daß es sich bei den Alternativen `Holz` und `Wann` jeweils um ein Präfix von `inger` handelt. Weitere Klarheit hierzu verschafft auch die "Meier-Suche" am Ende der Betrachtungen über reguläre Ausdrücke.

Als nächstes suchen wir die komplette Anschrift eines Herrn Bayer. Wir wissen nicht den Vornamen des Herrn, wohl aber, daß er in der Pappelallee wohnt. Der folgende reguläre Ausdruck bedarf dann anschließend nochmals einer eingehenden Klärung.

```
$ (e)grep 'Bayer.*Pappel' privat.adr
Bayer:Michael:Pappelalle:115:8000:Muenchen:089-7600821
```

Zunächst muß die Bedeutung von * innerhalb von regulären Ausdrücken geklärt
werden. Der Stern ersetzt hier - leider im Gegensatz zum Expansionsmechanis-
mus der Shell - eine beliebige Folge des vorausgegangenen Zeichens. In dem
Ausdruck ´Bayer*´ bezieht sich der Stern auf den vorherigen Buchstaben r.
Der gesamte Ausdruck ist also stellvertretend für Bayer, Bayerr, Bayerrr
usw. Das Zeichen * ersetzt also in regulären Ausdrucken eine beliebige Aneinanderreihung ein und desselben Zeichens und nicht - wie in der Namensexpansion - eine beliebige Zeichenfolge. Das fragliche Zeichen muß vor dem Stern angegeben werden. Ergänzend muß noch hinzugefügt werden, daß die Länge der
Aneinanderreihung auch Null sein kann. Das heißt, bezogen auf das Beispiel,
auch Bayer selbst wird durch den Ausdruck Bayer* erfaßt. Eine Suche nach
Bayer* wäre aber im Beispiel oben zwecklos. Das Resultat wären beide
Bayer-Adressen, wir wollen aber den in der Pappelallee.

Der Punkt ersetzt ein beliebiges Zeichen, wie in den vorangegangenen Beispielen erläutert wurde. Wie ist jetzt die Bedeutung von .* zu interpretieren?
Ganz einfach, * bezieht sich jetzt auf . und das ist irgendein beliebiges Zeichen.
Folglich steht .* für eine beliebig lange Folge beliebiger Zeichen. Andersherum:
.* ersetzt ., .., ... usw.

Unlogisch? Bei weitem nicht, denn hätte die Datei, was die einzelnen Adreßkomponenten betrifft, einen festen Aufbau - etwa 15 Stellen Name, 10 Stellen
Vorname, 20 Stellen für Straße usw. -, wüßten Sie genau, wie viele Zeichen
zwischen Nachname und Straße lägen. Demnach könnten Sie durch Abzählen
den Ausdruck wie folgt bilden:

```
(e)grep ´^Bayer..............:Pappelalle.........:´ privat.adr

        Buchstabenanzahl Name   Buchstabenanzahl Straße
```

Die Angabe .* macht es Ihnen also deutlich einfacher. Als Folgerung können
Sie einen Ausdruck ´Zeichenkette1.*Zeichenkette2´ auch als
Zeichenkette1 **und** Zeichenkette2 lesen. Das ganze steht dann in
Analogie zu ´Zeichenkette1 | Zeichenkette2´, was dem logischen
ODER entspricht. Logiker werden zufrieden sein - hoffentlich.

Um eine Filterung nach dem logischen UND vorzunehmen - Adresse mit
Namen Bayer und Straße Pappelallee - bietet sich aber auch folgende Lösung an, die intuitiv klar sein dürfte:

```
$ (e)grep 'Bayer' privat.adr | (e)grep 'Pappel'
Bayer:Michael:Pappelalle:115:8000:Muenchen:089-7600821
```

Was passiert im alternativen Beispiel oben? Beachten Sie bitte zunächst, daß das
Zeichen | jetzt eine Pipe und kein reguläres ODER bedeutet.

Es werden zwei "(e)greps" über eine Pipeline kurzgeschlossen. Der erste liefert als Ergebnis alle Anschriften, die den Namen Bayer beinhalten. Das Resultat würde normalerweise als Standardausgabe auf den Bildschirm gebracht. Sinn der Pipe ist wiederum, die Standardausgabe eines Kommandos als Standardeingabe des folgenden Kommandos zu verwenden. Genau dies ist hier der Fall, denn der zweite grep ist ohne Dateispezifikation formuliert worden. Das bedeutet, grep liest seine Eingabe jetzt von der Standardeingabe, und das ist in diesem Fall das Ergebnis des ersten grep. Folglich filtert der zweite grep aus allen Sätzen, die Bayer enthalten nur die heraus, in denen auch die Pappel vorkommt. Das Problem ist gelöst.

Das nächste Beispiel zeigt, wie es gelingt, mit grep auch Sätze aus Dateien zu löschen. Angenommen, die Suche nach Bayer hat Sie so genervt, daß Sie alle Sätze, die den Namen enthalten, aus Ihrer Adreßdatei entfernen wollen. Natürlich können Sie den vi bemühen, es geht aber auch mit zwei einfachen Kommandos.

```
$ grep -v 'Bayer' privat.adr > privat.cop
$ mv privat.cop privat.adr
```

Die Option -v filtert alle Sätze, die Bayer nicht(!) enthalten. Durch Umlenken der Standardausgabe transferieren Sie diese auf eine Zwischenablagedatei privat.cop. Anschließend überschreiben Sie Ihre Originaldatei, die ja Bayer noch immer enthält, mit der Zwischenablage, in der Bayer nicht mehr vorkommt. Sie könnten zur Recht auf die Idee kommen, den Mechanismus wie folgt zu optimieren:

```
$ grep -v 'Bayer' privat.adr > privat.adr        Vorsicht!!
```

Dies sollten Sie jedoch auf gar keinen Fall tun, denn Sie zerstören sich damit Ihre Datei. Standardeingabe- und Standardausgabedatei sind hier identisch. Die Ausgabedatei wird aber vom System in jedem Falle zuerst geöffnet. Der zuständige Systemcall "eröffne Datei zum Schreiben" setzt den Inhalt der Datei zurück, sofern diese bereits existiert. Ihre Datei privat.adr ist ab sofort leer. Anschließend eröffnet der Kern die gleiche, bereits leere Datei zum Lesen. Bezogen auf grep bedeutet dies jetzt, "wo nichts ist, kann man auch nichts mehr finden". Der Befehl kehrt ohne Ausgabe zurück, Ihre Adreßdatei ist leer, und die Optimierung ist deutlich übers Ziel hinaus geschossen.

> **Merke:** Nie die Standardeingabedatei gleichzeitig als Standardausgabedatei verwenden.

Derartigen Versuchungen werden Sie noch öfter begegnen, und ich werde mir Mühe geben, an diesen Stellen immer wieder auf das destruktive Verhalten hinzuweisen. Wenn Sie es dennoch einmal unbedingt ausprobieren möchten, retten Sie Ihre Adreßdatei vorher per copy-Kommando.

Zum Abschluß der hoffentlich ausführlichen Vorstellung der regulären Ausdrücke tragen wir noch der vielfältigen Schreibweise des Namens "Meier" Rechnung. Aus diesem Grund wurde die Adreßdatei formal um eine repräsentative Auswahl "phonetischer Meiers" ergänzt. Es soll versucht werden, sie alle mit einem einzigen regulären Ausdruck zu erwischen. Zugegebenermaßen gelingt es nicht ganz, denn auch Namen wie `Mayermann` oder ähnliche werden akzeptiert.

```
$ (e)grep '^M[ae][iy].*r:' privat.adr

bzw.

$ egrep '^M(a|e)(i|y).*r:' privat.adr

Maier:xxxxxx:
Maier:yyyyyy:
Mair:xxxxxx:
Mayer:xxxxxx:
Mayr:xxxxxx:
Meier:xxxxxx:
Meyer:xxxxxx:
```

Vielleicht rekapitulieren Sie die vorstehende Konstruktion noch einmal, um sicherzustellen, daß alles in Sachen reguläre Syntax richtig bei Ihnen angekommen ist.

10.11. Quotierung und Kommandosubstitution

Die Shell ist das Dienstprogramm, welches Kommandos entgegennimmt, interpretiert und letztlich zum Ablauf bringt. Sie tut dies, indem sie das Programm startet, welches den Namen des Kommandos trägt. Diese Programme produzieren während ihres Ablaufes eine Reihe elementarer Aufrufe an den UNIX-Kern - sogenannte Systemcalls. Die Antworten des Kerns werden von ihnen aufbereitet und machen letztlich das aus, was Sie als Standardausgabe oder auch als Standardfehlerausgabe kennengelernt haben.

Die Shell übernimmt diese Ausgabe und bearbeitet sie insofern weiter, als daß sie diese zum Beispiel anstatt auf den Bildschirm in eine Datei schreibt. Wir sprachen in diesem Zusammenhang von der Umlenkung der Standardeingabe. In gleicher Weise übernimmt die Shell das "füttern" von Kommandos von außen, indem sie die Standardeingabe umlenkt. Weitere implizit von der Shell realisierte Mechanismen sind die Pipe und die Expansion der Dateinamen. Bei der Behandlung des `grep`-Mechanismus zur Stringsuche in Dateien haben Sie gesehen, daß Kommandos bei der Interpretation dessen, was die Shell ihnen als Argumente übergibt, zuweilen Fehler machen. Diese Fehler sind allerdings ausschließlich semantischer Art. Hierzu noch einmal ein einfaches Beispiel:

Sie suchen in der Adreßdatei `privat.adr` nach allen Anschriften, die `Theodor Storm"` enthalten. Die Formulierung

```
$ grep Theodor Storm privat.adr
```

liefert das gewünschte Resultat zusammen mit der Fehlermeldung

```
grep: can't open Storm
```

Was ist also passiert? Die Shell erkennt den Kommandonamen `grep` und ruft das entsprechende Programm, wobei der Argumentstring `Theodor Storm privat.adr` unverändert übergeben wird. `grep` interpretiert den ersten übergebenen Parameter als Suchmuster, den Rest als Dateinamen. Demnach sucht `grep` den Text `Theodor` in den Dateien `Storm` und `privat.adr`. Eine Datei `Storm` gibt es allerdings nicht. Dieses Mißverständnis ist aber rein semantischer Natur, hängt also eindeutig mit dem Kontext zusammen. Das folgende Kommando

```
$ grep Theodor geschaeft.adr privat.adr
```

wäre syntaktisch und semantisch völlig in Ordnung. Betriebssysteme heutiger Rechnergenerationen achten nun mal noch nicht auf Semantik. Insofern ist das Verhalten im ersten Beispiel vollkommen in Ordnung. Man benötigt lediglich eine Möglichkeit, Formulierungen eindeutig zu machen. Hierzu werden zum Leidwesen mancher Anwender in UNIX wieder einmal Sonderzeichen verwendet. Es sind dies die Zeichen ' " und `. Diese Zeichen werden im allgemeinen als "quotes" bezeichnet, was so viel wie Bewertungszeichen bedeutet. Ausdrücke, die solche "quotes" beinhalten, werden von der Shell wie von Kommandos unterschiedlich behandelt oder bewertet.

Es gelten folgende Regeln hinsichtlich der Bewertung oder Quotierung von Zeichenfolgen.

- Eine Zeichenfolge, die in einfache quotes (') eingeschlossen wird, wird unverändert belassen und als ein String übergeben.

- Bei in ".." eingeschlossenen Zeichenfolgen werden bestimmte Interpretationen und Veränderungen von der Shell vorgenommen, bevor die Zeichenfolge an ein Programm (Kommando) weitergeleitet wird.
  Insbesondere werden Variableninhalte der Form
  "$VARIABLENNAME" von der Shell durch deren Inhalte ersetzt.

- Zeichenfolgen, die in Backquotes `` `...` `` eingeschlossen sind, werden von der Shell als Kommandos interpretiert, ausgeführt und das Ergebnis der Ausführung - nämlich die Standardausgabe - wird anstelle des ursprünglichen Ausdruckes `` `...` `` eingesetzt. Man spricht hier vom Mechanismus der Kommandosubstitution.

Zu diesen verbalen Beschreibungen der Quotierung gleich einige Beispiele. Den "mißverstandenen" grep können Sie eindeutig machen, indem der Suchbegriff in Quotierungszeichen gestellt wird.

```
$ grep "Theodor Storm" privat.adr
$ grep 'Theodor Storm' privat.adr
```

In diesem Fall ist es gleich, ob Sie " oder ' verwenden, da der String keinerlei Sonderzeichen beinhaltet, die von der Shell interpretiert werden könnten. Die Quotierungszeichen nehmen lediglich dem Blank den unerwünschten Nebeneffekt. Um den Unterschied zwischen ' und " deutlich zu machen, wenden wir uns von grep ab und echo zu.

Das echo-Kommando gibt eine Zeichenkette am Bildschirm aus und ist, wie in dem .profile-Beispiel, sinnvoll, um aus Shell-Scripten Meldungen auszugeben. Es spricht aber nichts dagegen, echo direkt von der Shell aus aufzurufen. Versuchen Sie einmal die folgenden Beispiele.

```
$ echo Guten Tag, Ihr Homeverzeichnis ist $HOME.
$ echo 'Guten Tag, Ihr Homeverzeichnis ist $HOME'
```

Sie erhalten in beiden Fällen die Ausgabe

```
Guten Tag, Ihr Homeverzeichnis ist /home/myself.
```

Ändern Sie die Quotierung des Textes ab in

```
$ echo 'Guten Tag, Ihr Homeverzeichnis ist $HOME.'
```

und Sie erhalten

```
Guten Tag, Ihr Homeverzeichnis ist $HOME.
```

Die Variable HOME wurde also bei den einfachen Qoutes ' nicht durch ihren Inhalt, den Pfadnamen des Heimatverzeichnisses, ersetzt. Der Text wurde unverändert übergeben,und genau das ist Sinn der einfachen Quotes '.

Ein weiteres Beispiel soll verdeutlichen, daß die Interpretation bestimmter Ausdrücke nicht an Kommandos gebunden ist, sondern in der Tat vor dem eigentlichen Kommandostart von der Shell vorgenommen wird. Im Rahmen der Dateinamensexpansion haben Sie Ausdrücke wie

```
$ ls -l *
$ ls a*
$ ls *.???
```

kennengelernt. Sie haben erfahren, daß derartige "wild cards" von der Shell zu konkreten Dateinamen umgebaut werden. Das dabei verwendete Kommando ls, welches ebenfalls Dateinamen als Argumente bekommt, mag zu der Annahme verleiten, daß die Expansionsmechanismen nur im Kontext von Kommandos funktionieren, die irgend etwas mit Dateien zu tun haben. Das dem nicht so ist, zeigt folgender Versuch.

```
$ echo *
$ echo *.adr
$ echo p*.???
```

Das erste Beispiel liefert ebenfalls eine Liste der Dateinamen des aktuellen Verzeichnisses. Lediglich das Ausgabeformat unterscheidet sich von ls *. Dies liegt daran, daß die Shell das Zeichen für "neue Zeile" in ein Leerzeichen konvertiert.

Sie können anstelle von * beim echo-Kommando jede gültige wild card angeben. Das Resultat ist stets prinzipiell mit dem von ls identisch. Auf alle Fälle wird nicht - wie man es vom echo-Kommando erwartet hätte das Zeichen * ausgegeben. Wird eine wild card angegeben, auf die keine Dateinamen abgebildet werden können, scheint das Verhalten auf den ersten Blick unterschiedlich zu sein.

```
$ echo *.?
*.?
```

Das Beispiel oben liefert - sofern keine Datei existiert, deren Name auf das Muster paßt - tatsächlich *.?. Also in gewissen Fällen doch das erwartete echo-Verhalten? Versuchen Sie einmal

```
$ ls *.?
*.?: No such file or directory
```

Auch hier taucht *.? auf. Der Zusatz No such file ... ist ls-abhängig. Der Ausdruck ist innerhalb der momentanen Umgebung nicht expandierbar, da keine einzige Datei mit passendem Namen existiert. Vollziehen Sie einmal folgende Beispiele nach:

```
$ echo **    oder ls **
$ echo * *   oder  ls * *
```

Der Ausdruck ** ist offensichtlich für die Shell identisch mit *. Das ist auch unmittelbar verständlich, denn * steht für "irgendwas" und "irgendwas" gefolgt von "irgendwas" ist noch immer nichts anderes als "irgendwas".

Also ist ** oder ***** mit * identisch. Sobald aber ein Leerzeichen zwischen je zwei Sternen auftaucht, handelt es um zwei Zeichenfolgen, die separat behandelt werden. Der Inhalt des aktuellen Directories wird also zweimal angezeigt. Die Sortierung der Dateien nach Name ist wiederum ein ls-Spezifikum.

Was ist aber zu tun, wenn mittels echo wirklich das Zeichen * ausgegeben werden soll? Man muß dem Zeichen seine Sonderbedeutung nehmen, es gegenüber der Shell, wie man sagt, entwerten. Dies tut man mit dem Symbol \ - Backslash - und schreibt:

```
$ echo \*
```

Was liefert wohl

```
$ echo \**
```

Spontane Antwort: einen Stern, gefolgt von der Dateiliste. Weit gefehlt, es wird schlicht ** ausgegeben. Ein Widerspruch? Nein! Es handelt sich im Beispiel oben wieder um einen nicht expandierbaren Ausdruck.

Kopieren Sie Ihre Adreßdatei einmal wie folgt:

```
$ cp privat.adr *adr.adr

$ echo \**
*adr.adr
```

Sie haben jetzt eine Datei, deren Name mit einem Stern beginnt. Eine nicht ganz glückliche aber auch nicht verbotene Dateinamenswahl. Der `echo`-Befehl von zeigt jetzt Wirkung, denn diesmal ist der Ausdruck in der aktuellen Dateiumgebung auf `*adr.adr` expandierbar.

Löschen können Sie `*adr.adr` mit `rm **`. Vergessen Sie aber bitte nicht den Backslash, sonst ist Ihr momentanes Arbeitsverzeichnis leer, denn `rm **` ist gleich `rm *` und was das bedeutet, wissen Sie ja bereits!

Bei der Einführung des echo-Kommandos wurde darauf hingewiesen, auszugebende Texte in die Quotes `"..."` einzuschließen. Wenn Sie dort versucht haben, die innerhalb von echo definierten Escape-Sequenzen auszuprobieren, haben Sie vielleicht bemerkt, daß ohne die Quotes der Backslash `\` einfach von der Shell "verschluckt" wurde. Es funktioniert nur mit Quotes oder durch Verdoppelung des Backslash denn auch diesem Zeichen muß von Fall zu Fall seine Sonderbedeutung genommen werden.

```
$ echo "UNIX\tim\tAlleingang"          mit Quotes
UNIX     im      Alleingang

$ echo UNIX\\tim\\tAlleingang          ohne Quotes mit Entwertung von \
UNIX     im      Alleingang
```

Ähnliche Versuche können Sie auch mit anderen von der Shell interpretierten Sonderzeichen, wie `.` oder `$` anstellen.

Wieder zur Quotierung zurück, erinnern wir uns an das Beispiel der Datei `.profile`. In der letzten Zeile stand das Kommando `date`. Wir wollten damit erreichen, daß uns nach jedem Login das aktuelle Tagesdatum ausgegeben wird. Vielleicht kann man diese Ausgabe kosmetisch etwas nachbehandeln. Anstelle der nüchternen Datums- und Zeitangaben hätten Sie gegebenenfalls lieber folgende etwas freundlichere aber immer noch recht holprige Meldung:

```
*** Heute ist Wed Jun 24 13:26:32 MDT 1992 ***
```

Wir verwenden selbstverständlich den `echo`-Befehl, um den Meldungstext auszugeben. Wie bekommen wir die Ausgabe von `date` an die richtige Stelle?

Ein Kompromiß an das Meldungslayout wäre die Kommandofolge

```
$ echo "*** Heute ist "
$ date
$ echo "***"
```

Dies würde sich auf der Terminalausgabe folgendermaßen ausmachen, und
sicher auch Ihren Geschmack in keiner Weise treffen.

```
*** Heute ist
Wed Jun 24 13:26:32 MDT 1992
***
```

Um die Meldung so auszugeben, wie ursprünglich gewünscht, brauchen wir den
Mechanismus der Kommandosubstitution. Wir können das Beispiel einmal wie
folgt formulieren

```
*** Heute ist (Ausgabe von "date") ***
```

Die Formulierung legt nahe, was gemeint ist. Zwischen den Klammern soll Text
eingesetzt werden - und zwar genau das, was das Kommando `date` gewöhnlich
auf der Standardausgabe liefert. Es erscheint wünschenswert, in der Nachricht -
gewissermaßen als Platzhalter - ein Kommando einzusetzen, welches dann zur
Laufzeit durch seine Standardausgabe ersetzt wird.

Genau dieser Vorgang der Substitution eines Kommandos durch seine Ausgabe ist in der Shell realisiert. Syntaktisch wird er wiederum durch Sonderzeichen definiert. Das Kommando wird in Backquotes ` "verpackt", um das ge-
wünschte Resultat zu erreichen. In unserem Falle sieht der `echo`-Befehl dann so
aus:

```
$ echo "*** Heute ist `date` ***"
*** Heute ist Wed Jun 24 13:26:32 MDT 1992 ***
```

Zu beachten ist, daß die Kommandosubstitution nur in Verbindung mit den Quotierungszeichen " funktioniert. Würden Sie den Text, den `echo` ausgeben soll,
anstatt mit " mit ´ quotieren, würde die Shell den String unverändert ausgeben.

```
$ echo '*** Heute ist `date` ***'
*** Heute ist `date` ***
```

Um die Ausgabe noch etwas eleganter hinzubekommen, erinnern wir uns an das im Zusammenhang mit dem Shell-Environment bereits kurz vorgestellte Kommando `set`.

Das Kommando besetzt die Stellungsparameter der Shell (`$1, $2, ...`) mit dem Text, den Sie hinter dem Kommando eingeben. Dabei ist zu beachten, daß jedes Leerzeichen im Text die Zuweisung einer Variablen abschließt. Erinnern wir uns an das Beispiel: Die angegebenen Namen werden jeweils den Variablen `$1, $2, ..., $5` zugewiesen, und es kann selektiv auf die Inhalte zugegriffen werden. Im Zusammenhang mit der Kommandosubstitution kann die Ausgabe von `date` über `set` ebenfalls den Platzhaltern `$1, $2, ...` zugeordnet werden.

```
$ set dieter peter tobias claudia anke

$ echo $1
dieter

$ echo $4
claudia

$ echo $*
dieter peter tobias claudia anke

$ echo $#
5
```

Wie sieht ein derartiger Ersetzungsmechanismus auf unseren Begrüßungsspruch bezogen aus? Das `set`-Kommando benötigt eine Zeichenfolge, die dem Trennungssymbol "Leerzeichen" folgend in einzelne Komponenten zerlegt wird. Jeder dieser Textteile wird eine Stellungsvariable zugeordnet. Den Text hierzu liefert das Kommando `date`.

```
$ set `date`
```

Das Kommando `date` liefert die Ausgabe `Wed Jun 24 13:26:32 MDT 1992` unter Berücksichtigung der Leerzeichen in der Ausgabe ist die Zuordnung zu den Variablen dann wie folgt:

```
$1 = Wed
$2 = Jun
$3 = 24
$4 = 13:26:32
$5 = MDT
$6 = 1992
```

Streuen Sie genau die Variablen, die das Datum beinhalten in entsprechender Reihenfolge in den - leicht modifizierten - Begrüßungsspruch ein, erhalten Sie eine einigermaßen akzeptable Ausgabe.

```
$ set `date`
$ echo "*** Heute ist der $3.$2.$6 ***"

*** Heute ist der 24.Jun.1992 ***
```

Im folgenden noch einige weitere einfache Beispiele zur Kommandosubstitution. Wir gehen dabei davon aus, daß Sie die Kommandos mittels vi auf eine Datei schreiben, dieser anschließend mit chmod Ausführberechtigung verleihen, und als eigene Kommandos aufrufen.

```
$ vi wo
echo "ich bin auf `pwd` !"
<ESC>:wq

$ chmod +x wo
$ wo

ich bin auf /home/myself

$ cd PRIVAT
$ wo                              "wo" befindet sich nicht hier !
wo not found

$ ../wo
ich bin auf /home/myself/PRIVAT

$ vi user

echo "es sind `who | wc -l` Benutzer am System !"
<ESC>:wq
$ chmod +x user

$ user
es sind      5 Benutzer am System !
```

Das zweite Beispiel sollte Ihnen vergegenwärtigen, daß Sie alle Konstruktionen, die innerhalb der Shell funktionieren - also insbesondere Pipes - im Sinne der Kommandosubstitution behandeln können. Genauso können Sie auch Ihre eigenen Kommandos verwenden, wie das abschließende Beispiel zeigt.

```
$ vi info
set `date`
echo "Datum: $3.$2.$6,"
echo "Zeit: $4"
echo "`wo`und `user` "
<ESC>:wq
```

```
$ chmod +x info
$ info

Datum: 24.Jun.1992,
Zeit:  13:27:04
ich bin auf /home/myself und es sind 5 Benutzer am System!
```

Wir verzichten an dieser Stelle auf weitere Beispiele zu den verschiedenen Mechanismen der Shell. Sie haben im Kapitel "Werkzeugkiste" (Kap. 12) und insbesondere innerhalb der Shellprogrammierung ausgiebig Gelegenheit, den praktischen Nutzen noch zu vertiefen. Auf den folgenden Seiten finden Sie eine Übersicht der innerhalb der Shell verwendeten Sonderzeichen.

10.12. Sonderzeichen

Einige der in der folgenden Tabelle enthaltenen Sonderzeichen-Mechanismen sind bis jetzt noch nicht erklärt. Sie werden aber in den folgenden Kapiteln, bzw. im zweiten Band dieser Reihe zum Thema Shellprogrammierung in Augenschein genommen Damit nicht mehrere Tabellen verstreut wiedergegeben werden müssen, ist hier alles Wichtige zusammengefaßt.

Reguläre Ausdrücke

Zeichen	Bedeutung
.	ersetzt ein beliebiges Zeichen
*	ersetzt eine beliebig lange Folge des vorangegangenen Zeichens
$[z_1 .. z_k]$	Mengenangabe diskreter Zeichen
$[z_1 - z_k]$	Bereichsangabe von Zeichen
^z	Zeichen z am Satzanfang
z\$	Zeichen z am Satzende
[^z]	Negation von z
|	logisches ODER bei egrep
(..)	partieller regulärer Ausdruck bei egrep

Shell

Zeichen	Bedeutung
*	ersetzt beliebige Zeichenfolge in Dateinamen
?	ersetzt ein beliebiges Zeichen in Dateinamen
$[z_1..z_k]$	Mengenangabe diskreter Zeichen
$[z_1-z_k]$	Bereichsangabe von Zeichen
&	Kommandoausführung im Hintergrund
&&	bedingte Kommandoausführung wenn erfolgreich
|	Pipeline
||	bedingte Kommandoausführung wenn nicht erfolgreich
;	Kommandoverkettung
>	Standardausgabeumlenkung
<	Standardeingabeumlenkung
>>	Ausgabeumlenkung konkatenieren
<<	Eingabe bei Here-Dokumenten
\	Entwertung des folgenden Zeichens
"..."	Aufhebung aller Sonderzeichen mit Ausnahme von $ und `
'...'	Aufhebung aller Sonderzeichen
`...`	Kommandosubstitution
(...)	Kommando in Subshell ausführen
{...}	Kommandoausgaben zusammenfassen
#	Kommentarzeile

11. Prozesse

11.1. Kapitelübersicht

Wir wenden uns einem Thema zu, welchem innerhalb des Systems eine ähnlich
zentrale Bedeutung zukommt, wie dem Dateisystem. Der Begriff des Prozesses
ist für das Verständnis von UNIX elementar. Das vorliegende Kapitel widmet
sich möglichst praxisnah auch diesem Themenkomplex. Es ist zum Verständnis
jedoch notwendig, einige detaillierte Einblicke in die Mechanismen zu nehmen,
die den Prozessen zugrunde liegen. Sie erfahren im einzelnen etwas über

- den Prozeßbegriff allgemein
- das ps-Kommando
- Prozeßverwandtschaft
- Signale und Prozeßabbruch
- Hintergrundprozesse
- Prozeßsteuerungsmechanismen
- Prozeßorganisation in UNIX
- Prozeßbeeinflußung von außen
- Subshells und ihre Eigenarten
- Kommandogruppen und Shellfunktionen

11.2. Der Prozeßbegriff

Im Grunde wurde der Begriff, um den es hier geht, bereits im einleitenden Kapitel annähernd erläutert. UNIX wurde als ein Multitasking- oder auch Multiprocessing-System vorgestellt, woraus man unmittelbar ableiten kann, daß die beiden dort versteckten Begriffe "Task" und "Prozeß" identisch sein müssen. Task bedeutet bekanntermaßen Aufgabe. Die Übersetzung des Begriffes "Multitasking-System" würde demnach ein System ergeben, welches in der Lage ist, mehrere Aufgaben zu erfüllen. Natürlich kann ein DOS-PC auch mehrere Aufgaben erfüllen, aber immer nur eine nach der anderen. Im Zusammenhang mit DOS spricht man daher von einem "Singletasking-" oder "Einplatz-System".

Es fehlt eine entscheidende Nuance in den Begriffen Multitasking bzw. Multiprocessing. Eine bessere Umschreibung dessen, worauf es bei der Unterscheidung beider Systemklassen ankommt, ist die Bezeichnung "time sharing". Auch dieser Begriff wurde in der Einleitung bereits genannt, und man müßte bei UNIX von einem Time-Sharing-System sprechen. Mehrere Aufgaben werden im System bearbeitet und die Zeit innerhalb der dies geschieht, wird zwischen den einzelnen Tasks aufgeteilt. Was heißt das ?

Stellen Sie sich einmal vor, mehrere Leute würden Ihnen gleichzeitig Texte diktieren, die Sie unmittelbar und getrennt voneinander mitschreiben müßten. Wie würden Sie das bewältigen? In Ihrem Gehirn müßten "gleichzeitig" mehrere Aktivitäten ablaufen. Die Texte müßten fein säuberlich voneinander getrennt auf das richtige Papier gebracht werden. Und mit Sicherheit würden Sie früher oder später an der Aufgabe scheitern, weil Sie irgendwann nicht mehr in der Lage wären, sich das Gehörte aber noch nicht Geschriebene zu merken oder sich daran zu erinnern. Ihr Gehirn wäre irgendwann völlig überfordert, die ablaufenden Wahrnehmungs- und Erinnerungsprozesse zu koordinieren. Es würde Ihnen schlicht der Speicher ausgehen.

Was macht UNIX, wenn mehrere Benutzer gleichzeitig an irgendwelchen Terminals Dateien editieren? Das System befindet sich in der gleichen Situation, wie Sie beim Diktat. Das einzige, was den Rechner von Ihnen unterscheidet und ihn diese Situation beherrschen läßt, ist seine Schnelligkeit.

Aber welcher Mechanismus im Rechner koordiniert überhaupt die Aktionen der einzelnen Benutzer? Einige editieren Texte, andere lassen sich Dateilisten ausgeben und wieder andere verschicken Nachrichten oder kopieren und löschen Dateien.

Kommen wir wieder zum Diktat zurück. Welche Prozesse lassen sich im Gehirn feststellen, um die unmögliche Aufgabe wenigstens zu versuchen? Motorik, Gehör, Kurzzeitgedächtnis vielleicht auch noch Abstraktion und kognitive Prozesse. Was koordiniert wiederum diese Phasen, die ja insbesondere bei Ausnahmesituationen auch physiologisch nicht parallel ablaufen können? Was die Leistung des Gehirns angeht, ist diese Frage wohl noch lange nicht in allen Einzelheiten geklärt. Bei Computern ist das selbstverständlich alles bekannt, sonst hätte man sie nie bauen können. Man kann sich vorstellen, daß die Art und

Weise, wie Time-Sharing-Systeme, zu denen UNIX gehört, ihre Aufgaben erledigen, relativ komplex ist.

In einem Rechner mit nur einem Prozessor laufen Tasks nur scheinbar parallel - also nicht wirklich gleichzeitig. Jeder Prozeß, der im Rechner zur Bearbeitung ansteht, erhält von einer Komponente des Systems ein verhältnismäßig winziges Zeitintervall zugeteilt, während dem er aktiv ist und die CPU beansprucht. Ist diese Zeitscheibe abgelaufen, wird der Prozeß vom Systemkern zugunsten eines anderen verdrängt.

Ähnlich wie beim Diktat, widmet sich das System jetzt einer anderen Aufgabe, schreibt das gerade gehörte teilweise noch auf und merkt sich den Rest.

Der Kern verlagert beim Verdrängen eines Prozesses dessen Kontext - das Prozeßimage - ganz oder teilweise in einen Bereich der Festplatte.

Man nennt diesen Plattenbereich vom Swap- Space. Er wird normalerweise doppelt so groß, wie der Arbeitsspeicher des Rechners bemessen.

Unter dem Prozeßkontext versteht man alle Informationen, die notwendig sind, um die verdrängte Task irgendwann an der Unterbrechungsstelle wieder fortzusetzen. Da in UNIX sehr viele Prozesse scheinbar gleichzeitig laufen, wird jeder

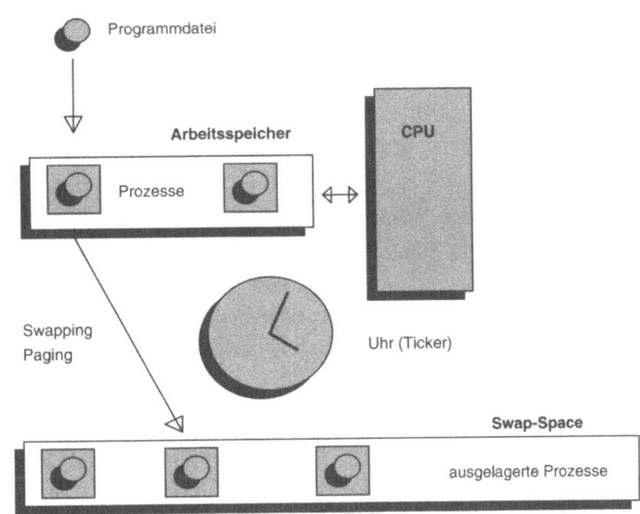

verdrängte Prozeß in eine Warteschlange eingereiht, die er durchlaufen muß, ehe er wieder eine Zeitscheibe erhält.

Der gesamte Vorgang geht allerdings so schnell vor sich, daß der Benutzer in der Regel von der Verzögerung, die sein Prozeß durch den Time-Sharing Mechanismus erfährt, nichts merkt. Der prägnante Unterschied zwischen einem Singletasking-System, wie DOS, und einem Multitasking-System, wie UNIX, besteht in dem Vorhandensein dieser Schedulingfunktion, die automatisch Prozesse verdrängt und reaktiviert. Selbstverständlich können Sie auf einem PC unter Windows mehrere Anwendungen gleichzeitig geladen haben. Sie sind dann als Anwender selbst der "Scheduler" oder "Swapper", da Sie selbst bestimmen, wann Sie eine Applikation durch Ikonisieren auslagern und eine andere durch Mausdoppelklick starten oder reaktivieren. Automatisch passiert da gar nichts. Windows lagert bestenfalls eine unterbrochene Task je nach Speichergröße ebenfalls auf Platte (Swapdatei) aus und sichert dort den augenblicklichen Benutzer- und Systemkontext.

In Rechnern laufen Programme ab. Das System selbst ist ebenfalls nichts anderes als ein Programm. Wenn Sie ein UNIX-Kommando aktivieren, starten Sie ein Programm, welches sich irgendwo auf der Festplatte befindet. Das Betriebssystem lädt die Programmdatei in den Speicher und bringt sie zur Ausführung. Dauert dies länger, als eine Zeitscheibe lang ist, wird das Programm mindestens einmal unterbrochen und zugunsten eines anderen in der Warteschlange verdrängt.

Man könnte im Prinzip Prozeß gleich Programm setzen, würde aber dabei vernachlässigen, daß ein Programm, welches gerade ausgeführt wird, einen Kontext besitzt, der seine individuelle Charakteristik bestimmt. Den Editor `vi` gibt es als Programmdatei auf der Festplatte nur einmal. Es können aber verschiedene Benutzer den `vi` zur "gleichen Zeit" gestartet haben, um Dateien zu bearbeiten. Der Editor läuft also mehrmals im System, obwohl er als Programmdatei eindeutig ist. Genau dies ist die Definition eines Prozesses entgegen der eines Programms. Ein Prozeß ist ein Programm zur Laufzeit mit allen dazu nötigen Randinformationen.

11.3. Prozeßverwandtschaft

Einen unmittelbar praktischen Zugang zur Thematik der Prozesse bildet das `ps`-Kommando - `ps` kürzt dabei `process status` ab. Das Kommando zeigt den Zustand von Prozessen an. Zunächst sollen die gebräuchlichsten `ps`-Optionen kurz zusammengestellt werden. Die Spezifikation der einzelnen Bestandteile der unterschiedlichen Varianten können der Systemliteratur entnommen werden.

```
ps              Process status

ps              [-opts]
opts
-e              alle laufenden Prozesse werden angezeigt
-f              Liste mit umfassender Information wird produziert
-l              Liste mit der gesamten Information
-t term         nur Prozesse des Terminals terminal
-p p_list       Information bzgl. der Prozesse, deren PIDs in p_list
                angegeben sind
-u user         Liste der Prozesse des Benutzers user
```

Wird keine Option angegeben, werden nur Prozesse angezeigt, die vom aktuellen Terminal aus kontrolliert werden.

Wir verwenden es zunächst ohne Zusatzoption und betrachten das Ergebnis im Beispiel.

```
$ ps
PID TTY        TIME COMD
337 pts/5      0:00 ksh
342 pts/3      0:00 ps
```

UNIX gibt eine Liste aus, in der wir uns der rechten Rubrik COMD zuwenden. Unter der betrachteten Spalte werden die Jobs angezeigt, die momentan laufen. Sie erkennen, daß offensichtlich nur zwei Prozesse angezeigt wurden. Die Shell als sh bzw. als ksh und das soeben eingegebene Kommando ps selbst. Die Tatsache, daß überhaupt so wenig Information ausgegeben wird liegt an der nicht vorgenommenen Parametrierung. Das Kommando reduziert dann die Ausgabe auf die Prozesse, die von dem Terminal aus kontrolliert werden, von welchem ps eingegeben wurde.

Die logische Terminalbezeichnung findet sich unter TTY. Die bereits benötigte CPU-Zeit unter TIME. Von besonderer Wichtigkeit ist die PID (Prozeß-ID) als eindeutige numerische Prozeßidentifikation im System. Sie wird bei jedem erzeugten Prozeß erhöht und sieht bei Ihnen garantiert anders aus.

Unter der Kontrolle Ihres Terminals laufen also zwei Prozesse - die Shell und das Kommando ps. Offensichtlich ist aber ps zum Zeitpunkt der Terminalausgabe bereits beendet. Wieso taucht das Kommando dann im Prozeßstatus auf? Weil es zum Zeitpunkt als die Liste, die Sie sehen, produziert wurde, eben noch aktiv war. ps protokolliert sich beständig selbst als Prozeß im System. Die Information, die ps ohne Parameter liefert, ist etwas zu dürftig, um weitere Erkenntnisse daraus abzuleiten. Wir fordern durch die Option -f etwas mehr Information an

```
$ ps -f
    UID    PID    PPID C    STIME TTY        TIME COMD
myself     337    332   1 01:17:28 pts/5      0:00 ksh
myself     358    337  11 01:35:15 pts/3      0:00 ps -f
```

Bevor wir uns der momentan wichtigsten Detailinformation aus dieser Kommandoausgabe widmen, zunächst der Vollständigkeit halber:

Unter UID liefert und das Kommando die Benutzerkennung unter der die gezeigten Prozesse ablaufen. Trivialerweise ist dies in der vorliegenden Kommandoausprägung Ihre eigene. Unter STIME wird die Systemzeit (Uhrzeit) angezeigt, zu der das Kommando gestartet wurde. Die Rubrik C zeigt interne Indikatoren für die Systembelastung durch die laufenden Kommandos zum Zeitpunkt der Outputproduktion. Dieser Zeitpunkt fällt mit dem Ablauf des ps-Kommandos zusammen, daher besitzt ps hier das größere Gewicht. Außer PPID kennen Sie die Bedeutung der übrigen Spalten bereits. Wir sind bei dem oben angekündigten wichtigen Detail.

Es fällt auf, daß die Prozeß-ID (PID) der Shell mit der Zahl identisch ist, die bei ps unter PPID auftaucht. PPID wird gewöhnlich als "Vater-Prozeß-ID" bezeichnet. Es handelt sich dabei stets um die Nummer desjenigen Prozesses, der den gerade betrachteten Prozeß erzeugt - "parent process-id".

Die Sache scheint unmittelbar verständlich, denn ps wurde innerhalb der Shell als Kommando aktiviert. Somit ist klar, daß die Shell den Prozeß, unter dem ps läuft, produziert hat. Die Shell ist also Vater von ps oder andersherum, ps ist Kindprozeß der Shell. Sie können sich diese Verwandtschaftsbeziehung noch etwas intensiver betrachten, indem sie durch das Kommando sh eine Folge von Subshells produzieren und sich erneut das Resultat von ps unter Verwendung der Option -f betrachten.

```
$ sh
$ sh
....
$ ps -f
    UID    PID   PPID   C    STIME TTY       TIME COMD
  myself   320    315   0 00:27:37 pts/3     0:00 sh
  myself   330    320   0 00:27:48 pts/3     0:00 sh
  myself   331    330   0 00:27:51 pts/3     0:00 sh
  myself   332    331   0 00:27:54 pts/3     0:00 sh
  myself   333    332   1 00:27:58 pts/3     0:00 sh
```

Es laufen insgesamt fünf Shells und anhand der PID- und PPID-Informationen können Sie erkennen, daß es sich um eine linear erzeugte Prozeßfolge handelt. Die PID einer Shell ist jeweils die PPID der nächsten. Alle Shells - bis auf die letzte in der Kette - belasten die CPU momentan nicht (C-Rubrik), das ps-Kommando protokolliert sich als Prozeß wieder selbst.

Mit der Tastenkombination <Ctrl><D> können die Shells sukzessive von unten nach oben wieder beendet werden. Jedesmal, wenn ein Shellprozeß endet, wird die ihn erzeugende Shell wieder aktiv. Wird auch die Shell mit der niedrigsten Prozeß-ID beendet, kommt dies dem Ende der UNIX-Session gleich. Wie Sie gleich sehen werden, können nicht nur lineare Prozeßketten, sondern Prozeßbäume aufgebaut werden.

11.4. Hintergrundprozesse

Die bisherigen praktischen Erfahrungen verallgemeinernd, kann man sagen, daß jedes Kommando, welches von der Shell aus aktiviert wird, ebenso wie die Shell selbst, im System einen Prozeß erzeugt bzw. als Prozeß existiert.

Im letzten Beispiel wurde eine Folge von Subshells produziert. Trivialerweise ist dies eine lineare Prozeßkette, denn immer wenn eine Shell mittels `sh`- bzw. `ksh`-Aufruf erzeugt wird, überdeckt diese ihre Historie. Das heißt, sie verdrängt die sie erzeugende Shell in den Hintergrund und ist selbst aktiv im Vordergrund. Die vorherige Shell kann also gar nicht mehr genutzt werden, sie ist während der Lebensdauer der Subshell unerreichbar.

Einen Prozeß mit der Eigenschaft, sich derart penetrant vorzudrängen, heißt daher aus gutem Grund Vordergrundprozeß. Zuweilen spricht man auch von Dialogprozeß. Daß diese Eigenschaft in der Tat störend sein kann, wird aus der Vorstellung klar, daß eine umfangreiche Sicherung von Dateien, die per `tar`-Aufruf von der Shell aus gestartet wird, bis zu ihrem Ende jegliches Arbeiten vom Terminal aus verhindert. Die Standardeingabe ist blockiert. Der Vater eines Archivierungsauftrages ist die Shell. Sobald das `tar`-Kommando aktiviert ist, wird die Shell in den Hintergrund gedrängt, und `tar` ist im Vordergrund - das gleiche Verhalten wie bei einer Subshell. Man muß also warten, bis ddie

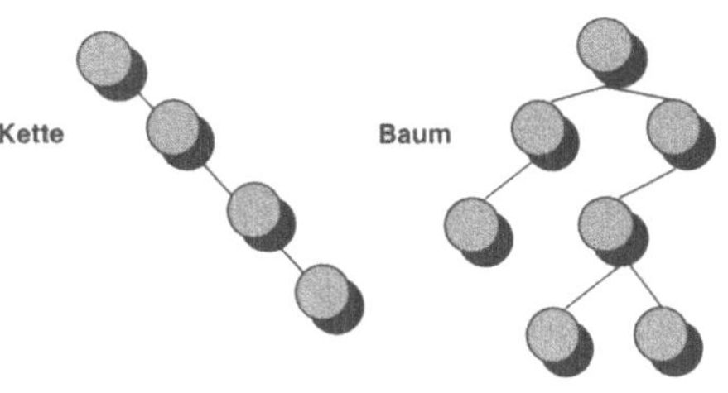

Sicherung beendet ist und die Shell wieder in Aktion tritt. Zu derart langen Pausen wäre man auch verurteilt, wenn man andere Kommandos mit entsprechend langer Laufzeit bemüht - etwa `find`.

Dieses Verhalten erinnert doch sehr an DOS, wo derartige Aktionen den ganzen Rechner blockieren. Sie können dies einmal auf einem DOS-PC unter Windows nachvollziehen, sofern Sie Zugang zu einem solchen haben. Aktivieren Sie quasi als Indikator für die Aktivität des Prozessors die Uhr. Sorgen Sie dafür, daß Sie die Uhr immer sehen. Öffnen Sie ein DOS-Fenster, und formatieren Sie eine Diskette. Sie werden beobachten, daß die Uhr während der Zeit des Formatierens stehen bleibt. Nun haben Sie es aber bei UNIX mit einem Multitasking System zu tun. Das wenigste, was man von einem solchen System erwarten darf, ist, daß genau diese Blockaden verhindert werden können. Das ist natürlich auch der Fall. Worum es uns geht, ist zu verhindern, daß sich ein Prozeß derart in den Vordergrund drängt, daß er die Standardeingabe blockiert.

Durch einfaches Anhängen des Zeichens `&` an jedes beliebige Kommando - inklusive eigener Scripts - wird veranlaßt, daß der zugehörige Prozeß sofort in den Hintergrund gedrängt wird und von dort aus ohne Einfluß auf Ihr weiteres Arbeiten mit der Shell seine Funktion ausführt. Das einzige, was Sie von ihm zu sehen bekommen, ist seine PID, die unmittelbar ausgegeben wird. Danach befinden Sie sich wieder in der Shell.

Mit dem ps-Kommando können Sie den Ablauf des Hintergrundprozesses kontrollieren. Der im Stillen ablaufende Prozeß wird vom Systemkern genauso behandelt, wie alle anderen Prozesse. Das heißt, er unterliegt dem Swapping- oder Paging-Mechanismus genauso, wie Ihre Shell im Vordergrund. In aller Regel bemerkt man kaum etwas von der zusätzlichen Systembelastung. Der Hintergrundprozeß verrichtet seine Arbeit unbemerkt wie die Heinzelmännchen. Etwas mehr gravitätisch spricht man im UNIX-Jargon bei solchen Hintergrundprozessen zuweilen von Dämonen oder daemons. Ein Dämonprozeß hat jedoch entgegen einem gewöhnlichen Hintergrundprozeß noch die Eigenschaft, daß er zyklisch ist. Das heißt er tritt in gewissen Zeitabständen unbemerkt in Aktion, um bestimmte Arbeiten zu erledigen und begibt sich danach für eine bestimmte Zeit wieder in Warteposition.

Das folgende Beispiel zeigt, wie länger dauernde Kommandos im Hintergrund zum Ablauf gebracht werden können. Gleichzeitig kann man erkennen, daß hier keine lineare Prozeßkette, sondern ein Prozeßbaum aufgebaut wird, dessen Wurzel im Beispiel die PID 299 ist. Die Shell ist also Vaterprozeß aller anderen.

```
$ tar -tvf $TAPE &
[301]
$ find / -name sys* -print &
[306]

$ ps -f
     UID    PID  PPID   C    STIME  TTY       TIME COMD
  myself    299     1   0 01:58:22  console   0:01 -sh
  myself    301   299   0 01:59:13  console   0:00 tar tfv .....
  myself    306   299  29 02:00:40  console   0:07 find / -name .....
  myself    308   299  22 02:00:57  console   0:00 ps -f
```

Bei den oben gewählten Beispielen find und tar haben Sie aufgrund der Parametrierungen -t bzw. -print mit Ausgaben zu rechnen. Diese Ausgaben werden, wie wenn die Kommandos im Vordergrund abliefen, auf die Standardausgabe geleitet. Ganz ungestört können Sie also doch nicht weiterarbeiten. Selbstverständlich können Sie die Ausgaben der Kommandos in Dateien umlenken. Letzteres ist sogar sinnvoll. Auf diese Weise dringt tatsächlich nichts mehr von ihnen an die Oberfläche.

```
$ tar -tvf $TAPE > protokoll &
[301]
$ find / -name sys* -print > liste &
[306]
```

Im Hinblick auf die Korn-Shell mit der ihr eigenen Funktionalität des "job-control" ist an dieser Stelle eine Anmerkung angebracht. Ist innerhalb der Korn-Shell "job-control" aktiv, werden Hintergrundprozesse, die versuchen auf die Standardausgabe zu schreiben angehalten, sofern keine Ausgabeumlenkung erfolgt ist.

Selbstverständlich können Sie auch Kommandos, die Dialogeingaben während des Ablaufs von Ihnen anfordern, im Hintergrund ablaufen lassen. Inwieweit das empfehlenswert ist, müssen Sie aber selbst entscheiden. Jedenfalls brauchen Sie nichts weiter zu tun, als die Eingaben, die Sie normalerweise über die Tastatur direkt machen würden, in jeweils eigene Zeilen in eine Datei zu schreiben. Sie können daraufhin den Mechanismus mit umgelenkter Standardein- und Standardausgabe als Hintergrundprozeß ablaufen lassen. Das letzte Beispiel lieferte noch ein weiteres Detail, dem es noch nachzugehen gilt.

11.5. Der Prozeßbaum

Auch die Shell, die bei der Aufnahme des Dialoges mit dem System gestartet wurde, besitzt einen Vaterprozeß. Die Shell hat hier die PID 299 und die PPID 1. Das Minuszeichen vor dem Kommandonamen sh, signalisiert, daß es sich um die Login-Shell handelt. Der Vaterprozeß der Shell ist in unserem Fall also ein Prozeß mit der Nummer 1. Bei den vorangegangenen Beispielen war dies zwar etwas anders, dennoch ließe sich die Prozeßkette stets bis zu dem Prozeß 1 zurückverfolgen. Offensichtlich hat es mit diesem Prozeß etwas Besonderes auf sich. Wir schauen uns die Shell-Prozesse mit der jeweils niedrigsten Prozeßnummer der bisherigen `ps -f` Beispiele noch einmal an.

```
myself   337    332   1 01:17:28 pts/5      0:00 ksh
myself   299      1   0 01:58:22 console  0:01 -sh
```

Es interessieren jetzt die Vaterprozesse der jeweiligen Login-Shells. Um auch Prozesse anzuzeigen, die nicht vom eigenen Terminal kontrolliert werden, kann man das `ps`-Kommando noch mit einer zusätzlichen Option aufrufen.

Die Option `-e` liefert alle momentan im System aktiven Prozesse. Im ersten Beispiel hatte die vermeintliche Login-Shell mit dem Kommandowort `ksh` kein vorgestelltes Minus. Aus dem Ergebnis des erweiterten `ps`-Aufrufes der weiter unten abgedruckten Liste erkennen Sie jedoch, daß der Vaterprozeß ein Prozeß `xterm` war. Dessen Vaterprozeß war ein Prozeß mit Namen `xinit`, welcher aber wieder an Prozeß 1 hing. Es taucht in der Liste eine weitere Korn-Shell mit der Prozeß-ID 311 auf, die ebenfalls von Prozeß 1 erzeugt wurde und das Minuszeichen der Login-Shell trägt.

Der Absatz, den Sie gerade gelesen haben, ist teilweise im Tempus der Vergangenheit geschrieben. Dies soll zweierlei andeuten. Erstens ist die Liste der Prozesse, die Sie gleich zu sehen bekommen bereits lange Vergangenheit, und zweitens - was wichtiger ist - Sie können diese Schritte nur auf dem Papier nachvollziehen, denn jede Prozeßkonstellation im System ist einmalig und verändert sich ständig. Die Tatsache, daß das erste Beispiel

```
myself    337     332  1 01:17:28 pts/5     0:00 ksh
```

ein wenig aus der Reihe tanzt, liegt daran, daß es unter einer graphischen Oberfläche erzeugt wurde.

In diesem Fall sieht die Prozeßkette etwas anders aus. Hauptsache jedoch bleibt für unsere Betrachtungen, das sich beide vorangegangenen Beispiele bis auf eine Login-Shell zurückverfolgen lassen, welche ihrerseits vom Prozeß mit der PID 1 erzeugt wurde.

```
    UID    PID  PPID  C     STIME TTY        TIME COMD
   root      0     0  0  17:15:12 ?          0:00 sched
   root      1     0  0  17:15:12 ?          0:01 /sbin/init
   root      2     0  0  17:15:12 ?          0:00 pageout
   root      3     0  2  17:15:12 ?          0:00 fsflush
   root      4     0  0  17:15:12 ?          0:00 kmdaemon
   root    310     1  0  01:16:53 ?          0:00 /usr/lib/saf/sac ...
 myself    311     1 19  01:16:53 console    0:01 -ksh
   root    203     1  0  01:16:35 ?          0:00 /usr/sbin/cron
   root    211     1  0  01:16:38 ?          0:01 /usr/lib/lpsched
   root    223   211  0  01:16:38 ?          0:00 lpNet
   root    307     1  0  01:16:52 ?          0:00 /usr/lib/mousemgr
   root    312   310  0  01:16:54 ?          0:01 /usr/sbin/inetd
   root    295     1  0  01:16:47 ?          0:00 /usr/X/lib/xntad
   root    304     1  0  01:16:52 ?          0:00 cat /dev/osm
 myself    323   322  6  01:17:10 vt01       0:05 X :0
 myself    322     1  0  01:17:09 pts/1      0:00 /usr/bin/X11/xinit
 myself    327   311  0  01:17:12 console    0:02 /usr/bin/X11/mwm
 myself    347   337  9  01:17:42 pts/5      0:00 ps -ef
 myself    332   322  0  01:17:15 pts/1      0:01 xterm -geometry ...
 myself    337   332  1  01:17:28 pts/5      0:00 ksh
```

Sollten Sie selbst eine graphische Oberfläche unter UNIX verfügbar haben, können Sie das Experiment, was Sie vielleicht unter DOS mit der Uhr und dem Formatieren einer Diskette nachvollzogen haben, unter UNIX ausprobieren. Sie brauchen lediglich die `xclock` zu aktivieren und in einem Shell-Fenster die Formatierung zu starten. Letzteres können Sie als Vorder- oder Hintergrundprozeß tun. Sie werden entgegen dem Verhalten unter DOS erkennen, daß die Uhr weiterläuft. Sie sollten nach beiden Experimenten den Unterschied zwischen Single- und Multitasking-System nun auch plastisch erlebt haben.

Wir kehren zurück zum Vaterprozeß der Login-Shells. Der Prozeß mit der Nummer 1 - `init` - ist zentral unter UNIX. Er wird beim Start des Rechners vom "Scheduler" - Prozeß Nummer 0 - erzeugt. Der "Scheduler" ist für das Verdrängen und Reaktivieren von Prozessen verantwortlich und wird daher im einschlägigen Jargon häufig auch als "Swapper" bezeichnet. Diese Bezeichnung trifft jedoch nur auf Systeme zu, die tatsächlich "Swapping" betreiben. Üblich ist heute, daß anstelle des "Swapping", wo komplette Prozesse ausgelagert werden, das System nur noch logische Speicherseiten auslagert. Man spricht dann von "Demand Paging".

```
 UID     PID    PPID   C    STIME TTY       TIME COMD
root       0       0   0    Aug 02 ?        0:00 sched
root       1       0   0    Aug 02 ?        0:01 /sbin/init
```

Aus den Prozeßinformationen der beiden Prozesse `sched` und `init` erkennt man noch, daß diese nicht an ein Terminal gekoppelt sind (`TTY = ?`). Dies ist ein Charakteristikum für Dämonprozesse.

Beim Booten des Rechners - wie man den Startvorgang im Jargon nennt - wird die Maschine nach dem Muster eines endlichen Automaten sukzessive in einen Zustand hochgefahren, den der Anwender kennt. Wir werfen zum Verständnis einen Blick in eine wichtige Systemdatei, die `/etc/inittab`.

```
ap::sysinit:/sbin/autopush -f /etc/ap/chan.ap
ak::sysinit:/sbin/wsinit 1>/etc/wsinit.err 2>&1
ck::sysinit:/sbin/setclk </dev/console >/dev/sysmsg 2>&1
bchk::sysinit:/sbin/bcheckrc </dev/console >/dev/sysmsg 2>&1
is:2:initdefault:
r0:0:wait:/sbin/rc0 off 1> /dev/sysmsg 2>&1 </dev/console
r1:1:wait:/sbin/rc1  1> /dev/sysmsg 2>&1 </dev/console
r2:23:wait:/sbin/rc2 1> /dev/sysmsg 2>&1 </dev/console
r3:3:wait:/sbin/rc3  1> /dev/sysmsg 2>&1 </dev/console
r5:5:wait:/sbin/rc0 reboot 1> /dev/sysmsg 2>&1 </dev/console
r6:6:wait:/sbin/rc6 reboot 1> /dev/sysmsg 2>&1 </dev/console
. . . .
co:12345:respawn:/sbin/vtgetty console console
```

In dieser Datei finden sich die Schritte, die das System beim Starten durchläuft. Teile werden auch zyklisch durchlaufen. Es führt zu weit, diese jetzt im einzelnen weiter auszuführen. Tatsache ist, daß das System beim Hochfahren verschiedene Ebenen - sogenannte "runlevels" - durchläuft. Bei schwerwiegenden Fehlern, kommt das System nur bis zum "single user mode" hoch und akzeptiert nur ein Superuser-Login. Für Benutzer ist das System dann nicht zugänglich. Ist alles in Ordnung, läuft der Rechner in den Multiuser-Modus hoch, welcher bedingt, daß alle angeschlossenen Terminals ein Login akzeptieren.

Auch die Login-Aufforderung wird von einem Prozeß produziert. In der Liste ist ein Stellvertreter hierfür fettgedruckt - `vtgetty` oder oft einfach `getty`. Für jedes angeschlossene Terminal muß der Systemverantwortliche einen solchen `getty`-Prozeß "auf die Leitung legen". Tut er es nicht, ist das entsprechende Terminal inaktiv. Wird ein Login von einem mittels `getty` im Grundzustand befindlichen Bildschirm eingegeben, beendet sich der `getty` zugunsten der Shell bzw. des Programms, welches in `/etc/passwd` eingetragen ist. Wird die Session beendet, muß das System wieder einen `getty`-Prozeß auf die Leitung schicken. Dies wird durch die Option `respawn` in der `inittab`-Zeile bewirkt.

In der Praxis kann es einmal vorkommen, daß dieser `respawn` nicht funktioniert, beispielsweise wegen eines Hardwarefehlers am seriellen Port. In diesem Fall kann der `getty` auch von der System-Console aus für das entsprechende Gerät gestartet werden.

Die Liste des `ps -ef` Resultates zeigt, daß noch andere Hintergrund-Prozesse im System laufen. Beispielsweise `lpsched` zur Verwaltung eingehender Druckaufträge und sonstige sogenannte Server-Prozesse. Hier kann man jetzt in der Tat von den bereits genannten Dämonprozessen sprechen.

Die Prozeßkonfiguration eines Systems ist recht unterschiedlich. All diese Dinge, die angesprochen wurden, sind jedoch für den normalen UNIX-Benutzer zweitrangig. Sie sind Gegenstand der Systemadministration - ein Thema, dem man sich nur widmen kann, wenn man die Benutzerebene von UNIX bereits genau kennt. Und zu der kehren wir jetzt gleich wieder zurück.

Auf alle Fälle erwähnenswert ist jedoch eine Parallele zum Dateisystem. Während dort jede Datei und jedes Verzeichnis, mit Ausnahme von /, genau ein übergeordnetes Directory besitzt, besitzt jeder Prozeß in UNIX, mit Ausnahme von `sched`, genau einen Vater. In Analogie zum Filesystem bilden also auch die Prozesse in UNIX eine baumartige Hierarchie.

Sie wissen, daß es nicht möglich ist, Dateiverzeichnisse zu löschen, solange sie noch Dateien oder weitere Verzeichnisse beinhalten. Im Sinne der Erhaltung der Hierarchie ist dies verständlich, denn wo sollten Dateien im Dateisystem "eingehängt" werden, wenn ihr übergeordnetes Directory nicht mehr existiert.

Was die Erhaltung der Prozeßhierarchie betrifft stößt man auf ein ähnliches Problem. Die Kenntnis des Systemverhaltens beim Wegfall eines Prozesses in der Kette der Verwandschaftsbeziehung ist sehr wichtig. Wir arbeiten uns jetzt schrittweise dahin vor.

11.6. Signale und Prozeßabbruch

Um in nachfolgenden Abschnitten Verhaltensweisen von UNIX zu erläutern, die nicht unmittelbar einsichtig sind, wird wieder ein Ausflug in die tiefer gelegenen Schichten des Systems erforderlich. Wenn Sie beim ersten Lesen noch Verständnisprobleme haben, soll Sie das jedoch nicht beunruhigen. Im Laufe Ihrer praktischen Erfahrungen mit dem System werden Sie in Zukunft immer wieder mit Situationen konfrontiert, die Sie sich auf Anhieb nicht erklären können. Da Sie aber parallel zu Ihrer Arbeit mit dem Rechner ein "Gefühl" für die Maschine entwickeln, sollten Sie sich die hier beschriebenen internen Verhaltensweisen stets wieder in Erinnerung rufen. Möglicherweise erhellen Sie das Dunkel im konkreten Fall etwas. Gleiches gilt für die in Kapitel 5 geschilderten Feinheiten des Dateisystems. Mit Sicherheit werden Sie aber UNIX irgendwann komplett beherrschen.

Laufende Programme - also Prozesse - müssen über Ereignisse, die ein Weiterlaufen beeinflussen oder vielleicht sogar unmöglich machen, informiert werden. Wenn Sie selbst bereits Programmiererfahrung besitzen, werden Sie wissen, daß Programme in den seltensten Fällen auf Anhieb richtig laufen. Beim Programmieren unterlaufen einem häufig Fehler, bisweilen gravierende. Oft werden Fehler erst nach relativ langer Zeit entdeckt, wenn zufällig im Programm eine Konstellation entsteht, die den Fehler bewirkt.

Programme können zum Ablauf gebracht werden, Daten können von Programmen verarbeitet werden. UNIX trennt innerhalb von Programmen den eigentlichen Programm- oder Codebereich, von den Datenbereichen. Der Codebereich beinhaltet die Befehle des Programms an die CPU, der Datenbereich dagegen enthält die jeweils zu einem Zeitpunkt des Programmablaufes existierende Konstellation der Variablen - also die eigentlichen Daten. Zusätzlich betreibt UNIX aus Effizienzgründen "Codesharing". Das bedeutet, daß der Programmcode nur einmal im Speicher geladen ist, auch wenn das Programm mehrfach läuft. Typischerweise ist der Code der Shell, die pro aktivem Benutzer in der Regel einmal läuft, nur ein einziges Mal im Speicher geladen. Lediglich die Datenbereiche, die für die verschiedenen Benutzer natürlich jeweils andere sind, werden getrennt. Man spricht hier vom bereits erwähnten Prozeßkontext.

Stellen Sie sich vor, ein Programm würde beim Ablauf versuchen, eigene oder fremde Programmcodeteile mit Daten zu überschreiben. Ein derartiges Ereignis würde ausschließen, daß der Ablauf weiterhin reibungslos funktionieren könnte. Es läge also ein schwerer Programmfehler vor. Das Programm selbst kann derartige Katastrophen schwerlich in eigener Regie überwachen, denn was wäre, wenn genau der Teil, der überwachen soll, zerstört wird? Hierfür ist das System zuständig.

Der Systemkern überwacht ständig, ob Prozesse ihre Speicherregionen überschreiten wollen, und genau das liegt bei dem oben geschilderten Unfall vor. Tritt ein solcher Fall ein, schickt der Kern dem Prozeß eine Information - ein sogenanntes Signal. Genaugenommen vermerkt sich der Kern dieses Signal für den Prozeß. Der Prozeß selbst hat die Möglichkeit, dem Kern vorab mitzuteilen, ob er auf bestimmte Signale selbst reagieren will. Tut der Prozeß dies, veranlaßt der Kern bei Eintreffen des entsprechenden Signals, daß die vom Prozeß hierzu angemeldete Behandlungsroutine ausgeführt wird. Hat der Prozeß keine Signalbehandlung angekündigt, wird er vom System beendet. Im oben geschilderten Fehlerfall kann also die "Katastrophe" verhindert werden. UNIX kennt eine ganze Reihe von Signalen, die im Anschluß tabellarisch wiedergegeben werden. Speziell für den geschilderten Unfall ist das Signal `SIGSEGV` - Signal für `segmentation violation`, Speicherbereichsverletzung - zuständig.

Beim Programmieren sind Fehlersituationen, wie die oben geschilderte, an der Tagesordnung. Meist ist auch die Ursache relativ schnell gefunden und behoben. Es gibt aber auch hartnäckige Fälle, wo die Diagnose schwerfällt. UNIX unterstützt das Auffinden derart grober Fehler, indem es bei bestimmten Signalen - insbesondere bei `SIGSEGV` - dem momentanen Inhalt des Prozeßspeichers auf eine Datei schreibt. Diese Datei trägt stets den Namen `core`, und man nennt den Inhalt der Datei auch Speicherabzug oder `dump`.

Ein weiterer Grund für einen Programmabbruch ist dann gegeben, wenn sich der Prozeß in einer Endlosschleife befindet, ebenfalls ein häufig zu beobachtender Fehler. Im Unterschied zum ersten Fehler handelt es sich bei einer nicht abbrechenden Verarbeitung aber nicht um eine grobe Verletzung der Spielregel. Zuweilen werden Endlosschleifen auch bewußt realisiert. Derartige Fehler, bei der ein Programm oder ein Script ständig die gleiche Befehlsfolge bearbeitet, ohne je wieder aufzuhören, kann der Kern nicht erkennen. In einem solchen Fall muß der Prozeß von außen - also vom Benutzer - abgebrochen werden.

Hierzu gibt es ein Kommando mit der sinnigen Bezeichnung `kill`.

kill	Signal an Prozeß schicken
`kill`	`[-l] [-signal]` `PID`
`-l`	gibt eine Liste der definierten Signale aus (siehe unten)
`-signal`	zu verwendendes Signal (siehe Tabelle unten)
	Wird kein Signal angegeben, wird Signal 15 TERM verwendet.
`PID`	Prozeß-ID des abzubrechenden Prozesses

1) HUP	12) SYS	23) STOP
2) INT	13) PIPE	24) TSTP
3) QUIT	14) ALRM	25) CONT
4) ILL	15) TERM	26) TTIN
5) TRAP	16) USR1	27) TTOU
6) IOT	17) USR2	28) VTALRM
7) EMT	18) CHLD	29) PROF
8) FPE	19) PWR	30) XCPU
9) KILL	20) WINCH	31) XFSZ
10) BUS	21) URG	
11) SEGV	22) POLL	

Natürlich muß ein Signal verwendet werden, welches der zu beendende Prozeß nicht abfängt. Es gibt eins, welches den Prozeß in der Regel immer beendet und auch nicht abgefangen werden kann. Es handelt sich um das Signal 9 oder auch SIGKILL. Auf der Shellebene sind stets die Ziffern, die die Signale identifizieren, zu verwenden. Die Pseudonyme werden beim Programmieren benutzt. Angenommen, der unbedingt abzubrechende Prozeß habe die PID 4711, dann lautet das entsprechende Kill-Kommando:

```
$ kill -9 4711
```

In der Praxis werden Sie kill hoffentlich nicht allzu häufig einsetzen müssen. Das Kommando ist allerdings recht nützlich, um laufzeitintensive Hintergrundprozesse vorzeitig zu beenden, falls ein Weiterlaufen aus irgendwelchen Gründen nicht mehr sinnvoll ist. Beispielsweise könnte Ihnen ein Dateiname spontan wieder einfallen, während sich ein find im Hintergrund noch mit der Suche beschäftigt. Es wäre dann sinnvoll, den find-Prozeß mittels kill zu beenden. Es kommt auch vor, daß sich Programme - wie man sagt "aufhängen". Sie laufen als Prozeß zwar weiter, tun aber nach außen hin nichts, außer das Terminal zu blockieren. Ein solches Verhalten ist zwar fehlerhaft, kommt aber vor. Dann hilft nur ein kill auf den Prozeß - diesmal allerdings von einem anderen Terminal aus.

Es gibt auch hartnäckige Fälle, bei denen selbst kill -9 es nicht schafft, einen Prozeß zu beenden. Dies ist dann der Fall, wenn sich der zu beendende Prozeß ausgerechnet in einem Systemaufruf an den Kern aufhängt. Prozesse, die gerade einen "Systemcall" abgesetzt haben und auf ein Ergebnis von Kern warten, befinden sich im Systemmodus, ansonsten im Benutzermodus.

Systemaufrufe sind aus bestimmten Gründen nicht unterbrechbar. Das bedeutet, daß Sie serialisiert werden müssen. Dafür sorgt der Kern selbst, indem er gewissermaßen als Server einen "Systemcall" nach dem anderen in einer zufälligen Reihenfolge abarbeitet. Die Reihenfolge hängt davon ab, welchen Prozeß der "Swapper" gerade aktiviert. Der Kern kann einen Systemaufruf für einen Prozeß möglicherweise nicht innerhalb einer Zeitscheibe abarbeiten. Werden Prozesse während eines Systemaufrufes vom Zeitgeber unterbrochen, erhalten sie den Status "schlafend in einer nicht unterbrechbaren Priorität", bevor sie in den "Swap-Space" verdrängt werden. Werden Sie vom "Scheduler" wieder als "lauffähig im Speicher" an den Kern gemeldet, setzt dieser den unterbrochenen Systemaufruf fort. Wäre der Kern gezwungen, Systemaufrufe komplett abzuarbeiten, käme es ständig zu langen Pausen in der Systemaktivität oder im folgenden Fall gar zum Dead Lock - das heißt: "Nichts geht mehr!".

Fordert ein Prozeß vom Kern eine Leistung an, die dieser nicht liefern kann, läuft seine Zeitscheibe ab, ohne daß der Systemaufruf beendet werden konnte. Der Prozeß wird vom "Scheduler" nach Ablauf seiner Zeitscheibe verdrängt. Irgendwann ist der fragliche Prozeß wieder aktiv und stellt seine Forderung nach dem "nicht existierenden Betriebsmittel" erneut. Das Spiel beginnt also wieder von vorn. Der Prozeß "hängt", da der Kern den Aufruf zu keiner Zeit befriedigen kann. Wird nun versucht, den Prozeß mittels `kill` ins Jenseits zu befördern passiert zunächst gar nichts. Der Kern notiert lediglich, daß für den fraglichen Prozeß ein Signal ansteht, bearbeitet diesen erneuten Systemaufruf für den Prozeß jedoch nicht, da er immer noch eine Anforderung für ein Betriebsmittel offen hat. `kill` kommt demnach nie zum Zuge. Das Verhalten ist in der Abbildung skizziert. Der Prozeß, der sich auf diese Art im Kreis dreht, ist nur durch ein erneutes Booten des Rechners zu beseitigen. Das hier zitierte "nicht existierende Betriebsmittel" ist in aller Regel entweder auf einen Fehler in der Implementierung des Kerns oder auf eine nicht korrekte Systemkonfiguration zurückzuführen ist. Der Kern kann ebenfalls in eine Endlosschleife geraten oder aufgrund eines Fehlers versuchen, eine nicht existierende Systemroutine zu starten.

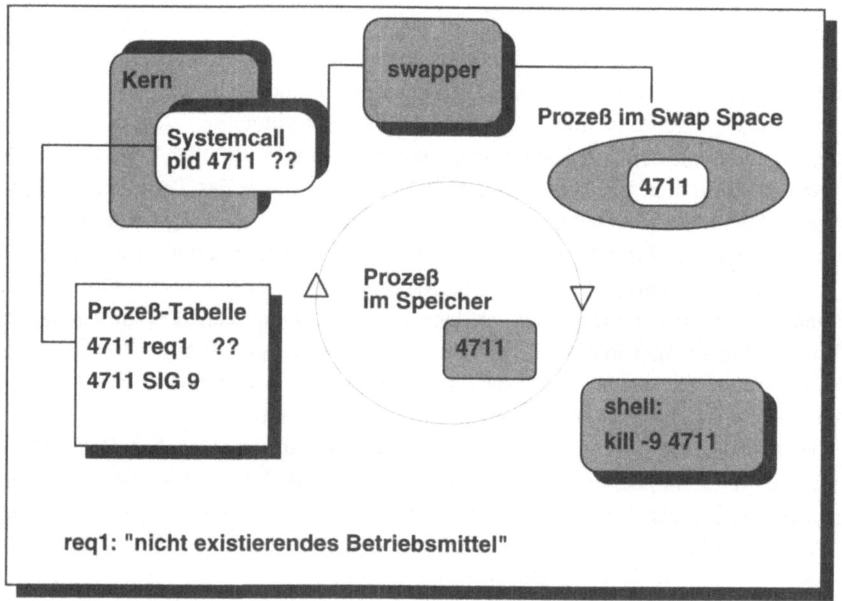

Das Kommando `kill` ist jedoch nicht nur destruktiv in dem Sinne, daß es im Normalfall einen Prozeß beendet. Fängt der empfangende Prozeß das Signal ab, kann `kill` als Systemaufruf zur Prozeßkommunikation benutzt werden.

Ähnlich wie beim Löschen von Dateien, was über die Zugriffsrechte geregelt ist, können keine "fremden" Prozesse durch `kill` beendet werden. Es gibt hier ebenfalls eine Zugriffskontrolle. Stellen Sie sich vor, es würde Ihnen ständig jemand Ihre Login-Shell "abschießen". Mehr zu den Zugriffrechten für Prozesse erfahren Sie gleich. Unten finden Sie noch eine Zusammenstellung der in UNIX definierten Signale. Einzelheiten hierzu finden Sie in den Systemhandbüchern.

Die Kenntnis der Signale, mit Ausnahme von SIGKILL, ist jedoch für ein Arbeiten in der Shell nicht unbedingt erforderlich.

Signal	Pseudonym	Bedeutung/Wirkung
1	SIGHUP	Terminalleitung, Logout
2	SIGINT	Interrupt
3	SIGQUIT	Quit
4	SIGILL	Maschinenbefehl unzulässig
5	SIGTRAP	Haltepunkt für Debugger
6	SIGABRT	Abort
7	SIGEMT	Emulator-Trap
8	SIGFPE	Gleitpunkt-Fehler
9	SIGKILL	unbedingter Abbruch
10	SIGBUS	Busfehler
11	SIGSEGV	Speicherzugriffsfehler
12	SIGSYS	Fehlerhafter Systemaufruf
13	SIGPIPE	Unterbrechung auf Pipe
14	SIGALRM	Signaluhr abgelaufen
15	SIGTERM	Prozeßende
16	SIGUSR1	benutzerdefiniert
17	SIGUSR2	benutzerdefiniert
18	SIGCLD	Ende Sohnprozeß
19	SIGPWR	Stromausfall
20	SIGWINCH	Änderung Fensterdimension
21	SIGURG	Socket-Zustandsänderung
22	SIGPOLL	abfragbares Ereignis
23	SIGSTOP	Prozeßhalt
24	SIGSTP	Pozeßhalt (Benutzer)
25	SIGCONT	Prozeßfortsetzung
26	SIGTTIN	Terminaleingabe angehalten
27	SIGTTOUT	Terminalausgabe angehalten
28	SIGVTALRM	Virtueller Timer abgelaufen
29	SIGPROF	Prozeßüberwachungstimer abgelaufen
30	SIGXCPU	CPU-Zeit abgelaufen
31	SIGXFSZ	Maximale Dateigröße überschritten
32	SIGIO	Socket-I/O möglich

Weiteres zu Signalen wird Ihnen erst wieder bei der Shellprogrammierung begegnen.Mit dem ersten Signal aus der Tabelle, SIGHUP, werden wir uns gleich anschließend beschäftigen.

11.7. Auftragssteuerung

Wir sprachen bereits vom UNIX-Prozeßbaum und einer Parallele zum Dateisystem. Jedes Kommando, das Sie eingeben, läuft im Normalfall als Vordergrundprozeß und hat die Login-Shell zum Vater. Der Begriff des Hintergrundprozesses ist Ihnen ebenfalls nicht mehr fremd. Tätigkeiten, die relativ lange dauern und keine Interaktion mit dem Benutzer führen, können sinnvoll als Hintergrundprozeß laufen (`tar`, `find`, ...). Folgende durchaus praktische Überlegung gibt Anlaß, eine neue Eigenart von UNIX kennenzulernen.

Kurz vor Feierabend möchten Sie noch die Dateien Ihrer Kennung auf Band sichern. Sie formulieren das entsprechende Kommando und sorgen durch & dafür, daß es im Hintergrund abläuft. Sie überlassen dem Rechner alles weitere, beenden Ihre Session und wenden sich angenehmeren Dingen zu. Am nächsten Tag stellen Sie fest, daß auch der Rechner, was Ihre Sicherung betrifft, gleichzeitig mit Ihnen Feierabend gemacht hat.

nohup - Kommandos vom Terminal entkoppeln

Der Grund liegt darin, daß der Kern in dem Augenblick, wo eine Verbindung vom Rechner zu einem Terminal unterbrochen wird, an alle mit dem Gerät verbundenen Prozesse ein Signal (`SIGHUP`) schickt. Da normalerweise dieses Signal nicht abgefangen wird, ist die Wirkung für die Prozesse tödlich. Genau das ist Ihrem `tar` und Ihren `lp` passiert, als Sie sich ausgeloggt haben.

Nun war Ihre geplante Feierabendaktion durchaus sinnvoll und praktisch. Deshalb ist es nahezu selbstverständlich, daß UNIX eine Möglichkeit vorsieht, den Rechner auch noch nach dem Ende Ihrer Sitzung weiter zu beschäftigen. Es ist also Sorge dafür zu tragen, daß sich die Jobs, die Sie im Hintergrund starten, gegen das Signal `SIGHUP` wappnen. Hierzu gibt es ein Kommando unter dessen Obhut Sie Ihre Hintergrundaufträge ablaufen lassen.

nohup	Kommando gegen Signal Hangup schützen
nohup	cmd
cmd	ist ein beliebiges ausführbares Objekt (eigenes Programm, Kommando oder Skript)

Ihren Feierabendauftrag hätten Sie also wie folgt formulieren müssen:

```
$ nohup tar cvf $TAPE $HOME &
```

Danach können Sie beruhigt "ausloggen", die Befehle werden nicht abgebrochen. Eine Frage bleibt noch offen. Kommandos schreiben in der Regel Information auf die Standardausgabe. Wenn Sie die Sitzung beenden, ist die Verbindung Ihres Terminals zum Rechner jedoch unterbrochen. Es kommt als Empfänger der Standardausgabe nicht mehr in Frage. UNIX schreibt im Falle nohup alle Ausgaben in eine Datei nohup.out und weist Sie durch eine entsprechende Mitteilung darauf hin. nohup bezieht sich immer nur auf das unmittelbar darauf folgende Kommando. Bei einer Konstruktion der folgenden Art, gilt dies auch.

```
$ nohup cat * | lp ....
```

Das heißt, cat läuft auf alle Fälle nach Logout, lp jedoch nicht. Lästig ist unter Umständen auch, vor jedes Kommando nohup schreiben zu müssen. Eine Möglichkeit besteht natürlich darin, alle Kommandos, die unter nohup ausgeführt werden sollen, in eine Datei zu schreiben und dann dieses Script unter der Obhut von nohup zu starten. Eine andere, effizientere Variante ist der Kommandoverbund, den Sie noch kennenlernen werden.

Adoptivvater init

Noch einige Randinformationen zum Prozeßbaum und den Parallelen zum Dateisystem sind nachzureichen.

Im System besitzen alle laufenden Prozesse eine Verwandschaftsbeziehung. Der Urvater aller Prozesse ist der Prozeß 0, also der "Scheduler" oder "Swapper". Dieser erzeugt den Prozeß init mit der Prozeßnummer 1, der insbesondere der Vater aller Login-Shells ist.

Kommandos, die von der Login-Shell aufgerufen werden, besitzen ihrerseits diese zum Vater. Der Prozeßbaum muß ebenso konsistent gehalten werden, wie der Dateibaum. Das Beenden eines Prozesses, der Vater von anderen ist, kommt dem Löschen eines nicht leeren Verzeichnisses gleich. Es gäbe isolierte Prozeßknoten beziehungsweise isolierte Dateien. Starten Sie einen Hintergrundprozeß mit nohup, besteht der wesentliche Unterschied zu

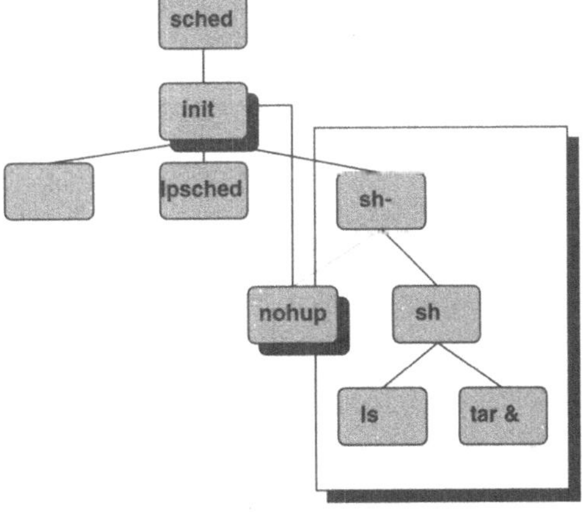

einem normalen Hintergrundjob darin, daß der `nohup`-Prozeß aus dem Unterprozeßbaum Ihrer Login-Shell ausgelagert wird und in dem Moment, wo Sie die Login-Shell beenden, vom `init`-Prozeß adoptiert wird.

Das Verhalten soll kurz an einem Beispiel demonstriert werden. Sie benötigen dazu einen Prozeß, der im Hintergrund lange genug läuft, damit alles in Ruhe beobachtet werden kann und der im System nicht viel anrichtet. Hierzu verwenden wir einen etwas merkwürdigen Befehl `sleep 9999`. Er tut nichts anderes, als 9999 Sekunden lang schlafen, um sich dann zu beenden. Kurz, er tut uns den Gefallen, als Prozeß lange genug im System zu existieren. `sleep` besitzt in der Praxis durchaus Bedeutung, die uns jetzt allerdings nicht beschäftigen soll.

```
$ ps
   PID TTY        TIME COMD
   343 pts/1      0:00 sh
   345 pts/1      0:00 ps

$ nohup sleep 9999 &
Sending output to nohup.out
346
```

Noch immer ist die Login-Shell Vater des Schläfers, wir ein `ps -f` bestätigt.

```
$ ps -ef | grep "sleep"

   myself   346   343  0 00:51:24 pts/1     0:00 sleep 9999
   myself   348   343  4 00:51:50 pts/1     0:00 grep sleep
```

Daß sich auch `grep` in der Liste der Prozesse verewigt, die nach dem Text `sleep` gefiltert wurde, ist nicht mehr weiter verwunderlich und analog zur Selbstdarstellung des `ps` zu interpretieren.

Interessant ist der Umstand, daß die Prozeß-ID der Shell noch immer die `PPID` des `sleep`-Prozesses ist. Sie loggen jetzt aus und gleich wieder ein und vergewissern sich, ob `sleep` noch läuft.

```
LOGOUT
LOGIN

$ ps -ef | grep sleep

   myself   346     1  0 00:51:24 ?         0:00 sleep 9999
   myself   370   368  2 00:52:56 pts/1     0:00 grep sleep
```

In der Tat hat `sleep` jetzt `init` als Stiefvater, seine PPID ist 1.

Wenn Sie wollen, können Sie jetzt noch den Langschläfer beseitigen.

```
$ kill -9 346

$ ps -ef | grep "sleep"
  myself   372   368  3 00:53:17 pts/1    0:00 grep sleep
```

`batch` - Kommandos im Hintergrund ausführen

Das Kommando `batch` erlaubt es, eine Folge von Kommandos hintereinander einzugeben, die dann zu einem vom Betriebssystem bestimmten Zeitpunkt im Hintergrund ablaufen. Die Eingabe der Kommandoliste geschieht dabei wie bei `write` oder `mail`, jedes Kommando wird durch Return abgeschlossen, und die Gesamteingabe durch die bekannte Tastenkombination <Ctrl><D> beendet. Die eingegebenen Kommandos werden zu einem Zeitpunkt, der von der Belastung abhängt, ausgeführt. Hat UNIX also wenig zu tun, werden die `batch`-Kommandos ausgeführt. Aus subjektiver Sicht würde ich den praktischen Nutzen dieser Kommandokonstruktion eher bezweifeln. Wenn aber über Hintergrundverarbeitung gesprochen wird, gehört es der Vollständigkeit halber dazu.

<table>
<tr><td>batch</td><td>Kommandos zu einem Zeitpunkt geringer
Systemlast ausführen</td></tr>
<tr><td><code>batch</code>
<code><clist></code></td><td><code><clist></code>
besteht aus einer Folge durch RETURN abgeschlossener
Kommandos. <Ctrl><D> schließt die Kommandoliste ab.</td></tr>
</table>

Die Kommandos werden zu einem Zeitpunkt geringer Systemlast als Hinter-grundprozeß ausgeführt. batch beruht auf at. Zu beachten ist, daß `batch` nicht gegen das Signal NOHUP geschüt ist.

Wichtig zu wissen - und daher die Zweifel - `batch` ist nicht gegen SIGHUP geschützt. Loggen Sie sich aus, bevor der `batch`-Auftrag bearbeitet ist, können Sie ihn vergessen. Ein Beispiel:

```
$ batch
tar cvf $DISKETTE $HOME 1> dcontent
<Ctrl><D>
.....
```

Die Abwicklung von batch basiert auf einem Kommando at, welches jetzt noch vorgestellt werden soll. Was die Ablage der Resultate des batch-Laufes angeht, gilt das gleiche, wie für at. Beide Kommandos stellen die Ergebnisse als mail an den Benutzer ab.

at - Kommandos zu definierter Zeit ausführen

Das Kommando erlaubt, Aktionen zu einem selbst definierten Zeitpunkt zum Ablauf zu bringen. Die Bedienung ist wie bei "batch", zusätzlich ist vor dem ersten Kommandostatement der Zeitpunkt der Ausführung zu definieren.

```
at          Kommandos zu späterem Zeitpunkt starten

at          [time [date] command]
time        Zeitangabe im Format hhmm (hh Stunde, mm Minute)
date        Datumsangabe im Format Mon dd (Mon engl.
            Monatsabkürzung, dd zwei Ziffern für Tag) oder Angabe des
            Wochentages in engl.
command     auszuführendes Kommando

at          [-l]
-l          auflisten der existierenden Jobs des Benutzers

at          [-r<id>]
-r<id>      Job mit der Identifikation <id> löschen

at          [-f<scr>  time [date]]

-f<scr>     Die Angabe <scr> enthält den Namen der Datei, in der
            die Kommandos abgelegt sind.
time        Die Zeitangaben sind wie vorstehend beschrieben zu definie-
date        ren.
```

at stellt seine Ergebnisse als mail-Nachricht zu. Sie können sich aber auch Notizen, wie beispielsweise wichtige Termine, direkt am Bildschirm ausgeben lassen. Die Zeitpunkte lassen sich relativ flexibel definieren.

Wie Sie das tun, zeigen die folgenden Beispiele:

```
$ at 14:55
echo "in 5 Minuten Besprechung" > /dev/term/01
<Ctrl><D>

$ at 17:00 Friday
tar cvf $HOME/backup $HOME/WICHTIG
<Ctrl><D>

$ at 15:00 Jan 20
mail chef < message
<Ctrl<>D>
```

Das erste Beispiel realisiert eine Art "Wecker". Es kündigt Ihnen eine Besprechung, die um 15:00 Uhr stattfindet, fünf Minuten vorher an. Im zweiten Fall wird festgelegt, daß jeden Freitag um 17.00 Uhr eine Sicherung "wichtiger" Daten auf ein Backup-Verzeichnis gestartet wird. Im letzten Beispiel schließlich wird dafür gesorgt, daß ein wichtiger Mitarbeiter am 20. Januar um 15:00 Uhr eine Nachricht zugestellt bekommt.

Zu at gibt es auch eine Kontrollfunktionalität, die die Jobs zum einen auflistet, zum anderen eine Möglichkeit bietet, sie gegebenenfalls wieder aus dem System zu entfernen.

Die Identifikationsnummer des Auftrages liefert at -l.

```
$ at -l
628740212.a           Zeitangaben

$ at -r 628740212.a
```

Das Kommando, welches unter at ausgeführt wird, wird Ihnen leider nicht mit angezeigt, sondern lediglich der Zeitpunkt der Ausführung. Falls Sie Prozeduren unter at starten wollen, müssen Sie die Option -f verwenden.

11.8. Prozeßnummern und s-Bit

Wir machen einen Sprung zurück zum Anfang des Buches. Dort haben Sie etwas über das `passwd`-Kommando erfahren. Ferner wissen Sie, wo die Benutzerinformationen im System gehalten werden. Es gibt zum einen die Datei `/etc/passwd` mit den globalen Identifikationsdaten des Benutzers, zum anderen die Datei `/etc/shadow`, die die Verschlüsselungen der Paßworte beinhaltet.

```
Passwd-Eintrag
myself:x:105:1bourne-shell-user:/home/myself:/bin/sh

Shadow-Eintrag
myself:8UJElCfdtMOPI:8182:10:168:7:::
```

Wir schauen uns die Zugriffsrechte der Dateien `/etc/passwd` und `/etc/shadow` an.

```
$ ls -l /etc/passwd /etc/shadow

-rw-r--r--   1 root   sys    794 Aug 27 11:39 /etc/passwd
-rw-------   1 root   sys    400 Aug 27 11:39 /etc/shadow
```

Es verwundert wenig, daß beide Systemdateien nur für `root` eine Schreibberechtigung aufweisen. Sie selbst können jedoch mittels dem `passwd`-Kommando jederzeit Ihr eigenes Kennwort ändern, was sich durch eine andere Verschlüsselung in `/etc/shadow` dokumentiert. Auch wenn Sie dies aufgrund der Zugriffsrechte der Datei als normaler Benutzer nicht direkt nachvollziehen können, machen Sie bei einer Paßwortänderung offensichtlich einen schreibenden Zugriff auf die Shadow-Datei. Ein eklatanter Widerspruch zu allem, was Sie bisher über Dateizugriffsrechte wissen - nicht ganz! Es fällt eine Besonderheit an den Zugriffsrechten des `passwd`-Kommandos auf.

```
$ ls -l /bin/passwd

-r-sr-sr-x  1 root   sys    18892 Jan  9  1991 /bin/passwd
```

Nun ist `/bin/passwd` als Kommando ausführbar, was sich normalerweise durch das gesetzte x-Recht dokumentiert. Stattdessen finden Sie bei den Rechten für Eigentümer (`root`) und Gruppe (`sys`) ein s. Man bezeichnet dieses s als `setuid`-Bit oder kurz als s-Bit. Was hat es nun damit auf sich?

Wie Sie wissen und aus der Datei `/etc/passwd` entnehmen können, besitzen Sie als Benutzer im System eine eindeutige Benutzernummer - im Beispiel `105`. Unter dieser Nummer laufen im System alle Ihre Aufträge ab.

Setzt der Systemverwalter ein rm-Kommando ab, bewirkt dies mit Sicherheit mehr, als wenn Sie selbst auf die gleichen Dateien ein rm-Kommando aufrufen. Der Superuser darf alles löschen, Sie nicht. Das Kommando ist beidemal des gleiche. Der Prozeß, unter dem der Befehl abläuft besitzt aber jeweils unterschiedliche sogenannte reale Benutzernummern. Einmal die von root (0) und einmal Ihre eigene (105).

Besitzt eine Datei Schreibrecht ausschließlich für den Eigentümer, kann sie nur dann geändert werden, wenn die Benutzernummer des Prozesses mit der des Eigentümers übereinstimmt. Ist dies nicht der Fall, liegt eine Verletzung des Zugriffsschutzes vor, und das Kommando wird nicht ausgeführt. Das entspricht der Interpretation der Zugriffsrechte, wie Sie sie bis jetzt kennen. In der Praxis kann das aber oft ein Hindernis darstellen. Betrachten Sie zum Verständnis folgenden Fall.

Auf dem Rechner befindet sich eine Datei oder Datenbank, mit Informationen, die allen Benutzern zum Lesen zugänglich sind. Gleichzeitig sollen aber die Benutzer dort auch Information ablegen können. Sie sollen also schreibend auf die Datenbank zugreifen dürfen. Mit den bisherigen Mitteln könnte dies nur so bewerkstelligt werden, daß der Eigentümer der Datenbank - nehmen wir einmal root an - die Rechte 666 mit chmod für die Datenbank vergibt. Das aber würde bedeuten, daß jeder Benutzer die wichtigen Dateien löschen kann, was es zu verhindern gilt. Diese Situation ist mit den bisher bekannten Zugriffsschutz-Mechanismen nicht zu beherrschen.

Legen wir das Problem zunächst einmal beiseite, und denken wir darüber nach, auf welche Art Sie bisher auf Dateien verändernd zugegriffen haben. Sie taten dies stets von der Shell aus, über entsprechende Kommandos, insbesondere über einen Editor. Nehmen Sie ruhig einmal an, die Datenbank, von der exemplarisch die Rede ist, hätte für jedermann Schreibrecht. Unterstellen Sie weiter, kein Benutzer würde in böswilliger Absicht die Informationen zerstören wollen. Über welche Mechanismen sollten die Benutzer eigene Informationen in die Datenbestände einbringen? Etwa mit dem vi?

Datenbanken besitzen normalerweise eine ganz spezifische Datensatzstruktur. Es wäre demnach Voraussetzung, daß jeder diese Struktur kennt und sich daran hält, wenn er etwas hineinschreibt - für die Praxis absolut illusorisch. Binnen kurzer Zeit wären die Informationen aufgrund ständiger Fehlbedienung des vi zerstört. Selbst eine so einfache Struktur der Datensätze, wie in /etc/passwd, muß strikt eingehalten werden. Könnte sich jeder per vi dort beliebig andere Kennungen einrichten, wäre die Katastrophe auf dem System bald perfekt. So kann es also selbst unter Nichtbeachtung der Zugriffsrechte niemals funktionieren.

Man löst dieses Problem normalerweise, indem man Datenbestände, die allgemein verändert werden können, mit einer Benutzeroberfläche ausstattet, die nur kontrollierte Veränderungen erlaubt. Es handelt sich dabei um Programme, die den Zugriff realisieren und die Einhaltung fest vorgegebener Strukturen in Dateien garantieren, indem Sie den Benutzer gar nicht bis auf diese strukturelle Ebene vordringen lassen.

Nun muß es sich bei derartigen Benutzerschnittstellen nicht immer um komfortable Oberflächen mit einem Aussehen wie bei Windows oder Motif handeln. Auch ein Kommando tut diesen Dienst. Beispielsweise das Kommando `passwd`. Es übernimmt ein von Ihnen eingegebenes und den Sicherheitsanforderungen genügendes Kennwort und plaziert es in der Datei `/etc/shadow` an genau die Stelle, wo es nach der Struktur dieser Datei hingehört. Genauso wird es in der Praxis auch bei Datenbanken und Dateien gemacht, bei denen es auf Einhaltung einer internen Struktur ankommt.

Bleibt noch das Problem des Zugriffsschutzes auf die Datei selbst zu klären. Auch wenn passende Benutzeroberflächen die Daten inhaltlich und strukturell schützen, kann ein Benutzer bei generell erlaubtem Schreibrecht noch immer die Dateien insgesamt löschen. Dieses Problem wird in UNIX durch einen Mechanismus gelöst, der im Klartext folgendes besagt:

Ein Benutzer darf zwar die Daten ändern, aber nur dann, wenn er die dafür vorgesehene Benutzerschnittstelle verwendet. Mit allen anderen Mitteln, die er versucht anzuwenden, bleibt ihm der Zugriff verwehrt. Technisch sieht die Lösung dann wie folgt aus.

Besitzt ein Kommando anstelle des normalen Ausführrechts `x` ein `s`, bewirkt dies, daß die reale Benutzernummer desjenigen, der das Kommando aufruft, einzig für die Zeitdauer, die das Kommando abläuft, auf die des Kommandoeigentümers umgeschaltet wird. Bezogen auf das Kommando `passwd` heißt das, es läuft nicht unter Ihrer Benutzernummer `105` sondern effektiv unter der des Eigentümers - und das ist `root` mit der Benutzernummer `0`. Man spricht daher auch von der effektiven Benutzernummer.

Das `passwd`-Kommando läuft also unter der Benutzernummer `0` ab, woraus sich ein Schreibzugriff auf die Datei `/etc/shadow` erklärt. Daß dabei nur das Paßwort der eigenen Kennung geändert werden kann, liegt an der Art und Weise, wie das Kommando implementiert ist. `passwd` realisiert eine kontrollierten Dateizugriff im eben beschriebenen Sinn einer Benutzeroberfläche für die Dateien `/etc/passwd` und `/etc/shadow`.

Jeder Benutzer kann mit dem `chmod`-Kommando das s-Bit auf seine eigenen Programme setzen. Entgegen alten Systemversionen kann es aus Sicherheitsgründen jedoch nicht mehr für Shellprozeduren vergeben werden.

Im folgenden Abschnitt werden noch einige Eigenschaften des Systems erläutert, die auf den ersten Blick vielleicht etwas merkwürdig erscheinen, im Kontext mit den bisherigen Erfahrungen dann aber erklärbar sind.

11.9. Vererbung

Wieder anhand eines konkreten Beispieles sollen Sie eine weitere Eigenart der Shell kennenlernen. Wir gehen davon aus, daß Sie eine Datei `.profile` besitzen. Wir nehmen stellvertretend diejenige, aus dem Abschnitt über die Shell.

Angenommen, Sie müssen während Ihrer Arbeit häufig in ein bestimmtes Dateiverzeichnis - beispielsweise `/home/myself/PRIVAT/ADRESSEN` - wechseln. Um sich das ständige Eintippen des langen Pfadnamens zu sparen, erinnern Sie sich an das Kapitel über die Shell zurück. Dort haben Sie bereits für einen derartigen Fall eine Variable `ADR` eingeführt. Auch dort wurde ihr der nachstehende Pfad zugewiesen. Mit `cd $ADR` konnten Sie dann schnell in das Adreßverzeichnis wechseln. Damit Sie in Zukunft die Variable `ADR` in jeder Sitzung definiert haben, bauen Sie in Ihre Datei `.profile` kurzerhand folgende (fettgedruckten) Zeilen ein:

```
#
# Beispiel für eine .profile
# Variablendefinitionen
#
TP=/dev/tape
DSK=/dev/fd0135ds18
#
export TP DSK
#
# Pseudonyme ausgeben
#


echo "---------------------"
echo " Geräte-Dateien
echo "---------------------"
echo " TP    Band"
echo " DSK   Diskette"
echo "---------------------"
date
ADR=/home/myself/PRIVAT/ADRESSEN
export ADR
#
# Ende .profile
```

Da die Datei `.profile` ausführbar ist, rufen Sie nach der Änderung folgende Kommandos auf:

```
$ .profile
$ echo $ADR

$
```

Die Aktion war offensichtlich nicht von Erfolg gekrönt.

Die Variable ADR ist undefiniert. Sie definieren jetzt die Variable direkt:

```
$ ADR=/home/myself/PRIVAT/ADRESSEN
$ export ADR

$ echo $ADR
/home/myself/PRIVAT/ADRESSEN
```

Jetzt verhält sich alles, wie Sie es ursprünglich erwartet haben. Die Variable ist bekannt. Sie sind aber sicher, in der Datei .profile alles richtig gemacht zu haben und machen die Probe aufs Exempel, indem Sie die Sitzung beenden.

```
LOGOUT
LOGIN

$ echo $ADR
/home/myself/PRIVAT/ADRESSEN
```

Nach erneutem Login liefert ein echo-Kommando prompt die ordnungsgemäß besetzte Variable. Weshalb funktionierte dann der .profile-Aufruf nicht?

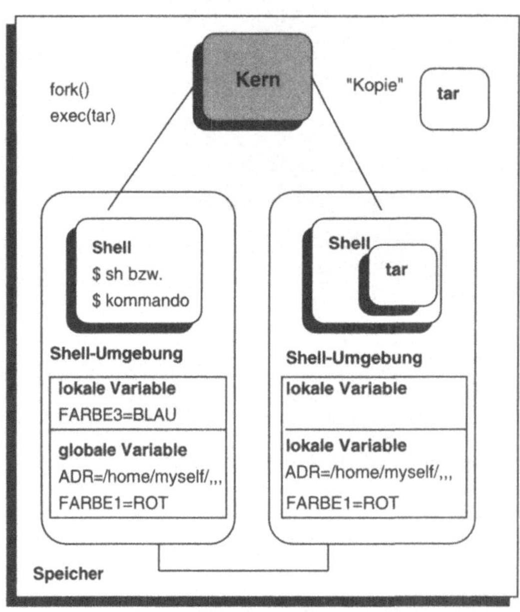

Sobald Sie ein Kommando oder ein Script aufrufen, bedeutet das, daß Sie einen neuen Prozeß ins Leben rufen. Die Datei .profile ist ein Script und folglich bewirkte der Aufruf, daß ein neuer Prozeß im System aktiviert wurde. In UNIX gibt es nur eine einzige Möglichkeit Prozesse überhaupt zu erzeugen. Diese ist in Form eines Systemaufrufes an den Kern realisiert und heißt fork. fork ist nur von C-Programmen aufrufbar und ist nicht etwa als Kommando realisiert. Es wird aber auf Kommandoebene von der Shell ständig "geforkt". Wir werden jetzt allerdings nicht in die Tiefen der Systemprogrammierung hinabtauchen, um fork- und exec-Aufrufe zu studieren, das würde den Rahmen dieses Buches nun endgültig sprengen.

Zum Verständnis des mißlungenen .profile-Aufrufes ist es aber wichtig, folgende Tatsachen zu kennen, die hier etwas vereinfacht wiedergegeben sind:

Ruft ein Prozeß fork auf, kopiert ihn der Kern zunächst einmal einfach im Speicher. Das heißt, der Prozeß, der fork aufgerufen hat, läuft zweimal. Ist der Prozeß, der "forkt" die Shell, bedeutet das, daß ab sofort eine zweite Shell läuft -

Sie kennen das bisher als Subshell. Der Kern stellt diesem Abbild eines Prozesses also einen eigenen Bereich im Hauptspeicher zur Verfügung. Damit die "Lebensgrundlagen" für einen neuen Prozeß gegeben sind, benötigt dieser einen vordefinierten Datenkontext. Diesbezüglich trifft der Kern eine Vorbelegung, die im Prinzip mit dem Kontext des erzeugenden Vaterprozesses übereinstimmt.

Im Falle der Shell wird der Prozeßkontext unter anderem durch ihr Environment geprägt. Das bedeutet, alle exportierten Variablen der Shell sind im Abbild ebenfalls definiert. Solange Sie nur eine Subshell mit `sh` oder ein Script aufrufen, bleibt alles in diesem Zustand.

Wenn Sie `ps` aufrufen, zeigt Ihnen dieser zwei aktive Shells an. Rufen Sie dagegen ein Kommando wie beispielsweise `tar` auf, erscheinen im Prozeß-status jedoch die Shell und `tar`. Systemintern geht der `fork`-Mechanismus noch etwas weiter:

Die Existenz zweier Shells im Falle eines Komandoaufrufes ist nur von der kurzer Zeitdauer. Die ursprüngliche Shell macht, nachdem sie sich per `fork` vom Kern hat duplizieren lassen, einen zweiten Systemaufruf - `exec`. Dieser Aufruf bewirkt dann den eigentlichen Start des Programms, welches Sie als Kommando eingegeben haben. Der Kern überlagert den vorbelegten Platz des Shell-Duplikats in der Speicherregion mit dem Programm, welches ihm beim `exec`-Aufruf mitgeteilt wird. Der Prozesstatus liefert nach `exec` dann auch einen Prozeß mit dem Namen des über die Shell gestarteten Programms - also zum Beispiel `tar`.

Rufen Sie `tar -xvf` auf, importiert dieser die Dateien vom externen Datenträger ins aktuelle Arbeitsverzeichnis, obwohl Sie ihm dieses Directory nicht explizit mitgeteilt haben. Dies ist ein eindeutiges Indiz für die Tatsache, daß Informationen aus der Shell dem aufgerufenen Programm über den `fork-exec`-Mechanismus vererbt werden. Eine solche Information ist beispielsweise das momentane Arbeitsverzcichnis, dic Umgcbungsvariable und auch die Benutzernummmer zur Überprüfung der Zugriffsrechte.

Zurück zum Aufruf von `.profile`, der nicht den erwarteten Erfolg hatte. Mit dem Hintergrund der UNIX-spezifischen Vererbung wird dies jetzt leichter erklärbar.

Die Datei `.profile` ist ein Script und läuft dahcr cingcbcttet in einer Subshell ab. Zum Zeitpunkt des Aufrufes von `.profile` war die Variable ADR noch nicht definiert, also konnte sie vom Kern bei der Duplizierung der Shell nicht übertragen werden. Innerhalb der Subshell, die `.profile` ausgeführt hat, wurde jedoch in der Tat die Variable ADR gesetzt und auch exportiert, nur hatte dies offenbar keine Auswirkung auf die Shell, von der aus er `.profile`-Aufruf erfolgte.

Um das Verhalten des Systems diesbezüglich etwas plastischer zu demonstrieren, machen wir noch ein paar einfache Experimente in Sachen Vererbung. Weitere Erläuterungen folgen dann.

```
$ FARBE1=ROT
$ FARBE2=GRUEN
$ export FARBE1
$ sh
$ echo $FARBE1
ROT
$ echo $FARBE2
undefiniert
```

Die exportierte Variable `FARBE1=ROT` ist in der Subshell bekannt, `FARBE2` jedoch nicht. Sie wurde nicht exportiert und ist daher nur lokal innerhalb der Login-Shell definiert. Bleiben Sie in der Subshell und definieren Sie weitere Farben:

```
$ FARBE3=BLAU
$ export FARBE3
$ sh
$ echo FARBE1
ROT
$ echo FARBE3
BLAU
```

`ROT` stammt aus der Login-Shell und wurde bereits zum zweitenmal vererbt, `BLAU` wurde von der ersten Subshell an die zweite vererbt. Jetzt werden die beiden Subshells mit `<Ctrl><D>` beendet.

```
$ <Ctrl><D>
$ <Ctrl><D>

$ echo $FARBE1
ROT
$ echo $FARBE2
GRUEN
$ echo $FARBE3
undefiniert
```

Zurück in der Login-Shell, stellen Sie fest, daß die dort definierten Farben `ROT` und `GRUEN` nach wie vor bekannt sind. Die innerhalb der Subshell definierte Farbe `BLAU` ist - obwohl exportiert - in der Login-Shell unbekannt. Offensichtlich funktioniert die Vererbung nur nach unten und nicht nach oben. Wie die Variablen von oben nach unten, also von Shell zu Subshell kommen, wissen Sie bereits, dafür zuständig ist `fork`.

Ab dem Moment, in dem per `fork` und `exec` ein neuer Prozeß ins Leben gerufen wird, gehen beide getrennte Wege. Das heißt, sie sind nicht mehr in der Lage, mit konventionellen Mitteln, Informationen miteinander auszutauschen. Wollte eine Subshell eine Variable nach oben zum Vater hin exportieren, müßte Sie dessen Prozeßkontext ändern, indem sie Daten ins Datensegment des Vaters - eines fremden Prozesses - überträgt. Normalerweise ist dies eine eklatante Verletzung der Speichergrenzen und daher nicht erlaubt. Programme, die dies zu tun versuchen, lösen bekanntermaßen `SIGSEGV` aus und werden vom Kern beendet.

Da auch die Shell als Programm innerhalb des Systems keinen Sonderstatus besitzt, ist es auch ihr verboten, die Datensegmente anderer Prozesse zu verändern. Dies ist der Grund, weshalb Subshells nichts an Ihre Erzeuger zurückgeben können. Ein Ärgernis in der Shellprogrammierung.

Zurück zum fehlgeschlagenen `.profile`-Aufruf. Das Verhalten ist jetzt deutlich. Das Script `.profile` lief innerhalb einer Subshell, definierte und exportierte dort eine Variable und beendete sich. In dem Augenblick, wo ein Prozeß endet, verschwindet auch sein Environment, und aus den eben geschilderten Gründen verhielt es sich mit der Variablen `ADR` genauso, wie mit der Farbe `BLAU`. Die Lebenszeit der Variablen war auf die der Subshell beschränkt.

Nun gibt es allerdings eine Möglichkeit, dafür zu sorgen, daß Scripte innerhalb der aktiven Shell - also nicht in einer Subshell - ablaufen. Man erreicht dies dadurch, daß man der aufzurufenden Prozedur einen `Punkt` voranstellt. Anhand des folgenden Beispiels läßt sich das unterschiedliche Verhalten unmittelbar ablesen. Sie erstellen dazu eine Datei `pro`, die lediglich `ps` enthält. Beim Aufruf ohne Punkte zeigt uns der in der Datei `pro` versteckte `ps` daß außer `ps` zwei Shells laufen. Die Login-Shell und die Subshell innerhalb der das Script `pro` abläuft.

Rufen Sie Prozedur dagegen mit Punkt auf, wird nur eine laufende Shell - die Login Shell angezeigt, `pro` läuft dann nicht in einer eigenen Subshell ab.

```
$ cat pro
ps
$ pro          ohne vorangestellten Punkt !
  PID TTY       TIME COMD
  313 pts/5     0:01 -sh
  369 pts/5     0:00 sh
  370 pts/5     0:00 ps

$ . pro        mit vorangestellten Punkt !
  PID TTY       TIME COMD
  313 pts/5     0:01 -sh
  372 pts/5     0:00 ps
```

Um also Änderungen in der Datei `.profile` unmittelbar wirksam werden zu lassen, hätten man anstelle von

```
$ .profile
$ . .profile
```

aufrufen müssen. Die Variable ADR wäre dann anstatt in einer Subshell in der aktuellen Shell produziert, exportiert und damit global bekannt gewesen. Der "Punktaufruf" funktioniert allerdings nur für Scripte und nicht für echte Kommandos. Die Shell legt beim Aufruf von Scripten mit vorangestelltem Punkt explizit die Standardeingabe auf die Script-Datei, um von dort die Kommandos zu lesen. Wird ein Kommando mit vorangestelltem Punkt aufgerufen, versucht die Shell ebenfalls die Standardeingabe auf die Datei zu legen, die das Kommando realisiert. Die Shell kann dann allerdings mit dieser binären Eingabedatei jedoch nichts anfangen und quittiert den Versuch mit einem `syntax error`.

Das folgende Beispiel zeigt einerseits, daß die fragliche Variable ADR in der Tat kurzzeitig bekannt ist und dokumentiert den Unterschied zwischen dem Aufruf mit und ohne Punkt noch einmal. Gleichzeitig wird die Reaktion verdeutlicht, die erfolgt, wenn versucht wird, ein Kommando mit Punkt aufzurufen.

```
$ echo $ADR

$ cat SCRIPT
ADR=/home/myself/PRIVAT/ADRESSEN
export ADR
echo "ADR=$ADR"

$ chmod +x SCRIPT

$ SCRIPT
ADR=/home/myself/PRIVAT/ADRESSEN
$ echo $ADR
                    (undefiniert)
```

Das folgende Beispiel demonstriert, wie der Aufruf mit vorangestelltem Punkt im Prinzip funktioniert. Die Shell liest per Umlenkung aus der Kommandodatei.

```
$ sh < SCRIPT
ADR=/home/myself/PRIVAT/ADRESSEN
$ echo $ADR
```

Daß auch hier ADR anschließend undefiniert ist, liegt daran, daß notgedrungenermaßen explizit eine Subshell mittels `sh` erzeugt wurde. Könnte man auch Programme mit Punkt aufrufen, wäre im Beispiel oben die Variable anschließend definiert. Ein Versuch, die Shell mit Punkt aufzurufen liefert dann allerdings folgendes:

```
$ . sh < SCRIPT
syntax error: `(' unexpected
$
```

Offenbar versucht die Shell sich selbst als binäre Programmdatei zur Standardeingabe zu verwenden, was natürlich nicht funktionieren kann, da die Shell nur ASCII-Texte interpretieren kann. Einzige Möglichkeit bleibt also der Punkt vor dem Script.

```
$ . SCRIPT
ADR=/home/myself/PRIVAT/ADRESSEN
$ echo $ADR
/home/myself/PRIVAT/ADRESSEN
```

11.10. Kommandogruppen und Funktionen

Die im folgenden beschriebenen Funktionalitäten der Shell haben unmittelbar nichts mit dem Thema "Prozesse" zu tun. Sie passen jedoch recht gut in den momentanen Kontext und werden auch aufgrund der beschriebenen Sachverhalte plausibel.

Gruppen

Kommandogruppen sind mehrere durch Semikolon voneinander getrennte Kommandos, die zudem noch in Klammern gestellt werden.

```
{ cmd1; cmd2; ... ; cmdn; }  innerhalb der aktuellen Shell

( cmd1; cmd2; ... ; cmdn; )  innerhalb einer Subshell
```

Ihr Vorteil liegt unter anderem in der Möglichkeit, die Standardausgabe mehrerer Kommandos direkt in eine Datei umzulenken, anstatt pro Kommando jeweils eine eigene Ausgabedatei zu produzieren, bzw. die Einzelresultate in einer Datei zu konkatenieren.

Der Unterschied hinsichtlich der beiden Alternativen der Klammerung besteht wiederum darin, daß die Kommandogruppe im einen Fall innerhalb der momentan aktiven Shell, im anderen Fall innerhalb einer Subshell ausgeführt wird. Je nach Anwendungsfall ist also die entsprechende Klammerung zu wählen. So wird man { ... } verwenden, um eine Subshell zu vermeiden und gegebenenfalls vorgenommene Änderungen am Environment wirksam werden zu lassen. Das folgende Beispiel zeigt, wie durch eine Kommandogruppe die Standardausgabe der Kommandos ls, ps, und cat in eine Datei umgelenkt werden kann.

```
$ (ls; ps; cat /etc/passwd; ) > out.txt
$ cat out.txt
GESCHAEFT
PRIVAT
UTILITY
out.txt
privat.adr
  PID TTY        TIME COMD
  330 pts/5      0:00 sh
  339 pts/5      0:00 ps
root:x:0:1:0000-Admin(0000):/:
.......
```

Das nächste Beispiel verdeutlicht den Unterschied der Klammerung. Beachten Sie, in welchem Verzeichnis Sie sich jeweils am Ende der Ausführung folgender Kommandogruppe befinden.

Subshell

```
$ (cd /etc; ls | wc -l; ) > out.txt
$ cat out.txt
  168
$ pwd
/home/myself
```

aktuelle Shell

```
$ { cd /etc; ls | wc -l; } > out.txt
$ pwd
/etc
$ cat out.txt
cat: cannot open out.txt
$ cd
$ cat out.txt
  168
$
```

Funktionen

Auf der Basis der Kommandogruppe setzt das Konstrukt der Shell-Funktion auf.
Eine Shell-Funktion ist wie folgt definiert:

```
name() { cmd1; ....., cmdn; }
```

Die Schreibweise ist der Programmierung entlehnt. Es handelt sich offensichtlich
um eine mit Namen versehene Kommandogruppe.

Die Klammerung der Kommandos ist hierbei auf { ... } beschränkt, das
heißt, eine Funktion produziert keine Subshell. Sie gehört zur Umgebung der aktuellen Shell, in der sie definiert wurde. Ständig benötigte Funktionen werden
sinnvollerweise in der Datei .profile definiert und stehen dann in der Login-
Shell zur Verfügung. Das Klammerpaar () hinter dem Namen dient der Shell
als syntaktische Unterscheidung einer Funktion von einer Prozedur. Im folgenden einige Beispiele für Funktionen.

Das erste Beispiel xcd wechselt in den angegebenen Katalog und gibt unmittelbar ein Inhaltsverzeichnis davon aus.

Das zweite Beispiel liefert nach dem Wechsel ins angegebene Verzeichnis als
Quittung den aktuellen Pfad.

Die dritte cd-Variante versucht innerhalb der Bourne-Shell einen Mechanismus nachzuahmen, den DOS-Anwender kennen. Nach Wechsel in das angegebene Verzeichnis wird als Promptsymbol fortan der Pfadname ausgegeben. Dies
funktioniert übrigens innerhalb der Korn-Shell wesentlich einfacher.

```
xcd() { cd $1; ls; }
pcd() { cd $1; pwd; }
kcd() { cd $1; PS1=`pwd`; export PS1; }
uhr() { set `date`; echo "es ist $4"; }
```

Das letzte Beispiel gibt auf Anfrage die aktuelle Uhrzeit aus. Zur Ausführung
gebracht werden Shellfunktionen wie Kommandos durch Eingabe des Namens.

```
$ uhr
es ist 14:32:07
$ kcd PRIVAT.ADRESSEN
/home/myself/PRIVAT/ADRESSEN echo $PS1        Pfad als Prompt
/home/myself/PRIVAT/ADRESSEN
```

Shellfunktionen haben entgegen einem Script den Vorteil, unabhängig vom momentanen Verzeichnis und von der PATH-Variable aufgerufen werden zu können. Sie sind aber flüchtig, da ihre Definition auf die Dauer der Session beschränkt bleibt - dies aus dem Grund, weil sie ins Environment eingebettet sind.

Es empfiehlt sich daher, ihre Definition in die Datei `.profile` zu legen. Funktionen können im Übrigen nicht wie Variablen exportiert werden. Sie werden damit auch in Subshells unwirksam. Die Korn-Shell bietet diesbezüglich mehr Funktionalität.

12. Die Werkzeugkiste

12.1. Kapitelübersicht

Während in den zurückliegenden Abschnitten im wesentlichen die Grundlagen von UNIX vermittelt wurden, ist der vorliegende Abschnitt bereits schon eher eine Kür. Zwei Schwerpunkte wurden ausgewählt, um die Leistungsfähigkeit des Systems für praktische Zwecke weiter zu demonstrieren.

Zum einen das Archivierungsprogramm `cpio`, welches insbesondere im Zusammenwirken mit den Ihnen jetzt bekannten Mechanismen der Shell deutlich leistungsfähiger ist als `tar`.

Der zweite Themenkreis widmet sich der Tatsache, daß UNIX innerhalb seines Kommandospektrums annähernd bereits die Leistung eines Datenbanksystems zur Verfügung stellt. Die Funktionen `cut`, `paste`, `join`, `sort` und `grep` machen deutlich, wie das System bereits auf der elementaren Ebene als mächtiges Instrumentarium zur individuellen Datenverwaltung genutzt werden kann. Die Themen sind im einzelnen:

- Plattenplatz überprüfen
- Einiges mehr zu `find`
- Sicherungswerkzeuge `dd` und `cpio`
- Partiellen Zugriff auf Dateien mit `cut`
- Dateien sortieren
- Verknüpfen von Dateien mit `paste` und `join`
- Dateiinhalte vergleichen
- Globale Änderungen mit `tr`
- Einfache Formatierung vor der Ausgabe mit `pr`
- Ausgabe komprimierter ASCII-Dateien

Im Kapitel "Archivierung" haben Sie sich mit dem `tar`-Kommando beschäftigt. Möglicherweise werden Sie in Ihrer Praxis einmal Software auf einem Rechner installieren oder anderweitig Datenbestände importieren müssen. Bevor Sie das tun können, müssen Sie natürlich sicherstellen, daß auf der Festplatte noch der hierzu benötigte Platz vorhanden ist. Für derartige Überprüfungen gibt es in UNIX im wesentlichen zwei Kommandos, die jetzt vorgestellt werden.

12.2. Plattenplatz überprüfen

Das für den Anwender aussagekräftigste Kommando hierzu ist folgendes.

```
dfspace        Plattenplatz anzeigen

dfspace        [opts]
opts           wie unter df
```

Bestimmte Kommandos, vor allem solche, bei denen der Wirkungsbereich in die Nähe der Systemadministration gelangt, liegen im System auf Dateiverzeichnissen, die in einer standardmäßig eingestellten `PATH`-Variablen nicht definiert sind. Sollte also `dfspace` nicht gefunden werden, versuchen Sie den Aufruf mit dem vollen Pfadnamen `/sbin/dfspace`.

```
$ dfspace        oder    $ /sbin/dfspace

/          : Disk space:  39.23 MB of  52.20 MB available(75.16%).
/home      : Disk space:  47.18 MB of  47.64 MB available(99.03%).
/stand     : Disk space:   2.71 MB of   5.12 MB available(53.05%).
/usr       : Disk space:  11.33 MB of  89.87 MB available(12.61%).
.....

Total Disk Space: 100.46 MB of 194.85 MB available (51.56%).
```

Das Kommando liefert Ihnen eine Liste mit dem freien Plattenplatz auf den jeweiligen Dateisystemen. Die Angabe erfolgt in Megabyte, einem Maß, mit dem man am meisten anfangen kann.

Andere Utilities liefern diesbezügliche Informationen in Blöcken. So beispielsweise das folgende Kommando:

```
df              Free disk blocks and files
                (freien Plattenplatz anzeigen)

df              [-F FSType] [-begklntVv] [cur_opts]
                [-o spec_opts] [dir | spec]
-F FSType   Angabe des Filesystemtypus (s5, ufs,...)
-b              gibt nur den verfügbaren Platz in Kilobytes aus
-e              liefert die Zahl freier Dateien (Inodes)
-g              komplette Information (b, e, k, n, und t)
-k              Ausgabe in Kilobytes, getrennt nach belegtem und freiem
                Platz
-l              liefert die Dimension in Blöcken und die Anzahl der Inodes
                (die Option ist voreingestellt)
-n              gibt den Typ des Filesystems aus
-t              liefert Anzahl der Blöcke und Inodes (jeweils gesamt und
                frei)
-v              wie -k mit Angabe in Blöcken
c_opts          Filesystemspezifika ( Siehe Systemmanuale)
s_opts          Filesystemspezifika ( Siehe Systemmanuale)
dir |           Dateisystem bzw.
spec s          Gerätebezeichner
```

df besitzt also eine umfangreiche Optionierung zur Gestaltung der Information
für die unterschiedlichsten Belange. Hier sei ein Verweis auf die Systemhandbücher erlaubt, da eine detaillierte Beschreibung aller Möglichkeiten den Rahmen sprengt. Das Beispiel repräsentiert die Option -v, die sowohl den belegten
als auch den freien Platz auf allen Filesystemen, gemessen in Blöcken, wieder-
gibt.

```
$ df -v
Mount Dir  Filesystem        blocks        used        free   %used
/          /dev/root         106926       26564       80362    24%
/proc      /proc                  0           0           0     0%
/dev/fd    /dev/fd                0           0           0     0%
/home      /dev/dsk/c0t0d0s4  97574         950       96624     0%
/stand     /dev/dsk/c0t0d0sa  10488        4924        5564    46%
/usr       /dev/dsk/c0t1d0s3 184064      160856       23208    87%
```

Ausgestattet mit dieser Information, können Sie entscheiden auf welchem Dateisystem Sie neue Software oder sonstige Datenbestände installieren können. Ganz

sollten Sie jedoch die innerhalb Release 4 getroffenen Konventionen, was wohin
gehört, nicht außer acht lassen.

12.3. Dateien suchen

Das folgende Kommando `find` haben Sie bereits kennengelernt. Allerdings haben Sie nur einen kleinen Ausschnitt aus seiner Leistungsbandbreite kennengelernt. Das Kommando soll hier vertieft werden, jedoch wird auch hier wieder aus
pragmatischen Gründen auf "Spitzfindigkeiten" verzichtet.

find	find files
`find`	`start` `-<select>` `-<action>` (wenn erfolgreich)
`start`	legt den Pfadnamen fest, ab dem gesucht werden soll
`-select`	definiert ein Kriterium, nach dem zu suchen ist
`-action`	bestimmt eine Aktion, die bei erfolgreicher Suche ablaufen soll
Selektion	**Bedeutung**
`name` `pat`	Dateiname oder "wild card"
`perm` `msk`	Dateien mit Zugriffsrechten entsprechend der Maske `msk` (`777,640,...`) wie bei Zugriffsrechten erläutert
`size` `n[c]`	Dateien mit Größe n Blöcke oder `nc` Zeichen
`atime` `n`	Dateien auf die vor n Tagen das letzte Mal zugegriffen wurde
`mtime` `n`	Dateien, die vor n Tagen das letzte Mal geändert wurden
`newer` `fil`	Dateien, die jünger sind als die Vergleichsdatei `fil`
`links` `n`	liefert wahr, wenn die fragliche Datei n Links hat
`user` `name`	Dateien, die dem Benutzer `name` gehören
`depth`	liefert alle Dateien ab dem Startverzeichnis jeweils von unten nach oben, ohne diese Option vom Verzeichnis abwärts (insbesondere für `cpio` nützlich)
`inum` `n`	liefert alle Namen der Datei mit der Inodenummer n
Aktion	**Bedeutung**
`exec` `cmd`	werden Dateien gefunden, die den Selektionskriterien entsprechen, wird das angegebene Kommando `cmd` ausgeführt
`ok` `cmd`	wie `-exec`, die Ausführung des Kommandos muß jedoch explizit vom Benutzer bestätigt werden
`print`	die absoluten Pfadnamen der Dateien, die gefunden wurden, werden protokolliert

Das `find`-Kommando ist nicht nur in der Lage, Dateien anhand von Namen, Namensfragmenten oder Inodenummern auf der Festplatte aufzuspüren und deren Pfadnamen in voller Länge auszugeben. Es kennt eine Reihe von Filterkriterien und Aktionen, die bei positiver Suche eingeleitet werden können.

Die Option `start` gibt einen Pfadnamen an, ab dem die Suche beginnen soll. Das Kommando folgt dabei jeder Verästelung des Dateibaumes in der Hierarchie nach unten. Beachtet werden muß dabei allerdings die Tatsache, daß Zugriffsrechte für Verzeichnisse es dem Kommando von Fall zu Fall verbieten, in bestimmte Directories einzusehen. Damit sind dann ganze Unterhierarchieen für `find` gegebenenfalls tabu.

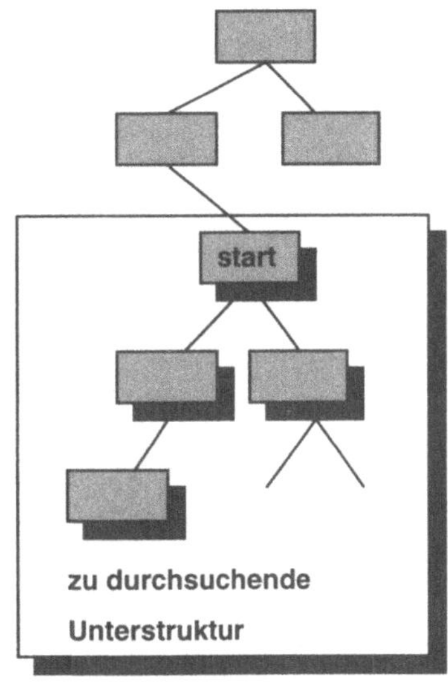

Das Kommando ist sehr vielseitig einsetzbar, wenn die eigene Dateienlandschaft hinreichend umfangreich und komplex ist - und das wird sie im Laufe der Zeit zwangsläufig werden. Im folgenden finden Sie die Selektionskriterien für Dateien und die Aktionen erklärt, die Sie bei positiver Suche veranlassen können.

Bereits jetzt wird deutlich, daß `find` ein sehr mächtiges Werkzeug ist, um globale Aktionen mit Dateien auszuführen. Beispielsweise können Dateien, auf die längere Zeit nicht zugegriffen wurde, herausgesucht und an ein Archivierungsprogramm übergeben werden. Das Kommando kann dazu verwendet werden, um nach einem umfangreichen Dateiimport auf der Maschine herauszufinden, welche Dateien neu im System sind. Das ist ja bei Softwarepaketen, die sich über verschiedene Pfade "verrieseln", nicht immer so einfach.

Anhand der nachstehenden Beispiele wird der Anwendungsbereich des Kommandos umrissen. Das erste Beispiel zeigt, wie man sich alle Dateien anzeigen lassen kann, die neueren Datums sind als ein Vergleichsobjekt.

```
$ pwd
/home/myself

$ touch x
                              .....beliebige Aktionen z.B. Import von Dateien
$ find / -newer x -print
```

Das bisher noch unbekannte Kommando `touch` aktualisiert bei existierenden Dateien das Datum des letzten Zugriffs. Existiert die Datei noch nicht, wird sie mit der Größe Null Byte angelegt.

Diese Anwendung von find ist nützlich, will man sich in seiner Arbeitsumgebung einen Datensicherungsmechanismus einrichten, der täglich alle neuen oder geänderten Dateien auf Diskette, Band oder auf ein Backup-Verzeichnis sichert. Man kann sich leicht folgendes, einfaches Sicherungskonzept vorstellen.

Auf Ihrem Homeverzeichnis existiert eine Datei `backup`, deren Zeitstempel durch `touch` in der Datei `.profile` bei jedem Login aktualisiert wird. Unmittelbar nach Login ist damit `backup` "jünger" als alle anderen Dateien in Ihrem Heimatkatalog.

In einem Shellscript realisieren Sie nun folgende Sicherungsfunktionalität: Die Prozedur soll Sie zunächst auffordern, ein Sicherungsband oder eine Diskette einzulegen und verlangt hierzu von Ihnen eine Bestätigung. Danach werden mit `find` alle Dateien innerhalb Ihres Home-Directories ausfindig gemacht, deren Zeitstempel jünger ist, als der der Datei `backup`. Vorausgesetzt, Sie rufen das Script am Ende Ihrer Sitzung auf, sind das genau die Dateien, die verändert wurden. Diese Dateien werden dann an die Utility `cpio` übergeben und auf das externe Medium gesichert. Wir werden `cpio` gleich kennenlernen. Wie ein solches Script aussehen kann, sehen Sie im folgenden Beispiel.

```
... in der Datei .profle befindet sich der Aufruf
. . . . . .
touch backup
. . . . . .

Das Script  enthält folgende Kommandos:

echo "Bitte Sicherungsdatenträger einlegen !"
echo "Wenn ok, mit Return-Taste bestaetigen: "
read OK
find . -newer backup -print | cpio -ocv > /dev/fd0135ds18
echo "Daten wurden gesichert !"
```

Das nächste Beispiel zeigt, wie Sie Dateien automatisiert löschen können. Natürlich ist dabei die nötige Vorsicht geboten. Wir nehmen dabei an, daß alle zu löschende Dateien das Suffix `.trash` besitzen. Aus Sicherheitsgründen lassen Sie sich die Löschaktion vom System erst quittieren, bevor sie ausgeführt wird.

```
mit Bestätigung

$ find $HOME -name *.trash -ok rm{} \;
< rm ... ./out.trash >? (y/n) y

oder kritiklos

$ find $HOME -name *.trash -exec rm{} \;
```

Bei den Optionen `-ok` und `-exec` sind einige syntaktische Feinheiten zu beachten. Das Klammerpaar `{}` besagt, daß das vorstehende Kommando auf jede gefundene Datei angewandt werden soll. Das Kommando insgesamt ist mit `\;` abzuschließen. Weitere Beispiele zu `find` finden Sie in der Beschreibung des Archivierungsprogrammes `cpio`.

12.4. Alternativen zu `tar`

Dem `tar`-Befehl wurde bereits an anderer Stelle (Kap. 6: Archivierung) - nach `rm` - ein eigener Abschnitt gewidmet. Es sollen hier noch zwei weitere Sicherungsfunktionen vorgestellt werden.

Die erste, `dd` wird seltener benötigt, ist aber beispielsweise zum Duplizieren von Datenträgern und zum Nutzen von Sicherungsgeräten, die nicht am lokalen Rechner angeschlossen sind, wichtig.

Die zweite - `cpio` - ist die echte Alternative zu `tar`, da sie wesentlich besser in die Shell integriert ist und die dort bekannten Mechanismen der Pipe und der Ausgabeumlenkung nutzt.

Um es gleich vorweg zu nehmen - selbstverständlich können die unter dem Abschnitt Archivierung erläuterten Komprimierungsmechanismen `pack` und `compress` auch auf Plattenarchive, die mit `dd` oder `cpio` erstellt wurden, angewandt werden.

`dd` - Kopieren und Konvertieren

Diese Utility kommt meist dann zum Einsatz, wenn Datenträger gelesen werden sollen, die entweder von einer anderen Hardware stammen oder für einen anderen Rechnertyp erstellt werden sollen. `dd` kann implizit Konvertierungen an den Daten vornehmen. Beispielsweise `ASCII` nach `EBCDIC` und umgekehrt. Gleichzeitig können Blockgrößen verändert werden. So können beispielsweise Dateien aus Filesystemen mit 512 Byte Blöcken gelesen werden und in einer Rechnerumgebung mit Dateisystemen eingespielt werden, die andere Blockgrößen verwenden. Man sieht, es handelt sich eher um ein Werkzeug, das vorwiegend für Systemspezialisten geeignet scheint. Dennoch birgt `dd` auch Möglichkeiten für den "normalen" Anwender, weshalb das Kommando hier durchaus angebracht ist. Die etwas vereinfachte Syntax, bei der die Konvertierungen nicht berücksichtigt sind. ist:

dd	Convert and copy a file
dd	`[if=ifile] [of=ofile] [files=n]`
if	Eingabedatei oder Special File (`ifile`)
	(voreingestellt Standardeingabe)
of	Ausgabedatei oder Special File(`ofile`)
	(voreingestellt Standardausgabe)
files=n	konkateniere n Dateien vor Abbruch

Die Optionen zur Konvertierung und Positionierung können den Systemmanualen entnommen werden.

In der Regel wird bei einer Anwendung des Kommandos einer der beiden Dateien `if` oder `of` eine Gerätedatei sein. Mittels `dd` können in einfacher Weise Bänder oder Disketten dupliziert werden. Das folgende Beispiel zeigt, wie.

```
Originalband einlegen

$ dd if=/dev/rmt/tape of=$HOME/tapedump files=9999

Inhalt des Bandes ist jetzt in Plattendatei tapedump
Kopieband einlegen

$ dd if=$HOME/tapedump of=/dev/rmt/tape
$ rm $HOME/tapedump

Band ist dupliziert, die Plattendatei wird gelöscht
```

Im ersten `dd`-Kommando wird der Inhalt eines Magnetbandes 1:1 in eine Plattendatei kopiert. In der Praxis ist dabei zu beachten, daß Bänder Daten in Größenordnungen 100 - 200 Megabyte beinhalten können. Daher ist vorher sinnvollerweise mit `dfspace` zu überprüfen, wo die Datei hinpaßt. Es versteht sich von selbst, daß die ganze Prozedur etwas dauert und wegen der vielen IO-Operationen das System nicht unerheblich belastet. Die Option `files=9999` besagt, daß bis zu `9999` Dateien des Bandes in der Output-Datei zusammengefaßt werden können. Es kann bei fehlender file-Option sein, daß `dd` nach Kopieren der ersten Bandarchiv-Datei abbricht.

Der zweite `dd` transportiert die soeben erzeugte Plattendatei postwendend wieder auf ein anderes Band. Die `files`-Option kann hier natürlich entfallen, da ohnehin nur eine Datei (`tapedump`) geschrieben wird.

Die nur kurzzeitig benötigte Plattendatei sollte selbstverständlich nach dem Kopiervorgang wieder gelöscht werden.

Sie kennen die Begriffe Standardeingabe und Standardausgabe. Wenn nichts anderes angegeben wird, handelt es sich dabei stets um Tastatur und Bildschirm. Alle Kommandos in UNIX, die Eingaben erwarten oder Ausgaben produzieren, verwenden diese Standardkanäle. Auch die Archivierungskommandos machen da keine Ausnahme. Natürlich ist es auf den ersten Blick etwas befremdlich, wenn ein solches Programm seine Ausgabe auf den Bildschirm schreibt. Sinn macht so etwas nur im Zusammenhang mit den Möglichkeiten der Umlenkung und der "Pipes". Doch da stellt sich nun die Tatsache, daß auch die Archivierer unter UNIX die Standardwege zum Datentransport nutzen, als sehr günstig heraus. Beispielsweise beim Auslagern oder Sichern von Dateien innerhalb lokaler Rechnernetze. Nicht unbedingt jeder am Netz angeschlossene Rechner besitzt sein eigenes Bandlaufwerk, und das· ist auch nicht nötig. Dank der "Urkonzeption" von UNIX hinsichtlich der Standardein- und -ausgabe, kann in Netzen die Hardware eines anderen Rechners problemlos genutzt werden, wenn die eigene Maschine kein Band-laufwerk zum Sichern hat.

Als Einstimmung auf den dritten Band der Reihe "UNIX im Alleingang", der sich mit lokalen Netzen auseinandersetzen wird, können Sie folgendes Experiment nachvollziehen:

```
$ tar -cvf /dev/tape .
```
schreibt den Inhalt des momentanen Kataloges im `tar`-Format auf ein Band

```
$ tar -cvf - .
```
schreibt den Inhalt des momentanen Kataloges im `tar`-Format auf die Standardausgabe

```
$ tar -cvf - . | dd of=/dev/tape
```
schreibt den Inhalt des momentanen Kataloges im `tar`-Format auf Umweg über `dd` auf ein Band

```
$ tar -cvf - . | rsh host dd of=/dev/tape
```

Streamer auf entferntem Rechner

schreibt den Inhalt des momentanen Kataloges im `tar`-Format auf Umweg über `rsh` und `dd` auf ein Band, welches sich im Laufwerk des anderen Rechners befindet

Das `tar`-Kommando muß man durch Angabe von – hinter den Optionen `cvf` dazu "überreden", die Standardausgabe zu verwenden. Läßt man f und – weg, versucht das Kommando ein Ausweichgerät (z.B. `/dev/rmt/c0s0nr`) anzusprechen.

Die `tar`-Konstruktionen im ersten und dritten Beispiel sind im Grunde identisch. Die Standardausgabe wird im dritten Fall über eine "Pipe" an `dd` transferiert. Dieser schreibt daraufhin die Information auf das spezifizierte Gerät (`of=`). Die Angabe von `if` kann entfallen, da `dd` alles über die Standardeingabe erhält.

Im letzten Beispiel wird das Kommando `rsh` dazwischen geschaltet. Es gehört in die Reihe der "Berkley-remote-Kommandos" und bewirkt, daß das folgende Kommando (`dd`) nicht auf dem eigenen Rechner, sondern auf der Maschine ausgeführt wird, die unmittelbar hinter `rsh` angegeben wird (`host`).

`cpio` - die Alternative

In der Tat kann `cpio` den `tar` beinahe ablösen, wenngleich die "alten Hasen" beständig mit dem "Tape Archiver" weiter arbeiten. Der entscheidende Nachteil bei `tar` ist, daß die Dateien, die zu sichern sind, stets explizit genannt werden müssen.

Denkt man an Kommandos wie `find`, die Dateinamen nach speziellen Kriterien ausfiltern, und denkt man weiter an die Shell-Mechanismen Umlenkung, Pipe und Namensexpansion, erscheint es wünschenswert, die Namen gefilterter Objekte gleich an ein Archivierungsprogramm weiterzuleiten. Das geht bei `cpio`, nicht aber bei `tar`.

`cpio` erhält sowohl die Liste der zu sichernden, beziehungsweise der wiederherzustellenden Dateien von der Standardeingabe und schreibt seine Archive normalerweise auf die Standardausgabe. Letzteres bietet im Zusammenhang mit der Umlenkungsmöglichkeit wieder sehr flexible Möglichkeiten.

Der `cpio`-Befehl arbeitet in drei verschiedenen Modi. Dem Eingabemodus (`copy in`), dem Ausgabemodus (`copy out`) und dem `pass`- oder Durchgangsmodus. Der Modus wird in der ersten Option des Kommandos eingestellt, dies lautet dann:

```
cpio -i   Eingabemodus
cpio -o   Ausgabemodus
cpio -p   Durchgangsmodus
```

Der Einfachheit halber soll mit dem Ausgabe- oder Sicherungsmodus begonnen werden. Das Kommando erhält über die Standardeingabe eine Liste von Dateinamen, die zu sichern sind. Genauer, die in einer `cpio`-Archivdatei abzulegen sind. Gleichzeitig wird angegeben, wo diese Archivdatei liegen soll. Dies geschieht über die Standardausgabe, so daß ein `cpio`-Kommando prinzipiell folgendes Aussehen hat:

```
cpio -o (...andere Optionen...) > archivdatei
```

In diesem Fall erhält das Kommando die Liste der zu archivierenden Dateien also vom Terminal und schreibt das Archiv in die durch Ausgabeumlenkung definierte Datei `archivdatei`.

Die manuelle Eingabe der Dateinamen über ein Terminal kann nun jederzeit unter Verwendung einer "Pipe" ersetzt werden. Die Eingabe für `cpio` wird durch ein geeignetes Kommando generiert.

```
kommandoausgabe | cpio -o  (...andere Optionen...)
                > archiv
```

In den folgenden Beispielen tauchen die Optionen c und v auf. Die Option v ist gleichbedeutend mit der von tar. Sie bewirkt die Ausgabe der Dateinamen, die gesichert oder wieder hergestellt werden, auf dem Terminal. c veranlaßt das Kommando den Archivheader im ASCII-Format zu schreiben, beziehungsweise zu lesen. Diese Option sollte aus Kompatibilitätsgründen stets gesetzt werden. Das erste der folgenden Beispiele kennen Sie bereits:

```
$ find . -newer backup -print | cpio -ocv >/dev/fd0135ds18
```

Die Namen derjenigen Dateien, die hinsichtlich ihres letzten schreibenden Zugriffes jünger sind, als die Vergleichsdatei backup, werden von find auf der Standardausgabe abgeliefert. Durch die zwischengeschaltete "Pipe" wird die Ausgabe von find zur Eingabe für cpio. Die Ausgabe von cpio ist eine Archivdatei im für das Kommando typischen Format. Diese wird im Beispiel direkt auf die Diskette geschrieben.

```
$ ls $HOME | cpio -ovc >/dev/rmt/tape
```

In diesem Beispiel werden alle Dateien des Home-Verzeichnisses gesichert. Die Namen, die cpio benötigt, werden in diesem Fall von ls produziert. Zu beachten ist, daß Unterverzeichnisse nicht namentlich aufgelöst werden. Hierzu müßte man die find-Konstruktion im übernächsten Beispiel verwenden.

```
$ find . -name *.adr | cpio -ocv >/dev/fd0135ds18
```

Wiederum generiert find die Namensliste für cpio. Diesmal werden alle Dateien mit dem Suffix .adr gesichert. Im folgenden Beispiel wird der gesamte Inhalt des Heimatverzeichnisses gesichert.

```
$ find $HOME (-depth) -print | cpio -ocv >/dev/rmt/tape
```

Die Option -depth im find-Kommando oben sorgt dafür, daß lediglich die gesamte Dateistruktur unterhalb des Startpunktes namentlich aufgelöst und ausgegeben wird. Ansonsten werden keinerlei Filterkriterien ausgewertet. Die Option kann auch weggelassen werden. Der Unterschied besteht in der Auflösungsrichtung: mit -depth wird von der Dateiebene nach oben hin aufgelöst, ohne -

`depth` von Verzeichnis nach unten zur Dateiebene. Es handelt sich um einen ähnlichen Mechanismus, wie bei `ls -R`. Der rekursive `ls` wäre jedoch zur Produktion der Dateiliste für `cpio` ungeeignet, da Verzeichnisnamen vor der Auflösung separat als Überschrift ausgegeben werden.

Das folgende Beispiel kennen Sie aus den Betrachtungen über `dd`. Anstatt `tar` kann natürlich auch `cpio` benutzt werden, um Dateien im Netz auf nicht lokaler Hardware zu sichern. Das Arbeiten im Netzwerk im Sinne des "media sharing" ist also für UNIX kein Problem.

```
$ find $HOME -depth -print | cpio -ocv | rsh host dd of=/dev/...
```

Sicher haben auch Sie mittlerweile bereits die entscheidenden Vorteile von `cpio` gegenüber `tar` erkannt. Sie liegen in der Möglichkeit, Namenslisten automatisch von anderen Kommandos erzeugen zu lassen.

Selbstverständlich kann die Archivdatei von `cpio`, wie bei `tar`, genauso eine Plattendatei sein. Die unter "Archivierung (Kap. 6)" beschriebenen Möglichkeiten der Datenreduzierung durch `compress` oder `pack` gelten hier natürlich ebenfalls.

Im Eingabemodus kooperiert `cpio` genauso mit der Shell, wie im Ausgabemodus. Anstatt einer Liste von zu sichernden Dateien erhält das Kommando jetzt den Namen einer `cpio`-Archivdatei, die die wiederherzustellenden Dateien enthält. Diese ist im Normalfall das Produkt eines vorangegangenen `cpio -o`-Kommandos.

```
cpio -i (...andere Optionen...) [muster]
        < archivdatei
```

Die Archivdatei wird sich in der Regel auf einem externen Datenträger befinden, so daß ein Wiedereinlesen im einfachsten Fall wie folgt aussehen wird:

```
$ cpio -icv < /dev/fd0135ds18
```

Da nicht unbedingt immer alle Dateien des Archivs wiederhergestellt werden, kann mittels der Option `muster` eine "wild card" im Sinne der Dateinamensexpansion der Shell definiert werden. Es werden dann nur die Dateien restauriert, deren Namen durch die "wild card" erfaßt sind. Auch dies ist ein deutlicher Vorteil gegenüber `tar`.

Folgendes Beispiel erklärt die Wichtigkeit einer weiteren Option, die jedoch nur in Verbindung mit der Option -i (Eingabe, Restaurierung) möglich und sinnvoll ist.

```
$ find . -name privat* -print | cpio -ocv > dev/fd0135ds18
privat.adr
PRIVAT/ADRESSEN/privat.adr
10 blocks
```

Hier wurden zunächst alle Dateien mit Präfix privat auf Diskette gesichert. Wir wollen die Dateien sofort wieder zurücklesen, erzeugen hierzu aber ein neues Verzeichnis, um nicht die soeben gesicherten Dateien zu überschreiben. Der erste Versuch, das cpio-Archiv einzulesen, geht schief.

```
$ mkdir CPIOIN
$ cd CPIOIN
$ cpio -icv < /dev/fd0135ds18
privat.adr

cpio: Missind -d option.
cpio: Cannot create directory for "PRIVAT/ADRESSEN/privat.adr"...
10 blocks
2 errors
```

Um alle Dateien unter dem neuen Verzeichnis CPIOIN wieder einzuspielen, müßte dort ein Unterverzeichnis PRIVAT/ADRESSEN entweder existieren oder erzeugt werden. Ein solches Verzeichnis ist unter CPIOIN jedenfalls nicht vorhanden. Daher stellt das Kommando seinen Dienst ein, nachdem es einzig die Datei privat.adr direkt unter CPIOIN installiert hat. cpio verlangt ausdrücklich eine Erlaubnis, Verzeichnisse anzulegen. Daher erinnert Sie das Kommando an eine zu diesem Zweck fehlende Option -d. Genau die wird im folgenden Versuch gesetzt, und die Dateien werden ordnungsgemäß am neuen Bestimmungsort eingerichtet.

```
$ cpio  icvd < /dev/df0135ds18
Existing "privat.adr" same age or newer
PRIVAT/ADRESSEN/privat.adr
10 blocks
```

Da der erste cpio die Datei privat.adr auf dem Verzeichnis CPIOIN bereits eingerichtet hatte, stellt der zweite die Existenz dieser Datei dort fest. Außerdem realisiert das Kommando, daß diese den gleichen Zeitstempel hat, wie die im cpio-Archiv. Die Datei wird daraufhin von cpio nicht überschrieben. Auch dies ist eine weitere Vorsichtsmaßnahme des Kommandos.

Im folgenden Beispiel sind alle Dateien des Home-Directories durch einen vorgeschalteten `find` gesichert worden. Wollen Sie selektiv nur die Dateien mit dem Präfix `privat` wieder einspielen, können Sie dies durch Angabe einer "wild card" im `cpio`-Befehl bewerkstelligen. Das Namensmuster muß dabei immer als letzte Option angegeben werden.

```
$ find $HOME -depth -print | cpio -ocv >/dev/rmt/tape

$ cpio -icvd privat* < /dev/rmt/tape
```

Der dritte Modus von `cpio`, der `pass`- oder Durchgangsmodus, ähnelt prinzipiell dem Modus `-o`. Anstatt eine Datei im `cpio`-Archivformat zu erstellen, werden unter `-p` die Dateien jedoch einzeln kopiert und zwar im Format des Dateisystems. Der Modus eignet sich daher, Dateien von einem Verzeichnis in ein anderes oder von einem Rechner im Netz auf einen anderen zu übertragen.

```
$ find . -depth -print | cpio -pcvd $HOME/NEU
```

Das Zielverzeichnis ist innerhalb des Modus `-p` an letzter Stelle in der Optionsliste anzugeben. Im Beispiel oben werden alle Dateien unterhalb des aktuellen Verzeichnisses in ein Verzeichnis `NEU` unter dem Heimatkatalog kopiert.

Die gebräuchlichsten Optionen des Kommandos finden Sie in der folgenden Übersicht. Achten Sie dabei auf den Umstand, daß die Basismodi i, o und p jeweils eigene Unteroptionen besitzen.

```
cpio        Copy file and archives in and out

Optionen des Eingabemodus

cpio        -i [cdfkmrsStuv] [-E file] [-H hdr]
            [-I file [-M msg]] [pattern]

Optionen des Ausgabemodus

cpio        -o [aAcLv] [-H hdr] [-O file -M msg]]

Optionen des Durchgangsmodus

cpio        -p [adlLmuv] directory
```

Die Liste beschreibt die einzelnen Optionen unabhängig vom Modus:

a   Setzt den Zeitstempel des letzten Zugriffes zurück.

A   Hängt Dateien an bestehende Archive an. Die Option ist nur
                gültig in Verbindung mit -O und nur anwendbar auf
                Disketten oder Plattenarchive (nicht auf Bänder!).

c   Bewirkt Schreiben der Headerinformation im ASCII-
                Format.

d   Erlaubt das Erzeugen von Unterdateiverzeichnissen beim
                Import von Dateien.

-E file   Spezifiziert eine Datei `file`, die eine Liste von wieder-
                herzustellenden Dateinamen beinhaltet. Die Datei enthält
                dabei einen Dateinamen pro Zeile.

f   Schließt die durch `pattern` erfaßten Dateien beim Zurück-
                sichern aus.

-H hdr   Zum Einlesen und/oder Schreiben von Fremdformaten
                (beispielsweise -H `tar` zum Bearbeiten von `tar`-Formaten.

-I file   Spezifiziert eine Datei `file`, als Eingabearchiv.
                Falls `file` eine Gerätedatei (`/dev/fd0135ds18, ...`)
                ist, kann nach komplettem Einlesen der Datenträger
                gewechselt und (nach RETURN) weitergelesen werden.

-k   Bewirkt ein Weiterlesen auch von Datenträgern mit nicht
                lesbaren Headern. Es werden dann die Dateien mit
                ordnungsgemäßer Headerinformationen gelesen, die
                anderen werden übergangen. Ohne die Option bricht `cpio`
                sofort ab.

-l   Gilt nur in Verbindung mit p und bewirkt, daß Dateien
                wenn möglich, gelinkt statt kopiert werden. Es gelten die
                Kriterien für Hard Links.

-L   Symbolische Links werden aufgelöst, d.h. es werden nicht
                nur die Linkfiles, sondern auch die gelinkten Dateien kopiert
                (nur mit -o,-p).

-m   Sorgt dafür, daß das Datum der letzten Änderung erhalten
                bleibt.

-M msg   In Verbindung mit -I und -O kann ein Meldungstext (`msg`)
                angegeben werden, der bei erforderlichem Wechsel des
                Mediums (Folgedisketten) ausgegeben wird.

-O file   Schreibt die Ausgabe von `cpio` anstatt nach Standardout
                direkt in die Datei `file`. Für die Ausgabe gilt der bei -I
                beschriebene Sachverhalt analog.

```
-r          Dient zum interaktiven Umbenennen von Dateien im
            Eingabemodus. Nach jeder aus dem Archiv gelesenen Datei
            unterbricht das Kommando und verlangt vom Bediener eine
            der drei folgenden Angaben:
            <RET> die aktuelle Datei wird übersprungen (also nicht
                  eingelesen).
            (Punkt) die Datei wird unter gleichem Namen eingelesen.
            <name> die Datei wird unter dem angegebenen Namen
                  name eingelesen.
-t          Bewirkt lediglich die Ausgabe eines Inhaltsverzeichnisses.
-u          Normalerweise werden gleichnamige Dateien, deren Zeit-
            stempel aktueller ist als der der korrespondierenden Archiv-
            datei nicht überschrieben. -u schaltet diese Restriktion aus.
-v          Liefert in allen Modi eine Liste der bearbeiteten
            Dateinamen aus der Standardausgabe.
```

Die Liste der cpio-Optionen ist also sehr umfangreich, und infolgedessen ist dieses Archivierungskonzept auch sehr leistungsfähig. Um nicht allzu viel Verwirrung zu stiften, sind einige Optionen unterschlagen. Sie betreffen jedoch nur ganz spezielle Konvertierungen (Blockung, Byteswapping), die mehr den Systemspezialisten interessieren dürften. Sie finden Sie in den Systemhandbüchern.

Zum Abschluß dieses Kommandokomplexes finden Sie im folgenden noch einige Beispiele. Diese nachzuvollziehen ist auf alle Fälle lohnenswert.

```
$ cpio -it -H tar < /dev/fd135ds18
GESCHAEFT
GESCHAEFT/KUNDEN
GESCHAEFT/KUNDEN/kunden.info
GESCHAEFT/KUNDEN/kunden.sl
GESCHAEFT/link.lst2
GESCHAEFT/KND.lst
PRIVAT
PRIVAT/ADRESSEN
PRIVAT/ADRESSEN/privat.kopie
PRIVAT/ADRESSEN/privat.adr
PRIVAT/AUSGABEN
PRIVAT/KND
UTILITY
UTILITY/ls
privat.adr
30 blocks
```

Das vorstehende Beispiel setzt voraus, daß die Dateien des Heimatverzeichnisses vorher mit tar auf das entsprechende Gerät geschrieben wurden.

Der zuständige tar-Befehl sieht etwa so aus:

```
$ tar -cvf /dev/fd1135ds18 *
```

Das `cpio`-Kommando wurde durch die Option `-H tar` veranlaßt, ein Archiv im `tar`-Format zu lesen und ein Inhaltsverzeichnis auszugeben. Wie man sieht, gelingt das problemlos.

Das folgende Beispiel stellt die Option `-O` vor. Es wird eine `cpio`-Archivdatei `cpio.a` erzeugt, die alle Dateien des Heimatverzeichnisses beinhaltet. Diese Aktion ist vergleichbar mit der Angabe einer Plattendatei anstelle eines Gerätes bei `tar`. Die Eingabe der Dateinamen für `cpio` erreicht man wieder bequem durch einen `find -depth`, der alles benötigte liefert.

```
$ find . -depth -print | cpio -ocv -O cpio.a
privat.adr
PRIVAT/ADRESSEN/privat.kopie
PRIVAT/ADRESSEN/privat.adr
PRIVAT/ADRESSEN
PRIVAT/AUSGABEN
PRIVAT/KND
PRIVAT
GESCHAEFT/KUNDEN/kunden.sl
GESCHAEFT/KUNDEN
GESCHAEFT/link.lst2
GESCHAEFT/KND.lst
  GESCHAEFT
UTILITY/ls
UTILITY
.profile
GESCHAEFT/KUNDEN/kunden.info
GESCHAEFT/KUNDEN/kunden.hl
64 block

$ ls -l cpio.a
-r-xr-xr--   1 root    other      32768 Aug 30 21:52 cpio.a
```

Diese soeben erzeugte Archivdatei kann jetzt als Basis für die weiteren Beispiele verwendet werden. Im nächsten Beispiel lassen Sie sich wieder ein Inhaltsverzeichnis dieses Archivs ausgeben.

```
$ cpio -it -I cpio.a
privat.adr
PRIVAT/ADRESSEN/privat.kopie
PRIVAT/ADRESSEN/privat.adr
PRIVAT/ADRESSEN
PRIVAT/AUSGABEN
PRIVAT/KND
PRIVAT
```

```
GESCHAEFT/KUNDEN/kunden.sl
GESCHAEFT/KUNDEN
GESCHAEFT/link.lst2
GESCHAEFT/KND.lst
GESCHAEFT
UTILITY/ls
UTILITY
.
.profile
GESCHAEFT/KUNDEN/kunden.info
GESCHAEFT/KUNDEN/kunden.hl
64 blocks
```

Das nächste Beispiel soll das selektive Lesen (Option f) aus einem Archiv ver-
deutlichen. Sie erzeugen wieder ein Verzeichnis CPIOIN, in welches Sie alle
Dateien des Archivs kopieren wollen, die nicht (!) durch die "wild card"
PRIVAT spezifiziert werden.

```
$ mkdir CPIOIN
$ cd CPIOIN
$ cpio -icvdf -I cpio.a *PRIVAT*
privat.adr
GESCHAEFT/KUNDEN/kunden.sl
GESCHAEFT/KUNDEN
GESCHAEFT/link.lst2
GESCHAEFT/KND.lst
GESCHAEFT
UTILITY/ls
UTILITY
Existing ".profile" same age or newer
GESCHAEFT/KUNDEN/kunden.info
GESCHAEFT/KUNDEN/kunden.hl
```

Ein Vergleich zeigt, daß der Zweig

```
PRIVAT/ADRESSEN/privat.kopie
PRIVAT/ADRESSEN/privat.adr
PRIVAT/ADRESSEN
.....
```

beim Restaurieren ausgeblendet wurde. Die Datei .profile wurde ebenfalls
nicht durch ihre Ausprägung in der Archivdatei ersetzt, da beide Zeitstempel
identisch sind. Wäre zudem die Option u gesetzt worden, wäre .profile überschrieben worden.

Es fehlt noch ein cpio-Exemplar bezüglich des Durchgangsmodus p. Hierzu
bereinigen Sie das soeben gefüllte Verzeichnis CPIOIN mittels eines rm -r *.

Achten Sie dabei peinlichst auf die Tatsache, daß Sie sich auch wirklich unter
`CPIOIN` aufzuhalten.

```
$ cd
$ cd CPIOIN
$ pwd                sicherheitshalber!!!
$ rm -r *
$ cd
$ find ./PRIVAT -depth -print | cpio -pvd ./CPIOIN
./CPIOIN/PRIVAT/ADRESSEN/privat.kopie
./CPIOIN/PRIVAT/ADRESSEN/privat.adr
./CPIOIN/PRIVAT/ADRESSEN
./CPIOIN/PRIVAT/AUSGABEN
./CPIOIN/PRIVAT/KND
./CPIOIN/PRIVAT
4 blocks

$ cd CPION
$ ls
PRIVAT
```

 Wenn Sie den vor die Pipe geschalteten `find` modifizieren, haben Sie eine hervorragende Utility zum selektiven Kopieren. Überlegen Sie einmal, wie Sie die
folgende, abschließende Konstruktion nur mit `cp` schaffen könnten.

```
$ find $HOME -mtime 7 -print | cpio -pvd $HOME/CPIOIN
```

Sie kopieren alle Dateien Ihres Homedirectories, auf die seit 7 Tagen nicht mehr
verändernd zugegriffen wurde, in das Verzeichnis `CPIOIN`.

12.5. Datenbankfunktionen

Vielen von Ihnen dürften die "cut & paste"-Mechanismen von Windows vertraut sein. Es handelt sich dabei um Möglichkeiten, Passagen aus Dokumenten zu markieren, in eine Zwischenablage zu transportieren und an anderer Stelle wieder

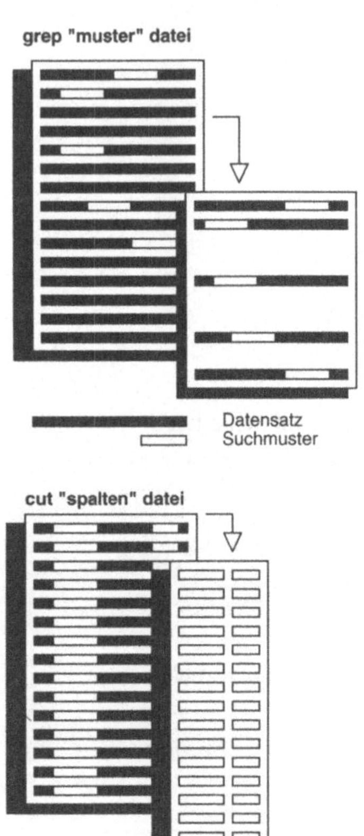

einzufügen. Dies geschieht in aller Regel mit Hilfe einer Maus und ist auch zwischen verschiedenen Anwendungen möglich. Innerhalb UNIX und seiner graphischen Oberflächen gibt es ähnliche Verfahren. Da wir uns hier jedoch mit zeichenorientierten Oberflächen beschäftigen, ist der Vergleich mit Windows oder OSF/Motif nicht angebracht. So ist denn auch der Anwendungsaspekt der im folgenden vorgestellten Kommandos `cut` und `paste` ein etwas anderer.

Sie erinnern sich sicher an das Kommando `grep`. Es realisiert eine Filterung von Datensätzen nach einem vorgegebenen Kriterium. Das Resultat von `grep` sind komplette Zeilen aus der Datei, für die das Suchkriterium erfüllt ist. Insbesondere funktioniert `grep`, ohne daß die Datensätze irgendein bestimmtes Format aufweisen. Es kommt auch nicht darauf an, an welcher Position im Satz das Suchmuster vorkommt. `grep` produziert also eine Projektion gemäß der ersten nebenstehenden Abbildung.

Die Art und Weise nach der `grep` filtert ist nicht die einzige, die denkbar ist. Das erste Kommando in der Reihe der Datenbankfunktionen, `cut`, produziert im Gegensatz zu `grep` eine Projektion in vertikaler Richtung. Dabei wird kein Suchmuster definiert, sondern es werden Spalten festgelegt. `cut` liefert dann den entsprechenden Ausschnitt aus allen Zeilen.

UNIX stellt weitere Kommandos für derartige Operationen zur Verfügung, und es soll gezeigt werden, daß bereits auf der Kommandoebene eine Datenbankfunktionalität gegeben ist. Sie gestattet es, Information, die in gewöhnlichen Dateien abgelegt und nach individuellen Kriterien strukturiert sind, im Sinne von "Views" zu filtern und zusammenzustellen. Ferner bietet UNIX die Möglichkeit, sogenannte Join-Operationen durchzuführen. Was es im einzelnen mit diesen Begriffen und Mechanismen auf sich hat, beschreiben die folgenden Seiten.

cut - Text ausschneiden

Die Wirkungsweise des cut-Kommandos entspricht dem Selektieren von Feldern oder Spalten aus Datensätzen. Dateien wie beispielsweise die Adreßdatei, können nach einem bestimmten Schema aufgebaut sein. Pro Datensatz sind inhaltlich gleichartige Felder definiert, die durch einen sogenannten Feldtrenner voneinander abgesetzt sind. Die Datensätze Ihrerseits sind durch das Zeichen new line - das entspricht Return - voneinander getrennt. Beispiele für derartig strukturierte Dateien kennen Sie schon:

```
Adreßdatei:

NAME:VORNAME:STRASSE:HAUSNR.:POSTLEITZ.:ORT:TEL<RET>

/etc/passwd:

LOGIN:PASSW:UID:GID:KOMMENTAR:HOMEDIR:STARTPROGR  <RET>:

Ausgabe von ls -l:

ZUGRIFF LINKS OWNER GROUP BYTES MON TAG ZEIT  DATEINAME<RET>
```

Sind Dateien nach dem beschriebenen Muster aufgebaut, spricht man gewöhnlich von Tabellen. Die Beispiele oben verdeutlichen, daß auch Kommandoausgaben häufig tabellarisch aufgebaut sind.

cut ist nun ein Mechanismus, der aus solchen Tabellen Spalten oder auch einzelne Felder selektiert oder ausschneidet. Sehen wir uns eine mögliche Adreßdatei noch einmal etwas genauer an:

```
Schulz:Monika:Marktstr.:9a:2000:Hamburg:0211:1234567
Meier:Peter:Lindwurmstr:10:8000:Muenchen:089:471399
Maier:Helmut:Salzstadl:14:8200:Rosenheim:08031:241800
Mayer:Ulrich:Alte Allee:24:8250:Feldkirch:08121/234690
Meier:Peter:Lindwurm:24:8000:Muenchen:089:471399
Huber:Karl-Otto:Goetheplatz:44:8000:Muenchen:089:774433
Roemer:Ursula:Karlsplatz:7a:8000:Muenchen:089:120452
Harig:Dieter:Waldstr.:15:8208:Kolbermoor:08031:44553300
Termoellen:Peter:Schwdenstr.:12:8200:Rosenheim:08031:77002
```

Sie erkennen, daß die einzelnen Adreßkomponenten jeweils durch einen Feldtrenner : separiert sind. Angenommen, Sie wollen aus der Datei die Felder Postleitzahl, Ort und Telefonvorwahl herausfiltern. Welche Informationen müßten Sie einem Kommando, das dazu in der Lage ist, mitteilen?

Zunächst natürlich den Namen der Datei, aber das ist mittlerweile trivial. Dann die Nummer der Spalte, im vorliegenden Fall 5 für Postleitzahl, 6 für Ort und 7 für die Vorwahl. Die Felder werden dabei einfach von links nach rechts gezählt. Darüber hinaus muß natürlich der Feldtrenner definiert werden. Im Beispiel ist das der Doppelpunkt, was aber keinesfalls immer so sein muß.

Hieraus erklärt sich die Syntax des Befehles cut zur Filterung von Feldern aus Dateien.

cut	Cut out fields (Felder ausschneiden)
cut	-clist file(s)
cut	-flist [-dt_char] file(s)
-c	Selektion nach Zeichen (character)
-f	Selektion nach Feldern (fields)
list	Angabe der Felder gemäß: n, m bei einzelnen Feldern (z.B.:3 , 7) n-m bei Bereichen (z.B.: 1-4) Beide Angaben können auch beliebig gemischt werden (z.B.: 1 , 2 , 5-6 , 9)
-d	definiert den Feldtrenner "t_char" (z.B.: -d: oder -d!)
file(s)	Name der Datei(en), aus der (denen) Teile selektiert werden sollen

Das erste Beispiel zeigt das Ausfiltern der bereits genannten Felder. Beide Varianten sind in diesem Fall identisch in ihrer Wirkungsweise

Postleitzahl, Ort und Vorwahl

```
$ cut -f5,6,7 -d: privat.adr
$ cut -f5-7 -d: privat.adr
2000:Hamburg:0211
8000:Muenchen:089
.....
8000:Muenchen:089
8208:Kolbermoor:08031
8200:Rosenheim:08031
```

Die weiteren Beispiele zeigen Selektionen nach verschiedenen Kriterien. Erwähnenswert ist noch eine Tatsache, von der im zweiten Beispiel Gebrauch gemacht wird. Es sind auch mehrere Feldbereiche definierbar. Sie sind durch Komma voneinander abzutrennen.

Straße und Ort

```
$ cut -f3,6 -d: privat.adr

Marktstr.:Hamburg
Lindwurmstr:Muenchen
```

```
Salzstadl:Rosenheim
Alte Allee:Feldkirch
Marktstr.:Hamburg
Lindwurm:Muenchen
Goetheplatz:Muenchen
Karlsplatz:Muenchen
Waldstr.:Kolbermoor
Schwdenstr.:Rosenheim
```

Name, Vorname und komplette Telefonnummer

```
$ cut -f1-2,7-8 -d: privat.adr

Schulz:Monika:0211:1234567
Meier:Peter:089:471399
Maier:Helmut:08031:241800
Mayer:Ulrich:08121:234690
Schulz:Monika:0211:1234567
Meier:Peter:089:990567
Huber:Karl-Otto:089:774433
Roemer:Ursula:089:120452
Harig:Dieter:08031:44553300
Termoellen:Peter:08031:7700213
```

Das Ausschneiden von Spalten kann im Gegensatz zu den bisherigen Beispielen
auch absolut erfolgen. Es wird dann anstelle eines Trennsymboles ein Zeichenbereich angegeben. Das nächste Beispiel zeigt diesen Zugriff auf absolute Spalten. Es werden die ersten vier Zeichen jeder Zeile ausgeschnitten.

```
$ cut -c1-4 privat.adr

Schu
Meie
Maie
```

Die Funktionalität des Kommandos erscheint hiermit hinreichend beschrieben.
Es läßt sich denken, daß cut sehr nützlich ist, aus umfangreichen, formatierten
Dateien Informationen nach verschiedenen anwendungsorienterten Sichten, sogenannte "Views", zu erzeugen. In der Regel werden diese Sichten dann nicht
separat gespeichert, sondern nur zu dokumentarischen Zwecken, in Listen oder
als Terminalausgaben verwendet.

Neben dem Zugriff auf Dateien zur Produktion von Ausschnitten im soeben
beschriebenen Sinn, ist die Zusammenstellung mehrerer derartiger Schnitte zu
einem Dokument von Interesse. Es werden also mehrere Ausschnitte zusammen-
geklebt. Daher auch der Name des nächsten Kommandos in der Reihe der Datenbankfunktionen - paste.

paste - Ausschnitte verkleben

Der vorher beschriebene cut liefert sein Resultat auf der Standardausgabe ab. Durch Verwendung des Umlenkungsmechanismus ist es kein Problem, die Schnitte in Dateien zu erhalten. Mit paste lassen sich diese Schnitte dann in einfacher Weise, wie in der Abbildung skizziert, vereinen. Der Zusammenschnitt wird in der Regel wieder auf der Standardausgabe präsentiert, sofern diese nicht auf eine Datei umgelenkt wird. Entsprechend einfach ist dann auch die Syntax des Kommandos, zur einfachen Zusammenfügung mehrerer Schnitte in eine Datei.

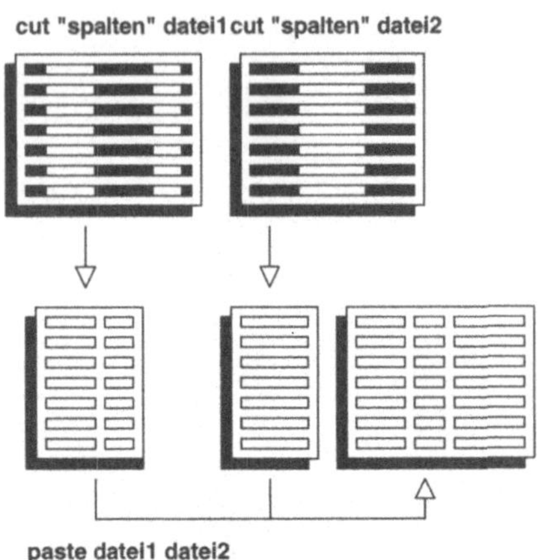

Natürlich müssen die Einzelschnitte (file(s)) nicht notwendig durch einen vorangegangenen cut erzeugt worden sein. Es lassen sich auch "ganze" Dateien verkleben. Im nachfolgenden Beispiel werden zunächst zwei Schnitte mit cut produziert. Durch Umlenkung wird dafür gesorgt, daß die Ergebnisse in Dateien vorliegen. Anschließend werden die beiden Schnitte mit paste zu einer Liste kombiniert.

paste	Dateien "zusammenkleben"
paste	[-d]list [-s] file(s)
-dlist	Liste von Feldtrennsymbolen (Standard ist tab)
-s	konkateniert mehrere Zeilen zu einer (abhängig von -d)
file(s)	sind die Einzelschnitte

Zuerst werden die Vornamen aus der Adreßdatei in eine Datei namen selektiert.

```
$ cut -f2 -d: privat.adr > namen

$ cat namen
Monika
Peter
.....
Dieter
Peter
```

Jetzt in analoger Weise die Telefonnummern.

```
$ cut -f7-8 -d: privat.adr > telefon

$ cat telefon

0211:1234567
089:471399
08031:241800
.....
08031:44553300
08031:7700213
```

Beide Schnitte werden mit paste zu einer Telefonliste zusammengestellt.

```
$ paste -d: namen telefon > telefonliste

$ cat telefonliste

Monika:0211:1234567
Peter:089:471399
Helmut:08031:241800
Ulrich:08121:234690
Monika:0211:1234567
Peter:089:990567
Karl-Otto:089:774433
Ursula:089:120452
Dieter:08031:44553300
Peter:08031:7700213
```

Man sollte beachten, daß paste an der "Klebestelle" normalerweise einen Tabulator \t als Feldtrenner einsetzt. Man kann dies mit der Option -d variabel gestalten - im Beispiel oben wurde eine Doppelpunkt verwendet.

Hinter der Option -d kann eine Liste der von paste zu verwendenden Trennsymbole angegeben werden. Zu jedem Schnitt gehört dabei normalerweise ein Feldtrenner. Sind dabei weniger Trenner als Schnitte definiert, setzt das Kommando wieder vorne in der Liste auf. Ist nur ein Symbol definiert, werden alle Klebestellen mit diesem Zeichen getrennt.

Das paste-Kommando ist auch in der Lage, eine Datei einfach zu formatieren. Will man die soeben produzierte Telefonliste so ausgeben, daß jeweils zwei Namen mit Telefonnummer nebeneinander ausgegebene werden, muß man die paste-Variante aus dem nächsten Beispiel anwenden.

```
$ paste -s -d"\t\n" telefonliste > telefonliste2
$ cat telefonliste2
Monika    0211:1234567    Peter      089:471399
Helmut    08031:241800    Ulrich     08121:234690
.....
Dieter    08031:44553300  Peter      08031:7700213
Peter     08031:7700213   Karl-Otto  089:774433
```

Die Option -s (subsequent) in Verbindung mit -d hat im Beispiel oben bewirkt, daß bei zwei aufeinanderfolgende Zeilen zu einer Zeile verschmelzen. Dabei wird die erste eingelesene Zeile von der zweiten mit einem Tabulator getrennt. Die so entstandene Zeile wird ihrerseits mit "new line" abgeschlossen.

Wenig bekannt und genutzt ist die Möglichkeit, mit paste mehrere Zeilen der Standardausgabe zu einer Zeile umzuformatieren. Es lassen sich damit beispielsweise die Ausgaben von Kommandos umgestalten. Sie wissen, daß ein einfaches ls-Kommando augenscheinlich möglichst viele Dateinamen in einer Zeile unterbringen will. Daß dabei aber die Shell wieder Einfluß nimmt, sehen Sie, wenn Sie die Ausgabe umleiten.

```
$ ls /
bin     dev   disk    etc     export        home
home2   imp   installlib      lost+found    mnt
opt     proc  sbin    shlib   stand
$ ls / > liste
$ cat liste
bin
dev
...
stand
tmp
u
unix
usr
var
```

Sie sehen in der Datei nur einen Namen pro Zeile. Möchte man pro Zeile zwei Dateinamen sehen, kann dies mit dem folgenden paste bewerkstelligt werden.

```
$ ls / | paste - -
bin     dev
...
stand   tmp
u       unix
usr     var
tmp     u
unix    usr
var
```

Der Minusstrich ersetzt symbolisch eine Zeile aus der Standardeingabe. Zwei Minusstriche formatieren die Eingabe so um, daß zwei Zeilen zu einer verschmelzen. Bei fünf Strichen werden fünf Zeilen zusammengefaßt. Die Dateiliste liefert dann fünf Namen pro Zeile.

Das nächste Verfahren, mit dem Sie sich beschäftigen, ist die Sortierung einer Datei. Sortieren kann man sinnvollerweise immer nur Zeilen. Diese allerdings nach zahlreichen Kriterien, wie Sie gleich sehen werden.

`sort` - Dateien ordnen

Das jetzt beschriebene `sort`-Kommando ist sehr mächtig, was sich in der Liste der zur Verfügung stehenden Optionen dokumentiert. Es ist ein Hobby vieler Informatiker und Mathematiker, sich mit Sortierverfahren zu beschäftigen. Es gibt stets Ideen, den Algorithmus hinsichtlich seiner Effizienz noch zu verbessern. Ähnlich wie bei der Dateikomprimierung, gibt es vielerlei Sortierverfahren. Eines ist jedoch allen gemein. Bei großen Datenmengen wird relativ viel Speicher benötigt, und die Bearbeitungszeiten wachsen. Das `sort`-Kommando stellt aus diesem Grund auch Optionen zur Verfügung, die Speicherallokierung und Pufferung beeinflussen. Mit derartigen technischen Details wollen wir uns aber hier nicht beschäftigen.

Sortieren kann man eine oder gleich mehrere Eingabedateien. Das sortierte Resultat wird von dem Kommando `sort` wieder auf der Standardausgabe abgeliefert. Es wird implizit gemischt, so daß es keinen separaten `merge` braucht. Natürlich kann der Spalten- oder Feldbereich, nach dem die Zeilen zu sortieren sind, angegeben werden. Unterschieden wird prinzipiell nach numerischer und lexikographischer Sortierung. Wird nichts näheres angegeben, gilt lexikographische Sortierung in aufsteigender Reihenfolge, also alphabetisch.

```
$ cat privat.adr
Schulz:Monika:Marktstr.:9a:2000:Hamburg:0221:1234567
Meier:Peter:Lindwurmstr:10:8000:Muenchen:089:471399
Maier:Helmut:Salzstadl:14:8200:Rosenheim:08031:241800
Mayer:Ulrich:Alte Allee:24:8250:Feldkirch:08121:234690
Schulz:Monika:Marktstr.:9a:2000:Hamburg:0221::234567
Meier:Peter:Lindwurm:24:8000:Muenchen:089:990567
Huber:Karl-Otto:Goetheplatz:44:8000:Muenchen:089:774433
Roemer:Ursula:Karlsplatz:7a:8000:Muenchen:089:120452
Harig:Dieter:Waldstr.:15:8208:Kolbermoor:08031:44553300
Termoellen:Peter:Schwedenstr.:12:8200:Rosenheim:08031:7213

$ sort privat.adr > privat.srt

$ cat privat.srt
Harig:Dieter:Waldstr.:15:8208:Kolbermoor:08031:44553300
Huber:Karl-Otto:Goetheplatz:44:8000:Muenchen:089:774433
Maier:Helmut:Salzstadl:14:8200:Rosenheim:08031:241800
Mayer:Ulrich:Alte Allee:24:8250:Feldkirch:08121:234690
Meier:Peter:Lindwurm:24:8000:Muenchen:089:990567
Meier:Peter:Lindwurmstr:10:8000:Muenchen:089:471399
Roemer:Ursula:Karlsplatz:7a:8000:Muenchen:089:120452
Schulz:Monika:Marktstr.:9a:2000:Hamburg:0221:1234567
Schulz:Monika:Marktstr.:9a:2000:Hamburg:0221:1234567
Termoellen:Peter:Schwedenstr.:12:8200:Rosenheim:08031:7213
```

Was Sie im Beispiel gesehen haben, war die einfachste `sort`-Variante und möglicherweise auch die, die am meisten angewandt wird. Sortierbegriff ist die gesamte Zeile. Sortiert wird aufsteigend nach alphabetischer Reihenfolge.

An dieser Stelle sei noch einmal ausdrücklich vor der - durchaus berechtigten - Optimierungsüberlegung gewarnt, die sich in der folgenden Variante ausdrückt:

```
$ sort privat.adr > privat.adr     Vorsicht !!!
```

Offensichtlich soll das Ergebnis der Sortierung gleich die ursprüngliche Datei überschreiben. Es macht ja vielleicht auch Sinn, sortiert abzuspeichern, wenngleich man jeden neuen Satz einsortieren muß. Außerdem könnte man sich gleich eine Datei sparen. Aber Vorsicht: Man spart sich gleich zwei Dateien, denn die unter Umständen mühsam aufgebaute Eingabedatei ist nach dem Aufruf von `sort` auf die Größe Null geschrumpft - also leer. Wir hatten einen ähnlichen Fall bereits bei `grep` im Abschnitt über die Shell.

Die Shell öffnet die Ausgabedatei zum Schreiben stets, bevor sie die Eingabedatei zum Lesen öffnet. Ein Öffnen zum Schreiben auf eine bereits existierende Datei setzt jedoch stets alle von ihr belegten Blöcke frei. Damit ist die Datei dann leer. Merken Sie sich also nochmals eindringlich: Bei umgelenkter Standardausgabe muß der Dateiname sich stets vom Namen der Eingabedatei unterscheiden !

Wenn Sie das Resultat des Sortierlaufes nur am Terminal begutachten wollen, brauchen Sie keine Ausgabedatei anzugeben, denn `sort` schreibt standardmäßig dorthin. Sie können anstelle der Umlenkung auch einen Dateinamen eingeleitet durch die Option `-o` angeben. An welcher Stelle in der Optionsliste Sie das tun müssen, entnehmen Sie der Gesamtübersicht am Ende.

Bislang haben wir es in Kauf genommen, daß einige Adressen doppelt in der Adreßdatei vorkommen. Bei großen, unübersichtlichen Dateien entstehen derartige Redundanzen schnell. Das `sort`-Kommando bietet eine Möglichkeit, gleiche Zeilen zu eliminieren.

```
$ sort -u privat.srt > privat.srtuni

$ cat privat.srtuni
Harig:Dieter:Waldstr.:15:8208:Kolbermoor:08031:44553300
Huber:Karl-Otto:Goetheplatz:44:8000:Muenchen:089:774433
Maier:Helmut:Salzstadl:14:8200:Rosenheim:08031:241800
Mayer:Ulrich:Alte Allee:24:8250:Feldkirch:08121:234690
Meier:Peter:Lindwurm:24:8000:Muenchen:089:990567
Meier:Peter:Lindwurmstr:10:8000:Muenchen:089:471399
Roemer:Ursula:Karlsplatz:7a:8000:Muenchen:089:120452
Schulz:Monika:Marktstr.:9a:2000:Hamburg:0221:1234567
Termoellen:Peter:Schwedenstr.:12:8200:Rosenheim:08031:7213
```

Wird die Option `-u` gesetzt, werden alle mehrfach vorkommenden Zeilen unterdrückt, und man kann eine Datei so diesbezüglich bereinigen.

Selbstverständlich ist die einfache Art der lexikographischen Sortierung nicht immer befriedigend. Sie versagt beispielsweise, wenn die Adreßdatei nach Postleitzahlen sortiert werden soll. Soll nach bestimmten Feldern sortiert werden,

muß das Verfahren natürlich wie bei cut wissen, wie die Felder separiert sind.
Der Feldtrenner ist also anzugeben.

Ein kleines Ärgernis: die entsprechende Option -dtzeichen bei cut heißt beim
Sortieren -ttzeichen. Die Bedeutung ist jedoch identisch.

```
$ cat privat.adr
Schulz:Monika:Marktstr.:9a:2000:Hamburg:????:1234567
Meier:Peter:Lindwurmstr:10:8000:Muenchen:089:471399
.....
Harig:Dieter:Waldstr.:15:8208:Kolbermoor:08031:44553300
Termoellen:Peter:Schewdenstr.:12:8200:Rosenheim:08031:7213

$ sort -t: +4 privat.adr > privat.plz

$ cat privat.plz
Schulz:Monika:Marktstr.:9a:2000:Hamburg:????:1234567
Schulz:Monika:Marktstr.:9a:2000:Hamburg:????:1234567
Roemer:Ursula:Karlsplatz:7a:8000:Muenchen:089:120452
Meier:Peter:Lindwurmstr:10:8000:Muenchen:089:471399
Huber:Karl-Otto:Goetheplatz:44:8000:Muenchen:089:774433
Meier:Peter:Lindwurm:24:8000:Muenchen:089:990567
Maier:Helmut:Salzstadl:14:8200:Rosenheim:08031:241800
Termoellen:Peter:Schewdenstr.:12:8200:Rosenheim:08031:7213
Harig:Dieter:Waldstr.:15:8208:Kolbermoor:08031:44553300
Mayer:Ulrich:Alte Allee:24:8250:Feldkirch:08121:234690
```

Von den Beispielen bei cut waren Sie es gewohnt, daß die Postleitzahl das Feld
mit der Nummer 5 ist; Abzählen bestätigt dies auch. Wenn Sie das Resultat des
Sort-Laufes oben begutachten und die Option -t: mit berücksichtigen, ist offensichtlich, daß die Angabe +4 die Sortierung nach der Postleitzahl, also dem fünf-
ten Feld, produziert hat. Weshalb dann aber nicht +5? Es liegt an dem +, sort
geht stets davon aus, daß am Anfang des Satzes sein Sortierkriterium beginnt.
Das ist das erste Feld. Die Angabe +4 weißt sort jetzt dazu an, vier Felder weiter
mit der Sortierung zu beginnen. Da eins plus vier gleich fünf ist, geht die Rechnung auf, und die Unstimmigkeit ist beseitigt.

Sie finden auf der folgenden Seite alle Optionen der sort-Anweisung und
anschließend noch weitere Beispiele.

sort	sort files (Dateien sortieren)
sort	[-cmu] [-ooutf] [-ykmem] [-zrecz] [-dfiMnr] [-btx] [+pos1 [-pos2]] file(s)
-c	Überprüft lediglich die Eingabequelle auf ihre Sortierung und liefert keine Ausgabe, falls diese bereits sortiert ist.
-m	Mischt bereits sortierte Eingabedateien (Merge).
-u	Sortiert redundanzfrei, d.h. mehrfach vorkommende Zeilen werden in der Ausgabe unterdrückt.

`-o outf`	Schreibt das Resultat der Sortierung in die dort angegebene Datei `outf` anstatt auf die Standardausgabe.
`-y`	Weist `sort` an, anstelle eines Default-Wertes, die in "kmem" spezifizierte Speichergröße zu allokieren; die Angabe erfolgt in Kilobyte.
`-z`	Bei sehr langen Eingabesätzen kann die Default-Pufferlänge überschritten werden, so daß sich `sort` abnormal beendet. Wird diese Option benutzt, kann dem vorgebeugt werden (Angabe in Byte).
`-d`	Für die Sortierung sind nur Buchstaben, Ziffern und Leerzeichen relevant.
`-f`	Wandelt Kleinbuchstaben in Großbuchstaben um.
`-i`	Nicht abdruckbare Zeichen werden ignoriert.
`-M`	Interpretiert die ersten drei Zeichen des Sortierfeldes als Monatsangabe (Format: `JAN`, `FEB`, `MAR`,....,`DEC`).
`-n`	Sortiert numerisch, wobei das Sortierfeld auch Vorzeichen und einen Dezimalpunkt enthalten kann.
`-r`	Sortiert in umgekehrter Reihenfolge.
`-b`	Ignoriert führende Blanks. Im Zusammenspiel mit der Option `pos` steht die Option vor der ersten `pos`-Angabe. Sie bezieht sich dannauf alle Felddefinitionen. Sie kann aber auch vor jeder pos-Option gesetzt sein.
`-t`	definiert das Feldtrennzeichen
`+/-pos1/2`	legt Sortierfelder fest
`file(s)`	zu sortierenden Datei(en)

Die letzte Option definiert die Felder, nach denen sortiert werden soll. Die Angaben `pos1` und `pos2` treten immer paarweise auf. Dabei legt `+pos1` den Beginn des Sortierfeldes fest, `-pos2` das Ende. So sortiert beispielsweise `+4 -6` nach den Feldern 5 bis 6. Zu beachten ist also, daß `+n` das n+1.-te Feld definiert, m dagegen das m.-te Feld. Es können mehrere Bereiche derart festgelegt werden (z.B.: `-4 -6 +8 -10 +14 - 20`) die Sortierpriorität folgt dabei den `pos`-Angaben von links nach rechts.

Sind mehrere Sätze bezüglich eines Bereiches identisch, werden sie nach dem folgenden Bereich untersortiert. Positionen müssen nicht immer ganze Felder umfassen. Eine Angabe `+3.5` beziehungsweise `-6.4` ist folgendermaßen zu interpretieren. Die Sortierung beginnt beim 4. Feld auf dessen 6.-ter Position. Sie endet beim 6. Feld an dessen 4.-ter Position. Abschließend noch einige "Verbalbeispiele" zum Nachvollziehen.

Das erste Beispiel sortiert eine Datei satzweise nach dem 2.-ten Feld. Doe Ausgabe erfolgt auf der Standardausgabe.

```
$ sort +1 -2 datei
```

Sortieren von zwei Eingabedateien in die Ausgabedatei in lexikographisch umgekehrter Reihenfolge. Die Sortierung richtet sich dabei nach dem ersten Zeichen des zweiten Feldes.

```
$ sort -r -o ausgabe.+1.0 -1.2 eingabe1 eingabe2
```

Sortierung in umgekehrter Reihenfolge nach dem ersten von Blank unterschiedlichen Zeichen in Feld 2

```
$ sort -r +1.0b -1.1b datei
```

Sortierung der Paßwort-Datei nach der numerischen Benutzernummer

```
$ sort -t: +2 -3 /etc/passwd
```

Das folgende Beispiel mischt eine bereits sortierte Datei, was normalerweise unsinnig ist! Es wird dabei allerdings derart manipuliert, daß alle Zeilen, die im dritten Feld den gleichen Inhalt haben, unterdrückt werden.

```
$ sort -um +2 -3 datei
```

Als nächstes wird eine Operation beschrieben, die mit `paste` verwandt ist. Es handelt sich dabei um eine typische Datenbankoperation, dem Verbinden zweier Tabellen gemäß einem gemeinsamen Feld - eine sogenannte Join-Operation.

`join` - Verbinden von Tabellen über ein Feld

Werfen Sie wieder einen Blick auf die Adreßdatei, die gleich redundanzfrei nach dem Ort sortiert werden soll.

```
$ cp privat.adr privat.kopie

$ sort -u -t: +5 privat.kopie > privat.adr

$ cat privat.adr
Mayer:Ulrich:Alte Allee:24:8250:Feldkirch:08121:234690
Schulz:Monika:Marktstr.:9a:2000:Hamburg:0211:1234567
Harig:Dieter:Waldstr.:15:8208:Kolbermoor:08031:44553300
Roemer:Ursula:Karlsplatz:7a:8000:Muenchen:089:120452
Meier:Peter:Lindwurmstr:10:8000:Muenchen:089:471399
Huber:Karl-Otto:Goetheplatz:44:8000:Muenchen:089:774433
Meier:Peter:Lindwurm:24:8000:Muenchen:089:990567
Maier:Helmut:Salzstadl:14:8200:Rosenheim:08031:241800
Termoellen:Peter:Schwedenstr.:12:8200:Rosenheim:08031:7213
```

Sie stellen fest, daß dennoch Informationen in der Datei mehrfach vorkommen - Ort, Postleitzahl und Telefonvorwahl sind teilweise identisch und belegen natürlich Platz. Sie haben jetzt folgende Idee, die Sie selbstverständlich auf andere Datenansammlungen übertragen können.

Sie speichern in der Adreßdatei nur die individuellen Informationen. Globale Felder, wie die oben genannten Angaben, legen Sie in einer eigenen Datei ab. Ziel ist es, die gesamte Anschrift aus der komprimierten Adreßdatei und der Tabelle der Orte, Postleitzahlen und Telefonvorwahlen zu kombinieren. Dazu gehen Sie zunächst einmal folgendermaßen vor: Sie produzieren mit `cut` einen Schnitt der Originaladreßbestände, der nur die individuellen Felder und den Ort beinhaltet.

```
$ cp privat.adr privat.kopie

$ cut -f1-4,6,8 -d: privat.kopie > privat.adr

$  cat privat.adr
Mayer:Ulrich:Alte Allee:24:Feldkirch:234690
Schulz:Monika:Marktstr.:9a:Hamburg:1234567
Harig:Dieter:Waldstr.:15:Kolbermoor:44553300
Roemer:Ursula:Karlsplatz:7a:Muenchen:120452


Meier:Peter:Lindwurmstr:10:Muenchen:471399
Huber:Karl-Otto:Goetheplatz:44:Muenchen:774433
Meier:Peter:Lindwurm:24:Muenchen:990567
Maier:Helmut:Salzstadl:14:Rosenheim:241800
Termoellen:Peter:Schwedenstr.:12:Rosenheim:77213
```

Als nächstes werden die konstanten Adreßinformationen auf eine zweite Schnittdatei gefiltert, die gleich anschließend nach dem Ort sortiert wird.

schrittweise

```
$ cut -f5-7 -d: privat.kopie > orte
$ sort -u -t: +1 orte > orte.tab

$ cat orte.tab
8250:Feldkirch:08121
2000:Hamburg:0211
8208:Kolbermoor:08031
8000:Muenchen:089
8200:Rosenheim:08031
```

effizienter

```
$ cut -f5-7 -d: privat.kopie | sort -u -t: +1 > orte.tab
```

Beide Tabellen besitzen als gemeinsames Feld die Ortsangabe. Genau dies ist der
Verknüpfungspunkt. Halten wir noch fest, der Verknüpfungspunkt befindet sich
in der komprimierten Adreßdatei an Position 5, in der Ortstabelle an Position 2.
Ein solches Verknüpfungsfeld wird mit Join-Feld bezeichnet. Beide Tabellen
sind nach dem Join-Feld sortiert. Letzteres ist für das korrekte Funktionieren des
Mechanismus, den Sie gleich anwenden, unbedingt erforderlich. Das Kommando
join ist nun in der Lage, zwei derartige Dateien anhand des Join-Feldes zu einer Ausgabedatei zusammenzustellen.

```
$ join -j1 5 -j2 2 -t: privat.adr orte.tab > join.tab

$ cat join.tab
Feldkirch:Mayer:Ulrich:Alte Allee:24:234690:8250:08121
Hamburg:Schulz:Monika:Marktstr.:9a:1234567:2000:0211
Kolbermoor:Harig:Dieter:Waldstr.:15:44553300:8208:08031
Muenchen:Roemer:Ursula:Karlsplatz:7a:120452:8000:089
Muenchen:Meier:Peter:Lindwurmstr:10:471399:8000:089
Muenchen:Huber:Karl-Otto:Goetheplatz:44:774433:8000:089
Muenchen:Meier:Peter:Lindwurm:24:990567:8000:089
Rosenheim:Maier:Helmut:Salzstadl:14:241800:8200:08031
Rosenheim:Termoellen:Peter:Schewdenstr.:12:7213:8200:08031
```

Bevor das Kommando analysiert wird, werfen Sie einen Blick auf das Resultat.
Die Reihenfolge ist etwas merkwürdig. Das join-Kommando stellt das Verknüpfungsfeld stets an den Anfang der Zeile. Die restlichen Informationen werden konkateniert, wobei das angegebene Zeichen in der t-Option als Trenner
verwendet wird.

Die nächste Abbildung soll das Prinzip noch einmal verdeutlichen. Die
Ausgabereihenfolge der Felder läßt sich nach Belieben gestalten, Sie werden dies
im Zusammenhang mit der Option -o noch sehen. Anzumerken ist, daß das
Kommando nur zwei Tabellen verarbeiten kann. Bei komplexeren Join-
Operationen muß man es daher mehrfach anwenden, indem man es stets
Zwischenresultate verarbeiten läßt.

Betrachten wir jetzt das Kommando und seine Optionen: Zunächst müssen Sie im rechten Teil des Kommandos die Dateien angeben, die verbunden werden sollen. Das Resultat wird nach stdout geschrieben und kann wie gewohnt umgeleitet werden. Natürlich muß das Kommando wissen, wo der Join-Eintrag sich in den beiden Eingabedokumenten befindet. Diese Information wird in den Optionen `-j1` und `-j2` geliefert. Die Reihenfolge bezieht sich strikt auf die der Eingabequellen. Das Feld selbst wird analog zu `sort` (dort bei `pos`) angegeben. Diesmal jedoch wieder in absoluten Positionen und nicht als Distanzwert.

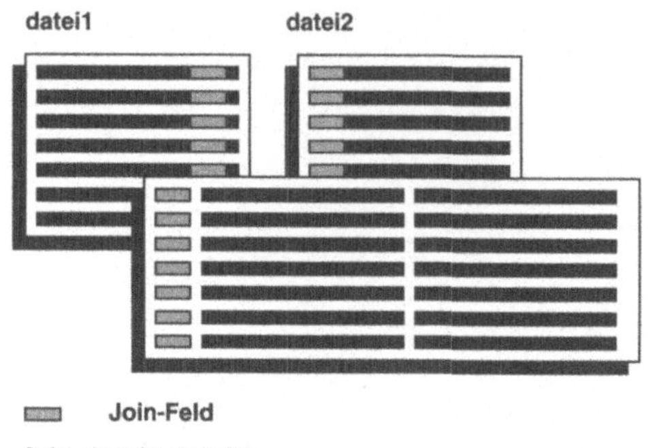

Im Beispiel weist `-j1 5` das Kommando an, in der ersten Eingabedatei `privat.adr` das 5. Feld als Join-Feld zu betrachten.

Die Angabe `-j2 2` spezifiziert den Join-Eintrag in der zweiten Quelle als 2. Feld. Die Option `-t:` ist analog zu sort. Es müssen nicht notwendig ganze Felder der Eingabequellen zum verknüpfen herangezogen werden. Man kann auch ein einzelnes Zeichen als Join-Feld erklären.

Durch die Angabe `-j1 4.3` wird beispielsweise das dritte Zeichen des vierten Feldes in der ersten Eingabedatei zum Join-Feld erklärt.

Es bleibt noch die Frage zu klären, was passiert, wenn Zeilen aus den Eingabequellen nicht verbunden werden können. Fügen Sie also eine Adresse in die Datei ein, in der ein Ort vorkommt, den es in der diesbezüglichen Zuordnungs-Tabelle noch nicht gibt. Im Beispiel ist das die letzte Zeile, wobei der Ort in die bereits vorliegende Sortierreihenfolge paßt. Normalerweise wäre die Datei nach Einfügen neuer Sätze erst einmal nach dem Join-Feld zu sortieren. Sie wenden den gleichen `join`-Befehl an, wie im letzten Beispiel. In der Ausgabe von `join` steht daraufhin eine Zeile : : was auf eine nicht komplette Zuordnung hindeutet.

Wie man das alles noch etwas informativer gestalten kann, erfahren Sie nach dem konkreten Beispiel.

```
Mayer:Ulrich:Alte Allee:24:Feldkirch:234690
Schulz:Monika:Marktstr.:9a:Hamburg:1234567
Loens:Hermann:Dichterstr.:12:Heide:4020
Harig:Dieter:Waldstr.:15:Kolbermoor:44553300
Roemer:Ursula:Karlsplatz:7a:Muenchen:120452
Meier:Peter:Lindwurmstr:10:Muenchen:471399
Huber:Karl-Otto:Goetheplatz:44:Muenchen:774433
Meier:Peter:Lindwurm:24:Muenchen:990567
Maier:Helmut:Salzstadl:14:Rosenheim:241800
Termoellen:Peter:Schwedenstr.:12:Rosenheim:7213
Harig:Daniela:Am Berg:25:Saarbruecken:3301
```

```
$ cat orte.tab
8250:Feldkirch:08121
2000:Hamburg:0211
8208:Kolbermoor:08031
8000:Muenchen:089
8200:Rosenheim:08031

$ join -j1 5 -j2 2 -t: privat.adr orte.tab > join2.tab

$ cat join2.tab

::
Feldkirch:Mayer:Ulrich:Alte Allee:24:234690:8250:08121
Hamburg:Schulz:Monika:Marktstr.:9a:1234567:2000:0211
Kolbermoor:Harig:Dieter:Waldstr.:15:44553300:8208:08031
Muenchen:Roemer:Ursula:Karlsplatz:7a:120452:8000:089
Muenchen:Meier:Peter:Lindwurmstr:10:471399:8000:089
Muenchen:Huber:Karl-Otto:Goetheplatz:44:774433:8000:089
Muenchen:Meier:Peter:Lindwurm:24:990567:8000:089
Rosenheim:Maier:Helmut:Salzstadl:14:241800:8200:08031
Rosenheim:Termoellen:Peter:Schwedenstr.:12:7213:8200:08031
```

Das einzige Indiz, welches Sie darauf hinweist, daß eine Zuordnung nicht funktioniert hat, ist die erste Zeile. Bei umfangreicheren Operationen ist dies sehr unbefriedigend. Es gibt zwei weitere Optionen, die nicht zuzuordnende Relationen in der Ausgabe dokumentieren.

Zum einen die Option -e, der ein Text zugeordnet sein kann, der dann zwischen den beiden Doppelpunkten ausgegeben wird, wenn eine Zuordnung nicht funktioniert. Mit Hilfe einer weiteren Option -a n kann dafür gesorgt werden, daß bei nicht vollständiger Relation dennoch die nicht einzuordnende Zeile in der Ausgabe erscheint. Bei der a-Option kann darüber hinaus festgelegt werden, ob die Zeile aus der ersten Eingabedatei (n=1) oder aus der zweiten (n=2) entnommen werden soll.

Wenden wir das alles auf den `join` aus dem Beispiel an und betrachten das Resultat.

```
$ join -e "?????" j1 5 j2 2 t: privat.adr orte.tab > j1.tab
$ cat j1.tab
:?????:
Feldkirch:Mayer:Ulrich:Alte Allee:24:234690:8250:08121
.....
$ join -a 1 -j1 5 -j2 2 -t: privat.adr orte.tab > j2.tab

$ cat j2.tab
::
Feldkirch:Mayer:Ulrich:Alte Allee:24:234690:8250:08121
.....
Harig:Daniela:Am Berg:25:Saarbruecken:3301
```

Die Reihenfolge in der die Felder in der Ausgabe erscheinen, kann beliebig festgelegt werden. Hierzu wird die Option -o in Verbindung mit einer Feldliste verwendet. Den Aufbau der Eingabequellen unseres Beispiels sehen Sie unten.

Die den Feldern vorgestellten Nummern n.m beziffern dabei die Eingabequelle (n) und die Feldnummer (m).

```
privat.adr          orte.tab
1.1: Nachname       2.1: Postleitzahl
1.2: Vorname        2.2: Ort (join)
1.3: Straße         2.3: Telefonvorwahl
1.4: Hausnr.
1.5: Ort (join)
1.6: Telefon
```

Ein Satz aus dem Resultat eines standardisierten join sieht unter Verwendung der Numerierung dann folgendermaßen aus:

```
Feldkirch  :Mayer  :Ulrich:Alte Allee  :24   :234690:8250   :08121
1.5        :1.1    :1.2    :1.3         :1.4 :1.6      :2.1   :2.3
```

Dabei ist 2.2 mit 1.5 identisch und wird als join-Feld nur einmal am Satzanfang ausgegeben. Genau eine solche Liste erwartet die Option -o. Wollen Sie den Aufbau der durch Eingabe 1 und Eingabe 2 kombinierten Liste lieber in der Reihenfolge

```
Name  :Vorname :Strasse :Hausnr:Postlzahl :Ort  :Vorwahl :Telefon
1.1   : 1.2    : 1.3    :1.4    :2.1       : 2.2:2.3      :1.6.
```

sehen, so entspricht dies nach der vorgegebenen Numerierung der angegebenen Reihenfolge. Join muß also wie folgt formuliert werden:

```
$ join -j1 5 -j2 2 -t: -o 1.1 1.2 1.3 1.4 2.1 2.2 2.3 1.6
         privat.adr orte.tab > j2.tab
```

Um, Mißverständnisse zu vermeiden, ist noch zu beachten, daß jedes Listenelement durch ein Leerzeichen und nicht durch : zu trennen ist. Die Ausgabe hat dann ein für Anschriften übliches Aussehen:

```
Mayer:Ulrich:Alte Allee:24:8250:Feldkirch:08121:234690
Schulz:Monika:Marktstr.:9a:2000:Hamburg:0211:1234567:
Harig:Dieter:Waldstr.:15:8208:Kolbermoor:08031:44553300
.....
Maier:Helmut:Salzstadl:14:8200:Rosenheim:08031:241800
Termoellen:Peter:Schwedenstr.:12:8200:Rosenheim:08031:7213
```

Damit sind alle Optionen des Kommandos vorgestellt, und es kann noch einmal zusammengefaßt werden:

join Relation zwischen Tabellen definieren

```
join     [-an] [-e "text"] -j1 n -j2 m -o list
         -tchar file1 file2
```

-an   produziert zusätzlich eine Zeile in der Ausgabe für nicht
     zuzuordnende Relationen (n=1 oder n=2) je nachdem, ob der
     Text aus Eingabe1 oder Eingabe 2 entnommen werden soll

-e s   gibt den Text "s" als Meldung bei nicht zuzuordnender
     Relation aus (":s:" anstelle von "::")

-j1 n legt das Join-Feld in der ersten Eingabedatei auf Feld n

-j2 m legt das Join-Feld in der zweiten Eingabedatei auf Feld m
     Ist n nicht angegeben, so wird in beiden Eingaben das m.-te
     Feld verknüpft.

-o list definiert die Feldreihenfolge in der Ausgabe (entgegen dem
     Standard)
     list enthält Angaben der Form n.m, wobei n (=1,2) die
     Eingabedatei festlegt, m die Nummer des Feldes

-tchar definiert das Trennsymbol als char

Der nächste Kommandokomplex, befaßt sich mit dem Thema der Dateivergleiche. UNIX bietet Werkzeuge zum Vergleich von Verzeichnisstrukturen und von Dateien. Die Inhalte von Dateien können auf Unterschiede und Gemeinsamkeiten hin untersucht werden.

12.6. Vergleiche

Bevor Sie sich mit dem Vergleichen von Dateien bezüglich ihres Inhalts beschäftigen, erst ein Kommando, mit dem Verzeichnisse auf ihren Inhalt hin verglichen werden können.

`dircmp` - Verzeichnisse vergleichen

Die Syntax des Kommandos ist gut überschaubar, so daß man das Kommando rasch mit all seinen Optionen beschreiben kann. Das Kommando vergleicht zwei anzugebende Verzeichnisse hinsichtlich der darin vorkommenden Dateinamen. Zusätzlich kann durch setzen der Option `-d` bewirkt werden, daß Dateien mit gleichen Namen bezüglich ihres Inhaltes verglichen werden.

```
dircmp      Directory comparision

dircmp      [-d] [-s] [-wn] dir1 dir2
-d          produziert eine Liste mit den Unterschieden für Dateien mit
            gleichen Namen
-s          unterdrückt Information über gleiche Dateien in der Ausgabe
-wn         ändert die Zeilenlänge einer Ausgabezeile auf den Wert n
            normalerweise gilt n=72, also 72 Zeichen pro Zeile)
dir1
dir2        sind die Namen der zu vergleichenden Directories
```

Um das Kommando in seiner Funktionsweise zu untersuchen, erzeugen Sie eine identische Kopie des Verzeichnisses ADRESSEN unter ADRESSEN.2 wie folgt:

```
$ cd $HOME/PRIVAT

$ mkdir ADRESSEN.2

$ cp ADRESSEN/* ADRESSEN.2
```

Sie verändern jetzt die Struktur von ADRESSEN.2 und wenden dann `dircmp` ohne Optionen an. Sie sollten aber die Ausgabe des Kommandos in eine Datei umlenken, da diese bereits auf Druckerseitenformat (60 Zeilen) ausgerichtet ist.

```
$ cd ADRESSEN.2
$ mv orte staedte
$ dircmp ADRESSEN ADRESSEN.2 > dircmp.out
```

```
$ pg dircmp.out

Sep 5 22:54 1992   ADRESSEN only and ADRESSEN.2 only Page 1

./orte           ./staedte
```

Das Kommando erkennt die Unterschiede in der Verzeichnisstruktur und gibt
diese in einer zweispaltigen Liste aus. Die Spaltenreihenfolge entspricht der der
Verzeichnisreihenfolge beim Kommando. Als nächstes wird jetzt auf beiden Verzeichnissen wieder eine identische Struktur hergestellt. Die Datei orte.tab in
der kopierten Struktur wird verändert, indem eine neue Zeile eingefügt wird.

```
$ cat ADR*/orte.tab
8250:Feldkirch:08121
2000:Hamburg:0211
8208:Kolbermoor:08031
8000:Muenchen:089
8200:Rosenheim:08031
8250:Feldkirch:08121
2000:Hamburg:0211
8208:Kolbermoor:08031
8000:Muenchen:089
8200:Rosenheim:08031
6600:Saarbruecken:0681
```

Erneute Anwendung von dircmp liefert dann folgendes Resultat:

```
$ dircmp ADRESSEN ADRESSEN.2 > dircmp.out

$ pg dircmp.out

Sep 5 23:05 1992   Comparison of ADRESSEN ADRESSEN.2 Page 1
directory     .
same          ./orte
different     ./orte.tab
same          ./privat.adr
same          ./privat.cp
same          ./privat.kopie
```

Das Kommando signalisiert zwar gleiche Dateistruktur unter beiden Verzeichnissen, liefert aber in der linken Spalte eine zusätzliche Information ab, der man
entnehmen kann, welche Dateien in beiden Verzeichnissen gleich und welche unterschiedlich sind. Sie wollen als nächstes wissen, worin die beiden
Dateivarianten von orte.tab sich unterscheiden und wenden die Option -d
an. Sie erhalten daraufhin eine zweiseitige Ausgabe.

Um Schreibarbeit zu sparen sollten Sie sich an die Stellungsparameter der
Shell zurückerinnern.

```
$ set ADR*
$ echo $*
ADRESSEN ADRESSEN.2

$ dircmp -d $1 $2 > dircmp.out
$ pg dircmp.out


Sep 5 23:11 1992  Comparison of ADRESSEN ADRESSEN.2
Page 1


directory   .
same        ./orte
different    ./orte.tab
same        ./privat.adr
same        ./privat.cp
same        ./privat.kopie


.............................
Sep 5 23:11 1992  diff of ./orte.tab in ADRESSEN and ADRESSEN.2
Page 2

7,8d6
< 6600:Saarbruecken:0681
<
```

Den ersten Teil der Ausgabe kennen Sie bereits, im zweiten Teil zeigt das Kommando die Zeile an, die in beiden Dateiausprägungen unterschiedlich ist. Das Kommando leistet sogar noch mehr: Die Zeile 7,8d6 ist ein Kommandostatement für den Zeileneditor ed. Das Kommando dircmp liefert für jeden Unterschied ein derartiges ed-Kommando. Würde man all diese Kommandos zur Ausführung bringen, wäre die Datei im ersten Verzeichnis in den Zustand der Datei im zweiten Verzeichnis überführt. Das Kommando liefert demnach alle ed-Statements, um beide Dateien identisch zu machen.

Ähnliches leistet das Kommando diff, das Sie auch noch kurz kennenlernen. Der ed wird allerdings hier nicht behandelt. Sofern Sie gerne "tüfteln", schauen Sie sich den Editor in den Systemhandbüchern an, er ist auf wenigen Seiten beschrieben. Sie können dann die Statements, die von den Vergleichskommandos dircmp und diff generiert werden, einmal nachvollziehen.

Eine Option wird noch nachgereicht: -s. Sie liefert ein komprimiertes Ergebnis, in dem Informationen über gleiche Dateien (same) ausgespart sind.

```
Sep  5 23:21 1992  Comparison of ADRESSEN ADRESSEN.2
Page 1
different ./orte.tab
.............................................
Sep  5 23:21 1992  diff of ./orte.tab in ADRESSEN and ADRESSEN.2
Page 2

7,8d6
< 6600:Saarbruecken:0681
<
```

Wir gehen nun über zu den Kommandos, die Dateien inhaltlich vergleichen und konzentrieren uns dabei auf die einfacheren Mechanismen Die mächtigen Vergleichsfunktionen `diff` und `diff3` sind nur im Zusammenspiel mit dem bereits erwähnten Editor `ed` sinnvoll nutzbar.

Was den rein dokumentarischen Charakter der Vergleichskommandos angeht, liefern die einfacheren Formen `cmp` und `comm` gleichwertige, teilweise sogar bessere Ergebnisse.

cmp - Inhalt vergleichen

Das Kommando ist das einfachste unter den Vergleichsfunktionen und wie Sie gleich sehen werden auch nicht sehr "intelligent".

cmp	Compare files (Dateien vergleichen)
`cmp`	`[-1] [-s] file1 file2`
`-1`	listet alle Unterschiede zwischen beiden Dateien auf
`-s`	unterdrückt jegliche Ausgabe und liefert nur die Return-Werte 0 bei identischen Dateien und 1 bei unterschiedlichen Dateien (in Shell-Prozeduren verwendbar)
`file1`	
`file2`	zu vergleichenden Dateien

Wird das Kommando ohne Option angewandt, wird nur der erste erkannte Unterschied zwischen den Dateien angezeigt. Es wird Ihnen gleich klar, daß dies ohnehin die einzig brauchbare Information des Kommandos ist. Um den Mechanismus auszuprobieren, nutzen Sie das Verzeichnis ADRESSEN.2 und nehmen dort in der Datei `orte.tab` wieder eine kleine Veränderung vor.

```
$ cat ADR*/orte.tab

8250:Feldkirch:08121
2000:Hamburg:0211
8208:Kolbermoor:08031
8000:Muenchen:089
8200:Rosenheim:08031
8250:Feldkirchen:08121
2000:Hamburg:0211
8208:Kolbermoor:08031
8000:Muenchen:089
8200:Rosenheim:08031
```

```
$ set ADRESSEN ADRESSEN.2 orte.tab

$ cmp $1/$3 $2/$3

ADRESSEN/orte.tab ADRESSEN.2/orte.tab differ: char 15, line 1
```

Um Schreibarbeit zu sparen wurden auch hier wieder die Stellungsparameter der
Shell ausgenutzt. Die Aussage des cmp-Kommandos ist leicht zu interpretieren.
Der erste Unterschied wurde im 15.-ten Zeichen der ersten Zeile entdeckt. Lassen
Sie sich einmal alle Unterschiede der beiden Dateien anzeigen.

```
$ cmp-l $1/$3 $2/$3

   15  145   72
   16  156   60
   17   72   70
   18   60   61
   . . . . . . . . . .
usw usw ...
```

Sie wundern sich zu Recht über die Informationsflut, die produziert wird. Obwohl offensichtlich der Unterschied nur in zwei Zeichen besteht - Feldkirch
und Feldkirchen. Der Grund: Wenn in UNIX von Dateien die Rede ist, haben Sie es stets mit völlig unstrukturierten Zeichenfolgen zu tun - mit sogenannten Bytestreams. Wenn Sie die beiden Dateien vergleichen, erkennen Sie sofort
den Unterschied, interpretieren aber implizit eine Struktur irgendwohin, wo für
den nicht intelligenten Rechner gar keine vorhanden ist. Für Sie besteht die Datei
aus Sätzen mit einem offensichtlichen Unterschied..

```
8250:Feldkirch:08121
2000:Hamburg:0211
. . . . . .
. . . . . .
```

Die Maschine sieht die Datei aber völlig anders

```
8250:Feldkirch:08121\n2000:Hamburg:0211\n. . . . . .
8250:Feldkirchen:08121\n2000:Hamburg:0211\n. . . . . .
```

Während Sie strukturell vergleichen, vergleicht die Maschine zeichenweise. Was
Sie als Zeilenumbrüche sehen, sieht die Maschine als ein Zeichen "\n", welches
keinerlei Sonderstellung hat. Wenn Sie sich einmal auf das Niveau des Rechners
begeben, ist klar, daß ab dem 15.-ten Zeichen alle weiteren Vergleiche nur noch
zufällig übereinstimmen. Dies erklärt den großen Output des Kommandos, der
zeilenweise wie folgt zu interpretieren ist:

15   lfd. Nummer des Zeichens

145   oktale Codierung des Zeichens in der ersten Datei

72   oktale Codierung des korrespondierenden Zeichens in der zweiten Datei

Das `cmp`-Kommando wird also in aller Regel ohne die Option `-l` zum Einsatz kommen, um festzustellen, ob Dateien identisch sind oder nicht.

Das folgende Kommando hat einen deutlich besseren Dokumentationswert und ist `cmp` folglich vorzuziehen. Es liefert detaillierte Informationen über Unterschiede und Gemeinsamkeiten der verglichenen Dateien.

`comm` - Dateien analysieren

Das Kommando kann wiederum auf zwei zu vergleichende Dateien angewandt werden. Das Standardergebnis von `comm` ist eine dreispaltige Liste, in welcher folgende Informationen enthalten sind:

1. Spalte: Zeilen, die ausschließlich in der ersten Datei enthalten sind

2. Spalte: Zeilen, die nur in der zweiten Datei enthalten sind

3. Spalte: Zeilen, die in beiden Dateien gemeinsam vorkommen

Das Kommando `comm` interpretiert die Datei entgegen `cmp` nicht zeichenweise, sondern berücksichtigt eine Zeilenstruktur. Bevor Sie das Kommando näher kennenlernen, vollziehen Sie bitte einmal folgende Überlegung nach:

Sie haben zwei vollgeschriebene DINA 4 Seiten vor sich und die Aufgabe, eine "comm Liste" anzufertigen. Das bedeutet also, alle Zeilen zu suchen, die nur auf dem ersten Blatt, nur auf dem zweiten und auf beiden Seiten gemeinsam vorkommen. Der Aufwand ist nicht unbeträchtlich. Sie können nämlich nicht parallel vergleichen. Sie werden also eine Zeile auf einer Seite lesen und überprüfen, ob Sie die gleiche Zeile auf der zweiten Seite wiederfinden. Ist dies der Fall, wandert die Zeile in die Spalte "beiden gemeinsam" und wird auf beiden Blättern gestrichen. Finden Sie sie auf der zweiten Seite nicht wieder, wandert sie in die Rubrik "ausschließlich auf der ersten Seite" und wird dort gestrichen. Ist die erste Seite komplett gestrichen, notieren Sie alle noch offenen Zeilen auf der zweiten Seite in der Spalte "ausschließlich auf der zweiten Seite".

Wie hoch war der Aufwand? Pro Zeile auf der ersten Seite mußten alle Zeilen auf der zweiten Seite gelesen und zugeordnet werden. Haben beide Seiten 60

Zeilen, haben Sie die zweite Seite 60 mal gelesen! Vielleicht etwas weniger oft, weil Sie ein gutes Gedächtnis haben. Das hat die Maschine aber auf alle Fälle nicht! Der Rechner muß also pro Zeile in der ersten Datei alle Zeilen der zweiten Datei durchlesen. Er kann auch nicht bereits zugeordnete Zeilen streichen.

Insofern können Sie vielleicht für eine Voraussetzung Verständnis aufbringen, die für die Anwendung des `comm`-Kommandos erforderlich ist. Beide Dateien müssen in lexikographischer Ordnung sortiert sein. Das ist das Standardresultat eines `sort`-Kommandos. Auch Sie werden übereinstimmen, daß die Aufgabe mit den beiden vollgeschriebenen Seiten ungleich weniger aufwendig wird, wenn die Zeilen sortiert sind. Nun also mit gutem Verständnis für die Maschine zum `comm`-Kommando, das gleich anhand eines Beispieles präsentiert wird.

```
($ set ADRESSEN ADRESSEN.2 orte.tab)

$ sort $1/$3 > $1/$3srt
$ sort $2/$3 > $2/$3srt

$ comm $1/$3srt $2/$3srt

    2000:Hamburg:0211
    8000:Muenchen:089
    8200:Rosenheim:08031
    8208:Kolbermoor:08031
  8250:Feldkirch:08121
8250:Feldkirchen:08121


    in beiden gemeinsam
  nur 2. Datei
nur 1. Datei
```

Die Voraussetzung zweier sortierter Vergleichsobjekte ist im Beispiel geschaffen. Das Ergebnis ist aufgrund der kleinen Beispieldatei einfach zu verifizieren. Die einzigen Optionen, die das Kommando besitzt, dienen dazu, die vorliegende Komplettausgabe etwas zu reduzieren:

comm	Select common lines (gleiche Zeilen suchen)
`comm`	`[-[123]] file1 file2`
`-123`	unterdrückt Spalten die der angegebenen Ziffernkombination entsprechenden
`file1` `file2`	zu vergleichende Dateien

Auch hierzu ein Beispiel:

```
($ set ADRESSEN ADRESSEN.2 orte.tab)

$ comm -12 $1/$3srt $2/$3srt

2000:Hamburg:0211
8000:Muenchen:089
8200:Rosenheim:08031
8208:Kolbermoor:08031
```

Das Beispiel oben spart die Spalten 1 und 2 aus, liefert demnach nur die Gemeinsamkeiten in beiden Dateien. Alle denkbaren Kombinationen sind erlaubt. Dies wird durch die Doppelklammerung `[-[123]]` in der Kommandosyntax zum Ausdruck gebracht.

Der Vollständigkeit halber soll auf ein Beispiel zum `diff`-Kommando nicht verzichtet werden. Wie bereits gesagt, ist zum tieferen Verständnis der `ed` Voraussetzung. Das `diff`-Kommando ist relativ komplex und vielseitig. Wer es in seiner ganzen Bandbreite kennenlernen will, sei auf die Systemliteratur inklusive `ed` verwiesen.

```
$ diff $1/$3 $2/$3

1c1
< 8250:Feldkirchen:08121
---
> 8250:Feldkirch:08121
6d5
<
```

Keinem unmittelbaren Bezugsthema sind die folgenden, ebenfalls recht nutzbringenden Kommandos zu zuordnen. Deshalb die Bezeichnung "Sammelsurium" für die folgenden Funktionalitäten.

12.7. Sammelsurium

Das erste Kommando der nun schon etwas durcheinander geratenen Werkzeugkiste versetzt Sie in die Lage, geringfügige, globale Änderungen an Dateien vorzunehmen.

`tr` - Zeichen umsetzen

In einem ersten, einfachen Beispiel ersetzen Sie die Trennzeichen : in der Datei `orte` durch das Zeichen *. Hierbei ist wieder auf die Entwertung der Sonderbedeutung des * innerhalb der Shell mit \ zu achten.

Generell übersetzt das Kommando alle in einem ersten String angegebenen Zeichen in die korrespondierenden einer zweiten Zeichenkette. Der Befehl operiert auf den Standardein-/Ausgabekanälen. Im zweiten der folgenden Beispiele werden alle Kleinbuchstaben zu Großbuchstaben umgewandelt.

```
$ cd ADRESSEN
$ cat orte
2000:Hamburg:0211
...
8208:Kolbermoor:08031
8250:Feldkirch:08121

$ tr : \* < orte (>orte.tr)

$ cat orte.tr
2000*Hamburg*0211
...
8208*Kolbermoor*08031
8250*Feldkirch*08121

$ tr [a-z] [A-Z] < orte > ORTE

$ cat ORTE
2000:HAMBURG:0211
...
8208:KOLBERMOOR:08031
8250:FELDKIRCH:08121
```

Das nächste Beispiel zeigt, daß `tr` auch bei der Formatierung von Dateien Unterstützung bietet, wie beispielsweise vor einem Ausdruck; das Beispiel zeigt allerdings auch schon Einschränkungen auf.

Alle Trennsymbole werden durch Tabulatoren ersetzt. Dabei muß man wissen, daß die oktale Codierung dieses Zeichens "\011" ist .

```
$ tr ":" '\011' < privat.adr > privat.form
$ cat privat.form

Mayer      Ulrich     Alte Allee 24    Feldkirch       234690
Schulz     Monika     Marktstr. 9a     Hamburg         1234567
Harig      Dieter     Waldstr. 15      Kolbermoor      44553300
Roemer     Ursula     Karlsplatz 7a    Muenchen        120452
Meier      Peter      Lindwurmstr 10   Muenchen        471399
Huber      Karl-Otto  Goetheplatz 44        Muenchen       774433
Meier      Peter      Lindwurm 24      Muenchen        990567
Maier      Helmut     Salzstadl 14     Rosenheim       241800
Termoellen Peter      Schwedenstr. 12      Rosenheim          7213
Harig      DanielaAm Berg25         Saarbruecken     99041
```

Das direkte Resultat von `tr` ist nicht ganz zufriedenstellend, da an jeder Position, an der ein : stand, ein Tabulator eingesetzt wird. Sofern aber der zu ersetzende Doppelpunkt gerade eine Tabulatorposition überschritten hat, kommt es zu "Ausreißern" im Listenbild. Eine kleine manuelle Korrektur mittels `vi` bringt aber immerhin ein passables Listenlayout zustande.

```
Mayer      Ulrich     Alte Allee 24    Feldkirch       234690
Schulz     Monika     Marktstr. 9a     Hamburg         1234567
Harig      Dieter     Waldstr. 15      Kolbermoor      44553300
Roemer     Ursula     Karlsplatz 7a    Muenchen        120452
. . . . .
Maier      Helmut     Salzstadl 14     Rosenheim       241800
Termoellen Peter      Schwedenstr. 12  Rosenheim       7213
Harig      Daniela    Am Berg25        Saarbruecken    99041
```

Der Translate-Befehl leistet noch etwas mehr, als nur die Umsetzung von Zeichen. Die detaillierte Funktionalität des `tr` sieht wie folgt aus:

tr	Translate characters
tr	[-cds] s1 s2
-c	alle Eingabezeichen außer denen, die in s1 vorkommen, werden in der Ausgabe durch die Zeichen aus s2 ersetzt
-d	alle Eingabezeichen, die in s1 definiert sind werden gelöscht
-s	alle mehrfach vorkommenden Zeichen, die in s2 definiert sind, werden nur einmal ausgegeben
s1,2	enthalten die umzusetzenden Zeichen

Das Kommando operiert gewöhnlich auf Standardein- und -ausgabe.

Abschließend noch ein Beispiel, das die Kombination der Optionen in der Anwendung verdeutlicht.

```
$ tr -cs "[A-Z][a-z]" "[\012*]" < privat.adr > privat.nl

$ cat privat.nl
Mayer
Ulrich
Alte
Allee
Feldkirch
Monika ... usw.
```

Das Kommando hat Ihre ursprüngliche Adreßdatei wie folgt zerlegt:

aus

```
Mayer:Ulrich:Alte Allee  :24:Feldkirch:234690
```

wird

```
Mayer
Ulrich
Alte
Allee
Feldkirch
```

Es fällt auf, daß alle Sonderzeichen, inklusive der Feldtrenner, sowie alle Ziffern aus der Ausgabe verschwunden sind. Alle Namen bilden jetzt jeweils eine eigene Zeile. Wie hat `tr` das aufgrund der Optionierung zustande gebracht? Interpretieren wir zunächst die Option `-c`.

Alle Zeichen der Eingabe `privat.adr`, die nicht in `s1` vorkommen, werden durch Informationen aus `s2` ersetzt.

Die Angabe `[A-Z][a-z]` in `s1` schließt offenbar alle Buchstaben von der Umsetzung aus. Damit bleiben alle "Worte" erhalten. Nicht ausgeschlossen vom Umsetzmechanismus sind dagegen alle anderen Zeichen, also insbesondere Ziffern, Blanks und alle Sonderzeichen. Sie werden durch `s2` ersetzt.

Man muß nun wissen, daß `\012` die oktale Kodierung von "Neue Zeile" ist, um zu verstehen, daß überall dort, wo in der Eingabe ein Zeichen auftaucht, das kein Buchstabe ist, in der Ausgabe ein Zeilenumbruch stattfindet.

Die Voraussetzung, daß für jedes zu ersetzende Zeichen in `s2` ein korrespondierendes definiert sein muß, wird durch den angehängten * geschaffen. Dadurch wird symbolisch eine beliebig lange Folge von `\012`-Zeichen festgelegt. Dies steht in Analogie zur erweiterten regulären Syntax. Falls nun in der Eingabezeile mehrere Zeichen vorkommen, die durch `\012` ersetzt werden, entstünden in der Ausgabe mehrere leere Zeilen. Damit nur eine Leerzeile ausgegeben wird, ist die Option `-s` gesetzt, die einen beliebig langen, aus identischen Zeichen bestehenden String auf ein Zeichen verkürzt.

Wir verwenden nun die von `tr` produzierte und manuell korrigierte Adreßliste, um ein Kommando vorzustellen, mit dessen Hilfe Druckausgaben formatiert werden können.

`pr` - Dateien formatieren

Genauer müßte man sagen, Dateien werden zum Druck vorformatiert. Die Tatsache, daß das Ergebnis des Kommandos jedoch nicht direkt zum Drucker geschickt, sondern auf die Standardausgabe geschrieben wird, macht es möglich, die Funktion des Kommandos so, wie in der Überschrift zu definieren. Das Kommando ist wieder einmal recht umfangreich, so daß Sie es zunächst einmal anhand eines einfachen Beispieles in der Praxis nachvollziehen können. Sie benötigen dazu eine etwas umfangreichere Datei und lenken die Ausgabe des Kommandos `ls /etc` in die Datei `etc.lst` um. Es entsteht dort eine Liste, in der jeder Dateiname eine Zeile belegt. Sie wollen die Liste ausdrucken, stellen sich aber vor, die Information in 5 Textspalten mit einer Überschrift aufs Papier zu bringen.

```
$ ls /etc > etc.lst

$ pr -5h "Inhalt /etc" etc.lst > etc.pr5

$ pg etc.pr5
Sep  7 23:26 1992  Inhalt /etc  Page 1
Backup     device.tab  idsd.d    netconfig   setmnt
Ignore     devnm       init      nodename    shadow
TIMEZONE   dfs         init.d    opasswd     shutdown
X0.hosts   dfsck       initpipe  opt         skel
acct       dfspace     initprog  oshadow     stdprofile
adddisk    dgroup.tab  inittab   partitions  sulogin
adduser    diskadd     install   passwd      swap
.....      .....       .....     .....       .....
.....      .....       .....     .....       .....
datemsk    gettydefs   mountall  rstab       wsinit.err
dcopy      group       mvdir     saf         wtmp
default    grpck       ncheck    scsi        xinstall
deluser    idrc.d      net       setclk
```

Das `pr`-Komando hilft, das gewünschte Ergebnis zu produzieren. Der Befehl erhält die aufzubereitende Datei als Argument. Die Ausgabe erfolgt auf stdout. Die Liste wird bereits auf Druckseitenformat ausgerichtet. Standardwert für die Seitenlänge sind 66 Zeilen; danach wird eine neue Überschrift bestehend aus Datum und Seitennummer ausgegeben.
Die Überschrift kann mit der Option `-h "Text"` um einen individuellen Text ergänzt werden. Im Beispiel `"Inhalt von /etc"`.

Die spaltengerechte Aufbereitung wird durch die Option `-n` erreicht. Zeilenumbrüche werden dabei zu Tabulatoren expandiert.

Das Ergebnis von "pr" wird in der Praxis meist über eine Pipe direkt an den Drucker geschickt.

```
$ pr -5h "Inhalt /etc" etc.lst | lp

oder

$ cat etc.lst | pr -5h"Inhalt von /etc" | lp

beziehungsweise

$ ls /etc | pr -5h"Inhalt von /etc" | lp
```

Das pr-Kommando ist auch in der Lage, mehrere Dateien so auszugeben, daß für jede Datei eine Spalte reserviert ist.

```
$ ls /usr > usr.lst

$ pr -mh "Inhalt /etc und /usr" etc.lst usr.lst > double.lst

$ pg double.lst

Sep  7 23:34 1992  Inhalt /etc und /usr Page 1

Backup        X
Ignore        add-on
TIMEZONE      adm
X0.hosts      admin
acct          alarm
.....         .....
.....         .....
dcopy         ucbinclude
default    ucblib
deluser    vmsys
device.tab
.....
.....
vtgetty
wall
whodo
wsinit.err
wtmp
xinstall
```

Zusätzlich zu etc.lst wurde eine Namensliste zu /usr produziert. Die Option -m (merge) gibt dann beide Dateien nebeneinander in verschiedenen Spalten aus. Die Optionen -m schließt allerdings aus, daß die einzelnen Dateien wiederum in mehreren Spalten ausgegeben werden können. Die Konstruktion

```
$ pr -5m datei1 datei2
```

geht schief und wird von `pr` mit einer entsprechenden Fehlermeldung abgewiesen.

Im folgenden Beispiel vollziehen Sie wieder den Versuch nach, mit `tr` ein "Layout" in die Adreßdatei zu bringen. Sie ersetzen noch einmal die Feldtrenner durch Tabulatoren.

```
$ cat privat.adr
Mayer:Ulrich:Alte Allee:24:8250:Feldkirch:08121:234690
Schulz:Monika:Marktstr.:9a:2000:Hamburg:0211:1234567
Harig:Dieter:Waldstr.:15:8208:Kolbermoor:08031:44553300
Roemer:Ursula:Karlsplatz:7a:8000:Muenchen:089:120452
Meier:Peter:Lindwurmstr:10:8000:Muenchen:089:471399
Huber:Karl-Otto:Goetheplatz:44:8000:Muenchen:089:774433
Meier:Peter:Lindwurm:24:8000:Muenchen:089:990567
Maier:Helmut:Salzstadl:14:8200:Rosenheim:08031:241800
Termoellen:Peter:Schewdenstr.:12:8200:Rosenheim:08031:7700213

$ tr ":" '\011' < privat.adr > privat.tab

$ cat privat.tr            (die Zeilen sind aus Platzgründen verkürzt)

Mayer     Ulrich   Alte Allee       24      8250     ...
Schulz    Monika   Marktstr.        9a      2000     ...
Harig     Dieter   Waldstr.         15      8208     ...
Roemer    Ursula   Karlsplatz       7a      8000     ...
Meier     Peter    Lindwurmstr      10      8000     ...
Huber     Karl-Otto        Goetheplatz      44       ...
Meier     Peter    Lindwurm         24      8000     ...
Maier     Helmut   Salzstadl        14      8200     ...
Termoellen         Peter    Schewdenstr.    12       ...
```

Das Resultat ist nach wie vor unbefriedigend. Die "Ausreißer" können jetzt aber mit dem `pr` korrigiert werden.

Es gibt hierzu eine Option, die in der Lage ist, Tabulatoren entgegen dem eingestellten Wert(8 Zeichen) auf beliebige Werte zu expandieren. Einige Experimente mit dieser Option `-e` lassen erkennen, daß bei der Tabulierung auf 13 Zeichen ein gutes Resultat entsteht.

```
$ pr -e13 privat.tr > privat.tab

$ cat privat.tab          (die Zeilen sind aus Platzgründen verkürzt)

Sep 7 23:50 1992  privat.tab Page 1

Mayer        Ulrich       Alte Allee   24      8250       ...
Schulz       Monika       Marktstr.    9a      2000       ...
Harig        Dieter       Waldstr.     15      8208       ...
Roemer       Ursula       Karlsplatz   7a      8000       ...
Meier        Peter        Lindwurmstr  10      8000       ...
Huber        Karl-Otto    Goetheplatz  44      8000       ...
Meier        Peter        Lindwurm     24      8000       ...
Maier        Helmut       Salzstadl    14      8200       ...
Termoellen   Peter        Schewdenstr. 12      8200       ...
```

Noch etwas zum Thema Überschriften: Die Möglichkeiten der Option -h sind auf fünf Zeilen Text beschränkt, die direkt in der Option angegeben werden. Das Kommando eignet sich daher bei Ausgaben, die etwas komfortabler gestaltet sind, weniger zur direkten Eingabe. Einmal aufgebaute pr-Statements sollten daher in einer Datei abgelegt und als Script aufgerufen werden.

Möchten Sie schnell und vielleicht auch nur einmalig ein Listenbild mit mehrzeiliger Überschrift erzeugen, können Sie sich mit einem Trick behelfen.

Passend zum Zeilenlayout der zu druckenden Datei hinterlegen Sie sich eine Überschrift in einer zweiten Datei.

Durch setzen der Option -t beim pr-Kommando verhindern Sie, daß die Standardüberschrift ausgegeben wird und gibt in einem Aufruf sowohl die Überschrift, als auch die Datei selbst aus. Zu beachten ist allerdings, daß diese Überschrift nur einmal und nicht auf jeder Seite ausgegeben wird.

```
$ cat header
Name          Vorn.    Strasse      Nr.  PLZ  Ort        Vorw. Ruf
-------------------------------------------------------------------------

$ pr -t header privat.form > privat.lst
$ cat privat.lst

Name          Vorn.    Strasse      Nr.  PLZ  Ort        Vorw. Ruf
-------------------------------------------------------------------------
Mayer         Ulrich   Alte Allee   24   8250 Feldkirch  08121 234690
Schulz        Monika   Marktstr.    9a   2000 Hamburg    0211  1567
Harig         Dieter   Waldstr.     15   8208 Kolbermoor 08031 44300
Roemer        Ursula   Karlsplatz   7a   8000 Muenchen   089   120452
Meier         Peter    Lindwurmstr  10   8000 Muenchen   089   471399
Huber         Karl     Goetheplatz  44   8000 Muenchen   089   774433
Meier         Peter    Lindwurm     24   8000 Muenchen   089   990567
Maier         Helmut   Salzstadl    14   8200 Rosenheim  08031 241800
Termoellen    Peter    Schewdenstr.12   8200 Rosenheim  08031 77213
```

In der gesamten Bandbreite seiner Optionen stellt sich das pr-Kommando wie folgt dar:

```
pr          Print files (Dateien zum Druck formatieren)

pr          [[-columns] [-wwidth] [-a]] [-eck] [-ick]
            [-drtfp] [+page] [-nck] [-ooffset]
            [-llenght][-ssep] [-hheader] [-F]
            [file(s)]

pr          [[-m] [-wwidth] [-eck] [-ick] [-drtfp]
            [+page][-nck] [-ooffset] [-lenght] [-ssep]
            [-hheader] [-F][file(s)]
```

```
Optionen
```

`-columns`	Formatiert die Ausgabe auf columns Spalten (-5, -3,..) das Kommando ist dann auf eine Datei beschränkt.
`-m`	Druckt mehrere Dateien in jeweils einer Spalte (zu lange Zeilen werden dabei abgeschnitten).
`-w`width	Setzt die Spaltenbreite auf den Wert width Zeichen.
`-e`ck	Expandiert Tabulatoren auf die Werte k+1,2k+1,3k+1,... c ist ein Ersatzzeichen für das echte Tabulatorzeichen.
`-i`ck	Leerzeichen werden durch Tabulatoren ersetzt.
`-d`	Nach jeder Ausgabezeile wird eine Leerzeile ausgegeben.
`-r`	Keine Fehlerausgabe bei Dateien, die nicht geöffnet werden können.
`-t`	Unterdrückt die Ausgabe des Standardkopfes und des Standardfußes auf jeder Seite.
`-f`	Stoppt die Ausgabe kurz bei Seitenwechsel, falls die Standardausgabe auf dem Terminal liegt, ansonsten wird ein line feed pro Seitenwechsel ausgegeben.
`-p`	Hält die Terminalausgabe an, gibt ein akustisches Signal und wartet auf Bestätigung durch <RET>.
`+page`	Beginnt mit der Ausgabe erst bei der Seite page.
`-n`ck	Gibt eine k-stellige Zeilennummer mit aus sas Zeichen c wird dabei zum Absetzen der Nummer von der Zeile verwendet (z.B. ":", Standard ist Tabulator).
`-o`offset	Rückt die Zeilen um offset Positionen ein.
`-l`length	Setzt die Seitenlänge auf length Zeilen (Standard 66), inklusive 5 Zeilen für Kopf und 5 Zeilen für Fuß.
`-s`sep	Setzt die Spalten bei mehrspaltiger Ausgabe durch das Zeichen c voneinander ab.
`-h`head	Steht für "header" und gibt den Text "head" als. Überschrift aus
`-F`	Sorgt für Umbruch von Zeilen, die zu lang sind.
`file(s)`	Eingabedatei(en).

Ausgeben komprimierter ASCII-Dateien

Komprimierte Textdateien (ASCII) lassen sich mit dem Kommando `cat` nicht mehr am Bildschirm anzeigen oder besser, sie sind dann nicht wieder zu erkennen. Wollen Sie dennoch einen Blick in eine komprimierte Datei werfen, brauchen Sie sie vorher nicht zu entkomprimieren, sondern nutzen die Befehle

```
zcat          Ausgabe komprimierter Dateien

zcat          file(s)
file(s)       Name(n) der mit compress komprimierten Dateien, die
              ausgegebenen werden sollen. Suffix ".Z" kann entfallen.

pcat          Mit pack komprimierte Dateien ausgeben

pcat          file(s)
file(s)       Datei(en) die ausgegeben werden soll.
```

Der Vorteil der Kommandos liegt darin, daß komprimierte Dateien vor der Ausgabe nicht entkomprimiert werden müssen.

Sie verwenden die Alternativen je nachdem, ob Sie die Datei mit `compress` oder `pack` komprimiert haben.

Beachten Sie allerdings, daß die folgende Konstruktion keinesfalls eine komprimierte Datei liefert.

```
$ zcat datei1 datei2 > datei3

beziehungsweise

$ pcat datei1 datei2 > datei3
```

Die Ausgabe von `z(p)cat` geht im ASCII-Format auf die Standardausgabe und wird genauso in Datei `datei3` abgelegt. Die Ausgabedatei muß selbstverständlich einem eigenen Komprimierungslauf unterzogen werden.

13. Die Korn-Shell

13.1. Kapitelübersicht

Seit Release 4 ist die Korn-Shell fester Bestandteil von UNIX. Immerhin ist auch die nach ihrem Schöpfer David Korn benannte Kommandoschnittstelle bereits gute zehn Jahre alt - sie wurde 1982 entwickelt. Auf den ersten Blick unterscheidet sie sich nicht von der Bourne-Shell. Umsteiger, die bisher mit der Bourne-Shell gearbeitet haben, können dies wie gewohnt innerhalb der Korn-Shell fortsetzen.

Die Korn-Shell beseitigt unter anderem einige Ärgernisse, die in der Bourne-Variante insbesondere so manchen Großrechner-Umsteiger zur Verzweiflung bringen. Dazu zählt die Kommandowiederholung. Obwohl man ein Kommando gerade erst eingegeben hat und es zudem noch oben am Bildschirm zu sehen ist, muß man es erneut eintippen, wenn man es wieder anwenden will. Eine mühsam aus Handbüchern zusammengesuchte Parametrierung muß ebenfalls - vielleicht nur in einer Nuance geändert - jedesmal komplett wieder abgetippt werden. Nicht so bei der Korn-Shell.

Was den Komfort der Benutzerschnittstelle angeht, leistet sie sogar noch erheblich mehr. Kommandos werden auch über mehrere Sitzungen hinweg gespeichert und sind erneut abrufbar. Sie können vor erneutem Ablauf geändert werden. Oft benötigte Kommandokonstruktionen mit langen Argumentlisten können mit einem Namen versehen werden und stehen als "alias" in Kurzform bereit. Auch zahlreiche "Insider-Funktionalitäten", wie Variablendefinition, Arithmetik, Funktionen und das gesamte Environment sind in der Korn-Shell deutlich verbessert.

Im vorliegenden, den ersten Band der Reihe "UNIX im Alleingang" abschließenden Kapitel, sollen Sie mit den Erweiterungen der Korn-Shell vertraut gemacht werden, die Sie beim Nutzen der Shell als Kommandoeingabe-Schnittstelle brauchen. Die Mechanismen der Korn-Shell, die im wesentlichen innerhalb von Scripts Verwendung finden, werden hier nicht beschrieben oder wenn, dann nur kurz angedeutet.

Ein Hinweis auf den Nachfolger des vorliegenden Buches sei hier noch erlaubt. Dort wird im Rahmen der Shell-Programmierung ausschließlich auf die Korn-Funktionalität eingegangen.

13.2. Her mit der Korn-Shell

Sollten Sie auf einem UNIX der Variante System V Release 4 arbeiten, dürfte es kein Problem sein, an die Korn-Shell heranzukommen. Möglicherweise arbeiten Sie bereits damit. Aufschluß über die Shell, mit der Sie es zu tun haben, gibt Ihnen ein einfaches ps-Kommando.

```
$ ps                              $ ps
PID TTY        TIME COMD          PID TTY        TIME COMD
313 pts/3      0:00 -sh  oder     313 pts/3      0:00 -ksh
324 pts/3      0:00 ps            324 pts/3      0:00 ps
```

Liefert Ihnen der Prozeßstatus sh, arbeiten Sie noch mit der Bourne-Shell. Das Minuszeichen signalisiert dabei, daß es sich um die Login-Shell handelt. Sollten Sie das Glück haben, -ksh zu lesen, können Sie gleich loslegen - Sie arbeiten bereits mit der Korn-Shell. Die Bourne-Shell-Anwender unter Ihnen können jetzt folgenden Versuch starten:

```
$ /usr/bin/ksh
```

Unter diesem Pfad liegt gewöhnlich die Korn-Shell. Geht das Kommando gut, sollte ein erneuter ps-Aufruf etwa folgendes liefern.

```
$ ps
PID TTY        TIME COMD
313 pts/3      0:00 -sh
316 pts/3      0:00 ksh
322 pts/3      0:00 ps
```

Sie haben dann soeben erfolgreich die Korn-Shell als Subshell gestartet. Falls alles nichts geholfen hat, fragen Sie Ihren Systemadministrator nach der UNIX-Version und der Korn-Shell. Es ist empfehlenswert, die Korn-Shell gleich als Login-Shell zu definieren. Ihr Systemverwalter braucht hierzu nur Ihren Benutzereintrag in der Datei /etc/passwd entsprechend zu ändern.

Gehen wir also jetzt davon aus, daß Sie innerhalb einer Korn-Shell operieren. Ansonsten können Sie das vorliegende Kapitel getrost ungelesen lassen. In der Bourne-Shell geht nichts von dem, was Sie jetzt erfahren. Beginnen wir mit der augenfälligsten Zusatzfunktionalität der Korn-Shell.

13.3. Die Kommandowiederholung

Wie oft geben Sie bei einer normalen Session stets wieder die gleichen Kommandos ein? Beispielsweise `ls`, `cd` oder `pwd`. Jedesmal - so sind Sie es gewohnt - müssen Sie die Kommandos erneut eintippen. Damit ist es in der Korn-Shell endgültig vorbei, sie kennt einen Mechanismus zur Kommandowiederholung.

Um Kommandos, die Sie irgendwann einmal eingegeben, haben, wieder abrufbar zu machen, ist es natürlich notwendig, daß diese irgendwo protokolliert werden. Die Korn-Shell tut dies normalerweise in einer "versteckten" Datei `$HOME/.sh_history`, von deren Existenz Sie sich mit einem `ls -a` überzeugen können. Die Shell notiert in diesem "Logbuch" die Historie ihrer UNIX-Sessions - natürlich nur bis zu einem gewissen Umfang. Damit die History-Datei also im Laufe der Zeit nicht zu groß wird, behält sich die Korn-Shell normalerweise nur die letzten 128 Kommandos. Name und Größe der History-Datei sind - und das deutete bereits das Adjektiv "normalerweise" an - von Ihnen konfigurierbar.

Sie können sich aber zunächst mit den Standards begnügen und stellen sich - ausgestattet mit dem Background der hinter Ihnen liegenden Kapitel - die Frage, wie ein Mechanismus "Kommandowiederholung" auf einer ansonsten mit der Bourne-Shell nahezu identischen Benutzeroberfäche aussehen kann. Da auch innerhalb der Korn-Shell der Echomodus aktiv ist, scheidet das Ansteuern einer noch am Bildschirm sichtbaren Kommandozeile mit den Cursortasten, eine gegebenenfalls vorgenommene Änderung und ein erneutes Übertragen mittels Returntaste nach wie vor aus. So sind Sie es vielleicht als Anwender einer Großrechenanlage gewohnt. Der Nachteil wäre aber ohnehin eine recht kurze Historie, die beim ersten Kommando, dessen Ausgabe über mehr als eine Bildschirmseite hinausgeht, bereits nicht mehr existieren würde. Es wurde bereits darauf hingewiesen, daß die Historie in einer Datei gespeichert ist, deren Lebensdauer länger als die der UNIX-Sitzung ist.

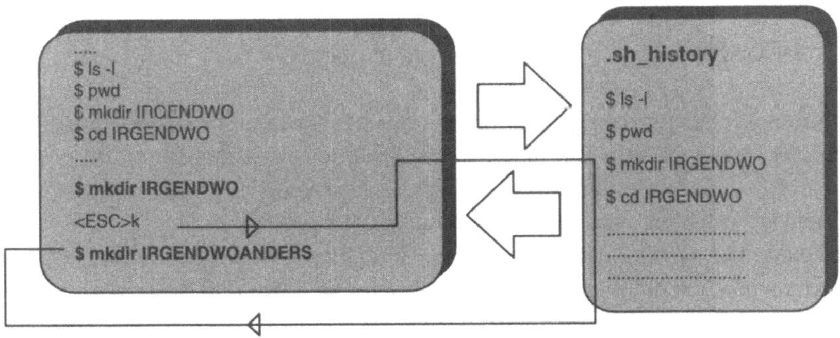

Es muß also eine Funktionalität bereitgestellt werden, die es erlaubt, zu jedem beliebigen Zeitpunkt den gewohnten Kommandoeingabe-Modus der Shell sozusagen "fluchtartig" zu verlassen, um auf die Historie zuzugreifen. Da Kommandos nicht nur identisch reproduziert, sondern auch verändert werden können, bevor sie erneut aktiviert werden, muß eine Editorfunktion gewährleistet sein. Das folgende Bild verdeutlicht, was gemeint ist.

Jedes Kommando, welches innerhalb der Shell aktiviert wird, muß in der Logdatei protokolliert werden und auf Wunsch daraus wieder entnommen werden können. Um den Zugriff auf die Kommandohistorie zu ermöglichen, hat man zunächst in die Korn-Shell einen abgemagerten Editor integriert, Standards sind hierbei `emacs` und `vi`. Man kann auch über das Kommando `fc` einen anderen Editor zur Bearbeitung der History-Liste einstellen.

Da Sie hier nur den `vi` kennengelernt haben, verwenden Sie den internen `vi`-Editiermodus der Korn-Shell. Er ist mit Sicherheit auch der, der am häufigsten angewandt wird. Da prinzipiell verschiedene Editorvarianten betrieben werden können, muß man sich folglich für einen entscheiden. Dies tut man mit dem Kommando `set`, indem man als erstes Kommando nach Login

```
set -o vi
```

aktiviert und der Korn-Shell damit seine Wahl kundtut. Eine andere Möglichkeit ist das Besetzen der Variablen `EDITOR` oder `VISUAL`, sinnvollerweise in der `.profile`, gemäß

```
EDITOR=/usr/bin/vi
VISUAL=/usr/bin/vi
```

Die genannten Variablen `VISUAL` und `EDITOR`, sowie das explizite Setzen der `vi`-Option mittels `set` besitzen unterschiedliche Prioritäten in der genannten Reihenfolge. Die `set`-Variante hat dabei höchste Priorität.

Der vi-Modus

Wir kümmern uns nun ausschließlich um den `vi`-Modus. Der in die Korn-Shell integrierte "Mini-vi" ist auf das Editieren einzelner Zeilen ausgelegt. Das genügt ja auch für die Zwecke, um die es hier geht. Ansonsten zeigt dieser interne `vi` das gleiche Verhalten, wie sein großer Bruder.

Sobald über `set -o vi` der interne Editor aktiviert ist, wechselt er in den Eingabemodus und nimmt Ihr Kommando entgegen. Ohne daß Sie es nach außen hin merken, operieren Sie während der Kommandoeingabe im besagten Eingabemodus auf der Datei `.sh_history`. Schließen Sie ein Kommando mit Return ab, wird zum einen das Kommando von der Shell aktiviert, zum anderen erzeugen Sie in der History-Datei eine neue Zeile. Daß Sie es mit einem Editor vom Typus `vi` zu tun haben, merken Sie erst, wenn Sie die Escape-Taste betätigen.

Sie schalten dann - wie beim großen Bruder - vom Eingabemodus in den
Kommandomodus um.

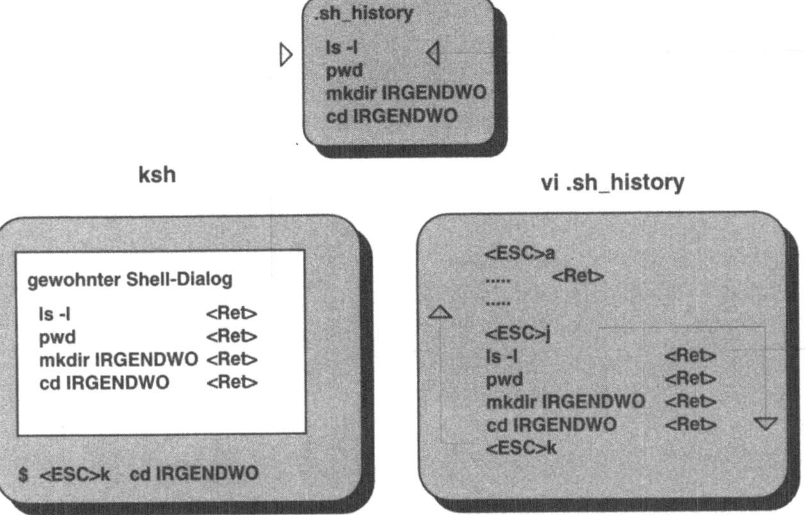

Wie kommen Sie jetzt an die in `.sh_history` gespeicherten Kommandos
heran? Genauso, wie wenn Sie im Editor auf eine Zeile der Textdatei navigieren.

Erinnern Sie sich an das Kapitel über den `vi` zurück, und ersetzen Sie gedanklich einmal die Kommandoeingabe der Shell durch den Eingabemodus im
`vi`. Wenn Sie eine Zeile höher positionieren wollen, tun Sie dies mit der Cursor
Taste oder mit der vom Keyboardmapping weniger abhängigen Tastenkombination <ESC>k. Sobald Sie diese Tastenkombination innerhalb der Korn-
Shell aktivieren, passiert genau das gleiche. Sie befinden sich eine Zeile höher in
der History-Datei. Da es sich bei der eingebauten `vi`-Variante um einen
zeilenorientierten Editor handelt, wird Ihnen prompt die letzte Kommandozeile
zur Bearbeitung angezeigt. Bei jeder Eingabe von <ESC>k rutschen Sie in Ihrer
Kommandohistorie stetig eine Zeile höher und können diese so in Richtung
Vergangenheit durchlaufen. Wollen Sie die Richtung umkehren, verwenden Sie
anstelle von <ESC>k, die Kombination <ESC>j.

Die Ihnen zur Verfügung gestellte Kommandozeile kann identisch wieder aktiviert werden, indem sie einfach Return eingeben. Wollen Sie das Kommando
editieren, also verändert wieder zum Ablauf bringen, ist dies - bis auf die Positionierung - in gewohnter `vi`-Manier möglich.

Im einzelnen haben Sie folgende Möglichkeiten, Kommandos wiederzufinden, und zu manipulieren:

Positionierung

<ESC>**k**   zeilenweise nach oben (jeweils voriges Kommando)

<ESC>**j**   zeilenweise nach unten (jeweils nächstes Kommando)

<ESC>**-/+**   wie <ESC>k/j

<ESC>**l**   Cursor nach rechts

<ESC>**h**   Cursor nach links

<ESC>**b**   Cursor wortweise nach links

<ESC>**w**   Cursor wortweise nach rechts

<ESC>**^**   Cursor an Zeilenanfang

<ESC>**$**   Cursor an Zeilenende

Suchen

<ESC>**/str** sucht das "jüngste" Kommando, das die Zeichenfolge
          str irgendwo beinhaltet
          (bei Angabe von ^str muß das Kommando mit dem
          Suchmuster beginnen)

<ESC>**?str** analog zu /str es wird jedoch das "älteste" Kommando
          gesucht

Manipulation

<ESC>**A**   fügt die folgende Eingabe ans Ende der Zeile an

<ESC>**a**   fügt die folgende Eingabe an der Cursorposition ein

<ESC>**R**   überschreibt alle Zeichen durch die folgende Eingabe

<ESC>**rc**   überschreibt das Zeichen an der Cursorposition durch
          das Zeichen c (es versteht sich, daß c ein beliebiges
          Zeichen ist)

<ESC>**x**   löscht das Zeichen an der Cursorposition

<ESC>**i**   aktiviert den Einfügemodus

<ESC>**dc**   löscht ab der aktuellen Position alles bis zum Zeichen c
          ist c gleich $, wird alles bis ans Zeilenende gelöscht

Undo und Wiederholungen

<ESC>u   macht die letzte Änderung rückgängig
<ESC>U   stellt den ursprünglichen Zustand der Zeile wieder her,
           macht also alle Modifikationen rückgängig
<ESC>.   wiederholt die letzte Textmodifikation

Formatierte Dateiliste

<ESC>=   produziert eine mehrspaltige, durchnumerierte Dateiliste
           des aktuellen Verzeichnisses

$<wild> | <pre><ESC>=
           Produziert die gleiche Liste für Dateien, deren Namen sich
           aufgrund der wild card wild expandieren lassen.
           Die Eingabe erfolgt dabei direkt nach dem Prompt ($).
           Anstelle der wild card kann auch ein Namensprefix
           angegeben werden.

Als erstes sollten Sie den Mechanismus der Kommandowiederholung ein wenig üben. Vergessen Sie nicht, vorher den vi-Editiermodus mit dem set-Kommando einzustellen. Danach geben Sie einfach einige Kommandos hintereinander ein und probieren, die Kommandos mit den oben genannten Möglichkeiten zu manipulieren und wieder zum Ablauf zu bringen.

Ein kleine exemplarische Korn-Shell-Session könnte dann folgendermaßen aussehen, auf die Kommandoausgaben wurde verzichtet:

```
$ set -o vi
$ ls -CF
......

$ pwd
/home/myoclf
$ touch CMP.dat
$ find . -newer CMP.dat -print
.sh_history


<ESC>k                                         voriges Kommando anzeigen
find . -newer CMP.dat -print<RET>
<ESC>k                                         weiter in der Historie zurück
touch CMP.dat<RET>                             Kommando wiederholen
<ESC>/fi<RET>                                  letztes Kommando mit fi
find . -newer CMP.dat -print<RET>              reaktivieren
.sh_history
.....
```

Das Beispiel oben ist zugegebenermaßen nicht sehr umfangreich, was das Dokumentieren der Korn-Shell-Fähigkeiten zur Kommandohistorie anbelangt. In erster Linie macht hier wieder Übung den Meister. Probieren Sie also aus, wie es funktioniert.

Eine Tatsache sollte aus dem kurzen Dialog oben jedoch unterstrichen werden. Der `find` liefert jedesmal `.sh_history` als jüngste Datei. Das belegt trivialerweise, daß jede Aktion, die Sie per Kommando an der Schnittstelle veranlassen, von der Korn-Shell notiert wird. Es gibt im Zusammenhang mit der Kommandowiederholung noch einige nennenswerte Einzelheiten.

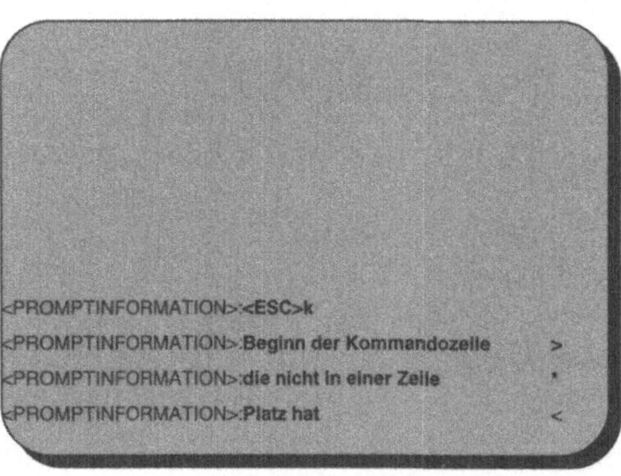

Die Länge der Kommandozeile kann in der Korn-Shell 256 Zeichen betragen. Wahrscheinlich wird man solch lange Statements kaum einmal formulieren. Immerhin ist jedoch die Eingabezeile am Bildschirm auf 80 Zeichen beschränkt. Sie werden gleich sehen, daß man sich mit der Korn-Shell relativ einfach informative Prompts generieren kann. Beispielsweise können Sie sich als Prompt immer das aktuelle Dateiverzeichnis ausgeben lassen. Der Raum für die Eingabe in einer Zeile wird dann bereits eng, und die Wiedergabe eines Kommandos paßt dann unter Umständen nicht mehr in eine Zeile. Die Korn-Shell zeigt dann bei Anforderung eines Kommandos aus der Historie nur einen Ausschnitt aus der Zeile und deutet durch das Zeichen > an, daß rechts außerhalb des sichtbaren Zeilenbereichs weitere Information steht. Wird durch Cursorpositionierung das letzte sichtbare Zeichen erreicht, schiebt die Korn-Shell die Kommandozeile nach links. Es wird dann rechts weitere Information sichtbar, links, am Prompt, geht allerdings Information verloren.

Ist das Ende der Kommandozeile bereits sichtbar, signalisiert die Korn-Shell durch das Zeichen <, daß sich links vom Prompt noch Information befindet. Sieht man dagegen nur einen Ausschnitt des Kommandos bei dem weder Anfang noch Ende sichtbar sind, visualisert die Korn-Shell dies durch einen * an der rechten Zeilenposition.

Es gibt noch einen erwähnenswerten Zusatz im Zusammenhang mit der Kommandowiederholung. Durch die Eingabe <ESC>= erreicht man die Ausgabe einer Dateiliste des momentanen Verzeichnisses mit folgendem Aussehen:

```
$ cd /usr
<ESC>=
    1) LNK            13) install/        25) sbin/
    2) LNK1           14) 1bin/           26) share/
    3) LNKok/         15) lib/            27) spool/
    4) X/             16) lost+found/     28) src/
    5) add-on/        17) mail/           29) sysadm/
```

```
 6) adm/            18) man/           30) tmp/
 7) admin/          19) net/           31) ucb/
 8) alarm/          20) news/          32) ucbinclude/
 9) bin/            21) options/       33) ucblib/
10) ccs/            22) preserve/      34) vmsys/
11) etc/            23) pub/
12) include/        24) sadm/
```

Man kann diese nehrspaltige, durchnumerierte Liste auch für bestimmte Dateigruppen erzeugen, in dem man vor <ESC>= einen Namensprefix oder eine beliebige wild card setzt.

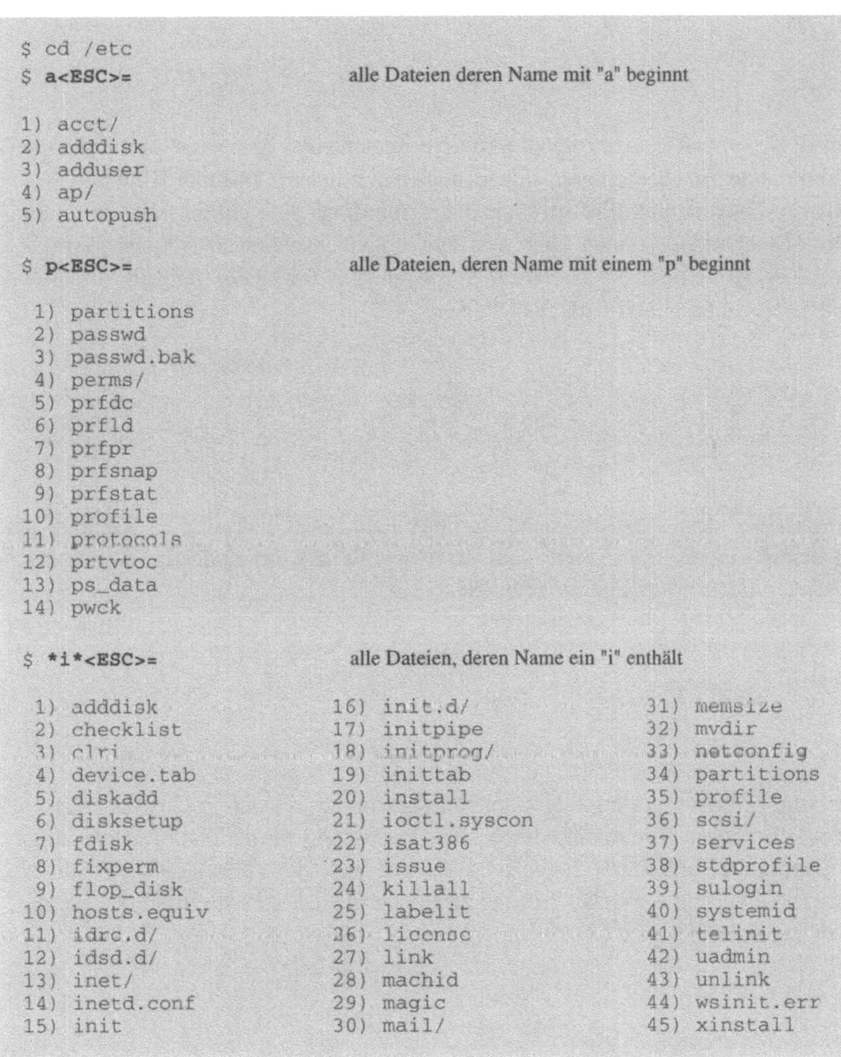

```
$ cd /etc
$ a<ESC>=                    alle Dateien deren Name mit "a" beginnt

1) acct/
2) adddisk
3) adduser
4) ap/
5) autopush


$ p<ESC>=                    alle Dateien, deren Name mit einem "p" beginnt

 1) partitions
 2) passwd
 3) passwd.bak
 4) perms/
 5) prfdc
 6) prfld
 7) prfpr
 8) prfsnap
 9) prfstat
10) profile
11) protocols
12) prtvtoc
13) ps_data
14) pwck


$ *i*<ESC>=                  alle Dateien, deren Name ein "i" enthält

 1) adddisk        16) init.d/         31) memsize
 2) checklist      17) initpipe        32) mvdir
 3) clri           18) initprog/       33) netconfig
 4) device.tab     19) inittab         34) partitions
 5) diskadd        20) install         35) profile
 6) disksetup      21) ioctl.syscon    36) scsi/
 7) fdisk          22) isat386         37) services
 8) fixperm        23) issue           38) stdprofile
 9) flop_disk      24) killall         39) sulogin
10) hosts.equiv    25) labelit         40) systemid
11) idrc.d/        26) license         41) telinit
12) idsd.d/        27) link            42) uadmin
13) inet/          28) machid          43) unlink
14) inetd.conf     29) magic           44) wsinit.err
15) init           30) mail/           45) xinstall
```

Die Historie im direkten Zugriff

Alternativ zur beschriebenen vi-Variante, kann auf die Kommandohistorie auch mittels des repeat-Kommandos r direkt zugegriffen werden. Der Ausdruck "Kommando" ist hier jedoch nicht im gewohnten Sinn zu verstehen. Es handelt sich dabei nicht um ein Programm, sondern um einen Alias für eine bestimmte Ausprägung des fc-Kommandos, welches an späterer Stelle erläutert wird. Im einfachsten Fall kann das letzte Kommando mit folgendem Aufruf wiederholt werden.

```
$ r
ls
GESCHAEFT    PRIVAT   ......
```

Im Beispiel war ls das zuletzt aktivierte Kommando. Ebenso ist es möglich, ein Kommando zu wiederholen, indem man bei r dessen absolute Nummer in der History-Datei angibt. Illusorisch ist dabei allerdings die Kenntnis aller Nummern. Die Kommandos können aber mit dem unten beschriebenen Alias history eingesehen werden. Noch besser, Sie können Kommandos anhand von Suchmustern aus der Historie herausfiltern.

```
$ r 114
pwd
/home/myself/PRIVAT
```

Anstatt der absoluten Kommandonummer kann auch eine relative Nummer angegeben werden. Sie bezieht sich dann jeweils auf das Ende der Kommandohistorie und sieht folgendermaßen aus.

```
$ r -3
cat ./privat.adr
.....
```

Es wurde das vorvorletzte Kommando reaktiviert. Weitaus interessanter ist die Möglichkeit, ein Kommando durch einen Suchstring aus der History-Liste aufzuspüren und zu aktivieren. Es wird dabei vom Ende der Kommandogeschichte zu deren Anfang hin gesucht. Soll der letzte vi-Aufruf erneut ausgeführt werden, geschieht dies beispielsweise so.

```
$ r vi
vi privat.adr
```

Bei allen vorgestellten Varianten des r-Aliases können Zeichenfolgen vor Ablauf ersetzt werden. Das zu reanimierende Kommando kann also verändert werden. Im folgenden Beispiel stellen Sie mit einem auf üblichem Wege eingegebenen Kommando fest, wie viele symbolische Links das Verzeichnis /etc aufweist. Danach wollen Sie feststellen, wie es um die Zahl der Dateiverzeichnisse unter /etc bestellt ist.

```
$ ls -l /etc | grep lrwx | wc -l
   98

$ r lrwx=drwx
ls -l /etc | grep drwx | wc -l
   27
```

Das erste Kommando startet einen `ls -l` auf dem Verzeichnis /etc und filtert dabei mittels `grep` alle Zeilen mit der Zeichenfolge `lrwx` heraus. Letzteres ist ein Indiz für einen symbolischen Link. Ein durch eine weitere Pipe angeschlossener `wc -l` zählt die Zeilen.

Der anschließende r-Aufruf erfährt durch die mitgegebene Information `lrwx=drwx` eine Modifikation, die sich im ausgegebenen Kommando dokumentiert. Es werden jetzt Verzeichnisse anhand von `drwx` aus der Dateiliste gefiltert und gezählt.

Als Ergänzung hinsichtlich der Kommandowiederholung soll noch eine Möglichkeit aufgezeigt werden, Kommandos in die History-Datei einzutragen, ohne daß diese vorher explizit ausgeführt werden müssen. Hierzu gibt es zum einen die direkte Möglichkeit

```
$ print -s "ls -CF /usr/bin"
```

und die interaktive Variante

```
$ read -s<Ret>
ls -CF /usr/bin
```

Während `print -s` direkt ein Kommando in die History-Datei abstellt, verlangt `read -s` das Kommando im Dialog. Allerdings kann auch bei `read -s` nur ein Kommando eingetragen werden und nicht mehrere.

Weiteres zur History-Datei

Standardmäßig heißt die Logdatei der Korn-Shell `.sh_history`, und in ihr werden ebenfalls per Standard die letzten 128 Kommandos notiert. Sie können den Namen der History-Datei auch jederzeit ändern, ebenso die Größe des Geschichtshorizontes. Wie das geschieht, sehen Sie im folgenden Beispiel.

```
$ typeset -x HISTFILE=logbuch

$ typeset -x HISTSIZE=256
```

Die für die Korn-Shell typische Konstruktion oben entspricht im Grunde folgender Bourne-Shell-Notation.

```
$ HISTFILE=logbuch; export HISTFILE

$ HISTSIZE=256; export HISTSIZE
```

Wenngleich den beiden definierten Variablen `HISTFILE` und `HISTSIZE` bei Bourne keine besondere Stellung zukommt, ist jedoch die Definition einer Variable mit anschließendem `export` der Korn-Funktionalität `typeset-x` gleichzusetzen. Sie haben im ersten Beispiel oben also Ihr Kommandonotizbuch in `logbuch` umbenannt und desweiteren veranlaßt, daß die doppelte Anzahl von Kommandos in ihm gespeichert wird.

Wenn Sie einen Blick in Ihr Logbuch werfen wollen, tun Sie dies mit dem Kommando `fc -1` oder mit dem dafür gebräuchlichen Alias `history`. Sie erhalten dann im Normalfall die letzten 16 Kommandos angezeigt.

```
$ history        bzw.      $ fc -1

120 ps -ef
121 kill -9 4711
122 find . -name *adr* -print
123 .....
.........
```

Mit `history` können Sie gezielt zugreifen. Wie, zeigen die folgenden Beispiele.

```
$ history -5         zeigt die letzten 5 Kommandos

$ history 125        zeigt ab Kommando 125 die 16 nachfolgenden
```

```
$ history v        zeigt ab dem letzten Kommando welches mit "v" beginnt, die 16
                   nachfolgenden

$ history 100 v    die Historie wird ab Kommando 100 bis zum jüngsten
                   Kommando, das mit "v" beginnt, ausgegeben
```

Alle Beispiele funktionieren analog mit `fc -l` anstelle von `history`

Sie erkennen, daß neben der beschriebenen Kommandowiederholung auch die Logging-Funktionalität des History-Mechanismus mit seinen Möglichkeiten ein wertvolles Hilfsmittel in der Praxis sein kann. Das gilt insbesondere für Einsteiger, die sich stets wieder einmal funktionierende Kommandos auf diese Art in Erinnerung rufen können.

Die hier bereits verwendeten "Kommandos" `r` und `history` lassen sich als Aliase auf das folgende Kommando zurückführen:

```
fc         fix command
           (Zugriff auf die Kommando-Historie in der Korn Shell)

fc         [-e ename ] [-nlr] [first [last]]
-n         unterdrückt zusammen mit der Option -l die
           Zeilennummern
-l         listet die letzten (16) Kommandos der History-Datei auf
-r         kehrt die Reihenfolge der Ausgabe von -l um
-e ename   Name eine Editors (z.B. vi)
first      Anfangsnummer eines Kommandobereiches der History-
           Liste
last       Endenummer eines Kommandobereiches der History-
           Liste (die so definierten Kommandos werden mit dem
           eingestellten Editor zur Bearbeitung angeboten und nach
           Verlassen des Editors ausgeführt)

fc         -e - [old=new] [ cmd ]
cmd        Nummer, Kommando oder Kommandoprefix aus der
           History-Datei
old=new    Vor Ausführung des Kommandos wird der Text old durch
           new ersetzt.
```

Es wurden bereits Beispiele für die Kommandowiederholung `r` gegeben. `r` ist ein
Alias für `fc -e -`.

Folglich sind die nächsten Beispiele gleichwertig.

```
$ r lrwx=drwx            In beiden Fällen kommt der Ersetzungsmechanismus
                         old=new zur Anwendung
$ fc -e - lrwx=drwx      Die übrigen Beispiele für "r" können analog mit
                         "fc -e -" nachvollzogen werden.
```

13.4. Optionen der Korn-Shell

Eine Option der Korn-Shell kennen Sie bereits. Mit `set -o vi` haben Sie den
integrierten `vi` der Korn-Shell zur Nachberarbeitung von Kommandos aus der
History-Datei eingeschaltet. Ebenfalls mit `set -o` können eine Vielzahl weiterer Optionen der Korn-Shell aktiviert oder deaktiviert werden. Das Kommando
set ist Ihnen aus dem Kapitel über die Shell (Kap. 10) bereits geläufig. Über die
dort bereits beschriebenen Optionen hinaus, kennt die Korn-Shell weitere, die im
folgenden mit Beispielen belegt werden.

```
set       Shell-Optionen setzen

set       [[-opts] [arg]]
```

liefert ohne Zusatzangaben alle momentan definierten Variable; also
insbesondere auch die, die `env` ausgibt.

```
arg       jede angegebene Zeichenkette wird einer Stellungsvariablen
          zugeordnet ($1,...,$n); als Variablentrennsymbol dient das
          Leerzeichen
opts      (Optionen werden mit - gesetzt und mit + aufgehoben)
-a        jede künftig definierte Variable wird exportiert
-e        beendet die Shell augenblicklich, wenn ein Kommando mit
          Fehler beendet wird ($? ungleich 0)
-f        verhindert Dateinamensexpansion
-h        jedes Kommando erhält einen tracked alias
-m        Hintergundprozesse laufen in einer eigenen Prozeßgruppe.
          Bei Ende eines Hintergrundprozesses wird eine Meldung
          ausgegeben.
-n        verhindert die Ausführung von Kommandos
-t        beendet die Shell nach Ausführung genau eines Kommandos
```

`-u`		gibt eine Fehlermeldung aus, falls undefinierte Variable angesprochen werden.
`-v`		gibt eingegebene Kommandos vor deren Ausführung noch einmal aus (und zwar so, wie eingegeben)
`-x`		wie `-v`; die Kommandos werden jedoch so ausgegeben, wie sie ausgeführt werden
`-o`	`allexport`	wie `-a`
	`errexit`	wie `-e`
	`bgnice`	Hintergrundprozesse erhalten geringere Priorität
	`ignoreeof`	Shell wird nur durch Kommando `exit` beendet
	`markdirs`	Verzeichnisse werden mit / markiert (bei `ls`)
	`monitor`	wie `-m`
	`noclobber`	verhindert das Überschreiben von Dateien bei umgelenkter Standardausgabe
	`noexec`	wie `-n`
	`noglob`	wie `-f`
	`nolog`	Funktionsdefinitionen werden nicht in der History-Datei gespeichert
	`nounset`	wie `-u`
	`verbose`	wie `-v`
	`trackall`	wie `-h`
	`vi`	setzt den integrierten vi-Editor
	`xtrace`	wie `-x`

Möglicherweise sinnvoll ist das Setzen der Option "-a". Alle danach definierten Shell-Variable werden dann automatisch exportiert.

```
FARBE1=ROT
export FARBE1
$ env
......
FARBE1=ROT

$ set -a

FARBE2=GRUEN                    Variable wurde exportiert
$ env
......
FARBE1=ROT

FARBE2=GRUEN
.....
$ set +a                       Option wurde aufgehoben...
$ FARBE3=BLAU
```

```
$ env
......
FARBE1=ROT
FARBE2=GRUEN                    ...FARBE3 ist nicht global
......
```

Das Setzen der Option ist sinnvoll, wenn eine Reihe zur Festlegung anstehender Variablen gleich exportiert werden soll. Ein Aufruf des `export`-Kommandos ist danach überflüssig. Im allgemeinen empfiehlt es sich jedoch nicht, diese Option generell zu setzen, denn die Einrichtung der lokalen Variablen, die in Subshells nicht definiert sind, hat insbesondere im Rahmen der Shellprogrammierung durchaus ihren Sinn. Die Option verliert in aufgerufenen Korn-Subshells ihre Wirkung, das heißt Variablen, die in einer Subshell definiert werden, werden nicht erneut automatisch exportiert. Dies wird im folgenden Beispiel noch verdeutlicht.

```
$ set -a                       setzen der Option
$ FARBE1=ROT                   definieren einer Variable

$ ksh                          Aufruf einer Sub-Shell
$ echo $FARBE1
ROT                            die Variable ist dort definiert

$ FARBE2=GRUEN                 setzen einer Variable in der Sub-Shell

$ ksh                          erneute Sub-Shell
$ echo $FARBE2

                               die "Sub-Shell-Variable" ist nicht bekannt
$
```

Die Option `set -a` entspricht `set -o allexport`.

Folgende Option verhindert, daß die Shell eine Dateinamensgenerierung vornimmt. Die üblichen "wild cards" werden also nicht länger auf echte Dateinamen expandiert.

```
$ set -f                       Setzen der Option
$ echo *                       "*" wird anstelle der Dateinamensliste ausgegeben
*
$ set +f                       Zurücksetzen
$ echo *                       alles wie gewohnt
CPIOIN ETC GESCHAEFT LINKTEST PRIVAT ..... SCRIPT
```

Die Option `-f` entspricht `set -o noglob`. Folgende Option paßt zwar in die Reihe der `set`-Möglichkeiten, setzt aber eigentlich voraus, daß der Begriff des "Alias" und dessen Bedeutung in der Korn-Shell definiert ist. Was ein Alias ist, kann man sich jedoch leicht vorstellen, ein anderer Begriff oder ein Zweitname für etwas, was bekannt ist. Aliase werden Sie gleich näher kennenlernen. Ihr Hauptzweck in der Korn-Shell ist natürlich die Abkürzung.

Eine besondere Form des Alias - der sogenannte "tracked alias" - soll vorgezogen und bereits innerhalb der Optionen behandelt werden.

Erinnern Sie sich noch an die PATH-Variable? Das System sucht bei der Eingabe eines Kommandos stets in den Verzeichnissen, die dort angegeben sind und führt das erste namentlich mit der Eingabe übereinstimmende Kommando aus. Die Suche muß dabei jedesmal erfolgen, wenn das Kommando aufgerufen wird. Um hier Zeitaufwand einzusparen, bewirkt die Option -h in direkter Verbindung mit dem set-Kommando bzw. trackall in Verbindung mit set -o, daß beim ersten Aufruf eines Kommandos der volle Pfadname gemerkt und einem Alias zugeordnet wird. Dieser wird dann fortan anstelle der Kommandosuche über die PATH-Variable verwendet, und das Kommando braucht insgesamt nur einmal im Geäst der Dateien über die PATH-Variable aufgespürt (tracked) zu werden.

```
$ set -h              bzw.
$ set -o trackall

$ ls
.......

$ type ls
ls is /usr/bin/ls        tracked alias für das Kommando ls ist dessen absoluter Pfad
```

In analoger Weise verfährt die Korn-Shell bei gesetzter Option -h, wenn erstmals ein Kommando mit vollem Pfadnamen eingegeben wird, weil der Pfad in der PATH-Variable nicht festgelegt ist. Der letzte Teil des Pfadnamens wird dann als "tracked alias" für den gesamten Pfad genommen.

Zum Abschluß noch zwei weitere, interessante Korn-Shell-Optionen. Wenn Sie auf Ihre Tastatur schauen, werden Sie erkennen, daß die Buchstaben S und D in enger Nachbarschaftsbeziehung stehen. Ist es Ihnen vielleicht schon einmal passiert, daß Sie anstatt eine Ausgabe mit <Ctrl><S> anzuhalten, die Shell mit <Ctrl><D> beendet haben, weil Sie versehentlich D statt S gedrückt haben? Der Effekt: Die Ausgabe "rauscht" noch über den Bildschirm, und anschließend sind Sie sofort "out", sofern es sich um die Login-Shell gehandelt hat. Ärgerlich! Aber die Korn-Shell bietet einen Ausweg.

```
$ set -o ignoreeof
<Ctrl><D>
$ Use 'exit' to logout
$ exit
```

Die Option ignoreeof - ignoriere "end of file" - verlangt von Ihnen, daß sie jede Shell anstatt mit <Ctrl><D> mit dem Kommando exit beenden. Das eventuell ab und zu eintretende Ärgernis, welches oben beschrieben ist, wird somit beseitigt.

Eine letzte Option von noch zahlreichen, die hier ausgelassen wurden, hilft verhindern, daß eine Datei versehentlich durch eine umgelenkte Standardausgabe überschrieben wird. Sie eignet sich ebenso wie vielleicht `ignoreeof` als Voreinstellung. Verfolgen Sie das nächste Beispiel.

```
$ set -o noclobber

$ cat > wichtig
diese datei darf nicht ueberschrieben werden

$ ls -l wichtig
-rw-r--r--   1 root      other           45 Nov 29 00:29 wichtig

$ ls > wichtig
ksh: wichtig: file already exists
```

Die Option `noclobber` hat bewirkt, daß das `ls`-Kommando, welches seine Ausgabe in die "wichtige" Datei schreiben wollte, erst gar nicht zum Zuge kam. Die ganze Aktion wurde mit einer Fehlermeldung verhindert.

Falls trotzdem einmal erlaubt werden soll, daß bei gesetzter `noclobber`-Option die Standardausgabe eine existierende Datei überschreiben darf, muß die Umlenkung wie im folgenden Beispiel zusätzlich mit einem Pipe-Symbol versehen werden.

```
$ ls >|wichtig
$ cat wichtig
CPIOIN
ETC
......
```

13.5. Alias-Definitionen

Die Möglichkeit der Alias-Definition innerhalb der Korn-Shell ist eine sehr nützliche Sache, denn sie hilft, beim Formulieren komplexer Kommandoausdrücke Zeit zu sparen. Ein Alias ist eine Bezeichnung, die stellvertretend für eine Kommandokonstruktion stehen kann.

```
alias        Definition eines Alias in der Korn-Shell

alias        [-tx] [name=[value]]
-t           definiert einen tracked alias
-x           definiert eine exportierbaren Alias
name         Name des Alias
value        der durch den Alias esetzte Ausdruck
```

Wird das Kommando ohne irgendwelche Zusatzangaben aktiviert, wird eine Liste aller momentan definierten Aliase ausgegeben. Das Kommando in Verbindung mit einem Namen aber ohne Wertzuweisung gibt den Alias aus, falls dieser definiert ist.

Die Korn-Shell hat implizit bereits Aliase, die man sich mit dem `alias`-Kommando ansehen kann.

```
$ alias                        keine Zusatzangaben: Liste aller Aliase
autoload=typeset -fu
false=let 0
functions=typeset -f
hash=alias -t -
history=fc -l
integer=typeset -i
nohup=nohup
r=fc -e -
stop=kill -STOP
suspend=kill -STOP $$
true=:
type=whence -v

$ alias history                Aliasdefinition von history wird ausgegeben
history=fc -l
```

Sie können aus der Ausgabe bereits ableiten, wie ein Alias definiert wird. Genauso, wie eine Variable innerhalb der Shell. Bevor Sie selbst Stellvertreter definieren, sollten Sie sich kurz mit dem vorgefertigten Alias `history` beschäftigen. Die Aliasbezeichnung steht immer links, während der durch den Alias substituierte Ausdruck rechts vom Gleichheitszeichen steht.

Der Name `history` ist ein weiterer Name für das Kommando `fc -1`. Die Bezeichnung `fc` steht hierbei für "fix command".

Sie können sowohl `history` als auch `fc -1` aufrufen und erhalten beidemal die standardisierte Ausgabe bestehend aus den letzten Kommandos der Historie.

```
$ history

94        pwd
95        cd $HOME
. . . . .
106       history

$ fc -1

94        pwd
. . . . .
106       history
107  fc -1
```

Der für `whence -v` stehende Alias `type` angewandt auf `history` und `fc` verrät, um welchen Kommandotypus es sich jedesmal handelt.

```
$ type history
history is an exported alias for fc -1          Alias

$ type fc
fc is a shell builtin                           Shell-Unterprogramm
```

Als nächstes definieren Sie selbst einen Alias. In Zukunft wollen Sie beispielsweise anstatt `ls -1` eine Abkürzung `11` einführen. Der 11-Alias wird dann folgendermaßen definiert.

```
$ alias 11="ls -1"

$ 11
total 1202
drwx------    2 dieter    other         512 Sep 14 22:08 Calendar
drwxr-xr-x    3 dieter    other         512 Jul 14 19:51 DIR1
. . . . . . . . . . . . . . . .
```

Die Vereinbarung eines Alias erfolgt also durch das Kommando `alias`, in Verbindung mit der Angabe der Abkürzung (`11`) und der zugewiesenen Kommandokonstruktion (`ls -1`). Zu beachten ist die Quotierung `"..."`. Der Alias ist dann ab sofort in der Arbeitsshell verwendbar. Nach der Definition einiger weiterer Aliase kann gezeigt werden, daß solche auch aus bereits definierten aufgebaut werden können.

```
$ alias fcnt="pwd; ls | wc -l"
$ fcnt
/home/myself
   67

$ alias dcnt="pwd; ls -l | grep drwx | wc -l"
$ dcnt
/home/myself
    9

$ aliasacnt="fcnt; dcnt "
$ acnt
/home/myself
   67
/home/myself
    9
```

Der im Beispiel definierte Alias fcnt liefert einerseits das aktuelle Directory
und andererseits die Anzahl der Dateien und Verzeichnisse darunter. Der zweite -
dcnt - liefert ausschließlich die Anzahl der Verzeichnisse unterhalb des Ar-
beitsdirectories. Aus diesen beiden Aliases kann ein weiterer acnt abgeleitet
werden, der fcnt und dcnt hintereinander ausführt.

Exportierbarkeit von Aliases

Der in der Arbeitsshell definierte Alias ll hat in Korn-Subshells keine Bedeutung. Es verhält sich mit einem Alias also genauso, wie mit einer nicht exportierten Variablen. Das folgende Beispiel verdeutlicht diesen Umstand.

```
$ ll
total 1202
drwx------    2 dieter    other        512 Sep 14 22:08 Calendar
drwxr-xr-x    3 dieter    other        512 Jul 14 19:51 DIR1
. . . . . . . . . . . . . .

$ ksh

$ ll
ksh: ll:  not found
$ exit
```

Erst die Option -x macht den Alias exportierbar. Hier ist auf das Adjektiv
"exportierbar" zu achten. Wie das folgende Beispiel zeigt, ergibt sich nämlich
jetzt ein Unterschied zum Verhalten bei Variablen.

```
$ alias -x ll="ls -l"
$ ksh
$ ll
ksh: ll:  not found
$ exit
```

Auch hier ist der Alias innerhalb der gestarteten Subshell undefiniert. Was bewirkt dann also die Option -x bei der Alias-Definition überhaupt?

Exportierbar bedeutet eben noch nicht exportiert. Verwenden Sie den in der Arbeitsshell exportierbaren Alias jedoch in einem Script, welches ja normalerweise ebenfalls innerhalb einer Subshell abläuft, ist der Alias plötzlich bekannt. Das nächste Beispiel erzeugt mit cat ein Script gewissermaßen im Schnellverfahren. Die Prozedur enthält als einzigen Aufruf den eines Aliases ll.

```
$ cat > FLIST
ll
$ chmod +x FLIST
$ FLIST
total 1202
drwxr-xr-x    3 dieter    other         512 Jul 14 19:51 DIR1
drwxr-xr-x    2 dieter    other         512 Oct 13 15:00 DSK
.....
```

Sie sehen, der Alias ll hat funktioniert. Ein exportierbarer Alias ist also in einer Shell-Prozedur verwendbar, sofern diese von der Shell aus gestartet wird, in der der Alias definiert wurde. Exportierbare Aliase sind dagegen in Subshells undefiniert.

Wie Sie im nächsten Beispiel sehen, ist ein nicht exportierbarer Alias auch nicht innerhalb eines Scripts verwendbar.

```
$ unalias ll
$ alias ll="ls -l"
$ ll
total 1212
drwx------    2 dieter    other         512 Sep 14 22:08 Calendar
drwxr-xr-x    3 dieter    other         512 Jul 14 19:51 DIR1
......
$ FLIST
FLIST: ll:  not found

$ alias -x ll="ls -l"
$ FLIST
total 1212
drwx------    2 dieter    other         512 Sep 14 22:08 Calendar
drwxr-xr-x    3 dieter    other         512 Jul 14 19:51 DIR1
.....
```

Um nun aber Aliase definieren zu können, die sowohl in der Login-Shell, als auch in Subshells definiert sind, müssen diese in einer für die Korn-Shell extra eingerichteten Datei als exportierbar deklariert werden. Die ganze Prozedur hat eine Entsprechung in der Vorabdefinition und im Exportieren von Variablen in der Datei .profile. Die spezielle Datei für die Korn-Shell heißt für gewöhnlich .kshrc und befindet sich unter dem Homeverzeichnis. Sie finden unten ein Beispiel für eine solche Datei.

Falls Sie sie erst im Laufe Ihrer jetzigen Session mit dem vi erstellen, müssen Sie sie anschließend ausführbar machen und innerhalb der aktuellen Shell zur Ausführung bringen. Dies tun Sie durch vorangestellten Punkt.

```
$ cat $HOME/.kshrc
set -o vi
alias -x ll="ls -l"
alias -x lsf="ls -CF"
alias    cx="chmod +x"
alias    cr="chmod +r"
alias    cw="chmod +w"

$ ls -l .kshrc
-rw-r--r--   1 dieter   other          122 Nov 29 17:14 .kshrc

$ chmod +x .kshrc
$ . .kshrc
```

Bei jedem Login und beim Starten einer Subshell wird die Datei .kshrc ausgeführt. Übrigens steht der Namensteil rc innerhalb .kshrc für run command. Zur Erinnerung, die Datei .profile wird nur bei Login automatisch ausgeführt, nicht jedoch beim Eröffnen einer neuen Subshell. .kshrc wird außerdem nach .profile zum Ablauf gebracht.

Haben Sie eine solche Datei editiert, sind die Aliase, die dort als exportierbar gekennzeichnet sind, sowohl in Scripten, als auch in Subshells verwendbar. In .kshrc als nicht exportierbar definierte Aliase sind dagegen nur innerhalb der Shell und auch innerhalb Subshells gültig, nicht jedoch in Prozeduren.

Verwirrend? Wenn man jedoch bedenkt, daß .kshrc beim Start jeder Subshell ausgeführt wird, ist das verständlich. Wird ein Script gestartet, wird dagegen .kshrc nicht ausgeführt.

Damit sich der Kreis schließt, muß noch ein Punkt beachtet werden. Um der Export nach unten, also zu Subshells hin, zu bewerkstelligen, muß in der Datei .profile die Kommandodatei .kshrc in einer festen Variable ENV definiert werden. Die Variable ist zusätzlich noch zu exportieren. Warum das? Die Datei, die die Korn-Shell beim Start automatisch ausführt, muß nicht unbedingt .kshrc heißen. Fixiert dagegen ist die Bezeichnung der Variablen, in der diese Startdatei festgelegt wird. Sie heißt - und das ist amtlich - ENV. Diese globale Variable gehört folglich zur Umgebung einer jeden Subshell, was unmittelbar dazu führt, daß die dort festgelegte Datei ausgeführt wird. Damit sind in jeder Subshell alle in .kshrc getroffenen Vereinbarungen gültig.

Haben Sie eine .kshrc-Datei eingerichtet, können Sie sich nach Login durch ein alias-Kommando vergewissern, ob alle Ihre eigenen Stellvertreterkommandos auch tatsächlich bekannt sind. Wie Sie vorgehen, damit Ihre Aliase in jeder erdenklichen Umgebungssituation definiert sind, entnehmen Sie dem folgenden exemplarischen Mitschnitt einer Session.

```
Login                              ".kshrc" vorausgesetzt
$ alias
autoload=typeset -fu
cat=/usr/bin/cat
chmod=/usr/bin/chmod
cr=chmod +r                        eigene Aliase
cw=chmod +w
cx=chmod +x
false=let 0
functions=typeset -f
hash=alias -t -
history=fc -l
integer=typeset -i

ll=ls -l
ls=/usr/bin/ls
lsf=ls -CF
nohup=nohup
r=fc -e -
stop=kill -STOP
suspend=kill -STOP $$
true=:
type=whence -v

$ ENV=$HOME/.kshrc                 Setzen der .kshrc-Datei im Environment
$ export ENV
$ echo $ENV
/home/myself/.kshrc
$ ksh
$ echo $ENV
/home/myself/.kshrc

$ ll                               Alias auch in Sub-Shell definiert.

total 1204
drwxr-xr-x  3 dieter  other        512 Jul 14 19:51 DIR1
drwxr-xr-x  2 dieter  other        512 Oct 13 15:00 DSK
.......
```

Beim Arbeiten mit der Korn-Shell empfiehlt es sich also eine Datei `$HOME/.kshrc` zu definieren, in der alle Aliase festgelegt sind. In der vor `.kshrc` ausgeführten `.profile` wird die Variable ENV versorgt und exportiert.

In der folgenden Abbildung wird die Reichweite eines definierten Alias zusammengefaßt. Sie werden erkennen, daß alle kombinatorischen Möglichkeiten erfaßt sind. Es werden jeweils nur Linien zwischen Konstellationen gezogen, bei denen der Alias definiert ist. In allen anderen denkbaren Verbindungen sind Aliase nicht definiert. Wie Sie der Ausgabe des alias-Kommandos entnehmen, kennt die Korn-Shell bereits einige vorbelegte Aliase. So ist beispielsweise die Aufforderung zur Kommandowiederholung r ein Alias für `fc -e -`. Das Synonym `hash` zeigt alle "tracked aliases", steht also für `alias -t`. Sie können

durchaus auch Aliasbezeichnungen wählen, die mit Kommandonamen
übereinstimmen. Die Korn-Shell überprüft nämlich bei jedem eingegebenen
Befehl erst, ob es einen gleichlautenden Alias gibt und führt dann das
Kommando aus, welches sich hinter
dem Alias verbirgt.

Wollen Sie zum Beispiel generell
das Löschen nur auf Rückfrage des
Systems zulassen, definieren Sie sich
folgenden Alias:

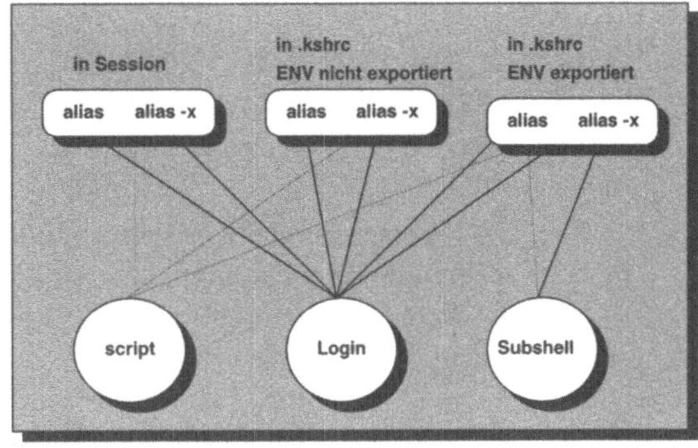


```
$ alias rm="rm -i"

$ rm schrott.*
rm: remove schrott.1: (y/n)?
.....
```

Haben Sie den Alias für `rm` in Ihrer Datei `.kshrc` definiert und den Namen der
Run-Command-Datei exportiert, können Sie in jeder zukünftigen Session und in
jeder Subshell nur noch kontrolliert Dateien löschen. Was müssen Sie tun, damit
Sie von Fall zu Fall auch einen direkten `rm` verwenden können?

Die Definition eines zweiten Alias für `rm` ohne Option `-i` bringt nichts. Das
Wort `rm` wird ein für alle mal in `rm -i` umdefiniert.

```
$ alias DEL="rm"

$ DEL Schrott.*

rm: remove schrott.1: (y/n)?
.....
```

`DEL` wird bei der Ausführung zu `rm` und dieses wiederum zu `rm -i`. Den Remove in seiner ursprünglichen Wirkung zu reaktivieren, gelingt durch zurück-
nehmen des Alias.

```
$ unalias rm
```

unalias	Alias-Definition aufheben (Korn-Shell)
`unalias`	`name`
`name`	Name des Alias dessen Definition rückgängig gemacht werden soll

Der Übergang zum kontrollierten Löschen müßte dann wieder durch erneute Definition des Alias geschaffen werden. Um dennoch direkt Löschen zu können, den Alias aber beizubehalten, kann ein symbolischer Link auf das Originalkommando /bin/rm eingerichtet werden.

```
$ ln -s /bin/rm $HOME/DEL

$ DEL Schrott.*
```

Zu beachten ist, daß ein Hard Link nicht funktionieren würde, da er über Filesysteme hinweg nicht definierbar ist. Es könnte bestenfalls - allerdings mit Superuser-Rechten - folgender Hard Link eingerichtet werden, der dann genau wie der Symbolische oben wirken würde.

```
# ln /bin/rm /usr/bin/DEL

$ DEL Schrott.*
```

Export von Shellfunktionen

Im Abschnitt über die Bourne-Shell wurde erklärt, daß es dort keine Möglichkeit gibt, Funktionen in Analogie zu Variablen zu exportieren. Innerhalb der Korn-Shell ist dies sehr wohl möglich. Ähnlich wie bei der Konstruktion alias -x, können Funktionen mit dem Kommando typeset unter Verwendung der Optionierung -fx als exportierbar gekennzeichnet werden.

Der Bekanntheitsgrad exportierbarer Funktionen entspricht dem von Alias-Definitionen. Obwohl die Korn-Shell Funktionen erkennt, die im Sinne der Bourne-Shell definiert wurden, weicht die für Korn typische Syntax der Funktionsdefinition etwas ab. Hierzu ist unten ein Beispiel angegeben.

```
Bourne-Definition

feierabend()           { echo "Gute Nacht, Leute"; exit ; }

Korn-Definition

function feierabend { echo "Gute Nacht, Leute !"
                      exit
                    }

typeset -fx feierabend
```

Das Kommando `typeset -fx` erklärt die Funktion `feierabend` als exportierbar. Sie könnte fortan in Scripten erfolgreich aufgerufen werden. In einer Subshell wäre sie jedoch nicht definiert. Mit Funktionen verhält es sich genau wie bei Alias-Definitionen. Interessant ist außerdem, daß mit dem Alias `functions` die im Shell-Kontext erklärten Funktionen aufgelistet werden können. Es bietet sich also an, in der Datei .kshrc die Funktionen vorab zu definieren und exportierfähig zu machen, damit sie in jedem Falle definiert sind.

13.6. Korn-Shell-Umgebung

Unter dem Begriff der Umgebung oder auch Environment, wurden innerhalb der Bourne-Shell alle globalen Variablendefinitionen verstanden. Bei der Korn-Shell ist das genauso. Die Bourne-Shell besitzt eine Reihe im voraus belegter Variablen. Sie können sich diese kurz noch einmal anhand der folgenden Ausgabe des `set`-Kommandos vergegenwärtigen.

```
vorbesetzte Variablen der Bourne-Shell

HOME=/home/myself
HZ=100
IFS=

LOGNAME=myself
LOGTTY=/dev/console
MAIL=/usr/mail/myself
MAILCHECK=600
OPTIND=1
PATH=/sbin:/usr/sbin:/usr/bin:/etc:/usr/bin/X11:/usr/ucb:.
PS1=$
PS2=>
TERM=AT386-M
TERMCAP=/etc/termcap
TZ=EST5EDT
```

Wir beschränken die Betrachtung jetzt auf die vordefinierten Variablen. Individuelle Ergänzungen am Environment bleiben unberücksichtigt. Vergleichen wir die Bourne-Umgebung mit der der Korn-Shell.

Sie erkennen zunächst einmal, daß die Zahl der standardmäßig innerhalb der Korn-Shell belegten Variablen größer ist, als in der Bourne-Variante. Stellvertretend sollen die in Fettdruck wiedergegebenen näher erläutert werden. Sie sind auch beim Einsatz der Korn-Shell ausschließlich als Kommandoschnittstelle sinnvoll verwendbar. Der Vollständigkeit halber soll Ihnen jedoch die Bedeutung der einzelnen Environment-Komponenten nicht vorenthalten werden.

Die Komponenten, die auch die Bourne-Shell kennt, können Sie an entsprechender Stelle wieder Nachlesen.

```
vorbesetzte Variablen der Korn-Shell

ERRNO=10
FCEDIT=/bin/ed
HOME=/home/myself
HZ=100
IFS=

LINENO=1
LOGNAME=myself
MAIL=/usr/mail/myself
MAILCHECK=600
PATH=/usr/bin:/usr/X/bin:/usr/ucb:/home/myself
PPID=338
PS1=<$PWD>
PS2=>
PS3=#?
PS4=+
PWD=/home/myself
RANDOM=7096
SECONDS=1668
SHELL=/usr/bin/ksh
TERM=xterm
TERMCAP=/etc/termcap
TMOUT=0
TZ=EST5EDT
```

Was die etwas nähere Betrachtung einzelner Variablen angeht, beginnen wir unten in der Liste.

Interessant ist die Variable TMOUT, die hier auf dem Wert Null steht. Dieser Variable kann ein Wert in Sekunden zugeordnet werden. Bleibt man während dieser Zeitspanne inaktiv am System - macht man also keinerlei Terminaleingaben - beendet sich die Shell. Ihre Sitzung wird also automatisch beendet. Steht der Wert auf Null, ist die Wirkung dieses Sicherheitsmechanismus ausgeschaltet. Sie sollten durchaus Gebrauch von dieser Möglichkeit machen. Einerseits wird dadurch das System nicht unnötig belastet, andererseits - und das ist wesentlicher - können Sie sichergehen, daß bei einer unvorhersehbaren, längeren Abwesenheit die Shell die Verbindung zum System löst und kein Fremder unter Ihrem Login arbeiten kann. Wird TMOUT ein positiver Wert zugewiesen, gibt die Shell 60 Sekunden vor Ablauf der Totzeit ein akustisches Signal und die Meldung

```
shell timeout in 60 seconds
```

aus. Falls Sie am Platz sind und ein Ausloggen verhindern wollen, machen Sie irgendeine Eingabe, beispielsweise einfach Return. Der Wecker wird dann erneut gestellt, und das Beenden wird verhindert.

Die Variable SECONDS gibt Ihnen ständig die seit Login vergangene Zeit in Sekunden aus.

RANDOM beinhaltet eine Zufallszahl zwischen 0 und 32 767, die bei jedem Zugriff, wie beispielsweise durch echo neu generiert wird.

```
$ echo $RANDOM
14606
$ echo $RANDOM
27531
```

Wenn Sie sich fragen, was das mit den Zufallszahlen soll, kann gleich ein spielerisches Exempel für eine mögliche Anwendung gegeben werden. Gleichzeitig dient dieses Beispiel dazu, das entgegen der Bourne-Shell zwar komplexere aber vielseitigere Variablenhandling vorzustellen.

Spielen Sie Lotto? Mangelt es Ihnen zuweilen an Phantasie, wenn es darum geht, sich jede Woche neue Zahlen auszudenken? Wenn ja, überlassen Sie es UNIX die Zahlen vorzuschlagen.

```
# Die Ziehung der Lottozahlen ... ohne Gewähr !

typeset -i lotto[6]
typeset -i zusatzzahl

typeset -i loop=1
typeset -i ziehung=6

while (( loop<= ziehung ))
do
  ((lotto[loop]=$RANDOM % 49 + 1))
  ((loop=loop+1))
done

((zusatz=$RANDOM % 49 + 1))

echo Zahl 1: ${lotto[1]}
echo Zahl 2: ${lotto[2]}
echo Zahl 3: ${lotto[3]}
echo Zahl 4: ${lotto[4]}
echo Zahl 5: ${lotto[5]}
echo Zahl 6: ${lotto[6]}

echo "Zusatzzahl: $zusatz"
```

Freilich muß hier auf den zweiten Band "Shellprogrammierung" verwiesen werden. Dort werden alle im obigen Script angewandten Verfahren ausführlich beschrieben. Dennoch, als Vorgeschmack, eine kurze Erläuterung, wie die Ziehung der Lottozahlen vonstatten geht.

Zunächst werden mittels typeset die verwendeten Rechengrößen als ganze Zahlen festgelegt. Dies geschieht durch die Option -i. Interessant ist - wenn auch eher für Leser mit Programmiererfahrung - daß die Korn-Shell die Möglichkeit bietet, indizierte Größen, wie `lotto[6]` zu definieren. Man nennt derartige Objekte auch Vektoren oder Arrays. In der Bourne-Shell müßte man für jede zu ziehende Zahl einen eigenen Variablennamen vergeben. Ferner initiiert `typeset (-i)` eine implizite Typenüberwachung. Im Beispiel werden ganze Zahlen, sogenannte integer-Größen vereinbart.

Das Schleifenkonstrukt `while bedingung do ..... done` existiert auch in der Bourne-Shell und erlaubt, die Befehlsfolge, die zwischen `do` und `done` steht, sooft zu wiederholen, bis die in `while` gesetzte Bedingung erfüllt ist. Im Beispiel wird solange eine Zahl ermittelt, bis die Zählvariable `loop` den Wert der Variablen `ziehung (6)` erreicht hat.

Die Ermittlung einer zufälligen Lottozahl geschieht dann unter Verwendung der RANDOM-Variable. Da Lottozahlen stets zwischen 1 und 49 liegen, wird zunächst auf den Wert der Zufallsvariable die ganzzahlige Division angewandt. Sie liefert als Ergebnis stets den bei einer normalen Division verbleibenden ganzzahligen Rest. Die Operation

```
lotto[loop]=$RANDOM % 49 + 1
```

produziert demnach einen Wert zwischen 0 und 48. Der durch Addition von 1 auf den Bereich zwischen 1 und 49 gebracht wird. Die Zählvariable `loop` wird danach um eins erhöht.

Bricht die Schleife ab, wird noch eine Zusatzzahl gebildet. Selbstverständlich hätte man dies auch innerhalb der Schleife tun können, wenn man anstatt sechs Zahlen, sieben Zahlen vereinbart hätte (`lotto[7]`) und den Wert von `ziehung` entsprechend korrigiert hätte.

Die Ausgabe der produzierten Zahlen ist dann eher "Bourne-Shell-like". Natürlich hätte man dies auch eleganter durch eine zweite Schleife oder innerhalb der ersten bewerkstelligen können.

Im Übrigen ist bei der hier angebotenen Variante der Lottozahlen-Ziehung entgegen der vom Samstagabend nicht auszuschließen, daß eine Zahl doppelt vorkommt. Auch diesen Fall könnte man noch entsprechend bearbeiten. Wir wollen es aber nicht zu weit treiben und das Beispiel so belassen. Falls Sie sich jetzt mit der Shellprogrammierung angefreundet haben, studieren Sie den zweiten Band und vervollständigen Sie das Beispiel.

Wir sind hier bisher nicht auf Arithmetik innerhalb der Shell eingegangen und wollen dies auch jetzt nicht. Für Kenner der Bourne-Shell mag aber interessant sein, daß man bei Korn lesbare arithmetische Ausdrücke schreiben kann. Bei Bourne müßte man stets das `expr`-Kommando verwenden. Wie erwähnt, werden alle Feinheiten des Scripts im Band über die Shellprogrammierung intensiv beschrieben, so daß jetzt auf weitere Erklärungen verzichtet werden kann.

Das eigentliche Thema war das entgegen der Bourne-Shell modifizierte Korn-Environment. Die nächsten Variablen, die hier Aufmerksamkeit verdienen, sind PWD, OLDPWD und PS1, wobei letztere auch bei Bourne existiert und das Promptsymbol beinhaltet.

Mittlerweile ist es fast überflüssig, zu erwähnen, daß der $ als Prompt jederzeit änderbar ist. Auf diese Tatsache wurde bisher nur einmal im Zusammenhang mit Shellfunktionen eingegangen. Es handelte sich dabei um ein Beispiel, innerhalb der Bourne-Shell einen informativen Prompt zu generieren, der stets den aktuellen Pfad anzeigt. Man kennt das als DOS-Standard. Wenn Sie mit cd ein wenig im Dateibaum navigieren, können Sie sich durch Anzeigen der Variable PWD vergewissern, daß diese stets den aktuellen Pfad zum Inhalt hat. Dagegen zeigt die Variable OLDPWD den Pfad, von dem aus man ins neue Verzeichnis hinüber gewechselt ist.

```
$ echo $PWD
/home/myself

$ cd PRIVAT
$ echo $PWD
/home/myself/PRIVAT

$echo $OLDPWD
/home/myself

$ cd ADRESSEN
$ echo $PWD
/home/myself/PRIVAT/ADRESSEN
$ echo $OLDPWD
/home/myself/PRIVAT

$ cd
$ echo $PWD
/home/myself
$ echo $OLDPWD
/home/myself/PRIVAT/ADRESSEN
```

Diese Tatsache kann man sich nun zunutze machen und die Promptvariable PS1 stets mit dem Inhalt der PWD-Variable aktualisieren. Der Prompt zeigt dann stets den aktuellen Pfad, und das bisher so oft strapazierte Kommando pwd ist nicht länger zur Orientierung erforderlich.

Einige Möglichkeiten sich einen informativen Prompt zu gestalten, sehen Sie im folgenden Beispiel.

```
Variablendefinition von PS1                        neuer Prompt

$ PS1='$PWD: '                                     /home/myself:
$ PS1=$LOGNAME:'<$PWD> '                           myself:</etc>
$ RECHNER=`uname -n`
$ echo $RECHNER
$ PS1="$LOGNAME at $RECHNER:"'<$PWD> '             myself at i386: /home
```

Im ersten Beispiel wird lediglich der Pfad als Prompt angezeigt, während im zweiten zusätzlich noch der Loginname aufgenommen wurde. Die Dritte Variante dürfte für Anwender, die im Netzwerk arbeiten, interessant sein.

Das Kommando `uname` liefert stets den Host-Namen, das ist der Rechner auf dem man sich momentan aufhält. Die Kommandoausgabe wird einer Variablen zugewiesen und diese wird zusammen mit Loginname und aktuellem Pfad als Prompt-String ausgegeben.

Sie werden sich jetzt vielleicht fragen, weshalb diese merkwürdige Quotierung im Zusammenhang mit `´$PWD´`. Die hier verwendeten Quotes nehmen doch dem dazwischen stehenden Ausdruck jegliche Bedeutung, so daß nach allem, was Sie im Abschnitt "Shell" über Quotierung erfahren haben, eigentlich anstelle des Pfades der lapidare Text "$PWD" als Prompt erscheinen müßte. Definieren Sie einmal die `PS1`-Variable folgendermaßen.

```
$ PS1="$PWD "
/home/myself cd PRIVAT
/home/myself pwd
/home/myself /PRIVAT
/home/myself cd /etc
/home/myself
```

Unmittelbar nach der Definition hat es den Anschein, daß alles geklappt hat. Der Prompt entspricht dem aktuellen Pfad. Wechseln Sie das Verzeichnis, zeigt sich der Prompt davon jedoch unbeeindruckt. Er verharrt auf dem ursprünglichen Pfad. Warum? Die Quotierung `"  "` bewirkt, daß der enthaltene Ausdruck `$PWD` unmittelbar von der Shell interpretiert wird. Er wird also durch den Inhalt ersetzt und der ist momentan `/home/myself`, sofern Sie sich im Heimatkatalog aufhalten. Der Prompt ist damit genauso statisch, als wenn Sie direkt

```
$ PS1=/home/myself
```

eingegeben hätten. Definieren Sie jedoch den Prompt durch Verwendung der einfachen Quotes als `´$PWD´`, wird zum Zeitpunkt der Variablendefinition von der Shell nichts interpretiert und der ihr verabreichte Prompt ist in der Tat `$PWD`. Das hat aber dann zwingend zur Folge, daß genau dieser Ausdruck in Zukunft ständig von der Shell bewertet wird. Die Shell kann gar nicht anders der Prompt verändert sich bei jedem Verzeichniswechsel.

Zusammenfassung des Environments

ERRNO:	enthält den Returnwert des letzten Systemcalls
FCEDIT:	voreingestellter Editor für fix comand-Mechanismus
HOME:	das Heimatverzeichnis
HZ:	Frequenz des Stromnetzes in Hertz (nicht in allen Systemen)
IFS:	Feldtrennsymbol (normalerweise Leerzeichen)
LINENO:	Zeile des Befehls einer Prozedur
LOGNAME:	Benutzerkennung
MAIL:	Pfadname des Directories, welches Ihre Mail enthält
MAILCHECK:	Wert in Sekunden (600=10 min) nach dem nach neuer Post geschaut wird
PATH:	Liste der Verzeichnisse, die die Shell nach Kommandos durchsucht (wird gleich näher erläutert)
PPID:	Vaterprozeß der Shell
PS1:	primäres Promptsymbol ($)
PS2:	sekundäres Promptsymbol (>), wird ausgegeben, falls ein Kommando interaktiv Information von Ihnen erwartet.
PS3:	Von der Select-Anweisung verwendeter Prompt
PS4:	von set -x verwendeter Prompt
PWD:	aktueller Pfad
RANDOM:	Zufallszahl
SECONDS:	Dauer des Session in Sekunden
SHELL:	Pfadname der Shell (teilweise auch in Bourne-Shell besetzt)
TERM:	Terminaltyp
TERMCAP:	Datenbasis mit Detailinformationen zum Terminal
TMOUT:	Zeitspanne (in Sek.) innerhalb der ein Benutzer aktiv sein muß, ansonsten wird die Session vom Sysetm beendet.
TZ:	Zeitzone

Tilde-Ersetzung

Sie kennen das Verhalten des cd-Kommandos bei nicht angegebenem Pfad; es erfolgt ein Wechsel ins Home-Directory. Das ist innerhalb der Bourne-Shell die einzige Möglichkeit, den cd abzukürzen. Die Korn-Shell besitzt außer der Variablen PWD noch die Variable OLDPWD. Diese Tatsache wird ausgenutzt, um im Zusammenhang mit cd eine weitere Abkürzungsmöglichkeiten zu schaffen.

Hierzu muß wieder ein Sonderzeichen herhalten, die Tilde ~. Normaler-weise ersetzt "~" für sich genommen das Heimatverzeichnis und somit wirkt cd ~ genauso wie cd, also keine Abkürzung? Aber immerhin ersetzt cd ~/PRIVAT bereits cd /home/myself/PRIVAT beziehungsweise cd $HOME/PRIVAT ! Weitere Ersetzungen sind im Zusammenhang mit cd:

```
Eingabe            ersetzt
~/name             $HOME/name
~+                 $PWD
~-                 $OLDPWD
~partner/..        Homeverzeichnis von Partner
```

Durch die Angabe cd ~- kann also ständig zwischen zwei Verzeichnissen hin und her gependelt werden. Eine Angabe cd ~root/etc ist äquivalent zu cd /etc. Das ist zunächst deshalb nicht besonderes, weil jeder weiß, daß / das Heimatverzeichnis von root ist. Was aber, wenn Ihr Rechner mehrere home-Partitions aufweist und Sie zum Beispiel nicht wissen, ob der Benutzer partner auf /home, /home1 oder /home2 angesiedelt ist. Anstatt in der /etc/passwd nachzusehen, genügt es, cd ~partner/... anzugeben. Das Homeverzeichnis von partner aufzuspüren überlassen Sie damit der Korn-Shell.

Markante Unterschiede

In aller Regel verhält sich die Korn-Shell genauso wie ihr Vorgänger die Bourne-Shell. Lediglich die Zusatzfunktionalitäten, wie sie hier weitestgehend für den alltäglichen Gebrauch beschrieben wurden, sind natürlich bei Bourne nicht ver-wirklicht. Es gibt allerdings auch einige Merkmale, in denen sich beide Varianten gründlich voneinander unterscheiden. Die beiden augenfälligsten Unterschiede wurden bereits im Zusammenhang mit symbolischen Links und dem mv-Kommando für Dateiverzeichnisse erwähnt. In beiden Fällen handelt es sich um das Verhalten des pwd-Kommandos.

Zur Verdeutlichung soll dazu ein Beispiel aus dem Abschnitt über Dateien und dort insbesondere über symbolische Links in Erinnerung gerufen werden.

```
lrwxrwxrwx  1 myself .. KUNDEN.SL
                        ->/home/myself/GESCHAEFT/KUNDEN
$ pwd
/home/myself/PRIVAT
$ cd KUNDEN.SL
$ pwd
/home/myself/GESCHAEFT/KUNDEN        Bourne-Shell
/home/myself/PRIVAT/KUNDEN.SL        Korn-Shell

$ cd ..
$ pwd
/home/myself/GESCHAEFT               Bourne-Shell
/home/myself/PRIVAT                  Korn-Shell
```

Unter PRIVAT existiert der Verzeichnislink KUNDEN.SL, welcher nach GESCHAEFT/KUNDEN unter dem Heimatverzeichnis zeigt. Ein Wechsel in den Verzeichnislink per cd führt, wie pwd bestätigt, ins Zielverzeichnis und ohne Umwege von PRIVAT nach GESCHAEFT. Das ist zunächst sowohl in der Bourne- als auch in der Korn-Shell identisch. Der pwd zeigt aber in den beiden Shell-Varianten ein jeweils anderes Ergebnis. Bei der Korn-Shell wird, wie aus dem Beispiel oben ersichtlich, der gelinkte Pfad angezeigt, bei der Bourne-Shell der tatsächliche Standort.

Ein anschließender cd .. führt bei Bourne zurück nach GESCHAEFT, bei Korn jedoch nach PRIVAT. Beides hat Vor- und Nachteile. Während die Bourne-Shell den - wenn man so will - physikalischen Weg zeigt, zeigt Korn den logischen, denn sie greift auf das Environment zurück, welches durch die vorausgegangene Aktion nicht verändert wurde. Ein ebenso konträres Verhalten stellt sich beim Verschieben von Dateiverzeichnissen ein. Im Gegensatz zum Verhalten bei symbolisch gelinkten Verzeichnissen könnte man jetzt aber der Korn-Shell beinahe einen Fehler unterstellen.

```
$ pwd
/home/myself/PRIVAT/GESCHAEFT
$ mv ../GESCHAEFT ../..
$ pwd
/home/myself/GESCHAEFT               Bourne-Shell
/home/myself/PRIVAT/GESCHAEFT        Korn-Shell
$
```

Die Korn-Shell zeigt hier einen Pfad, den es nicht mehr gibt, da das Verzeichnis GESCHAEFT von PRIVAT ins Home-Directory "gemovt" wurde.

Darüber hinaus führt folgender cd, welcher in Anbetracht der neuen Situation absolut in Ordnung ist, bei Korn zu einem Fehler, während die Bourne-Shell die Situation fest im Griff behält.

```
$ cd ../PRIVAT
ksh: ../PRIVAT not found        Korn-Shell
$ pwd
/home/myself/PRIVAT             Bourne-Shell
$
```

Dennoch kann man abschließend sagen, daß die Korn-Shell die deutlich komfortablere Benutzeroberfläche zum Betriebssystem darstellt. Darüber hinaus bietet Sie elegantere Möglichkeiten, Verarbeitungen in Scripten auszuführen, als die Bourne-Shell. Wer sich also eingehend über den praktischen Einsatz der Korn-Shell informieren möchte, dem sei das Nachfolgewerk in dieser Reihe empfohlen.

Eine allerdings nicht ganz neue und für den "normalen" Gebrauch nicht unbedingt notwendige Funktionalität der Korn-Shell ist die Möglichkeit des Job-Control. Einen derartigen Steuerungsmechanismus für Prozesse gibt es bereits in einer dritten Shell-Variante, die hier nicht vorgestellt wurde - der csh. Job-Control bietet die Möglichkeiten, Hintergrundprozesse zu steuern und anstatt über die PID mit einer laufenden Nummer anzusprechen. Bei der Behandlung von Hintergrundprozessen wurde bereits auf eine in diesem Zusammenhang wichtige Verhaltensweise der Korn-Shell hingewiesen. Ist die Job-Control aktiv, werden Hintergrundprozesse, die versuchen, auf die Standardausgabe zu schreiben, angehalten, sofern die Ausgabe nicht in eine Datei umgeleitet wird.

Im Laufe Ihrer eigenen Praxis werden Sie früher oder später auch damit vertraut. Dieser Themenkreis bleibt hier - bis auf einige Hinweise in der Beschreibung des Kommandos set - unberührt, das Stichwort ist jedoch gefallen und das ist ja auch etwas wert.

14. Übersicht

Abschließend werden noch einmal die in diesem Buch behandelten Kommandos alphabetisch sortiert wiedergegeben. Außerdem finden Sie bei jedem Kommando die Kapitelnummer, in dem es behandelt wird. Die Liste der Kommandos ist bei weitem nicht umfassend. Es wird empfohlen, ergänzend die Systemmanuale einzusehen. Sie können sich dort einen Überblick über die Menge der Funktionen, die UNIX insgesamt zur Verfügung stellt, verschaffen. Alle Optionen zu jedem hier zitierten Kommando im Detail zu beschreiben, würde den Rahmen und die Zielsetzung des Buches eindeutig sprengen. Die Nomenklatur der einzelnen Kommandobestandteile wurde in englisch gehalten, da Systemhandbücher oft in dieser Sprache vorliegen. Wagen Sie also durchaus auch einen Griff ins Regal, in dem die Systemmanuale stehen. Auch dazu Anreize zu liefern war Ziel dieses Buches.

14.1. Kommandos

A

alias Definition eines Alias in der Korn-Shell **(Kap. 13)**

```
alias     [-tx] [name=[value]]
-t        definiert einen tracked alias
-x        definiert eine exportierbaren Alias
name      Name des Alias
value     der durch den Alias esetzte Ausdruck
```

Wird das Kommando ohne irgendwelche Zusatzangaben aktiviert, wird eine Liste aller momentan definierten Aliase ausgegeben. Das Kommando in Verbindung mit einem Namen aber ohne Wertzuweisung gibt den Alias aus, falls dieser definiert ist.

at Kommandos zu späterem Zeitpunkt starten **(Kap. 11)**

```
at        [time [date] command]
time      Zeitangabe im Format hhmm (hh Stunde, mm Minute)
date      Datumsangabe im Format Mon dd (Mon engl.
          Monatsabkürzung, dd zwei Ziffern für Tag) oder Angabe des
          Wochentages in engl.
command   auszuführendes Kommando

at        [-l]
-l        auflisten der existierenden Jobs des Benutzers

at        [-r<id>]
-r<id>    Job mit der Identifikation <id> löschen

at        [-f<scr>  time [date]]

-f<scr>   Die Angabe <scr> enthält den Namen der Datei, in der
          die Kommandos abgelegt sind.
time      Die Zeitangaben sind wie vorstehend beschrieben zu definie-
date      ren.
```

B

batch   Kommandos zu einem Zeitpunkt geringer   **(Kap. 11)**
Systemlast ausführen

```
batch       <clist>
<clist>     besteht aus einer Folge durch RETURN abgeschlossener
            Kommandos. <Ctrl><D> schließt die Kommandoliste ab.
```

Die Kommandos werden zu einem Zeitpunkt geringer Systemlast als Hintergrundprozeß ausgeführt. batch beruht auf at. Zu beachten ist, daß batch nicht gegen das Signal NOHUP geschüt ist.

C

cal   Kalender ausgeben   **(Kap. 2)**

```
cal         [month] year
month       Angabe in Ziffern 1,2,...,12 für den entsprechenden
            Monat
year        Jahresangabe inklusive Jahrhundert also 1993 statt 93
```

cat   Dateien ausgeben oder konkatenieren   **(Kap. 8)**

```
cat         [-opt] file(s)
-opt        dienen zum Ein- und Ausschalten der Pufferung oder zur
            Darstellung nicht abdruckbarer Zeichen und sind hier nur
            der Vollständigkeit halber erwähnt (siehe Systemliteratur).
file(s)     Name(n) der Datei(en), die auszugeben sind.
```

cd   Change directory (Verzeichnis wechseln)   **(Kap. 4)**

```
cd          [path]
path        Name des Zielverzeichnisses als absoluter oder relativer Pfad
```

chmod   Zugriffsrechte verändern   **(Kap 9)**

`chmod`	`who +/-what objects`
`objects`	gibt den Namen der Datei(en) oder Verzeichnisse an, für die die Rechte definiert, bzw. verändert werden sollen
`who`	`u` user (Eigentümer)
	`g` group (Gruppe)
	`o` other (alle anderen)
	`a` all (umfaßt u,g und o und ist gleichzeitig voreingestellt!)
`+/-what`	`r` lesen
	`w` schreiben
	`x` ausführen, durchsuchen

Mit + werden Rechte verliehen, mit – werden Rechte entzogen.

`chmod`	`mask objects`
`mask`	3-stellige oktale Zahl, wobei jeder Ziffer von links nach rechts zu **u**, **g** oder **o** gehört.
	Jede Ziffer wird aus der Summe der Rechte **r**, **w**, **x** gebildet,
	wobei gilt: `r=4`
	`w=2`
	`x=1`

Die in UNIX darüberhinaus definierten Belegungen

> **s** (set User-ID)
> **t** (sticky Bit)
> **l** (mandatory locking)

wurden hier nicht behandelt. (siehe Systemliteratur)

chgrp   Gruppenzugehörigkeit ändern   **(Kap. 9)**

`chgrp`	`group  file(s)`
`group`	der Name der Benutzergruppe, den die Datei in Zukunft tragen soll
`file(s)`	Name(n) der Datei(en), auf die sich die Änderung bezieht.

Das Kommando ist in der Regel dem Systemverwalter vorbehalten.

chown Eigentümer von Dateien ändern **(Kap. 9)**

```
chown       owner file(s)
```
owner   der Benutzername des neuen Eigentümers (anstelle des
             Namens kann auch die Benutzernummer angegeben werden;
             diese ist in `/etc/passwd` definiert)
file(s) Name(n) der Datei(en), deren Eigentumsrechte abgetreten
             werden sollen

Das Kommando ist oft nur dem Systemverwalter vorbehalten

cmp Compare files (Dateien vergleichen) **(Kap. 12)**

```
cmp         [-l] [-s] file1 file2
```
-l   listet alle Unterschiede zwischen beiden Dateien auf
-s   unterdrückt jegliche Ausgabe und liefert nur die Return-
             Werte 0 bei identischen Dateien und 1 bei unterschiedlichen
             Dateien (in Shell-Prozeduren verwendbar)
file1
file2   zu vergleichenden Dateien

cp Copy Files (Dateien kopieren) **(Kap. 5)**

```
cp          [-i] [-p] [-r]  source target
```
source   Name der zu kopierenden Datei
target   Name der Kopie
-i   falls die Zieldatei bereits existiert, wird gefragt, ob sie
             überschrieben werden soll
-p   Zeitstempel und Zugriffsrechte bleiben erhalten
-r   rekursiv Unterverzeichnisse kopieren

Alternativ zum Kopieren mehrerer Dateien in ein anderes Verzeichnis kann das
Kommando wie folgt verwendet werden:

```
cp          [-i] [-p] [-r]  file1 file2 ... path
```
file1   Liste der zu kopierenden Dateien
file2
...
path   Pfadname des Zielverzeichnisses

comm   Select common lines (gleiche Zeilen suchen)   **(Kap. 12)**

```
comm      [-[123]] file1 file2
-123      unterdrückt Spalten die der angegebenen
          Ziffernkombination entsprechenden
file1     zu vergleichende Dateien
file2
```

compress   Compress files (Dateien komprimieren)   **(Kap. 6)**

```
compress  [-v]  file(s)
-v        gibt die Komprimierung in Prozent aus
file(s)   zu komprimierende Dateien (dem ursprünglichen Dateinamen
          wird ".Z" angehängt.)
```

Das Kommando steht unter älteren Systemversionen nicht zur Verfügung. Dort muß **pack** verwendet werden.

cpio   Copy file and archives in and out   **(Kap. 12)**

Optionen des Eingabemodus
```
cpio      -i [cdfkmrsStuv] [-E file] [-H hdr]
             [-I file [-M msg]] [pattern]
```

Optionen des Ausgabemodus
```
cpio      -o [aAcLv]  [-H hdr]  [-O file -M msg]]
```

Optionen des Durchgangsmodus
```
cpio      -p [adlLmuv] directory
```

Die Liste beschreibt die einzelnen Optionen unabhängig vom Modus:

a   Setzt den Zeitstempel des letzten Zugriffes zurück.

A   Hängt Dateien an bestehende Archive an. Die Option ist nur gültig in Verbindung mit `-O` und nur anwendbar auf Disketten oder Plattenarchive (nicht auf Bänder!).

c   Bewirkt Schreiben der Headerinformation im ASCII-Format.

d   Erlaubt das Erzeugen von Unterdateiverzeichnissen beim Import von Dateien.

-E file   Spezifiziert eine Datei `file`, die eine Liste von wiederherzustellenden Dateinamen beinhaltet. Die Datei enthält dabei einen Dateinamen pro Zeile.

f   Schließt die durch `pattern` erfaßten Dateien beim Zurücksichern aus.

-H hdr	Zum Einlesen und/oder Schreiben von Fremdformaten (beispielsweise -H tar zum Bearbeiten von tar-Formaten.
-I file	Spezifiziert eine Datei file, als Eingabearchiv. Falls file eine Gerätedatei (/dev/fd0135ds18,...) ist, kann nach komplettem Einlesen der Datenträger gewechselt und (nach RETURN) weitergelesen werden.
-k	Bewirkt ein Weiterlesen auch von Datenträgern mit nicht lesbaren Headern. Es werden dann die Dateien mit ordnungsgemäßer Headerinformationen gelesen, die anderen werden übergangen. Ohne die Option bricht cpio sofort ab.
-l	Gilt nur in Verbindung mit p und bewirkt, daß Dateien wenn möglich, gelinkt statt kopiert werden. Es gelten die Kriterien für Hard Links.
-L	Symbolische Links werden aufgelöst, d.h. es werden nicht nur die Linkfiles, sondern auch die gelinkten Dateien kopiert (nur mit -o,-p).
-m	Sorgt dafür, daß das Datum der letzten Änderung erhalten bleibt.
-M msg	In Verbindung mit -I und -O kann ein Meldungstext (msg) angegeben werden, der bei erforderlichem Wechsel des Mediums (Folgedisketten) ausgegeben wird.
-O file	Schreibt die Ausgabe von cpio anstatt nach Standardout direkt in die Datei file. Für die Ausgabe gilt der bei -I beschriebene Sachverhalt analog.
-r	Dient zum interaktiven Umbenennen von Dateien im Eingabemodus. Nach jeder aus dem Archiv gelesenen Datei unterbricht das Kommando und verlangt vom Bediener eine der drei folgenden Angaben:

<RET> die aktuelle Datei wird übersprungen (also nicht eingelesen)

(Punkt) die Datei wird unter gleichem Namen eingelesen

<name> die Datei wird unter dem angegebenen Namen name eingelesen

-t	bewirkt lediglich die Ausgabe eines Inhaltsverzeichnisses
-u	Normalerweise werden gleichnamige Dateien, deren Zeitstempel aktueller ist als der der korrespondierenden Archivdatei nicht überschrieben. -u schaltet diese Restriktion aus.
-v	Liefert in allen Modi eine Liste der bearbeiteten Dateinamen aus der Standardausgabe.

cut   Cut out fields (Felder ausschneiden)   **(Kap. 12)**

`cut`	`-clist file(s)`
`cut`	`-flist [-dt_char] file(s)`
`-c`	Selektion nach Zeichen (character)
`-f`	Selektion nach Feldern (fields)
`list`	Angabe der Felder gemäß: n, m bei einzelnen Feldern (z.B.:`3 , 7`) n-m bei Bereichen (z.B.: `1-4`) Beide Angaben können auch beliebig gemischt werden (z.B.: `1 , 2 , 5-6 , 9`)
`-d`	definiert den Feldtrenner "`t_char`" (z.B.: `-d:` oder `-d!`)
`file(s)`	Name der Datei(en), aus der (denen) Teile selektiert werden sollen

D

date   Print and set date   (Datum ausgeben)   **(Kap. 2)**

`date`	`[format]`
`format`	Die Beschreibung der Formatieroptionen entnimmt man der Systemliteratur. (Setzen kann das Datum nur **root**).

dd   Convert and copy a file   **(Kap. 12)**

`dd`	`[if=ifile] [of=ofile] [files=n]`
`if`	Eingabedatei oder Special File (`ifile`) (voreingestellt Standardeingabe)
`of`	Ausgabedatei oder Special File(`ofile`) (voreingestellt Standardausgabe)
`files=n`	konkateniere n Dateien vor Abbruch

Die Optionen zur Konvertierung und Positionierung können den Systemmanualen entnommen werden.

df Free disk blocks and files **(Kap. 12)**
(freien Plattenplatz anzeigen)

```
df           [-F FSType] [-begklntVv] [cur_opts]
             [-o spec_opts] [dir | spec]
```
-**F** FSType Angabe des Filesystemtypus (s5, ufs,...)
-**b**   gibt nur den verfügbaren Platz in Kilobytes aus
-**e**   liefert die Zahl freier Dateien (Inodes)
-**g**   komplette Information (-b, -e, -k, -n, -n und -t)
-**k**   Ausgabe in Kilobytes, getrennt nach belegtem und freiem Platz
-**l**   liefert die Dimension in Blöcken und die Anzahl der Inodes
             (die Option ist voreingestellt)
-**n**   gibt den Typ des Filesystems aus
-**t**   liefert Anzahl der Blöcke und Inodes (jeweils gesamt und frei)
-**v**   wie -k mit Angabe in Blöcken
c_opts   Filesystemspezifika (Siehe Systemmanuale)
s_opts   Filesystemspezifika (Siehe Systemmanuale)
dir | Dateisystem bzw.
spec s   Gerätebezeichner

dfspace Plattenplatz anzeigen **(Kap. 12)**

```
dfspace      [opts]
```
opts   wie unter **df**

dircmp   Directory comparision **(Kap. 12)**

```
dircmp       [-d] [-s] [-wn] dir1 dir2
```
-**d**   produziert eine Liste mit den Unterschieden für Dateien mit
             gleichen Namen
-**s**   unterdrückt Information über gleiche Dateien in der Ausgabe
-**wn**   ändert die Zeilenlänge einer Ausgabezeile auf den Wert n
             (normalerweise gilt n=72, also 72 Zeichen pro Zeile)
dir1
dir2   sind die Namen der zu vergleichenden Directories

E

echo   echo arguments to stdout   **(Kap. 10)**

```
echo        [-n]  "text"
-n          gibt nach Ausgabe des Textes text keine neue Zeile aus
text        beliebige Zeichenfolge
```

Escape-Sequenzen (können in den Text eingestreut werden)

```
\b        Backspace
\c        ohne Ausgabe einer neuen Zeile
\f        Form-Feed
\n        Neue Zeile
\r        Carriage Return
\t        Tabulator
\v        Vertikaler Tabulator
\\        Backslash
\0n       n Oktalzahl
```

egrep   Mustersuche mit erweiterter regulärer Syntax   **(Kap. 10)**

```
egrep       Siehe grep
```

env   Print or set environment   **(Kap. 10)**

```
env         [[name=val] ... [cmd]]
            ohne Angaben liefert das Kommando alle globalen, d.h.
            exportierten Variablen der Shell
name=val    zur Ausführung des Kommandos cmd  kann eine
            Liste von Variablen temporär dem Environment
            zugeordnet werden. Nach Ausführung des Kommandos
            sind die Variablen dann nicht mehr existent.
cmd         beliebiges, eingebettets Kommando; es kann auf die
            implizit definierten Variablen zugreifen
```

export   Variablen global definieren   **(Kap 10)**

```
export      var_list
```
`var_list`   Liste von Variablennamen, die exportiert werden sollen

innerhalb der Korn-Shell ist auch das implizite Setzen der Variable möglich

```
export      name=val
```
`name`   Name der Variable, die sofort exportiert wird
`val`   Wert der Variablen

F

fc   fix command   **(Kap.13)**
              (Zugriff auf die Kommando-Historie in der Korn Shell)

```
fc          [-e ename ] [-nlr] [first [last]]
```
`-n`   unterdrückt zusammen mit der Option -l die
           Zeilennummern
`-l`   listet die letzten (16) Kommandos der History-Datei auf
`-r`   kehrt die Reihenfolge der Ausgabe von -l um
`-e` ename Name eine Editors (z.B. vi)
`first`   Anfangsnummer eines Kommandobereiches der History-
           Liste
`last`   Endenummer eines Kommandobereiches der History-
           Liste (die so definierten Kommandos werden mit dem
           eingestellten Editor zur Bearbeitung angeboten und nach
           Verlassen des Editors ausgeführt)

```
fc          -e - [old=new] [ cmd ]
```
`cmd`   Nummer, Kommando oder Kommandoprefix aus der
           History-Datei
`old=new` Vor Ausführung des Kommandos wird der Text old durch
           new ersetzt.

find   find files   **(Kap. 12)**

```
find     start  -<select> -<action>   (wenn erfolgreich)
start    legt den Pfadnamen fest, ab dem gesucht werden soll
-select  definiert ein Kriterium, nach dem zu suchen ist
-action  bestimmt eine Aktion, die bei erfolgreicher Suche ablaufen
         soll
```

Selektion	**Bedeutung**
name pat	Dateiname oder "wild card"
perm msk	Dateien mit Zugriffsrechten entsprechend der Maske msk (777,640,...) wie bei Zugriffsrechten erläutert
size n[c]	Dateien mit Größe n Blöcke oder nc Zeichen
atime n	Dateien auf die vor n Tagen das letzte Mal zugegriffen wurde
mtime n	Dateien, die vor n Tagen das letzte Mal geändert wurden
newer fil	Dateien, die jünger sind als die Vergleichsdatei fil
links n	liefert wahr, wenn die fragliche Datei n Links hat
user name	Dateien, die dem Benutzer name gehören
depth	liefert alle Dateien ab dem Startverzeichnis jeweils von unten nach oben, ohne diese Option vom Verzeichnis abwärts (insbesondere für cpio nützlich)
inum n	liefert alle Namen der Datei mit der Inodenummer n

Aktion	**Bedeutung**
exec cmd	werden Dateien gefunden, die den Selektionskriterien entsprechen, wird das angegebene Kommando cmd ausgeführt
ok cmd	wie -exec, die Ausführung des Kommandos muß jedoch explizit vom Benutzer bestätigt werden
print	die absoluten Pfadnamen der Dateien, die gefunden wurden, werden protokolliert

format   Datenträger formatieren   **(Kap. 6)**

```
format   device
device   Pfadangabe des entsprechenden "special file"
```

G

grep	Global regular expression	**(Kap. 8)**
egrep	Extended grep	**(Kap. 10)**

`grep`	`[-opt] rex   [file(s)]`
`rex`	die zu suchende Zeichenfolge, die gemäß der allgemeinen regulären Syntax definiert ist
`file(s)`	Datei oder Liste von Dateien, in denen der angegebene Ausdruck gesucht werden soll.
`opt`	

`-b`	gibt für jede Zeile, in der der Ausdruck gefunden wurde, die Nummer des Datenblockes der Datei aus
`-c`	gibt nur die Nummer der Zeile aus, die den Ausdruck enthält
`-i`	ignoriert Groß- und Kleinschreibung
`-h`	unterdrückt die Dateinamen bei der Ausgabe
`-l`	gibt nur die Namen der Dateien aus, die den Ausdruck enthalten
`-n`	gibt die Zeilennummer der Datei aus, in denen der Ausdruck vorkommt
`-s`	verhindert Fehlermeldungen bei nicht existierenden Dateien (nur **grep**)
`-v`	liefert alle Zeilen, die den Ausdruck nicht enthalten
`-f file`	liest den regulären Ausdruck aus der Datei `file` (nur **egrep**)

Die Erweiterungen der regulären Syntax, die von **egrep** akzeptiert werden, sind im wesentlichen:

`rex+`	prüft auf ein- oder mehrmaliges Vorkommen des regulären Ausdruckes **rgex**
`rex?`	prüft auf Nichtvorkommen oder auf genau einmaliges Vorkommen des regulären Ausdruckes **rgex**
`rex1|rex2`	prüft das Vorkommen des Ausdruckes **rex1** oder **rex2** (oder beide)
`(rex1)rex2`	gruppiert den Ausdruck **rex1** mit **rex2** **rex1** ist dabei sinnvollerweise ein kombinierter Ausdruck (z.B.: `(rex1|rex3)rex2`)

H

head	Head of a file (Dateianfang ausgeben)	**(Kap. 8)**

head   `[-n] file(s)`
`-n`   gibt an, wie viele Zeilen ab Dateianfang ausgegeben
werden sollen.
`file(s)`   Datei oder Liste der Dateien, auf die das Kommando
angewandt werden soll

J

join	Relation zwischen Tabellen definieren	**(Kap. 12)**

join   `[-an] [-e "text"] -j1 n -j2 m -o list`
`-tchar file1 file2`
`-a`n   produziert zusätzlich eine Zeile in der Ausgabe für nicht
zuzuordnende Relationen (n=1 oder n=2) je nachdem, ob der
Text aus Eingabe1 oder Eingabe 2 entnommen werden soll
`-e` s   gibt den Text `"s"` als Meldung bei nicht zuzuordnender
Relation aus (`":s:"` anstelle von `"::"`)
`-j`1 n   legt das Join-Feld in der ersten Eingabedatei auf Feld n
`-j`2 m   legt das Join-Feld in der zweiten Eingabedatei auf Feld m
Ist n nicht angegeben, so wird in beiden Eingaben das m.-te
Feld verknüpft.
`-o` list   definiert die Feldreihenfolge in der Ausgabe (entgegen dem
Standard)
list enthält Angaben der Form n.m, wobei n (=1,2) die
Eingabedatei festlegt, m die Nummer des Feldes
`-t`char   definiert das Trennsymbol als char

K

kill	Signal an Prozeß schicken	**(Kap. 11)**

kill   `[-1] [-signal]    PID`
`-1`   gibt eine Liste der definierten Signale aus (siehe unten)
`-signal`   zu verwendendes Signal (siehe Tabelle unten)
Wird kein Signal angegeben, wird Signal 15 TERM verwendet.
`PID`   Prozeß-ID des abzubrechenden Prozesses

Gültige Signale

1) HUP	12) SYS	23) STOP
2) INT	13) PIPE	24) TSTP
3) QUIT	14) ALRM	25) CONT
4) ILL	15) TERM	26) TTIN
5) TRAP	16) USR1	27) TTOU
6) IOT	17) USR2	28) VTALRM
7) EMT	18) CHLD	29) PROF
8) FPE	19) PWR	30) XCPU
9) KILL	20) WINCH	31) XFSZ
10) BUS	21) URG	
11) SEGV	22) POLL	

L

ln   Link files   **(Kap. 5)**

`ln`	`[-f] [-n]  [-s] source target`
`-f`	es werden auch dann keine Rückfragen an den Benutzer gestellt, wenn die Zieldatei (`target`) existiert und schreibgeschützt ist. Die Option ist voreingestellt, wenn die Standardeingabe kein Terminal ist. Ansonsten erfolgt die gewohnte Abfrage (`mode nnn: overwrite `)
`-n`	verhindert das Überschreiben der Datei `ziel`, falls diese bereits existiert
`-s`	definiert einen **Symbolic Link**; ansonsten wird ein **Hard Link** eingerichtet
`source`	Quelldatei des Links
`target`	Zieldatei des Links

lp   Datei(en) drucken   **(Kap. 8)**

`lp`	`[-d dest] [-others] [file(s)]`
`-d dest`	einer der Namen, die lpstat als ansprechbaren Drucker liefert
`-others`	steht hier stellvertretend für eine Reihe weiterer Optionen, die hier nicht behandelt werden können (siehe Systemmanuale)
`file(s)`	Dateien, die gedruckt werden sollen

lpstat   Status des Print-Service ausgeben   **(Kap. 8)**

`lpstat`   `[-a] [-others]`
`-a`   liefert Information über alle Drucker in Bereitschaft
`-others`   steht hier stellvertretend für eine Reihe weiterer Optionen, die
             hier nicht behandelt werden können (siehe Systemmanuale)

ls   list directory (Inhaltsverzeichnis ausgeben)   **(Kap. 4)**

`ls`   `[-opts]  [name(s)]`

`opts`
`-l`   die komplette (long) Information des Kataloges wird
             ausgegeben
`-L`   Ziele von Symbolic Links werden anstatt der Links selbst
             angezeigt
`-C`   Ausgabe erfolgt als mehrspaltige alphabetisch sortierte Liste
             (die Sortierung erfolgt dabei in vertikaler Richtung)
`-x`   wie `-C` mit Ausgabe der Sortierung in horizontaler Richtung
`-F`   Verzeichnisse werden mit / markiert
`-a`   Dateinamen, die mit . beginnen, werden zusätzlich angezeigt
             (versteckte Dateien)
`-p`   wie ls ohne Option, Verzeichnisse werden mit /
             gekennzeichnet
`-d`   zeigt nur den Verzeichnisnamen, nicht dessen Inhalt
`-R`   listet rekursiv alle Verzeichnisinhalte auf
`-i`   gibt zusätzlich die Nummer der von der Datei belegten Inode
             aus
`-m`   Ausgabe der Dateinamen unformatiert, durch Komma getrennt
`-r`   Ausgabe sortiert in umgekehrter Reihenfolge
`-b`   gibt nicht abdruckbare Zeichen im Dateinamen in oktaler
             Codierung aus
`-q`   gibt nicht abdruckbare Zeichen im Dateinamen als "?" aus

`name(s)`   Das Kommandos wird angewandt auf einen Pfad oder auf eine
             Gruppe von Dateien. Wird keine Angabe diesbezüglich gemacht,
             wird der Inhalt des momentanen Arbeitsverzeichnisses
             ausgegeben.

Weitere Optionen finden Sie in den Manualen.

M

mail   Read or send mail (Post lesen und versenden)   **(Kap. 2)**

mail   **[[u_list] [-opts] [mesg]]**

u_list   Liste der Benutzer, an die die Nachricht geschickt wird

opts   zum Versenden

-m type   zur Formatdefinition von Nicht-ASCII-Nachrichten
(z.B. type=binary)

-t   fügt jeder Nachricht einen Verteiler bei, falls die Nachricht
an mehrere Benutzer verschickt wird, erfährt jeder
Empfänger, wer sonst noch die Nachricht erhalten hat

Auf eingetroffene Nachrichten können Sie wie folgt reagieren:

d   gelesene Nachricht wird aus der Mailbox gelöscht
+   nächste Nachricht anfordern
-   vorherige Nachricht nochmals lesen
r   Nachricht sofort beantworten
m user   weiterleiten an Benutzer user
q   beenden von mail und nicht gelöschte Nachrichten
aufbewahren
x   beenden von mail und alle Nachrichten aufbewahren
?   Help-Funktion liefert folgende Information (hieraus gehen
weitere Möglichkeiten hervor; ansonsten sei auf die Manuale
verwiesen)

Help-Funktion bei **mail**

```
?              print this help message
#              display message number #
-              print previous
+              next (no delete)
! cmd          execute cmd
<CR>           next (no delete)
a              position at and read newly arrived mail
d [#]          delete message # (default current message)
dp             delete current message and print the next
dq             delete current message and exit
h a            display all headers
h d            display headers of letters scheduled for deletion
h [#]          display headers around # (default current message)
m user         mail (and delete) current message to user
n              next (no delete)
p              print (override any warnings of binary content)
P              override default 'brief' mode and display ALL
```

```
header lines
q, ^D          quit
r [args]       reply to (and delete) current letter via mail [args]
s [files]      save (and delete) current message (default mbox)
u [#]          undelete message # (default current message)
w [files]      save (and delete) current message without header
x              exit without changing mail
y [files]      save (and delete) current message (default mbox)
```

Das Komando mailx liefert hinsichltlich der Reaktion des Benutzers beim Lesen
von Nachrichten folgende Hilfestellung

Help-Funktion bei `mailx`

```
alias,group user ...        declare alias for user names
alternates user             declare alternate names for your login
cd,chdir [directory]        chdir to directory or home if none given
!command                    shell escape
copy [msglist] file         save messages to file without
                              marking as saved
delete [msglist]            delete messages
discard,ignore header       discard header field
                              when printing message
dp,dt [msglist]             delete messages and type next message
echo string                 print the string
edit [msglist]              edit messages
folder,file filename        change mailboxes to filename
folders                     list files in directory of current folder
followup [message]          reply to message and save copy
Followup [msglist]          reply to messages and save copy
from [msglist]              give header lines of messages
header [message]            print page of active message headers
help,?                      print this help message
hold,preserve [msglist]     hold messages in mailbox
list                        list all commands (no explanations)
mail user                   mail to specific user
Mail                        mail to specific user, saving copy
mbox [msglist]              messages will go to mbox when quitting
next [message]              goto and type next message
pipe,| [msglist] shell-cmd  pipe the messages to the shell command
print,type [msglist]        print messages
Print,Type [msglist]        print messages with all headers
quit                        quit, preserving unread messages
reply,respond [message]     reply to the author and
                              recipients of the message
Reply,Respond [msglist]     reply to authors of the messages
save [msglist] file         save (appending) messages to file
Save [msglist]              save messages to file named after author
set variable[=value]        set variable to value
size [msglist]              print size of messages
source file                 read commands from file
top [msglist]               print top 5 lines of messages
touch [msglist]             force the messages
                              to be saved when quitting
undelete [msglist]          restore deleted messages
undiscard,unignore header   add header field back to list printed
version                     print version
```

```
visual [msglist]            edit list with $VISUAL editor
write [msglist] file        write messages without headers
xit,exit                    quit, preserving all messages
z [+/-]                     display next [last] page of 10 headers
```

```
[msglist] is optional and specifies messages by number, author,
subject or type.  The default is the current message.
```

Weiteres zu den Kommandos mail und mailx finden Sie in den System-handbüchern.

mesg

mesg Permit or deny messages   **(Kap. 2)**
      (Nachrichtenempfang kontrollieren)

mesg   **[[n][y]]**
n   keine Nachrichten akzeptieren
y   Empfang zulassen

Wird weder y noch n angegeben, wird der momentane Zustand ausgegeben.

mkdir

mkdir Make directory (Verzeichnis erstellen) **(Kap. 4)**

mkdir   **[-m mode] [-p] name(s)**

-m mode legt implizit die Zugriffsrechte gemäß der angegebenen
     Maskierung mode fest
-p   bei Angabe eines Pfades, der aus nicht existierenden
     Verzeichnissen besteht, werden alle Verzeichnisse angelegt
name(s) Pfadname des (der) zu erstellenden Verzeichnisse(s)

mkfs   Make filesystem (Dateisystem generieren)   **(Kap. 7)**

```
mkfs        -F Type [others][cur_o] [-o spec]    special
-F Type     Typ des Dateisystems (s5, ufs, bfs)
others      siehe Manuale
cur_o       spezielle Optionen für s5
-o spec     spezifische Optionen für Filesystemtyp
special     Gerät, welches das Dateisystem tragen soll
```

Dieses Kommando ist dem Systemverwalter vorbehalten und für "normale" Benutzer nicht zugänglich. Was die einzelnen Optionen im Detail betrifft, sei auf die Systemmanuale verwiesen.

mount   Mount filesytem (Dateisystem ankoppeln)   **(Kap. 7)**

```
mount       [-F Type]   [others] special mnt_pnt
-F Type     Typ des Dateisystems (s5, ufs, bfs)
others      siehe Manuale
special     Gerät, welches das Dateisystem trägt
mnt_pnt     Mount-Point, Verzeichnis, über das das angekoppelte
            Dateisystem zugänglich ist
```

Dieses Kommando ist dem Systemverwalter vorbehalten und für "normale" Benutzer nicht zugänglich. Was die einzelnen Optionen im Detail betrifft, sei auf die Systemmanuale verwiesen.

mv   move (rename) files (Dateien umbenennen)   **(Kap. 5)**

```
mv          [-f] [-i] source target
```

```
source      Name der Datei, deren Name geändert werden soll
target      neuer Name
-f          mv  überschreibt existierende Dateien
-i          falls die Zieldatei bereits existiert, wird gefragt, ob sie
            überschrieben werden kann
```

N,O

nohup   Kommando gegen Signal Hangup schützen   **(Kap. 11)**

```
nohup     cmd
```
cmd   ist ein beliebiges ausführbares Objekt (eigenes Programm,
           Kommando oder Script)

od   Octal dump   **(Kap. 5)**
```
od        [-bcdx][file(s)] [+offset [ . | b ]]
```
-b   Ausgabe von Bytes im oktalen Format
-c   Ausgabe von Bytes im (lesbaren) ASCII-Format
-d   Ausgabe von "Worten" im dezimalen Format
-x   Ausgabe von "Worten" im hexadezimalen Format

Es gibt bezüglich der Ausgabe weitere Optionen, die den Systemhandbüchern
entnommen werden können.

+offset   Abstand gemessen vom Dateianfang, ab dem die Ausgabe
               beginnen soll (Angabe in oktal Bytes)
.   offset wird dezimal interpretiert
b   offset wird in Blöcken zu 512 Byte interpretiert

Die einzelnen Angaben zu offset sind alternativ.

file(s)   Name der Datei(en), die ausgegeben werden soll(en)

P

pack   Dateien komprimieren   **(Kap. 6)**

```
pack      file(s)
```
file(s)   zu komprimierende Dateien (dem ursprünglichen Dateinamen
               wird ".z" angehängt)

In Release 4 Systemen sollte **compress** verwendet werden, da die besseren Resultate erzielt werden.

passwd   Paßwort definieren und Attribute ändern   **(Kap. 2)**

`passwd`   `[-s]  [name]`

`-s`   liefert Informationen hinsichtlich der Gültigkeitsdauer des Paßwortes

`name`   Angabe einer Benutzerkennung, auf die sich das Kommando bezieht (nur die eigene Benutzerkennung ist erlaubt)

Weitere Optionen zur Manipulation von Paßwort-Attributen sind dem System-verwalter vorbehalten; man findet sie in den Handbüchern.

paste   Dateien "zusammenkleben"   **(Kap. 12)**

`paste`   `[-d]list  [-s]  file(s)`

`-d`list   Liste von Feldtrennsymbolen (Standard ist tab)

`-s`   konkateniert mehrere Zeilen zu einer (abhängig von `-d`)

`file(s)`   sind die Einzelschnitte

pcat   Mit pack komprimierte Dateien ausgeben   **(Kap. 12)**

`pcat`   `file(s)`

`file(s)`   Datei(en) die ausgegeben werden soll.

Der Vorteil des Kommandos liegt darin, daß komprimierte Dateien vor der Ausgabe nicht entkomprimiert werden müssen.

pg   Page files (Dateien seitenweise ausgeben)   **(Kap. 8)**

`pg`   `[-number]  [-p str]  [-cefnr]  [+l]  [+pat]`
        `file(s)`

-number   legt die Größe des von `pg` nutzbaren Zeilenbereiches am Terminal fest (normalerweise 23)

`-p` str   veranlaßt `pg` den String `str` als Prompt zu verwenden (normalerweise ":")

`-c`   leert den Bildschirm vor Ausgabe jeder Seite

`-e`   unterdrückt die Ausgabepause bei Dateiwechsel

`-f`   Zeilen, die länger sind als eine Bildschirmzeile werden abgeschnitten

`-n`   pg-Kommandos brauchen nicht mit <RET> abgeschlossen zu werden

`-r`   verbietet den Übergang in die Shell mit "!"

`+1`	die Ausgabe beginnt ab Zeile 1
`+pat`	die Ausgabe beginnt in der ersten Zeile, die das Muster `pat` enthält (`pat` ist ein regulärer Ausdruck)
`file(s)`	die Liste der auszugebenden Dateien

Die wichtigsten Benutzereingaben während der Ausgabe von `pg` sind:

`h`	liefert eine Liste mit allen möglichen Benutzeraktionen
`<RET>`	oder
`+`	bewirkt die Ausgabe der nächsten Seite
`-`	zeigt die vorherige Seite noch einmal

in Verbindung mit einer relativen Seitenzahl liefert

`+n`	die Fortsetzung der Ausgabe n Seiten weiter (in Relation zur aktuellen Seite)
`-n`	die Fortsetzung der Ausgabe n Seiten zurück (in Relation zur aktuellen Seite)
`$`	springt unmittelbar zur letzten Seite der Ausgabe
`1`	springt auf die erste Seite der Ausgabe zurück
`q`	beendet die Ausgabe vorzeitig
`!<cmd>`	ermöglicht das Einschieben eines Kommandos
`/muster/`	sucht in der Datei nach dem angegebenen Muster in Richtung Dateiende
`?muster?`	sucht in Richtung Dateianfang

"On Line-Help" von pg

```
:h
------------------------------------------------------------
h                         help
q or Q                    quit
<blank> or <newline>      next page
l                         next line
d or <^D>                 display half a page more
. or <^L>                 redisplay current page
f                         skip the next page forward
n                         next file
p                         previous file
$                         last page
w or z                    set window size and display next page
s savefile                save current file in savefile
/pattern/                 search forward for pattern
?pattern? or
^pattern^                 search backward for pattern
!command                  execute command

Most commands can be preceded by a number, as in:
+1<newline> (next page); -1<newline> (previous page); 1<newline>
(page 1).
```

Weitere Einzelheiten finden Sie in den Handbüchern.

pr   Print files (Dateien zum Druck formatieren)   **(Kap. 12)**

pr   `[[-columns] [-wwidth] [-a]] [-eck] [-ick]`
`[-drtfp] [+page] [-nck] [-ooffset][-llenght]`
`[-ssep] [-hheader] [-F] [file(s)]`

pr   `[[-m] [-wwidth] [-eck] [-ick] [-drtfp]`
`[+page][-nck] [-ooffset] [-lenght] [-ssep]`
`[-hheader][-F][file(s)]`

`-columns` Formatiert die Ausgabe auf `columns` Spalten (-5, -3,..)
das Kommando ist dann auf eine Datei beschränkt.

`-m` Druckt mehrere Dateien in jeweils einer Spalte (zu lange
Zeilen werden dabei abgeschnitten).

`-wwidth` Setzt die Spaltenbreite auf den Wert width Zeichen.

`-eck` Expandiert Tabulatoren auf die Werte `k+1,2k+1,3k+1,...`
c ist ein Ersatzzeichen für das echte Tabulatorzeichen.

`-ick` Leerzeichen werden durch Tabulatoren ersetzt.

`-d` Nach jeder Ausgabezeile wird eine Leerzeile ausgegeben.

`-r` Keine Fehlerausgabe bei Dateien, die nicht geöffnet
werden können.

`-t` Unterdrückt die Ausgabe des Standardkopfes und des
Standardfußes auf jeder Seite.

`-f` Stoppt die Ausgabe kurz bei Seitenwechsel, falls die
Standardausgabe auf dem Terminal liegt, ansonsten wird
ein line feed pro Seitenwechsel ausgegeben.

`-p` Hält die Terminalausgabe an, gibt ein akustisches Signal
und wartet auf Bestätigung durch <RET>.

`+page` Beginnt mit der Ausgabe erst bei der Seite page.

`-nck` Gibt eine k-stellige Zeilennummer mit aus das Zeichen c
wird dabei zum Absetzen der Nummer von der Zeile
verwendet (z.B. ":", Standard ist Tabulator).

`-ooffset` Rückt die Zeilen um offset Positionen ein.

`-llength` Setzt die Seitenlänge auf length Zeilen (Standard 66),
inklusive 5 Zeilen für Kopf und 5 Zeilen für Fuß.

`-ssep` Setzt die Spalten bei mehrspaltiger Ausgabe durch das
Zeichen c voneinander ab.

`-hhead` Steht für "header" und gibt den Text `head` aus.
Überschrift aus

`-F` Sorgt für Umbruch von Zeilen, die zu lang sind.

`file(s)` Eingabedatei(en).

ps   Process status   **(Kap. 11)**
ps   `[-opts]`
-e   alle laufenden Prozesse werden angezeigt
-f   Liste mit umfassender Information wird produziert
-l   Liste mit der gesamten Information
-t `term`   nur Prozesse des Terminals terminal
-p `p_list` Information bzgl. der Prozesse, deren PIDs in `p_list`
            angegeben sind
-u `user`   Liste der Prozesse des Benutzers user

Wird keine Option angegeben, werden nur Prozesse angezeigt, die vom aktuellen
Terminal aus kontrolliert werden.

pwd   print working directory   **(Kap. 4)**
            (Arbeitsverzeichnis anzeigen)

pwd

R

r   repeat (Kommandowiederholung Korn-Shell)   **(Kap.13)**

r   Siehe `fc`

rm   remove files (Dateien löschen)   **(Kap. 5)**

rm   `[-f] [-i] [-r] file(s)`
-f   alle angegebenen Dateien werden ohne Rückfrage gelöscht,
            auch wenn sie schreibgeschützt sind
-i   Löschen nur nach Rückversicherung
-r   Rekursives Löschen ganzer Unterverzeichnisse (nur in
            Verbindung mit einem Verzeichnisnamen)
            Vorsicht bei dieser Option !!!
`file(s)`   einzelner Dateiname oder Liste von Namen; alle ange-
            gebenen Dateien werden gelöscht

rmdir	Remove directory (Verzeichnis löschen)	**(Kap. 4)**

`rmdir`	`[-p] [-s] name(s)`
`-p`	bewirkt das Löschen des angegebenen Verzeichnisses und implizit das Löschen der übergeordneten Verzeichnisse, sofern diese leer werden (die Aktion wird auf **stdout** entsprechend protokolliert)
`-s`	schaltet die Protokollierung von `-p` auf **stdout** aus
`name(s)`	Name(n) der Verzeichnisse, die gelöscht werden sollen

S

script	terminal session script (Protokoll der Terminal-Sitzung)	**(Kap. 8)**

`script`	`[-a] file`
`-a`	die bereits bestehende Datei `file` wird fortgeschrieben
`file`	Name der Protokolldatei

set	Shell-Optionen setzen	**(Kap. 10)**

`set`	`[[-opts] [arg]]`

liefert ohne Zusatzangaben alle momentan definierten Variable; also insbesondere auch die, die **env** ausgibt.

`arg`	jede angegebene Zeichenkette wird einer Stellungsvariablen zugeordnet ($1,...,$n); als Variablentrennsymbol dient das Leerzeichen
`opts`	(Optionen werden mit − gesetzt und mit + aufgehoben)
`-a`	jede künftig definierte Variable wird exportiert
`-e`	beendet die Shell augenblicklich, wenn ein Kommando mit Fehler beendet wird ($? ungleich 0)
`-f`	verhindert Dateinamensexpansion
`-h`	jedes Kommando erhält einen tracked alias
`-m`	Hintergundprozesse laufen in einer eigenen Prozeßgruppe. Bei Ende eines Hintergrundprozesses wird eine Meldung ausgegeben.
`-n`	verhindert die Ausführung von Kommandos
`-t`	beendet die Shell nach Ausführung genau eines Kommandos
`-u`	gibt eine Fehlermeldung aus, falls undefinierte Variable angesprochen werden.

-v		gibt eingegebene Kommandos vor deren Ausführung noch einmal aus (und zwar so, wie eingegeben)
-x		wie **-v**; die Kommandos werden jedoch so ausgegeben, wie sie ausgeführt werden
-o	**allexport**	wie **-a**
	errexit	wie **-e**
	bgnice	Hintegrundprozesse erhalten geringere Priorität
	ignoreeof	Shell wird nur durch Kommando **exit** beendet
	markdirs	Verzeichnisse werden mit **/** markiert (bei **ls**)
	monitor	wie **-m**
	noclobber	verhindert das Überschreiben von Dateien bei umgelenkter Standardausgabe
	noexec	wie **-n**
	noglob	wie **-f**
	nolog	Funktionsdefinitionen werden nicht in der History-Datei gespeichert
	nounset	wie **-u**
	verbose	wie **-v**
	trackall	wie **-h**
	vi	setzt den integrierten vi-Editor
	xtrace	wie **-x**

sort sort files (Dateien sortieren) (**Kap. 12**)

```
sort    [-cmu] [-ooutf] [-ykmem] [-zrecz]
        [-dfiMnr] [-btx] [+pos1 [-pos2]] file(s)
```

-c	Überprüft lediglich die Eingabequelle auf ihre Sortierung und liefert keine Ausgabe, falls diese bereits sortiert ist.
-m	Mischt bereits sortierte Eingabedateien (Merge).
-u	Sortiert redundanzfrei, d.h. mehrfach vorkommende Zeilen werden in der Ausgabe unterdrückt.
-o outf	Schreibt das Resultat der Sortierung in die dort angegebene Datei **outf** anstatt auf die Standardausgabe.
-y	Weist sort an, anstelle eines Default-Wertes, die in "kmem" spezifizierte Speichergröße zu allokieren; die Angabe erfolgt in Kilobyte.
-z	Bei sehr langen Eingabesätzen kann die Default-Pufferlänge überschritten werden, so daß sich sort abnormal beendet Wird diese Option benutzt, kann dem vorgebeugt werden (Angabe in Byte).
-d	Für die Sortierung sind nur Buchstaben, Ziffern und Leerzeichen relevant.
-f	Wandelt Kleinbuchstaben in Großbuchstaben um.

`-i`	Nicht abdruckbare Zeichen werden ignoriert.
`-M`	Interpretiert die ersten drei Zeichen des Sortierfeldes als Monatsangabe (Format: JAN, FEB, MAR,....,DEC).
`-n`	Sortiert numerisch, wobei das Sortierfeld auch Vorzeichen und einen Dezimalpunkt enthalten kann.
`-r`	Sortiert in umgekehrter Reihenfolge.
`-b`	Ignoriert führende Blanks. Im Zusammenspiel mit der Option pos steht die Option vor der ersten pos-Angabe. Sie bezieht sich dannauf alle Felddefinitionen. Sie kann aber auch vor jeder pos-Option gesetzt sein.
`-t`	definiert das Feldtrennzeichen
`+/-pos1/2`	legt Sortierfelder fest
`file(s)`	zu sortierenden Datei(en)

T

tail   Tail of a file (Endeabschnitt einer Datei)   **(Kap. 8)**

`tail`	`[opts] file(s)`
`opts`	
`+mbl`	Start der Ausgabe ab der m.-ten Zeile
`+mbc`	Start der Ausgabe ab dem m.-ten Zeichen
`+mb`	Start der Ausgabe ab dem m.-ten Block der Datei
`-nl`	Ausgabe der letzten n Zeilen
`-nc`	Ausgabe der letzten n Zeichen
`-rn`	Ausgabe der letzten n Zeilen in umgekehrter Reihenfolge (Standard ist 1 für Zeilen)
`file(s)`	Datei oder Liste der Dateien, auf die das Kommando angewandt werden soll

talk   talk to another user   **(Kap.2)**

`talk`	`user [tty]`
`user`	Name des Benutzes mit dem die Unterhaltung geführt wird
`tty`	Terminalbezeichner, falls der Benutzer mehrfach eingeloggt ist

Bei einer Anfrage erscheint auf dem Terminal des Angerufenen folgende Meldung:

```
Message from Talk_Daemon@I386 at 22:11 ...
talk: connection requested by root@I386.
talk: respond with:  talk root@I386
```

tar   Tape file archiver (Archivierung)   **(Kap. 6)**

tar   `[-opts] [-f] special file(s)`
opts
-c   **Schreiboption:** ein Datenträger wird neu angelegt, das heißt,
            eventuell bereits auf dem Datenträger befindliche Information
            wird überschrieben
-r   **Schreiboption:** es wird an den Inhalt eines Datenträgers ange-
            knüpft und ab dem freien Platz weiter geschrieben, vorhandene
            Information bleibt also erhalten
-u   es werden nur Dateien, die noch nicht auf dem Datenträger
            exisitieren, oder solche mit aktuellerem Zeitstempel archiviert
            (impliziert **r**)
-x   **Leseoption:** die unter `file(s)` spezifizierte Datenmenge wird
            vom Datenträger eingelesen, ist keine Namen angegeben, wird
            der gesamte Inhalt zurückgeholt
-t   **Leseoption:** nur Inhaltsverzeichnis anzeigen
-v   Protokollierung eingeschaltet

-f   muß angegeben werden, wenn ein Gerät (**special**)
            spezifiziert wird
special   Gerätename des externen Mediums (Band-,
            Diskettenlaufwerk) oder Name einer Datei
            wird anstelle des Namens "-" gesetzt, schreibt `tar` auf die
            Standardausgabe
file(s)   Name(n) der zu sichernden Dateien

tr   Translate characters   **(Kap. 12)**

tr   `[-cds] s1 s2`
-c   alle Eingabezeichen außer denen, die in **s1** vorkommen,
            werden in der Ausgabe durch die Zeichen aus s2 ersetzt
-d   alle Eingabezeichen, die in **s1** definiert sind werden in der
            Ausgabe gelöscht
-s   alle mehrfach vorkommenden Zeichen, die in **s2** spezifiziert
            sind, werden nur einmal ausgegeben
s1,2   enthalten die umzusetzenden Zeichen

Das Kommando operiert gewöhnlich auf Standardein- und -ausgabe.

U

umask   set file-creation mode mask   **(Kap. 9)**

`umask`   `[mask]`
`mask`   eine dreistellige (oktale) Zahl, die in Analogie zur Definition
          der Zugriffsrechte mit Maskierung zu betrachten ist.

umount   Dateisystem abkoppeln   **(Kap. 7)**

`umount`   `[opts] special | m_point`
`opts`   spezifische Optionen zum Filesystem
`special`   Gerätebezeichner auf dem das Dateisystem sich befindet
          oder alternativ
`m_point`   Verzeichnis (Mount-Point) an dem das Dateisystem
          angekoppelt ist

Das Kommando ist dem Systemadministrator vorbehalten. Details finden Sie in
den Systemhandbüchern.

unalias   Alias-Definition aufheben (Korn-Shell)   **(Kap. 13)**

`unalias`   `name`

uncompress
unpack   Dateien entkomprimieren   **(Kap. 6)**

`uncompress`
`unpack`
`file(s)`   Liste der zu entkomprimierenden Dateien (das von
          compress verliehene Suffix ".Z" , bzw ".z" bei **pack** muß
          nicht angegeben werden)

unset   Variable eliminieren   **(Kap. 10)**

`unset`   `var_list`
`var_list`   Liste von Variablennamen, die eliminiert werden sollen

W

wc	Word count	**(Kap. 8)**

`wc`	`[-lwc] file(s)`
`-c`	zählt die Zeichen in der Datei
`-w`	zählt die Worte
`-l`	zählt die Zeilen

Wird keine Option angegeben, so werden alle drei Werte ausgegeben. Bei mehreren angegebenen Dateien erfolgt die Ausgabe jeweils einzeln, anschließend wird die Summe der Einzelwerte ausgegeben.

who	Who is on the system (aktive Benutzer)	**(Kap. 2)**

`who`	`[-opts]`
ohne	alle momentan am System aktiven Benutzer, deren Terminalidentifikation und Login-Zeitpunkt werden ausgegeben.
`opts`	Spezielle Optionen können den Manualen entnommen werden.
`who am i`	wie **who** für die eigene Sitzung
`whoami`	nur Loginname (nicht überall implementiert)

write	Write to another user (Synchroner Nachrichtenaustausch)	**(Kap. 2)**

`write`	`user [tty] mesg`
`user`	eine andere Benutzerkennung
`tty`	Angabe des Terminals, falls **user** mehrfach aktiv ist
`mesg`	beliebiger mehrzeiliger Text

Z

zcat	Ausgabe komprimierter Dateien	**(Kap. 12)**

`zcat`	`file(s)`
`file(s)`	Name(n) der mit **compress** komprimierten Dateien, die ausgegebenen werden sollen. Suffix ".Z" kann entfallen.

14.2. Tabellen und Sonderzeichen

Reguläre Ausdrücke

Zeichen	Bedeutung
.	ersetzt ein beliebiges Zeichen
*	ersetzt eine beliebig lange Folge des vorangegangenen Zeichens
$[z_1 .. z_k]$	Mengenangabe diskreter Zeichen
$[z_1 - z_k]$	Bereichsangabe von Zeichen
^z	Zeichen z am Satzanfang
z$	Zeichen z am Satzende
[^z]	Negation von z
|	logisches ODER bei egrep
(..)	partieller regulärer Ausdruck bei egrep

Shell

Zeichen	Bedeutung
*	ersetzt beliebige Zeichenfolge in Dateinamen
?	ersetzt ein beliebiges Zeichen in Dateinamen
$[z_1 .. z_k]$	Mengenangabe diskreter Zeichen
$[z_1 - z_k]$	Bereichsangabe von Zeichen
&	Kommandoausführung im Hintergrund
&&	bedingte Kommandoausführung wenn erfolgreich
|	Pipeline
||	bedingte Kommandoausführung wenn nicht erfolgreich
;	Kommandoverkettung
>	Standardausgabeumlenkung
<	Standardeingabeumlenkung
>>	Ausgabeumlenkung konkatenieren
<<	Eingabe bei Here-Dokumenten
\	Entwertung des folgenden Zeichens
"..."	Aufhebung aller Sonderzeichen mit Ausnahme von $ und `
´...´	Aufhebung aller Sonderzeichen
`...`	Kommandosubstitution
(...)	Kommando in Subshell ausführen
{...}	Kommandoausgaben zusammenfassen
#	Kommentarzeile

Kommandowiederholung (Korn-Shell)

Positionierung

`<ESC>k`	zeilenweise nach oben (jeweils voriges Kommando)
`<ESC>j`	zeilenweise nach unten (jeweils nächstes Kommando)
`<ESC>-/+`	wie `<ESC>k/j`
`<ESC>l`	Cursor nach rechts
`<ESC>h`	Cursor nach links
`<ESC>b`	Cursor wortweise nach links
`<ESC>w`	Cursor wortweise nach rechts
`<ESC>^`	Cursor an Zeilenanfang
`<ESC>$`	Cursor an Zeilenende

Suchen

`<ESC>/str`	sucht das "jüngste" Kommando, das die Zeichenfolge `str` irgendwo beinhaltet (bei Angabe von `^str` muß das Kommando mit dem Suchmuster beginnen)
`<ESC>?str`	analog zu `/str` es wird jedoch das "älteste" Kommando gesucht

Manipulation

`<ESC>A`	fügt die folgende Eingabe ans Ende der Zeile an
`<ESC>a`	fügt die folgende Eingabe an der Cursorposition ein
`<ESC>R`	überschreibt alle Zeichen durch die folgende Eingabe
`<ESC>rc`	überschreibt das Zeichen an der Cursorposition durch das Zeichen `c` (es versteht sich, daß `c` ein beliebiges Zeichen ist)
`<ESC>x`	löscht das Zeichen an der Cursorposition
`<ESC>i`	aktiviert den Einfügemodus
`<ESC>dc`	löscht ab der aktuellen Position alles bis zum Zeichen `c` ist `c` gleich `$`, wird alles bis ans Zeilenende gelöscht

Undo und Wiederholungen

`<ESC>u`	macht die letzte Änderung rückgängig
`<ESC>U`	stellt den ursprünglichen Zustand der Zeile wieder her, macht also alle Modifikationen rückgängig
`<ESC>.`	wiederholt die letzte Textmodifikation

Formatierte Dateiliste

```
<ESC>=
```
produziert eine mehrspaltige, durchnumerierte Dateiliste des aktuellen Verzeichnisses

```
$<wild> | <pre><ESC>=
```
Produziert die gleiche Liste für Dateien, deren Namen sich aufgrund der Wild Card `wild` expandieren lassen. Die Eingabe erfolgt dabei direkt nach dem Prompt (`$`). Anstelle der Wild Card kann auch ein Namensprefix angegeben werden.

Environment (Korn-Shell)

ERRNO:	enthält den Returnwert des letzten Systemcalls
FCEDIT:	voreingestellter Editor für fix comand-Mechanismus
HOME:	das Heimatverzeichnis
HZ:	Frequenz des Stromnetzes in Hertz (nicht in allen Systemen)
IFS:	Feldtrennsymbol (normalerweise Leerzeichen)
LINENO:	Zeile des Befehls einer Prozedur
LOGNAME:	Benutzerkennung
MAIL:	Pfadname des Directories, welches Ihre Mail enthält
MAILCHECK:	Wert in Sekunden (600=10 min) nach dem nach neuer Post geschaut wird
PATH:	Liste der Verzeichnisse, die die Shell nach Kommandos durchsucht (wird gleich näher erläutert)
PPID:	Vaterprozeß der Shell
PS1:	primäres Promptsymbol ($)
PS2:	sekundäres Promptsymbol (>), wird ausgegeben, falls ein Kommando interaktiv Information von Ihnen erwartet.
PS3:	Von der Select-Anweisung verwendeter Prompt
PS4:	von set -x verwendeter Prompt
PWD:	aktueller Pfad
RANDOM:	Zufallszahl
SECONDS:	Dauer des Session in Sekunden
SHELL:	Pfadname der Shell (teilweise auch in Bourne-Shell besetzt)
TERM:	Terminaltyp
TERMCAP:	Datenbasis mit Detailinformationen zum Terminal
TMOUT:	Zeitspanne (in Sek.) innerhalb der ein Benutzer aktiv sein muß, ansonsten wird die Session vom Sysetm beendet.
TZ:	Zeitzone

Stichwortverzeichnis

E

F